Iddewiaeth

C.M. Pilkington
Ymgynghorydd: Jonathan Gorsky

Cyfieithwyd gan
Siân A. Edwards

Cyhoeddwyd yn wreiddiol fel *Teach Yourself Judaism* yn y DU ym 1995 gan Hodder Headline Cyf., 338 Euston Road, Llundain NW1 3BH

Cyhoeddwyd y fersiwn Gymraeg hon gan Wasg UWIC, Heol Cyncoed, Caerdydd CF23 6XD yn 2005. Fe'i comisiynwyd gyda chymorth ariannol Awdurdod Cymwysterau, Cwricwlwm ac Asesu Cymru (ACCAC).

ISBN 1-902724-20-8

Cysodwyd gan The Info Group

Argraffwyd gan Arrowsmith

cynnwys

01	**mynd i'r afael ag iddewiaeth**	**1**
	Iddewiaeth ac Iddewdod	2
	problemau ymdrin ag Iddewiaeth fel crefydd	3
	Iddewiaeth fel crefydd	4
	ffydd a hanes	6
	hanfod Iddewiaeth	9
02	**gwrelddiau cred ac arfer – y Beibl**	**16**
	hanes pobl a'i arwyddocâd	17
	cynllun y Beibl Iddewig	18
	cynnwys y Torah	21
	cynnwys y Neviim	25
	cynnwys y Ketuvim	28
	dehongli'r Beibl	30
	trosglwyddo a chyfieithu'r Beibl	32
03	**cadwyn traddodiad – y Talmud**	**34**
	y Torah ysgrifenedig a llafar	35
	amrywiaeth Iddewiaeth yr Ail Deml	36
	byw fel pobl sanctaidd heb y Deml	39
	trafod y Mishnah – y Talmud	43
	traddodiadau cyfreithiol *(halachah)*) a thraddodiadau storïol *(aggadah)*	48
04	**Iddewiaeth uniongred**	**53**
	uniongrededd a chred	54
	parhad a diffyg parhad	56

	Iddewiaeth uniongred a'r Beibl	58
	tra-uniongrededd	61
	aelodaeth uniongred heddiw	63
05	**Iddewiaeth an-uniongred**	**65**
	Iddewiaeth ddiwygiedig a'i gwahaniaethau	66
	safle menywod mewn Iddewiaeth	72
	Iddewiaeth geidwadol	79
	Iddewiaeth ryddfrydol	81
06	**y deddfau bwyd**	**83**
	tarddiad a phwrpas y deddfau bwyd	84
	penderfynu beth sy'n kosher	85
	lefelau o ufudd-dod	90
07	**materion bywyd a marwolaeth**	**95**
	ffyrdd o fynegi cred	96
	pwysigrwydd magu plant	96
	sancteiddrwydd bywyd dynol	100
	galar a gobaith	103
08	**addysg Iddewig**	**107**
	pwysigrwydd addysg	108
	yn y synagog	110
	yn yr ysgol	114
	mewn addysg uwch (academi, athrofa a choleg)	115
09	**priodas**	**118**
	rhyw a phriodas mewn Iddewiaeth	119
	priodas Iddewig	122
	priodasau rhwng Iddewon ac an-Iddewon	125
	y llys crefyddol (*Bet Din*)) a deddfau statws	128
	ysgariad Iddewig	132
10	**gweddi**	**135**
	pwrpas gweddïo	136
	amserau gweddïo	137

bendithio Duw 138

gweddïau cymunedol – hynafol a modern 141

llyfrau gweddi 144

pethau sy'n atgoffa 147

11 **y synagog** **151**

termau a dibenion 152

darllen y Torah 154

iaith a cherddoriaeth 159

arweinwyr crefyddol 161

12 **y Saboth** **164**

'amser yn rhydd o amser' 165

gorffwys o waith yn y Beibl, y Talmud, ac Iddewiaeth Uniongred 168

ailddiffinio 'gorffwys' 173

cadw Shabbat gartref ac yn y synagog 174

13 **rhythm y flwyddyn – gwyliau ac ymprydiau** **179**

ymdeimlad o amser 180

calendr y lleuad 184

y lleuad newydd 185

Gwyliau Chanukah a Pwrim 187

gwyliau eraill 192

ymprydiau 193

14 **gwyliau'r pererinion** **195**

y Pasg Iddewig – gŵyl y bara croyw 196

rhyddid – bryd hynny ac yn awr 197

cyfrif y dyddiau 201

rhyddid i ufuddhau – Shavuot 203

lle mae gwir ddiogelwch i'w gael – Sukkot 204

y pedwar planhigyn 205

y dyletswydd i lawenhau 207

15 **y Flwyddyn Newydd a Dydd y Cymod** **210**

pwysigrwydd yr Uchel Wyliau Sanctaidd 211

creu'r awyrgylch 212

dychwelyd 215

	ymprydio	217
	cymod	219
16	**yr Holocost**	**223**
	cwestiynu	224
	cofio	225
	ateb radical	230
	ymateb traddodiadol	232
	goroesi a thu hwnt	236
17	**Israel**	**239**
	canolbwynt i Iddewon	240
	datblygiad Seioniaeth	241
	ymatebion crefyddol i Seioniaeth	246
	hunaniaeth mewn Gwladwriaeth Iddewig	251
	heddwch gyda chyfiawnder a diogelwch	257
diweddglo		**265**
mynd gam ymhellach		**269**
	darllen pellach	269
	gwefannau	270
	sefydliadau a chyfeiriadau	270
geirfa		**272**
mynegai		**279**

cydnabyddiaeth

Mae'r awdur yn ddyledus i Jonathan Gorsky am ei holl gymorth a'i gyngor. Byddai'n anodd dychmygu ymgynghorydd mwy hael. Nid efe sy'n gyfrifol am unrhyw safbwynt a fynegir nac am unrhyw wallau sydd yn weddill.

Dymuna'r awdur a'r cyhoeddwr ddiolch i'r canlynol am ganiatâd i atgynhyrchu deunydd hawlfraint yn y gyfrol hon:

Basic Books/The Perseus Books Group: t. 79; Chicago University Press: tt. 254-5; European Jewish Publication Society/Macmillan Publishers Ltd: t. 78, t. 121; Fortress Press: tt. 142-3; Reform Synagogues of Great Britain (RSGB): t. 66.

Daw'r dyfyniadau beiblaidd o'r Beibl Cymraeg Newydd, Cymdeithas y Beibl, 1988.

Mae'r dyfyniadau o'r Mishnah wedi eu trosi i'r Gymraeg o'r cyfieithad Saesneg gan Herbert Danby, Gwasg Prifysgol Rhydychen, 1933.

Mae llu o gyfeiriadau at y Talmud, sef corff o lenyddiaeth rabbinaidd. Gelwir tudalen o'r Talmud yn ffolio; dynodir blaen y ddalen *(verso)* gan y llythyren 'a' a chefn y ddalen *(recto)* gan y llythyren 'b'. Mae'r cyfeiriadau'n rhoi enw'r gyfrol neilltuol o'r Talmud a rhifau'r tudalennau a argraffwyd yn unol â'r tudalennau ffolio (e.e. Shabbat 31a).

Gwnaed pob ymdrech i gysylltu â pherchnogion hawlfraint deunydd. Byddai'r cyhoeddwyr yn hapus i ddod i drefniant priodol gydag unrhyw ddeiliaid hawlfraint na fu hi'n bosibl cysylltu â nhw. Er y credir fod y wybodaeth yn y cyhoeddiad hwn yn wir ac yn gywir ar y dyddiad yr aeth i'r wasg, ni all yr awdur na'r cyhoeddwr dderbyn unrhyw gyfrifoldeb cyfreithiol am unrhyw wallau neu ddiffygion.

Atgynhyrchir yr holl ffotograffau drwy ganiatâd caredig C.M. Pilkington

I Jonathan Gorsky

Mae systemau soffistigedig yn bod o drawslythrennu geiriau Hebraeg i ieithoedd eraill. Defnyddir system syml yma, mewn cadw â diben y gyfrol hon, y gobeithir ei bod yn gyson yn gyffredinol. Defnyddir y llythyren 'ch' Gymraeg i gyfleu'r sain 'ch', yn wahanol i fersiynau Saesneg sy'n defnyddio 'h' ar ddechrau geiriau, a 'kh' o fewn geiriau i ddynodi'r sain honno (e.e. 'Chanukah' yn lle 'Hanukah', 'halachah' yn lle 'halakhah'). Mae hyn yn gyson hefyd â'r ffurfiau a geir mewn cyfrol flaenorol ar Iddewiaeth a gyhoeddwyd gan Ganolfan Genedlaethol Addysg Grefyddol Prifysgol Cymru, Bangor (*Iddewiaeth* gan Arye Forta, cyfaddasiad gan Huw John Hughes, Canolfan Genedlaethol Addysg Grefyddol, 1995).

Defnyddir y term diwinyddol niwtral COG (Cyn Oes Gyffredin) ac OG (Oes Gyffredin) yma yn lle CC ac AD.

01 mynd i’r afael ag Iddewiaeth

Yn y bennod hon byddwch yn dysgu:

- am darddiad y term ‘Iddewiaeth’
- am bwysigrwydd hanes yn natblygiad y grefydd Iddewig
- ynglŷn a’r ffordd mae Duw, y Torah, a’r bobl Iddewig yn ganolog i Iddewiaeth.

Iddewiaeth ac Iddewdod

Maen nhw'n dweud mai pobl sydd y tu allan i system grefyddol sy'n mynnu ei henwi a'i diffinio. Dydy'r rheini sydd o'i mewn ddim yn debyg o'i gweld fel system, fel '-iaeth'. Mae hynny'n arbennig o wir am y grefydd Iddewig. Yn wir, does gan iaith sanctaidd yr Iddewon, Hebraeg, ddim gair am 'Iddewiaeth'. Does gan yr Hebraeg ddim gair am 'grefydd', o ran hynny. Mae'n bwysig cofio hyn, a dylem fod yn ofalus ynglŷn â diffinio a disgrifio Iddewiaeth fel crefydd.

Yn y 1880au y dechreuwyd defnyddio'r term 'Iddewiaeth' yn eang, a hynny oherwydd fod rhyddid cymdeithasol a gwleidyddol newydd yr Iddewon yn golygu fod yn rhaid i Iddewon allu egluro wrth rai nad oedden nhw'n Iddewon - ac wrthyn nhw'u hunain - sut roedden nhw'n wahanol i ddilynwyr crefyddau eraill. Yn erbyn cefndir y grefydd Gristnogol, yn neilltuol, y dechreuodd Iddewiaeth gael ei disgrifio fel crefydd, gyda'i chredoau a'i defodau ei hun. Mae hynny'n dal yn wir heddiw, i raddau helaeth. O fewn adrannau Diwinyddiaeth neu Astudiaethau Crefyddol prifysgolion a cholegau y mae Iddewiaeth yn cael ei hastudio, ochr yn ochr â chrefyddau eraill, yn enwedig Cristnogaeth.

Mae'r gyfres hon, ar grefyddau mawr y byd, yn cymryd yn ganiataol fod systemau crefyddol penodol yn bodoli, a bod modd eu hastudio drwy eu cymharu â'i gilydd. Dydy'r gyfres ddim, fodd bynnag, am orfodi system artiffisial ar brif grefyddau'r byd drwy ymdrin â phob un ohonyn nhw o dan gyfres o benawdau fel Credoau, Ysgrythurau, Defodau, Gwyliau, ac ati. Perygl mawr mynd ati fel hyn fyddai methu gweld beth sy'n arbennig am grefydd neilltuol ym marn ei dilynwyr, a thrwy hynny ei chamddarlunio'n ddifrifol. Mae hyn yn digwydd yn rhy aml wrth geisio cymharu Cristnogaeth ac Iddewiaeth. Mwy peryglus byth yw'r duedd i ystyried Iddewiaeth fel dim byd mwy na rhagflaenydd Cristnogaeth (fel pe bai Iddewiaeth yn grefydd farw bellach) neu fel Cristnogaeth anghyflawn. Mae Cristnogion yn tueddu i ddiffinio eu crefydd ar sail yr hyn maen nhw'n ei gredu, fel cyfres o gredoau. Mae arferion moesol a defodol yn tarddu o'r credoau hynny. Er bod y term 'Cristion' yn cael ei ddefnyddio mewn ffordd eang iawn i ddisgrifio person da neu ddyngarol (sydd yn anffodus braidd i rai nad ydyn nhw'n Gristnogion), ystyr Cristion yw person sydd â chredoau diwinyddol penodol. A ellir dweud hynny am Iddew?

Yn ôl y Gyfraith Iddewig, fel y cafodd ei chofnodi yn y Talmud a'i diffinio gan rabbiniaid o ddiwedd yr oesoedd cynnar tan y dydd heddiw, plentyn a aned i fam sy'n Iddewes neu a gafodd dröedigaeth i Iddewiaeth ydy Iddew. Dyna beth sy'n diffinio statws cyfreithiol, o ran priodas Iddewig (gweler pennod 9) neu'r hawl i basport Israelaidd (gweler pennod 17). Ac eto, mae hwn yn ddiffiniad cylchol, oherwydd gellir dal i ofyn: beth sy'n gwneud y fam yn Iddewes? Mae'r diffiniad o Iddew, felly, yn cael ei egluro ymhellach fel rhywun sydd hefyd heb ymlyniad wrth unrhyw grefydd arall ac sy'n ymuniaethu ag Iddewon eraill.

Problemau ymdrin ag Iddewiaeth fel crefydd

Pan geisiwn ddeall beth yn union mae hyn yn ei olygu, fe welwn rai o'r anawsterau ynglŷn ag ystyried Iddewiaeth fel crefydd. Mae pethau ynglŷn ag Iddewiaeth sy'n herio syniadau confensiynol o beth yw crefydd. Os ceisiwn ddiffinio Iddewiaeth fel argyhoeddiad, ar sail cred mewn un Duw, mae dau beth o leiaf fel pe baen nhw'n croesddweud hynny. Yn gyntaf, mae'n ffaith ddiamheuol fod rhai Iddewon yn gwadu daliadau'r grefydd Iddewig yn llwyr. Dydy Iddew sy'n gwrthod Iddewiaeth ddim yn cael ei ystyried fel person sydd wedi torri pob cysylltiad â'r gymuned Iddewig. Gallai rhywun â mam Iddewig wrthod credu na mynd i'r synagog ond byddai'n dal i gael ei gyfrif yn aelod o'r bobl Iddewig (er colli hawliau crefyddol mewn materion sy'n ymwneud â'r synagog neu gladdu). Does neb yn son am y fath berson fel 'Iddew sydd wedi gwrthgilio'. Pe bai'r fath berson yn troi'n ôl at y grefydd (yn ôl y rhan fwyaf o awdurdodau) does dim rhaid mynd drwy unrhyw broses o 'dröedigaeth'. Ar y llaw arall, mae Pabyddion neu Fedyddwyr sy'n cefnu ar eu crefydd yn debyg iawn o gael eu disgrifio fel 'gwrthgilwyr', a dydy'r bobl yma ddim yn debyg o deimlo cysylltiad clos â chymuned y rhai a ddisgrifir fel Pabyddion neu Fedyddwyr sy'n dal i gredu. Yr elfen sy'n diffinio cymuned Gristnogol yw cred, a phan fydd y gred honno wedi mynd, does neb yn debyg o ddweud 'Pabydd (neu Fedyddiwr) ydw i' wrth ateb cwestiwn ynglŷn â hunaniaeth. Yr elfen sy'n diffinio cymuned Iddewig yw perthyn i bobl neilltuol, ac mae'n ddigon posib y byddai person yn dweud 'Iddew ydw i' hyd yn oed os nad yw'n credu.

Yr ail beth yw bod llawer o Iddewon yn eu disgrifio eu hunain fel Iddewon seciwlar ond yn cymryd rhan mewn gweithgareddau sydd, i bob golwg, yn rhai crefyddol. Yn Israel, er enghraifft, ceir aelodau o kibbutzim anghrefyddol sy'n cadw'r Saboth a gwyliau Iddewig eraill. Yng ngogledd America a chymunedau eraill y Diaspora (neu'r 'Gwasgariad', Iddewon sy'n byw y tu allan i Israel) mae canghennau o fudiad o'r enw Ffederasiwn Ryngwladol yr Iddewon Seciwlar Dyneiddiol. Mae adroddiad yn y papur newydd Prydeinig, *Jewish Chronicle* (21 Ionawr 1994) yn dweud fod cyfarfod o'r ffederasiwn yng Ngholeg King's, Llundain wedi cychwyn 'gyda'r goleuo canhwyllau traddodiadol ... ond gyda bendith yn arddull y kibbutz yn hytrach na gweddi grefyddol'. Dwedodd athro o'r Brifysgol Hebreaidd yn Jerwsalem, yn yr adroddiad, fod rhai am gymryd rhan mewn dathliadau seciwlar o wyliau Iddewig tra bod eraill am 'ffoi rhag crefydd yn llwyr'. Y flwyddyn flaenorol, cyhoeddodd y papur nifer o dudalennau o dan y pennawd: 'A allwch chi fod yn Iddew heb Iddewiaeth?' Roedd y ddadl yn adlewyrchu amrywiaeth barn eang, o'r cwbl seciwlar i'r Prif Rabbi a ofynnai 'Pwy fyddai am fod yn Iddew heb Iddewiaeth?' Efallai fod hyn yn achosi penbleth i'r Prif Rabbi, ac i lawer o bobl o'r tu allan sy'n ceisio deall Iddewiaeth, ond y ffaith amdani yw bod yna Iddewon sy'n eu galw'n hunain yn seciwlar neu ddyneiddiol, ond sy'n goleuo'r canhwyllau Saboth, ac Iddewon eraill sy'n gwrthod y label seciwlar, sydd hyd yn oed yn eu galw eu hunain yn 'grefyddol', ond sy'n ei chael hi'n anodd diffinio beth yn union sy'n grefyddol yn eu bywydau. Dylai hyn atgyfnerthu'n hymgais i beidio â gorfodi Iddewiaeth i mewn i gategorïau sy'n ddieithr iddi.

Iddewiaeth fel crefydd

Ac eto, mae'n bosib gorbwysleisio annigonolrwydd meddwl am Iddewiaeth fel crefydd. Wedi'r cwbl, mae llawer o agweddau crefyddol, yn ystyr arferol y gair, i Iddewiaeth.

Bod yn bobl

Dydy Iddewiaeth ddim yn gosod y syniad o fod yn bobl yn lle crefydd, ond mae'n cyfuno'r ddau beth mewn ffordd unigryw. Iddewiaeth yw crefydd y bobl Iddewig, ac mae ffydd ac oblygiadau'r grefydd yn eu rhwymo. Mae'r berthynas rhwng Duw a phobl Israel yn sylfaenol. Mae rhywun sy'n cael tröedigaeth i Iddewiaeth yn mynd yn aelod o genedl yr Iddewon, ond arddel y grefydd Iddewig yw'r ffactor hanfodol a diffiniol. Heb hynny, mae'r broses o dröedigaeth yn ddiystyr, hyd yn oed os yw'n bodloni'r drefn ffurfiol (gweler pennod 9). Datganiad enwog Ruth, wrth iddi fabwysiadu crefydd ei mam-yng-nghyfraith o Israeliad, yw'r patrwm nodweddiadol: 'Dy bobl di fydd fy mhobl i, a'th Dduw di fy Nuw innau' (Ruth 1:16). Ar y llaw arall, nid rhoi'r gorau i arfer y grefydd Iddewig yn unig y mae'r Iddew sy'n cael tröedigaeth at grefydd arall; mae'n peidio â bod yn rhan o'r gymuned, fel mae aelodau'r gymuned honno yn ei diffinio. Yn ddiwylliannol ac yn hanesyddol, gall rhai sydd wedi cael tröedigaeth (at Gristnogaeth, dyweder) ddal i deimlo'n gryf eu bod yn perthyn i'r bobl Iddewig a'r bywyd y ganed nhw iddo. Er bod llawer o ddadlau am hyn yn y Canol Oesoedd, mae modd gwahaniaethu rhwng perthyn i *am* ('pobl') Israel a pherthyn i *kehillah* ('cymuned') Israel. Mae gan y kehillah gasgliad o ystyron torfol, ac mae'r rhain yn cynnwys cred. Os bydd rhywun yn cael tröedigaeth a, thrwy hynny, yn newid yn hanfodol o safbwynt perthyn, mae'n ymadael â'r gymuned. Mae rhai'n dadlau na ddylai 'dewis caru Duw mewn ffordd wahanol' (er enghraifft, pan fydd Iddew'n mynd yn Gristion) wahardd pobl rhag bod yn rhan o'u cymuned wreiddiol. Ond, fel y cawn weld pan edrychwn ar Ddeddf y Dychwelyd yn Israel (pennod 17), mae troi cefn ar Iddewiaeth yn cyfrif fel newid un o ystyron sylfaenol bod yn Iddew. Mae'n wir fod person yn dal i fod yn rhan o'r bobl Iddewig, ond dydy'r math hwnnw o berthyn ddim yn golygu llawer, yn ymarferol, am fod diffiniad y gymuned ohoni ei hun yn cynnwys cred.

Cred

Cam gwag hefyd fyddai meddwl am Iddewiaeth fel mater o foeseg yn unig, i'w disgrifio fel dim byd mwy na 'ffordd o fyw', fel pe bai cred yn beth atodol. Mae hunan-ddiffiniad pobl Israel o'r dyddiau cynnar yn dangos eu bod yn eu gweld eu hunain fel pobl wahanol mewn byd paganaidd, gan fynegi'r gwahaniaeth hwnnw drwy gred ddiwinyddol, a'r defodau a'r arferion ynghlwm wrth hynny. Un enghraifft drawiadol yw Deuteronomium 26 lle mae'r bobl yn datgan mai nhw yw'r bobl mae Duw wedi eu dwyn allan o'r Aifft wrth offrymu'r blaenffrwyth i Dduw i gydnabod y ffaith honno. Un arall yw'r weddi hynafol, yr *Alenu* (gweler pennod 10). Yn yr Alenu, mae Iddewon yn datgan eu bod yn wahanol i bobl eraill oherwydd eu bod yn addoli Duw gwahanol: 'Canys yr ydym yn plygu glin ac yn addoli a diolch ger bron goruchaf Frenin y brenhinoedd.' Mae'r ddau ddarn yn canolbwyntio ar y berthynas rhwng Duw ac Israel. Yn ychwanegol at hynny, roedd y traddodiad rabbinaidd a eglurodd beth oedd ystyr perthyn i bobl (pan oedd dadl ynglŷn ag Iddewdod rhywun a oedd ag un rhiant yn Iddew ond nid y llall) yn nhermau tras y fam, yn gyfrifol hefyd am bennu terfynau'r grefydd. Ffynhonnell glasurol credoau sylfaenol yw'r Mishnah (Sanhedrin 10:1) sy'n dweud y bydd Israeliaid sy'n gwadu rhai athrawiaethau neilltuol yn colli eu 'cyfran nhw o'r byd sydd i ddod'.

Crefydd undduwiol

Mae'n rhesymol ystyried Iddewiaeth fel un o'r 'teulu undduwiol' o grefyddau, ochr yn ochr â Christnogaeth ac Islam. O safbwynt gwreiddiau daearyddol a chredoau diwinyddol, mae llawer yn gyffredin i'r tair. Mae'r diwinydd Cristnogol, Hans Küng, yn pwysleisio hyn wrth sgrifennu am yr angen hanfodol am ddialog rhwng Iddewon, Cristnogion a Mwslimiaid heddiw. (*Judaism: the Religious Situation of our Time*, SCM, 1992.) Fodd bynnag, mae gwaith Küng ei hun yn arddangos un o'r prif anawsterau yn y fan hon. Er ei fod yn dweud ei fod am gyflwyno Iddewiaeth ar ei thelerau ei hun, 'fel endid annibynnol rhyfeddol ei barhad, bywiog a dynamig', mae ei ddull o fynd ati, ei ymadroddi, ei gasgliadau, a'r lle mae'n ei roi i gymariaethau Cristnogol oll yn amgrymu ei fod am bwyso a mesur Iddewiaeth o safbwynt diwinyddol Cristnogol. Y mae, mewn gwirionedd, yn gorfodi safbwynt y naill grefydd ar y llall. Dydy'r duedd anffodus hon ddim yn newid y ffaith fod cyfiawnhad dros ystyried Iddewiaeth fel crefydd. Ond mae'n ei gwneud hi'n bwysicach byth astudio'r grefydd yma o safbwynt y ffordd mae Iddewon yn byw eu crefydd yn hytrach nag ar sail canfyddiad pobl eraill.

Ffydd a hanes

Rydym wedi nodi nad oes gan yr iaith Hebraeg air am 'grefydd'. Y gair agosaf yw *dat*, sy'n perthyn mewn gwirionedd i faes deddf neu arfer. Mae'n cael ei ddefnyddio mewn gweithiau rabbinaidd, er enghraifft, wrth ddisgrifio'r gofyniad y dylai gwraig briod orchuddio ei phen ar y stryd (Ketubot 7: 6). Mae'r arfer hwn, fodd bynnag, yn amlwg yn gysylltiedig â chrefydd, ac yn yr esboniad rabbinaidd ar Esther 8: 17, mae 'dat' yn amlwg yn golygu crefydd (Megillah 12a). Rydym hefyd wedi nodi nad tan y bedwaredd ganrif ar bymtheg y daeth defnyddio'r gair 'Iddewiaeth' yn beth cyffredin, pan oedd angen gwahaniaethu rhyngddi â chrefyddau Cristnogaeth ac Islam. Fel llawer o derminoleg grefyddol Iddewig yn y Gymraeg (fel 'Beibl', 'synagog', 'Pentateuch, 'proffwyd', 'ffylacter'), mae'n air a gafodd ei fathu yn y cyfnod COG (Cyn yr Oes Gyffredin) diweddar neu'r OG (Oes Gyffredin) gynnar gan Iddewon oedd yn siarad Groeg, i wahaniaethu rhwng beth sy'n Iddewig a systemau eraill. Mae'r gair Groeg, *Judaismos* yn ymddangos yn 2 Macabeaid 2: 21; 8: 1; 14: 38 a Galatiaid 1: 13-14. Y gair cyfatebol mewn Hebraeg yw *Yahadut*, enw haniaethol o'r gair Yehudi, 'Iddew'. Dydy'r gair ddim yn codi'n aml mewn llenyddiaeth ganoloesol a does dim gair tebyg yn y Beibl neu mewn llenyddiaeth rabbiniaidd. Ac eto, mae awgrym o Iddewdod sy'n cynnwys ffydd yn ymddangos yn y Beibl, yn Esther 8: 17 eto. Yma, cawn y term *mityahadim*, sy'n golygu 'mynd yn Iddewon', cam byr o *Yahadut*. Mae gair arall yma hefyd, *Yiddishkeit*, sy'n cynnwys ymdeimlad o gred ac o fod yn bobl, sy'n cyfleu cynhesrwydd y cyfuniad hwnnw'n well nag y gall yr '-iaeth' mewn Iddewiaeth.

Ffydd weithredol

Gair sydd, heb os nac oni bai, yn rhan o eirfa hen Hebraeg a therminoleg grefyddol Iddewig yw *emunah* ('ffydd') – nid 'cred' (fel 'dwi'n credu fod ...') ond yn hytrach 'ymddiried' ('dwi'n credu yn ...'). Mae ffydd, yn y Beibl Hebraeg, yn cyfeirio nid at athrawiaethau y gallwch eu disgrifio heb gredu ynddyn nhw, ond at fabwysiadu safbwynt neilltuol a gweithredu ar sail hynny. Mae'n golygu ymddiried yn fewnol, ymrwymo, ac ufuddhau, fel y gwelir ym mywyd Abraham (Genesis 15: 6). Yr ystyr yw 'bod yn ffyddlon'. Felly, mae'r ymadrodd enwog gan y proffwyd Habacuc 'bydd y cyfiawn fyw trwy ei ffyddlondeb' (2: 4) yn cyfeirio at gred yn Nuw ac at y foesoldeb sy'n deillio o hynny. Os oes rhaid cyfundrefnu, gallem alw hyn yn 'undduwiaeth foesegol'. Efallai mai'r gair hynafol yma, 'ffydd', sy'n dangos y ffordd orau o fynd i'r afael ag Iddewiaeth. Mae ffydd yn rhywbeth gweithredol. Mae'n rhywbeth sy'n cael ei wneud gan bobl ac mae'n golygu ymddiried yn rhywbeth neu rywun arall. Mae'n ymwneud â phrofiad. Y pethau sy'n digwydd ym mywyd hanesyddol y bobl Iddewig sy'n pennu natur a chynnwys Iddewiaeth. Fel y mae'r enw ei hun yn ei awgrymu, dylid diffinio Iddewiaeth mewn perthynas â'r bobl Iddewig, a'r diffiniad hanesyddol o bobl yw grŵp o rai sy'n rhannu'r un hanes.

Profiad o hanes

Ym 1937, daeth Rabbiniaid Americanaidd o'r mudiad Diwygiedig a oedd yn tyfu o fewn Iddewiaeth at ei gilydd mewn cynhadledd yn Columbus, Ohio. Mae eu datganiad nhw o egwyddorion yn cychwyn gydag ymgais brin yn y cyfnod modern i ddiffinio Iddewiaeth: 'Iddewiaeth yw profiad crefyddol hanesyddol y bobl Iddewig'. Mae hyn, a theitlau astudiaethau o Iddewiaeth (fel *A History of the Jewish Experience* Trepp (1973), *Jewish People, Jewish Thought: The Jewish Experience in History* Seltzer ym 1980, a'i *Judaism: A People and its History* ym 1987; a *The Jewish People: Their History and their Religion* Rayner a Goldberg ym 1989) yn cydnabod gwerth dull hanesyddol o fynd i'r afael ag Iddewiaeth.

10 prif ganolfan y boblogaeth Iddewig

(poblogaeth fyd-eang = 13 miliwn)

UDA	5,800,000	Y DU	285,000
Israel	5,300,000	Brasil	250,000
Y Cyn-Undeb Sofietaidd	879,800 (tua)	Yr Ariannin	240,000
Ffrainc	650,000	Hwngari	100,000
Canada	362,000	Awstralia	97,000

Rydym eisoes wedi gweld pam fod mynd ati o safbwynt diwinyddol, gan ddiffinio Iddewiaeth o ran ei syniadau neu gredoau, yn amheus. Gallai ymdriniaeth gymdeithasegol, drwy nodi patrymau addoli a defod, roi darlun anghywir i ni o Iddewiaeth hefyd. Mae'n debycach o roi 'Iddewiaeth' i ni, gan fod Iddewon yn byw mewn amodau amrywiol iawn mewn gwledydd gwahanol iawn, ym mhedwar ban y byd. Efallai bod perygl hefyd o ddarostwng Iddewiaeth i ddim mwy na'r hyn mae grŵp o bobl yn ei ddweud a'i wneud ar adeg neu mewn lle neilltuol, sy'n gwbl annigonol wrth geisio disgrifio crefydd sy'n apelio at ddatguddiad mewn llyfrau sanctaidd a draddodwyd gan athrawon sanctaidd. Ar y llaw arall, mae'r dull hanesyddol yn gweddu'n dda iawn i astudio Iddewiaeth. Nid dim ond hanes yr Iddewon a astudir, ond yr holl fyfyrio a fu ar yr hanes hwnnw. Ni ellir diffinio Iddewiaeth fel hanes yn unig, ddim mwy na fel moeseg yn unig. Arwyddocâd crefyddol yr hanes, sut mae Iddewon yn dod o hyd i bwrpas dwyfol ynddo, sy'n ei wneud yn bwysig. Mae hanes llythrennol crefydd yn tueddu i ddweud popeth wrthych am y grefydd honno ond yr un peth rydych chi am gael gwybod, sef, beth mae'r grefydd yn ei olygu i'w dilynwyr? 'Hanes sanctaidd', os cawn ei alw'n hynny, sy'n bwysig i Iddewiaeth. Mae seremonïau Iddewig, yn enwedig dathlu'r Pasg Iddewig, yn ailgreu profiad hanesyddol ac yn dweud mai'r un ystyr sydd iddo heddiw. Yn wir, yr awydd i lynu wrth y profiad yma, fel rydym wedi gweld, sy'n gwneud rhywun yn Iddew.

Nid dim ond mynegi profiad hanesyddol y mae credoau Iddewig; fe gawsant eu ffurfio gan y profiad hwnnw. Allwn ni ddim deall Iddewiaeth gyfoes heb ddeall ei gorffennol. Mae'r holl wahanol fudiadau, hyd yn oed y rhai sy'n arbrofi fwyaf â syniadau newydd, yn ymwybodol iawn o'u gwreiddiau yn Iddewiaeth y cenedlaethau a fu. Mae'r dull hanesyddol o fynd ati yn ystyried amrywiaeth mynegiant Iddewig ac, ar yr un pryd, amrywiaeth daearyddol a diwylliannol y bobl Iddewig.

Hanfod Iddewiaeth

Ymdrechion i grynhoi Iddewiaeth

A all y dull hanesyddol o fynd ati ein helpu i ddeall undod y profiad Iddewig? A ydy hi'n bosib dod o hyd i fan cychwyn syml o leiaf, rhyw grynodeb o beth yw Iddewiaeth? Mae pobl wedi gofyn hynny ar hyd yr oesoedd. Mae'r Talmud yn adrodd stori rhywun a oedd yn ystyried troi at Iddewiaeth yn dod at Rabbi Hillel a gofyn iddo ddysgu'r Torah cyfan iddo (sef holl ddysgeidiaeth Iddewiaeth) tra'n sefyll ar un goes. Ymateb Hillel oedd:

> *Beth bynnag fo'n gas gennyt, na wna hynny i'th gymydog. Dyna'r Torah yn ei grynswth. Esboniadau yw'r gweddill. Dos i astudio.*
>
> (Shabbat 31a)

Beth sy'n ein taro am yr ateb (sy'n enwog bellach fel y 'rheol euraid') yw'r pwyslais ar wneud yn hytrach na chredu yn ddeallusol. Ond mae'r cwestiwn yn ddiddorol hefyd. Pe bai'r stori hon wedi cael eu hadrodd gan Iddewon Groeg eu hiaith, mae'n debyg y bydden nhw wedi gwneud i'r holwr ofyn i'r Rabbi ddysgu 'Iddewiaeth' iddo tra'r oedd yn sefyll ar un goes. Mae'r myfyriwr, ym mhob oes, am ddarganfod egwyddor sylfaenol Iddewiaeth, ei phrif ysgogiad, ei safbwynt neilltuol.

Mae ymdrechion eraill yn y Talmud i ddistyllu hanfod Iddewiaeth. Mae un darn (Makkot 23b-24a) yn dweud fod Duw wedi rhoi 613 o reolau i Moses, a bod athrawon diweddarach wedi cwtogi'r rhestr i rai egwyddorion sylfaenol: Dafydd i 11 (Salm 15); Eseia i chwech (Eseia 33: 15-16); Micha i dri (Micha 68); Eseia, eto, i ddau (Eseia 56:1), ac, yn olaf, Amos a Habacuc i un yr un: 'Ceisiwch fi a byddwch fyw' (Amos 5: 4) a 'Bydd y cyfiawn fyw trwy ei ffyddlondeb' (Habacuc 2: 4). Yn y ddeuddegfed ganrif, nododd yr ysgolhaig talmudaidd a'r athronydd mawr Maimonedes (ei enw llawn yw Rabbi Moses Ben Maimon, a chyfeirir ato weithiau wrth y talfyriad 'Rambam') 13 egwyddor o ffydd a oedd, yn eu farn ef a llawer o athrawon Iddewig diweddarach, yn hanfodol i Iddewiaeth. Ymateb i her Islam a Christnogaeth yw'r rhain (a oedd mewn Arabeg yn wreiddiol, sef iaith deallusion yr oes yn Sbaen a gwledydd Mwslimaidd eraill), nid rhyw ddatganiad neu gredo ffurfiol. Gallwn eu crynhoi fel hyn:

- Mae Duw yn bod
- Mae Duw yn un
- Nid oes gan Dduw ffurf gorfforol
- Mae Duw yn dragwyddol
- Rhaid i Iddewon ei addoli ef a neb arall
- Mae Duw wedi cyfathrebu drwy'r proffwydi
- Moses yw'r mwyaf o'r proffwydi
- Mae i'r Torah darddiad dwyfol
- Mae'r Torah yn ddilys yn dragwyddol
- Mae Duw'n gwybod am weithredoedd bodau dynol
- Mae Duw'n cosbi'r drwg ac yn gwobrwyo'r da
- Bydd Duw'n anfon Meseia
- Bydd Duw'n atgyfodi'r meirw.

Er cael ei beirniadu a'i dehongli mewn amryw ffyrdd, mae'r ymgais yma i grynhoi sylfeini'r ffydd Iddewig wedi mynd yn rhan o'r litwrgi Iddewig, ar ffurf emyn sy'n cael ei ganu yn y synagog. (Enw'r emyn yw *Yigdal*, o'r geiriau Hebraeg agoriadol, sy'n golygu 'dyrchafwn'. Mae'n dechrau gyda'r geiriau: 'Canmolwn, dyrchafwn, addolwn y Duw byw'.)

Hanes a gwahanol fathau o Iddewiaeth

Yn y ddwy ganrif ddiwethaf, mae ffactorau newydd wedi dylanwadu ar yr ymgais i ddod o hyd i hanfod Iddewiaeth. Un o'r rhain oedd twf mudiad yn y bedwaredd ganrif ar bymtheg â'r nod o ymchwilio'n wrthrychol i ffynonellau a hanes Iddewiaeth. Roedd hyn yn dangos amrywiaeth syniadau Iddewig a'r ffaith eu bod wedi datblygu fel ymateb i ysgogiadau allanol. Allai neb bellach ystyried Iddewiaeth fel crefydd hunan-gynwysedig, ddigyfnewid. Ffactor arall oedd rhyddfreiniad gwleidyddol. Wrth ddechrau chwarae rhan yng nghymdeithas y gorllewin, roedd yn rhaid i Iddewon addasu Iddewiaeth er mwyn iddi oroesi yn y sefyllfa newydd a gallu ymateb i'r her newydd. Collodd sefydliadau Iddewig eu grym wrth i Iddewon ymdoddi'n rhan o strwythur y wladwriaeth fodern. Achoswyd ansicrwydd mawr a newidiadau gan gwestiynau am

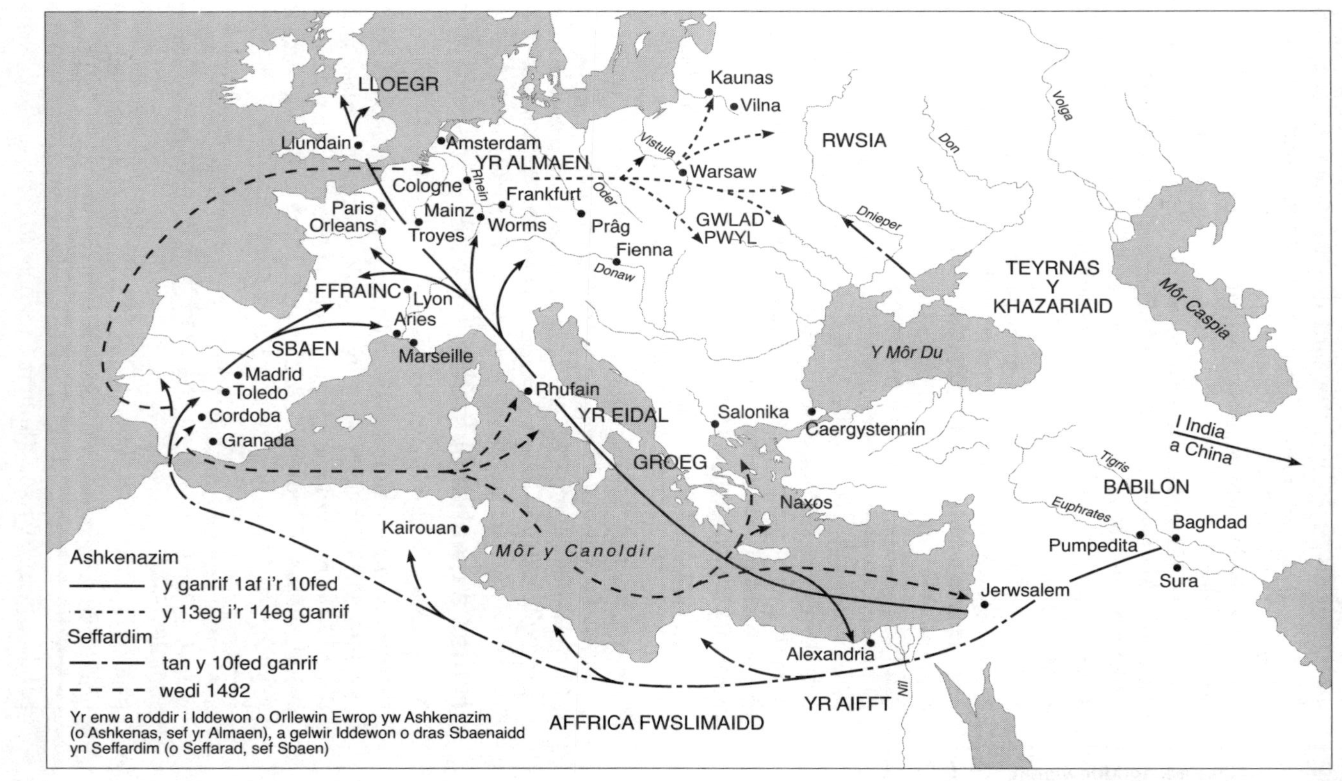
LLOEGR
Llundain
Amsterdam
YR ALMAEN
Cologne
Rhein
Paris
Orleans
Mainz
Troyes
Worms
Frankfurt
Oder
Prâg
Fienna
Donaw
Kaunas
Vilna
Vistula
Warsaw
GWLAD PWYL
RWSIA
Don
Volga
Dnieper
TEYRNAS Y KHAZARIAID
Môr Caspia
Y Môr Du
FFRAINC
Lyon
Aries
Marseille
SBAEN
Madrid
Toledo
Cordoba
Granada
Rhufain
YR EIDAL
GROEG
Salonika
Caergystennin
Naxos
Kairouan
Môr y Canoldir
I India a China
Tigris
Euphrates
BABILON
Baghdad
Pumpedita
Sura
Jerwsalem
Alexandria
Nîl
YR AIFFT
AFFRICA FWSLIMAIDD
Ashkenazim
y ganrif 1af i'r 10fed
y 13eg i'r 14eg ganrif
Seffardim
tan y 10fed ganrif
wedi 1492
Yr enw a roddir i Iddewon o Orllewin Ewrop yw Ashkenazim
(o Ashkenas, sef yr Almaen), a gelwir Iddewon o dras Sbaenaidd
yn Seffardim (o Seffarad, sef Sbaen)

natur y gymuned Iddewig, awdurdod ei harweinwyr (nad oedd ganddynt bŵer gwleidyddol bellach), a swyddogaeth y gyfraith Iddewig. Yn ogystal â'r dadwreiddio cymdeithasol yma, cafodd llawer o bobl eu dadwreiddio'n gorfforol, ac er nad oedd hynny'n brofiad newydd i Iddewon, roedd yn sicr yn brofiad ysgytwol. Mae'r Holocost a sefydlu Gwladwriaeth Israel ym 1948 wedi effeithio'n ddwys nid yn unig ar y boblogaeth Iddewig, ond hefyd ar hunan-ganfyddiad a hunan-hyder yr Iddewon. Yn y cyfnod modern, ers y Chwyldro Ffrengig ym 1789, mae'r byd Iddewig wedi cael ei drawsnewid.

Mae hyn oll wedi ei gwneud hi'n anodd iawn darganfod beth sy'n barhaol mewn Iddewiaeth. Yn wir, byddai rhai pobl yn mynnu nad yw hi bellach yn bosibl rhoi disgrifiad syml o Iddewiaeth yn ein cyfnod ni. Mae gwahanol fudiadau o fewn Iddewiaeth oll yn mynnu mai nhw yw'r gwir Iddewon, ond heb i'r un gael ei gydnabod fel y gwir awdurdod gan bawb arall. Does dim un safon mae pawb yn ei derbyn bellach i fesur arfer neu gred neilltuol yn ei herbyn. Mae traddodiad cymharol unffurf 200 mlynedd yn ôl wedi diflannu, gan ei gwneud hi'n amhosib dweud: 'Dyma beth yw Iddewiaeth'. Ond mae yna feddylwyr Iddewig sy'n meddwl fod hynny'n bosibl o hyd, hyd yn oed wedi'r holl bethau sydd wedi digwydd. Sgrifennodd arweinydd Iddewon yr Almaen, Leo Baeck, lyfr o'r enw *The Essence of Judaism*, ac mae'n dweud ynddo:

> *Nodwedd yr hanfod yw'r hyn a enillwyd ac a gadwyd. Ac mae gan Iddewiaeth y fath gysondeb, y fath hanfod, er gwaethaf ei hamrywiaeth a chyfnodau cyfnewidiol ei gyrfa faith. Yn rhinwedd yr hanfod hwnnw, mae gan bawb rywbeth yn gyffredin, undod meddwl a theimlad, a chyswllt mewnol*
>
> (3ydd argraffiad, 1948)

Cyn hynny, awgrymodd yr ysgolhaig talmudaidd, Ahad Ha-Am, mai hanfod Iddewiaeth oedd dyrchafu'r delfryd uwchlaw pob syniad a ffurf faterol neu gorfforol. Pe bai holwr Hillel wedi dod ato ef, meddai, a gofyn iddo ddysgu'r Torah cyfan iddo tra'n sefyll ar un goes, byddai wedi ateb:

> *Na wna iti ddelw gerfiedig ar ffurf dim (Exodus 20: 4). Dyna'r Torah yn ei grynswth. Esboniadau yw'r gweddill*

Felly a ydy hi'n bosibl darganfod hanfodion Iddewiaeth ai peidio? Mae'n amlwg yn beryglus meddwl am Iddewiaeth fel peth unffurf. Mae gwahanol wareiddiadau – yr Aifft, Canaan, Babilon, Persia, Groeg, Rhufain, Cristnogaeth ac Islam – oll wedi effeithio ar Iddewon a thrwyddyn nhw, ar Iddewiaeth ei hun. Wrth iddi ddatblygu ac ymaddasu i amgylchiadau cyfnewidiol drwy gydol ei hanes maith, mae Iddewiaeth yn naturiol wedi cynnwys gwahanol bwyslais yn ogystal â syniadau cwbl groes i'w gilydd. Os bydd dyn yn siarad am hanfod Iddewiaeth, neu 'Iddewiaeth normadol' fel mae rhai'n ei alw, beth yw'r seiliau gwrthrychol ar gyfer penderfynu beth sy'n hanfodol neu'n normadol a beth sy'n ymylol neu'n fyrhoedlog? Bydd elfen oddrychol yn siŵr o liwio barn, i raddau.

Duw, y Torah, a phobl Israel

Efallai, fodd bynnag, ond cymryd pwyll a pheidio â hawlio gormod, fod cyfiawnhad dros geisio'r fath beth ag Iddewiaeth normadol neu hanfod y grefydd. Mae gwaith pwysicaf cyfriniaeth Iddewig, y *Zohar* ('goleuad') yn sôn am dair elfen sydd ynghlwm wrth ei gilydd, sef Duw, y Torah, ac Israel. Er bod dehongliadau o'r tri syniad yma wedi amrywio o oes i oes, ac er bod gwahaniaethau gwirioneddol o ran pwyslais, yn tarddu o wahanol ddiwylliannau a gwahanol safbwyntiau, mae yna fath o gonsensws ymhlith credinwyr fod Duw, y Torah a'r bobl yn hanfodol i Iddewiaeth. Fel y dwedodd y diwinydd Iddewig, Louis Jacobs, yn gryno:

> *Nid yw Iddewiaeth heb Dduw yn Iddewiaeth. Nid yw Iddewiaeth heb y Torah yn Iddewiaeth. Nid yw Iddewiaeth heb Iddewon yn Iddewiaeth.*

Efallai y byddai'n haws pe baen ni'n gwahaniaethu rhwng Iddewiaeth seciwlar a chrefyddol. Mae 'Iddewiaeth Seciwlar' yn disgrifio athroniaeth Iddewon sy'n derbyn gwerthoedd Iddewig penodol a hyd yn oed rai arferion, heb gredu fod unrhyw arwyddocâd crefyddol iddyn nhw. Mae'r rhain yn eu disgrifio'u hunain fel Iddewon, tra'n gwrthod unrhyw athroniaeth grefyddol. Mae rhai ysgolheigion yn cynnig termau eraill i wneud y gwahaniaeth yma'n gliriach. Mae Jacob Neusner, er enghraifft, wedi sôn am 'Iddewydd' (*Judaist*), gan wahaniaethu rhwng hynny ag 'Iddew' (*Jew*). Mae Iddew yn perthyn i grŵp ethnig yr Iddewon. Iddewdod y person yma yw'r hyn sy'n Iddewig ynglŷn â'i ddiwylliant, ni waeth ble yn y byd y mae'n byw. 'Iddewydd' ar y llaw arall, yw Iddew sydd, yn ychwanegol at hynny, yn cynnal y traddodiad Iddewig mewn ffyrdd pwysig. Mae Neusner yma'n gwahaniaethu rhwng Iddewdod ac Iddewiaeth, sef y 'traddodiad Iddewiaethol' yn ei eiriau ef. Yn ei gyfrol, *The Way of Torah: An Introduction to Judaism*, mae'n dweud:

Mae Iddewdod yn cyfeirio at gasgliad o'r teithi hynny a ystyrir, mewn gwahanol leoliadau, yn arbennig ac yn nodweddiadol Iddewig; ond, o bosib, does gan y teithi hynny nemor ddim i'w wneud â'r traddodiad Iddewiaethol. Iddewiaeth yw'r traddodiad crefyddol sydd wedi ei orseddu yn y llyfrau sanctaidd, wedi ei fynegi gan y geiriau sanctaidd, y gweithredoedd, y ffordd o fyw, egwyddorion y ffydd sydd oll wedi eu crynhoi o dan y gair Torah.

(Dickenson Publishing Company, 1974)

Wrth sgrifennu ym 1992, mae Neusner yn cydnabod mor anodd yw gwahaniaethu fel hyn. Mewn arolwg o'r 5.5 miliwn o bobl yng ngogledd America sy'n eu galw eu hunain yn 'Iddewon' ym 1990, datganodd pedair miliwn eu bod yn Iddewon am eu bod yn arfer eu crefydd. Ac eto, daeth yn amlwg fod llawer o hyn yn fath o 'grefydd sifil', ar ffurf cefnogaeth i wlad Israel, rhywbeth sydd yn uno Iddewon o bob tuedd mewn modd sydd weithiau'n gwneud Iddewiaeth hynafol y Torah yn anodd ei leoli. Mae Neusner bellach yn debycach o siarad am 'Iddewiaethau', neu 'deulu o grefyddau'.

Gellir rhannu hanes Iddewiaeth yn bum cyfnod:

1 Yr hen Israel, cyn Iddewiaeth, o'r dechreuad i 586 COG.
2 Cychwyn Iddewiaeth, wedi dinistr y Deml yn 586 COG.
3 Oes Ffurfeiddiol Iddewiaeth Rabbinaidd, wedi dinistr yr Ail Deml yn 70 OG.
4 Rheolaeth lwyr Iddewiaeth Rabbinaidd, o 600 i 1800 OG.
5 Oes Amryfal Iddewiaethau, o'r Chwyldroadau Americanaidd a Ffrengig (1776 a 1789) tan y presennol.

Iddewiaeth fel un o grefyddau mawr y byd

Mae'r llyfr yma'n trafod Iddewiaeth fel un o grefyddau mawr y byd, oherwydd dyna'n union yw hi. Mae Iddewiaeth yn seiliedig ar ffydd, ffydd pobl Israel yn Nuw. Dydy'r Duw yma, cred Iddewon, ddim yn Dduw absennol neu ddifater, ond yn un sydd wedi egluro ei ewyllys wrth y ddynolryw. Gall pobl ddarganfod yr ewyllys yma yn y Torah, canllawiau Duw ar gyfer byw. Mae gan Iddewon ffydd yng ngharia d â gallu Duw i gyflawni ei bwrpas ar gyfer yr holl ddynolryw. Maen nhw'n credu fod gan bobl Israel ran arbennig i'w chwarae yn y pwrpas yma. Cafodd y Torah ei roi iddyn nhw, er budd i'r holl fyd. Felly, yr Iddewon yw cyfrwng datgelu ewyllys Duw. Mae Iddewiaeth, felly, yn grefydd fyd-eang nid yn unig o safbwynt cwmpas daearyddol, ond oherwydd ei gorwelion eang. Mae'n grefydd ar gyfer yr holl fyd, nid oherwydd argyhoeddiad y dylai pawb fod yn Iddewon - yn bendant, nid dyna nod Iddewiaeth - ond yn yr argyhoeddiad fod y byd yn perthyn i Dduw a bod yn rhaid i'r ddynolryw ufuddhau i'w ewyllys.

Y man cychwyn ar gyfer unrhyw astudiaeth o'r grefydd hon yw'r Beibl. Y Beibl sy'n cofnodi'r syniadau allweddol, yr arferion, a'r sefydliadau a ddaeth yn amlwg yn y grefydd. A bod yn fanwl gywir, allwn ni ddim sôn am y ffydd feiblaidd, ffydd hynafol Israel, fel Iddewiaeth. Doedd neb yn defnyddio'r gair *Yehudi* (Iddew) i olygu holl bobl Israel tan yn ddiweddar iawn mewn hanes beiblaidd. Yr ystyr gwreiddiol oedd 'rhywun yn perthyn i lwyth Jwda'. Yn bwysicach na hynny, mae gwahaniaethau pendant rhwng Iddewiaeth ddiweddarach a rhai o'r ffurfiau, syniadau, a ffyrdd o addoli a geir yn y Beibl. Ond byddai'r rhan fwyaf o Iddewon yn gweld digon o barhad i allu dweud mai'r un ffydd yw Iddewiaeth. Mae'r Beibl yn tynnu'n sylw ar unwaith at hanfod Iddewiaeth fel ffydd, fel gweithgaredd, beth mae pobl yn ei wneud. Gwelwn yno'r math o grefydd rydym yn mynd i'r afael â hi. Fel mae Baeck yn dweud yn *The Essence of Judaism:*

> *Dyma egwyddor Iddewiaeth yn ei hystyr ddyfnaf: drwy weithredu y byddwn yn pregethu'n crefydd. Ein bywydau fydd yn datgan mawredd ein ffydd.*

02 gwreiddiau cred ac arfer – y Beibl

Yn y bennod hon byddwch yn dysgu:

- am gynllun y Beibl Iddewig
- am gredoau Iddewig allweddol a geir yn y Beibl
- sut mae'r Beibl yn cael ei ddarllen, ei astudio, a'i ddehongli.

Hanes pobl a'i arwyddocâd

Drwy gyfeirio at Iddewon fel 'pobl y llyfr', mae testunau Islamaidd yn llygad eu lle i alw sylw at bwysigrwydd canolog llyfrau sanctaidd mewn Iddewiaeth. Y Beibl, y Talmud (esboniadau'r rabbiniaid), a'r *siddur* (y llyfr gweddi) yw'r llyfrau hyn, ond y cyntaf o'r rhain yw'r sail i bob mynegiant o ffydd yr Iddewon. Y Beibl oedd y llyfr cyntaf a luniwyd, yn nhrefn amser, a'r Beibl hefyd yw gwraidd popeth sy'n dilyn.

Ni fyddai'n gywir dweud fod y grefydd a bortreadir yn y Beibl yn gyfystyr ag Iddewiaeth. Mae crefydd y Beibl yn cynrychioli cylchoedd amrwiol oedd â gwahanol safbwyntiau wedi eu datblygu dros ganrifoedd. Does dim un cylch neu safbwynt y gellid dweud ei fod yn cynrychioli Iddewiaeth fodern chwaith. Serch hynny, gallwn nodi rhai syniadau allweddol sydd o bwys hanfodol yn y Beibl ac sydd wedi dylanwadu ar ffurf Iddewiaeth. Fel y gwelsom ym mhennod 1, mae'r rhain yn ymwneud â'r triongl o bobl, Duw, a Torah. Mae cysylltiad annatod rhwng y bobl a'r tir. Mae'r syniadau allweddol hyn yn cael eu mynegi yn y Beibl nid ar ffurf credo ond ar ffurf hanes. Mae rhai'n dweud fod Iddewiaeth yn dechrau gydag Abraham, y person cyntaf y gwnaeth Duw gyfamod ag ef ac addo'r tir iddo (Genesis 15: 18; 17: 2, 19). Yn sicr, mae'n cael ei ystyried yn dad, neu batriarch, y bobl Iddewig. (Mae ei fab, Isaac, a'i ŵyr, Jacob hefyd yn cael eu hystyried yn batriarchiaid a'u gwragedd yn fatriarchiaid.) Mae eraill yn credu y byddai'n fwy priodol lleoli tarddiad Iddewiaeth yn y cyfnod pan roddwyd ffurf ar yr Ysgrythur, ar ôl dinistr y Deml gyntaf yn 586 COG. Er bod y rhan fwyaf o'r digwyddiadau sy'n cael eu disgrifio yn y Beibl wedi digwydd cyn y dyddiad hwnnw, cafodd rhywfaint ohono ei sgrifennu a chasglwyd y rhan fwyaf o'r deunydd ynghyd wedi hynny. Hwn yw'r cofnod ysgrifenedig sy'n ceisio rhoi arwyddocâd parhaol i hen, hen hanes grŵp neilltuol o bobl

Dydy dim ond adrodd hanes y bobl yma, yn ôl y llyfrau beiblaidd, ddim yn egluro Iddewiaeth i ni. Mae llawer o lyfrau ynglŷn â hanes yr Iddewon sy'n cynnig dim ond hanes, heb fynd ymlaen i ddangos sut roedd cofnod crefyddol o'r digwyddiadau yn gosod y seiliau ar gyfer yr Iddewiaeth a ddeilliodd o hynny. Yr hyn mae'r Beibl yn ei gynnig yw hanes *a* dehongliad o arwyddocâd yr hanes hwnnw. Mae ei eiriau agoriadol, 'Yn y dechreuad creodd Duw' yn taro'r cywair ar gyfer cyflwyniad o hanes sy'n mynd i gyfeiriad penodol. Mae Iddewon yn meddwl mai parhad i hyn yw eu hanes hwythau, mai nhw yw etifeddion y cyfamod a'u bod felly o dan ddyletswydd i ufuddhau i orchmynion y Beibl, er y gellir ailddehongli sut y dylid gwneud hynny. Un o ddaliadau Iddewiaeth rabbinaidd, yr Iddewiaeth a ddatblygodd yn norm, yw fod pob nodwedd mewn Iddewiaeth gyfoes yn tarddu yn y pen draw o'r Beibl. Mae llenyddiaeth rabbinaidd a'r egwyddorion dehongli a gynhwysir ynddi yn canolbwyntio ar sefydlu'r awdurdod beiblaidd sy'n sail i'r nodweddion hyn.

Cynllun y Beibl Iddewig

Ymdeimlad o awdurdod sy'n deillio o ysbrydoliaeth ddwyfol yw'r allwedd i ddeall ffurf a dylanwad y Beibl Iddewig. Mae'r gair Lladin *biblia*, 'llyfrau bach' (sy'n gysylltiedig yn ei dro â'r *Byblos* Groegaidd, dinas hynafol yn Syria a oedd yn enwog am ei diwydiant papyrws) yn awgrymu nad un llyfr mo'r Beibl, ond nifer o lyfrau. Derbyniwyd rhestr o lyfrau (24 ohonynt, ym marn rhai, gyda rhai yn y rhestr isod yn cael eu cyfrif fel un llyfr) yn y pen draw fel y rhai sydd ag awdurdod o safbwynt Iddewiaeth, ond ddim i gyd ar yr un pryd, a gyda rhai o fwy o bwys nag eraill. Mae trefn derbyn y gwahanol lyfrau neu gasgliadau o lyfrau yn cyfateb i'r flaenoriaeth roedd pobl yn ei rhoi iddyn nhw mewn bywyd Iddewig. Mae'r llyfrau'n ymrannu'n dair prif adran. Yr adran gyntaf o ran ffurf a phwysigrwydd yw *Torah*, sy'n cael ei gyfieithu yn aml fel 'Cyfraith' ond mae 'Dysgeidiaeth' neu 'Cyfarwyddyd' yn eiriau gwell. Mae'r adran yma'n cynnwys y pum llyfr cyntaf (yr enw Groegaidd arni, felly, yw'r *Pentateuch*). Yr ail adran yw'r *Neviim*, y 'Proffwydi', sydd weithiau'n cael ei his-rannu'n Broffwydi Cynnar a Phroffwydi Diweddar, sef 19 llyfr i gyd, er bod un llyfr yn gallu cael ei rannu'n 12 uned lai (y Mân Broffwydi). Y drydedd adran yw'r holl lyfrau sydd ar ôl. Mae hon yn gymysg ei chymeriad, a'r enw arni yw *Ketuvim*, 'Ysgrifau'. Mae'r Torah'n rhan hanfodol o addoliad Iddewig, gyda darn yn cael ei ddarllen ym mhob gwasanaeth fore Saboth o sgroliau memrwn pwrpasol. Mae'r Proffwydi'n chwarae rhan atodol yn y gwasanaeth yma, gyda darnau dethol yn cael eu darllen o lyfr printiedig. Dydy'r Ysgrifau ddim yn cael eu darllen yn gyhoeddus ond ar rai dyddiau arbennig pan fo llyfr neilltuol ag arwyddocâd neilltuol, er enghraifft, Esther yn ystod Gŵyl Pwrim (gweler pennod 13).

Llyfrau'r Beibl yn ôl y drefn Iddewig draddodiadol

Torah, Dysgeidiaeth			Genesis Exodus Lefiticus Numeri Deuteronomium
Neviim, Proffwydi:	Y Proffwydi Cynnar		Josua Barnwyr I a II Samuel I a II Brenhinoedd
	Y Proffwydi Diweddar	Y Proffwydi Mawr	Eseia Jeremeia Eseciel
		Y Mân Broffwydi	Hosea Joel Amos Obadeia Jona Micha Nahum Habacuc Seffaneia Haggai Sechareia Malachi
Ketuvim, Ysgrifau			Salmau Diarhebion Job
		Chamesh Megillot Y Pum Sgrôl	Caniad Solomon Ruth Galarnad Pregethwr Esther
			Daniel Esra a Nehemeia I a II Cronicl

Gwahaniaethau rhwng y Beibl Iddewig a'r Hen Destament Cristnogol

Dydy tair adran y rhaniad hynafol hwn ddim yn amlwg yn y drefn Gristnogol, lle mae'r deunydd wedi ei rannu'n 39 llyfr, gyda'r Proffwydi Cynnar wedi eu gwahanu oddi wrth y Proffwydi Diweddar a'r Ysgrifau wedi eu gwasgaru yma ac acw yn y rhestr. Y drefn Iddewig sy'n rhoi i'r Beibl ei enw Hebraeg, y *Tenach* (neu'r Tanach), sef talfyriad o lythrennau cyntaf y geiriau Torah, Neviim a Ketuvim. Dydy Iddewon ddim yn defnyddio'r term 'Hen Destament'. Mae 'Testament' yn golygu 'Cyfamod', term allweddol yn y gredo Iddewig, sy'n dynodi'r berthynas arbennig rhwng Duw a phobl Israel. Mae Cristnogion yn sôn am yr Hen Destament i wahaniaethu rhwng y cyfamod gyda phobl Israel a chyfamod diweddarach maen nhw'n credu i Iesu ei sefydlu, ac sydd wrth wraidd 27 llyfr y Testament Newydd Cristnogol. O safbwynt Iddewig, mae'r cyfamod neu destament gwreiddiol yn dal yn ddilys ac felly, does dim rheswm dros gyfeirio ato fel yr 'hen' un. Pan fydd Cristnogion yn cyfeirio at y Beibl, maen nhw'n golygu'r casgliad o 39 llyfr (sy'n cyfateb i'r 24 llyfr Iddewig, ond eu bod wedi eu his-rannu a'u trefnu'n wahanol) a hefyd y casgliad o 27 llyfr o'r ganrif gyntaf a'r ail ganrif OG. Groeg oedd iaith yr olaf o'r rhain tra'r oedd y rhai blaenorol yn yr Hebraeg (ac eithrio rhan o Lyfr Daniel a sgrifennwyd yn yr Aramaeg, iaith Semitig debyg iawn). Un enw amlwg ar y Beibl Iddewig, felly, yw'r 'Beibl Hebraeg'. Y Beibl Hebraeg yw 'y Beibl' i Iddewon. Efallai y bydd Iddewon yn astudio'r Testament Newydd i ddysgu am Gristnogaeth, ond dydyn nhw ddim yn ei ystyried yn ysgrythur sanctaidd ac felly, does dim lle iddo yng nghred ac arfer yr Iddewon. Mae llyfrau eraill yn rhan o'r canon ('ffon fesur' neu 'safon') yn yr eglwys Babyddol ac Eglwysi Uniongred y Dwyrain, sef yr Apocryffa, y gair Groeg am y 'llyfrau cudd'. Y 'llyfrau allanol' yw enw'r rhain yn y traddodiad Iddewig. Yn eu plith mae Macabeaid I a II, sydd o ddiddordeb hanesyddol gan eu bod yn adrodd hanes gwrthryfel y Macabeaid sy'n cael ei goffáu gan ŵyl Chanukah, a llyfr arall y cyfeiria'r llenyddiaeth rabbinaidd ato o dan sawl enw, fel 'Doethineb Iesu Fab Sirah', 'Ben Sira', neu Ecclesiasticus. Mae hwnnw'n llyfr gwahanol i Ecclesiastes, neu Lyfr y Pregethwr ('Koheleth' yn yr Hebraeg) sydd yn un o'r Ketuvim.

Cynnwys y Torah

Mae 'Torah' yn gallu golygu'r holl Feibl Hebraeg, neu hyd yn oed y Beibl ynghyd â'r ddysgeidiaeth rabbinaidd a ddatblygodd yn ystod y pum neu chwe chanrif gyntaf OG. Mae hefyd yn gallu cyfeirio'n benodol at bum llyfr cyntaf y Beibl. Mae'r defnydd hwn ychydig yn gamarweiniol ac yn gwbl briodol ar yr un pryd. Mae'n gamarweiniol os yw'n awgrymu fod y pum llyfr wedi'u sgrifennu yn yr un arddull ac yn ymdrin â'r un pynciau. Mewn gwirionedd, mae llawer o elfennau gwahanol wedi eu crynhoi yma. Ar y llaw arall, mae 'Torah', sef 'Cyfarwyddyd' neu 'Ddysgeidiaeth', yn enw da ar y casgliad am mai'r un peth sy'n uno'r llyfrau yw cyfarwyddyd Duw ar gyfer pobl Israel. Mae llawer o'r rhannau yn dechrau â'r geiriau: 'Dywedodd yr Arglwydd wrth Moses', ac mae'r gred hynafol hon mai Moses yw'r awdur yn dal i fod yn rhan o'r grefydd Iddewig Uniongred.

Duw, creadwr y byd

Mae hyd yn oed yn fwy trawiadol, felly, fod y llawlyfr yma ar gyfer byw bywyd Iddewig yn cychwyn â hanes creadigaeth yr holl fyd. Mae Genesis 1-2, fel mater o ffaith, yn cynnwys dau hanesyn gwahanol, ond mae'r ddwy fersiwn yn pwysleisio bwriad pennaf Duw a'r cyfrifoldeb a roddodd i'r ddynolryw i ofalu am y byd a oedd wedi cael ei greu. Mae'r straeon yn 11 pennod gyntaf Genesis yn codi cwestiynau dwys am y berthynas rhwng Duw a bodau dynol. Mae anobaith Duw yn nodweddu'r deg cenhedlaeth rhwng Adda a Noa; yna mae Duw yn disgwyl i'r ddynolryw ei gydnabod fel creawdwr am y deg cenhedlaeth nesaf, o Noa i Abraham. Mae'r stori'n canolbwyntio wedi hynny ar Abraham, ei wraig Sara, a'u disgynyddion. Drwy ymateb i orchmynion Duw mae pobl Israel yn dod i fod. Yr enw 'Israel' yw'r enw a roddir i Jacob (Genesis 35: 10) ac felly, 'plant Israel' yw'r disgynyddion, yn llythrennol. 'Hebreaid' yw'r enw a roddir i'r grŵp gwreiddiol hwn o Semitiaid, fel yn Genesis 14: 13 (mae pobloedd eraill, fel Arabiaid, yn Semitiaid hefyd) ac mae'r gair 'Iddewon', yn hanesyddol, yn perthyn i Israeliaid o'r chweched ganrif COG. Pobl oedd y rhain (yr 'Yehudi') o deyrnas ddeheuol *Yehuda* ('Jwda'), yr enw ar dalaith Jwdea yn oes y Macabeaid, sy'n dal i gael ei ddefnyddio gan Iddewon am y diriogaeth i'r de o Jerwsalem. Gwelwn hefyd yr enw 'Israel' yn dechrau cael ei ddefnyddio am y wlad a oedd yn cael ei hadnabod fel 'Canaan' pan addawyd hi i Abraham, lle mae'r Canaaneaid yn byw (gweler, yn enwedig, Genesis 12 ac 17).

Mae llyfr Genesis, felly, yn gosod y cefndir ar gyfer y grefydd a ddatblygodd yn Iddewiaeth yn y pen draw. Mae'r un Duw-greawdwr yn ymddiddori yn yr holl ddynoliaeth. Yn ôl y Talmud, rhoddwyd saith egwyddor sylfaenol i Noa, cynrychiolydd y ddynoliaeth (Genesis 9: 18-19), i dywys ei fywyd. Mae 'Côd Noa' yn gwahardd eilunaddoli, cablu, llosgach, llofruddiaeth, lladrad a chreulondeb i anifeiliaid. Mae'n mynnu gonestrwydd a thegwch, gan gynnwys sefydlu llysoedd barn i weinyddu cyfiawnder. Dim ond ar ôl hyn y mae'r hanes yn dechrau canolbwyntio ar Abraham a'r addewidion i'w ddisgynyddion. Felly, mae Genesis yn gweddnewid hanes y grŵp neilltuol yma yn rhywbeth sydd nid yn unig o bwys tragwyddol i holl blant Israel wedi hynny, ond sydd hefyd o ddiddordeb a phwysigrwydd i'r holl fyd.

Dyletswyddau pobl etholedig

Mae'r safbwynt hwn yn cael ei fynegi gliriaf mewn darn pwysig yn ail lyfr y Torah:

> *Fe welsoch yr hyn a wneuthum i'r Eifftiaid, ac fel y codais chwi ar adenydd eryrod a'ch cludo ataf fy hun. Yn awr, os gwrandewch yn ofalus arnaf a chadw fy nghyfamod, byddwch yn eiddo arbennig i mi ymhlith yr holl bobloedd, oherwydd eiddof fi'r ddaear i gyd. Byddwch hefyd yn deyrnas o offeiriaid i mi, ac yn genedl sanctaidd.*
>
> (Exodus 19: 4-6)

Gall y syniad o 'bobl etholedig' gael ei gamddeall yn ddifrifol, gan Iddewon os anghofian nhw amodau'r cyfamod a wnaed gan Moses ar eu rhan, a gan rai nad ydynt yn Iddewon os ydyn nhw'n credu mai dim ond am blant Israel y mae Duw'n poeni. Ystyr y darn hwn a darnau eraill yn y Torah a'r Neviim (Proffwydi) yw fod plant Israel wedi cael eu dewis i chwarae rhan arbennig yng nghynllun Duw ar gyfer 'yr holl ddaear'. Dydy hynny ddim yn golygu eu bod yn well na phobl eraill, ddim mwy nag oedd yr offeiriaid yn Israel gynt, a gynrychiolai'r bobl ger bron Duw, a Duw i'r bobl, yn well na'r bobl nad oedd yn offeiriaid. Yn syml iawn, cawsant eu galw i gyflawni tasg wahanol. Eu gorchwyl nhw yw bod yn genedl sanctaidd, yn genedl ar wahân. Felly, cyn y darlleniad o'r Torah yn y Synagog, y weddi yw:

Bendigaid wyt, O Arglwydd ein Duw, Brenin y bydysawd, a'n dewisodd ni o blith yr holl bobloedd, ac a roddaist i ni dy Torah

Does neb erioed wedi canfod rheswm pam mai i'r bobl yma y rhoddwyd y cyfrifoldeb. Yn ôl esboniadau rabbinaidd ar Exodus 24: 7, cafodd y Torah ei gynnig i genhedloedd y byd, ond dim ond Israel oedd yn fodlon ei dderbyn. Ond gwneir yn glir mai cariad Duw ac nid teilyngdod Israel sy'n sail i'r dewis yma. Yn Deuteronomium 7: 7-8, darllenwn:

Nid am eich bod yn fwy niferus na'r holl bobloedd yr hoffodd yr ARGLWYDD *chwi a'ch dewis; yn wir chwi oedd y lleiaf o'r holl bobloedd. Ond am fod yr* ARGLWYDD *yn eich caru ac yn cadw'r addewid a dyngodd i'ch tadau, daeth â chwi allan â llaw gadarn a'ch gwaredu o dŷ caethiwed, o law Pharo brenin yr Aifft.*

Gallwn ddal i ofyn y cwestiwn sylfaenol: pam oedd yn rhaid i Dduw ddewis un bobl o gwbl? Pam na allai'r holl ddynolryw fod yn gyfrwng cyflawni ei fwriad ar gyfer y byd? Efallai mai'r diwinydd Prydeinig, Rabbi Louis Jacobs, sy'n cynnig yr ateb gorau, pan ddywed fod 'holl orchestion mawr y ddynolryw wedi eu cyflawni gan bobl neilltuol yn byw mewn ffordd neilltuol'. Ni allai dramâu Shakespeare fod wedi cael eu cynhyrchu yn haniaethol: rhaid oedd wrth Sais, yn sgrifennu yn Saesneg. Ac eto, mae eu gwerth yn ymestyn ymhell y tu hwnt i ffiniau Lloegr. Felly mae Duw wedi cyfyngu ei ddewis i'r Iddewon a'u profiad neilltuol nhw. Ac eto, 'mae'r hyn a ddeilliodd ohono i gyd a'r hyn, fel y cred Iddewiaeth, a fydd yn deillio ohono, ar gyfer yr holl ddynolryw.' (*The Book of Jewish Belief*, Berhman House, 1984).

Yn enwedig mewn cyfnodau o erledigaeth, mae cenedlaetholdeb neu neilltuolrwydd wedi nodweddu ymateb yr Iddewon, yn yr ystyr o bwysleisio fod Duw o blaid yr Iddewon yn erbyn cenhedloedd eraill. Ond mae'n dal i fod yn gywir disgrifio Iddewiaeth fel crefydd hollgyffredinol ei hagwedd. Fe welwn, yn enwedig mewn darnau yn y Proffwydi, y syniad fod pobl Israel yn fendith i'r byd (e.e. Eseia 19: 24-25). Yn sicr, mae litwrgi a syniadau athronyddol Iddewig yn pwysleisio swyddogaeth arbennig Israel yng ngwaredigaeth y ddynolryw (e.e. Saadiah Gaon yn y nawfed a'r ddegfed ganrif OG, Halevi yn yr unfed ganrif ar ddeg a'r ddeuddegfed a'r Kabbalah (dysgeidiaeth gyfriniol) hefyd).

Nodi'r dyletswyddau arbennig a osodwyd ar Israel yw bwriad canolog llyfr Exodus. Mae'r penodau cynnar yn cyflwyno hanes caethiwed disgynyddion Jacob yn yr Aifft, a'u rhyddhau wedyn i fynd i 'wlad yn llifeirio o laeth a mêl' (Exodus 3: 8) dan arweiniad Moses. Yr 'exodus' (sef y gair Groeg am 'fynd allan') yma o'r Aifft yw digwyddiad mwyaf hanes yr Iddewon, sy'n cael ei ddathlu bob blwyddyn yn y Pasg Iddewig, ac sy'n cael ei gofio beunydd yn y litwrgi Iddewig. Uchafbwynt yr exodus yw ategu'r cyfamod ar Fynydd Sinai (neu Horeb) sy'n cael ei ddisgrifio yn Exodus 19. Mae'r bennod nesaf yn rhestru deg o'r gorchmynion sy'n rhan o gadw'r cyfamod. Mae'r 'gorchmynion' neu 'ddyletswyddau' hyn (*mitzvot* mewn Hebraeg, unigol *mitzvah*) yn rhai positif (e.e. 'Anrhydedda dy dad a'th fam') ac yn rhai negyddol (e.e. 'Na ladd'). Datganiad yw'r cyntaf o'r deg 'gair' yma (y *Decalogue* yw'r enw Groeg arnynt) sy'n gosod y gorchmynion eraill oll yn eu cyd-destun:

> *Myfi yw'r* A*RGLWYDD* *dy Dduw, a'th arweiniodd allan o wlad yr Aifft, o dŷ caethiwed.*
>
> (Exodus 20: 2)

Mae'r ail (adnodau 3-6) yn datgan yn foel beth yw prif ganlyniad y ffaith fod Duw wedi achub yr Israeliaid, sef nad ydyn nhw i fod i addoli unrhyw Dduw arall na chreu unrhyw fath o ddelwau i gynrychioli Duw. Y gred yma mewn Duw digymar, unig greawdwr a chynhaliwr pob peth sy'n bod, yw craidd y ffydd Iddewig. Mae hynny'n cael ei ddatgan yn gwbl glir yn: 'Gwrando, O Israel: Y mae'r ARGLWYDD ein Duw yn un ARGLWYDD' (Deuteronomium 6: 4).

Mae mitzvot Exodus 20 (a geir yn Deuteronomium 5 hefyd) yn ymwneud ag addoli a moesoldeb. Mitzvah defodol yw 'Cofia'r dydd Saboth', tra bod 'Na ddwg gamdystiolaeth yn erbyn dy gymydog' yn un moesegol. Yn ôl y traddodiad, mae 613 o mitzvot yn y Torah, 248 o rai positif a 365 o rai negyddol. Gallwn wahaniaethu ymhellach rhwng mitzvot â rheswm amlwg, fel peidio â llofruddio, a rhai heb reswm amlwg, fel peidio â bwyta rhai mathau o adar. '*Mishpatim*' ('dedfrydau') yw enw'r naill, a *Chukim* ('statudau') yw'r lleill. Mae rhai Iddewon yn credu mewn ceisio darganfod rhesymau dros yr Chukim, yn enwedig Maimonides sy'n dweud, yn ei *Lawlyfr i Rai mewn Cyfyng-gyngor*, fod i'r Chukim, fel y mishpatim, sail mewn rhesymeg. Mae eraill yn credu nad oes pwrpas ceisio dod o hyd i resymau am bethau sy'n ymddangos yn afresymol. Dydy'r Beibl ei hun ddim yn cynnig rhesymau dros y mitzvot. Yn syml iawn, mae cadw at y rheolau hyn yn rhan o ufuddhau i Torah Duw.

Rhoddir lle pwysig i ddeddfwriaeth yng ngweddill y Pentateuch. Mae llyfr Lefiticus yn nodi'r rheolau a'r rheolaethau y mae'n rhaid i bobl eu dilyn er mwyn byw bywyd 'sanctaidd'. Mae llawer o'r rhain yn ymwneud â'r calendr cysegredig a deddfau purdeb defodol. Disgrifir swyddogaeth yr offeiriaid sy'n offrymu aberthau ar ran y bobl, a phwysleisir sancteiddrwydd gwlad addewid Genesis ac Exodus, gydag offrymau a welir fel cynnyrch y wlad yma. Argymhellion moesol cyffredinol yw mitzvot eraill, fel peidio â dial a pheidio â dal dig (Lefiticus 19: 17-18). Mae llyfr Numeri yn adrodd straeon am y bobl yn crwydro yn yr anialwch rhwng Sinai a gwlad Canaan, ond yma eto, mae'r pwyslais ar Moses fel athro sy'n dysgu'r Torah iddynt ac ar gyfrifoldebau'r offeiriadaeth. Mae Llyfr Deuteronomium yn ailddatgan rheolau'r cyfamod a hefyd rhai o straeon y llyfrau blaenorol. Mae'r rhain yn cael eu cyflwyno ar ffurf pregeth faith gan Moses, a daw'r llyfr i ben gyda'i farwolaeth yntau.

Y Torah mewn astudio a gweddïo

Mae'r Torah, sydd wedi ei rannu'n adrannau (*sidrot*), yn cael ei ddarllen yn y synagog bob Saboth a dydd gŵyl. Mae pob *sidra* wedi ei enwi ar ôl y geiriau agoriadol yn yr Hebraeg. Felly enw Genesis 1: 1 - 6: 8 yw *Bereshit*, 'Yn y dechreuad'. Bereshit yw'r enw hefyd ar holl lyfr Genesis yn y Beibl Hebraeg. Y Torah printiedig yw'r canolbwynt i weddïo ac astudio yn y synagog a'r cartref. Y *Chumash* (o *Chamesh*, pump) yw'r term am y fersiwn brintiedig hon o bum llyfr Moses, yn hytrach na'r sgrôl lawysgrifen (y *sefer Torah*, lluosog *sifrei Torah*).

Cynnwys y Neviim

Mewn iaith gyffredin, ystyr 'proffwydo' yw rhagddweud y dyfodol. Ond pan edrychwch ar broffwydoliaeth yn y Beibl Hebraeg, gwelwn nad y dyfodol yw'r prif ddiddordeb. Mae pedwar llyfr cyntaf y Neviim ('Proffwydi') yn canolbwyntio'n bennaf ar y gorffennol a'i oblygiadau ar gyfer y presennol. Mae awduron llyfrau Josua, Barnwyr, Samuel a Brenhinoedd yn sôn am ddigwyddiadau yn hanes y bobl, o'u dyfodiad i Ganaan tan ddinistr Jerwsalem ryw 500 mlynedd wedi hynny. Ond wrth adrodd yr hanes, maen nhw'n dehongli'r digwyddiadau o safbwynt diwinyddol. Mae'r llyfrau'n broffwydol yn hytrach nag yn hanesyddol o'r safbwynt eu bod yn pwyso a mesur hanes yn ôl yr arweiniad dwyfol mae'n ei roi, a'r gwersi moesol y gallwn eu dysgu ganddo. Y prif syniad yw bod ufuddhau i Dduw yn dod â ffyniant tra bod anufuddhau yn dod â thrychineb. Mae'r Neviim yn dechrau lle mae hanes y Pentateuch yn dod i ben, gan ddigrifio'r Israeliaid dan arweiniad Josua, olynydd Moses, yn trechu Canaan. Maen nhw'n disgrifio'r modd y bydd arweinydd, a elwir yn 'farnwr', yn dod i'r amlwg i arwain y bobl, yn enwedig ar adegau o argyfwng. Mae'r arwyr cenedlaethol hyn yn cynnwys Samson a Debora.

Y Proffwydi Cynnar

Mae sefydlu'r frenhiniaeth yn oes y proffwyd Samuel o bwys neilltuol. Dydy'r holl straeon ddim o blaid hyn, ond mae'r rheini sydd o blaid yn awgrymu fod y Deuddeg Llwyth wedi teimlo fod angen brenin arnyn nhw i'w huno. Mae 1 Samuel 10: 1 yn adrodd hanes Samuel yn eneinio'r brenin cyntaf, Saul. Fel 'un wedi ei eneinio' (Hebraeg, *mashiah*), byddai pob brenin, o Saul ymlaen, yn gynrychiolydd Duw, a byddai'n llywodraethu ei bobl yn unol â deddfau Duw. Y prif ffigur yw Dafydd, yn rhannol am iddo gipio dinas Jerwsalem a sefydlu ei bridfddinas yno (2 Samuel 5: 1-10). Er nad ydym bob amser yn cael darlun ffafriol ohono (fel yn yr hanes amdano'n godinebu a chael ei geryddu o'r herwydd gan y proffwyd Nathan yn 2 Samuel 11-12), mae Dafydd yn datblygu i fod yn batrwm o lywodraethwr cyfiawn (e.e. Eseia 11: 1-5). Mae ei fab, Solomon, yn adeiladu'r Deml yn Jerwsalem, adeilad parhaol i gymryd lle'r cysegr dros-dro blaenorol (Exodus 25-27).

Yn nheyrnasiad mab Soloman, Rehoboam, mae'r deyrnas yn ymrannu gyda llwythau Benjamin a Jwda yn ffurfio teyrnas y de yn Jwda, a'r deg llwyth arall yn ffurfio teyrnas y gogledd, sef Israel. Mae gweddill Brenhinoedd 1 a 2 yn olrhain hanes y ddwy deyrnas hyd ddinistr prifddinas Israel, Samaria, gan yr Asyriaid yn 721 COG, a dinistr prifddinas Jwda, Jerwsalem, gan y Babiloniaid yn 586 COG. Mae'r proffwydi, sydd, yn y bôn, yn llefarwyr ar ran Duw, yn ymddangos ar adegau tyngedfennol i alw'r bobl a'u brenhinoedd yn ôl i addoli'r un Duw ac i gynnal safonau moesol crefydd yr Israeliaid (e.e. Elias yn 1 Brenhinoedd 18 a 21).

Y Proffwydi Diweddar

Enwau proffwydi'r cyfnod rhwng yr wythfed a'r bumed ganrif

COG, y cofnodwyd eu geiriau naill ai ganddyn nhw eu hunain neu eu disgyblion, yw enwau llyfrau'r Proffwydi Diweddar. Mae llyfrau Eseia, Jeremeia, ac Eseciel yn rhai swmpus, a dyna pam y cyfeirir atyn nhw fel y 'Proffwydi Mawr'. Mae'r 'Mân Broffwydi' yn llyfrau llawer byrrach, sy'n cael eu cyfrif fel un llyfr yn y Beibl Hebraeg, 'Llyfr y Deuddeg'. Mae'r neges broffwydol yn amrywio yn ôl yr argyfwng neilltuol sydd dan sylw, ond mae rhai nodweddion cyson. Y nodwedd bennaf yw beirniadaeth hallt ar Israel a Jwda am fradychu'r cyfamod drwy ddibynnu ar wleidyddiaeth grym ac eilunaddoli a thrwy dorri ei ofynion moesol, fel yn Hosea lle mae'r proffwyd yn ceryddu Israel (Effraim mae'n ei galw, sef enw llwyth mwyaf y gogledd):

> *Pan welodd Effraim ei glefyd a Jwda ei ddoluriau,*
> *aeth Effraim at Asyria ac anfonodd at frenin mawr;*
> *ond ni all ef eich gwella na'ch iacháu o'ch doluriau.*
> (5: 13)
> *Gwnaethant frenhinoedd, ond nid trwof fi;*
> *gwnaethant dywysogion, nad oeddwn yn eu hadnabod.*
> *Â'u harian a'u haur gwnaethant iddynt eu hunain ddelwau, a hynny er distryw.* (8: 4)
> *Clywch air yr* ARGLWYDD, *blant Israel*
> *Y mae gan yr* ARGLWYDD *achos yn erbyn trigolion y tir,*
> *am nad oes ffyddlondeb, na chariad na gwybodaeth o Dduw yn y tir,*
> *ond tyngu a chelwydda, lladd a lladrata,*
> *godinebu a threisio, a lladd yn dilyn lladd.* (4:1-2)

Mae apêl at werthoedd y Torah, fel tosturi gweithredol tuag at drueiniaid. Mae'r amddifad, y weddw, a'r estron yn destun gofal neilltuol Duw yn y Pentateuch (e.e. Exodus 22: 21-24; Deuteronomium 10: 17-19). Felly mae Eseia'n erfyn ar ei bobl i osgoi dialedd dwyfol:

> *Ymolchwch, ymlanhewch.*
> *Ewch â'ch gweithredoedd drwg o'm golwg;*
> *Peidiwch â gwneud drwg, dysgwch wneud daioni.*
> *Ceisiwch farn, achubwch gam y gorthrymedig,*
> *gofalwch dros yr amddifad, a chymerwch blaid y weddw.* (1: 16-17)

Y gobaith am feseia

Mae'r syniad yn datblygu, yn enwedig yn llyfr Eseia, pan fydd

Israel yn cyflawni ei swyddogaeth o fod yn gwbl deyrngar i Dduw, y bydd yr holl fydysawd yn mwynhau oes newydd o heddwch (yn enwedig 2: 2-4, 9: 6-7; 11: 1-9). O'r siom barhaus gyda bron bob un o'u brenhinoedd ar ôl Dafydd, datblygodd gobaith am lywodraethwr a fyddai â rhinweddau 'un eneiniog' (meseia). O dan iau'r Rhufeiniaid, tyfodd y gobaith meseianaidd hwn, sydd â'i wreiddiau yn y Beibl Hebraeg, a dechreuodd y rabbiniaid ystyried y syniad o berson wedi ei anfon gan Dduw i gyhoeddi dyfodiad oes aur. Yn y ganrif gyntaf OG, credai'r Phariseaid y byddai'r meirw'n cael eu hatgyfodi wedyn.

Mae nifer o bobl yn hanes yr Iddewon wedi hawlio mai nhw yw'r Meseia, er enghraifft, Simon bar Kosiba (neu Bar Cochba, 'Mab Seren') a ryddhaodd Jerwsalem o iau'r Rhufeiniaid am dair blynedd yn 132 OG tan i'w wrthryfel gael ei drechu, ac Iddew Twrcaidd o'r enw Shabbetai Zevi yn 1665 OG, a drodd at Islam wedi hynny. Mae Iddewon yn credu, fodd bynnag, ei bod hi'n amlwg nad yw Oes y Meseia wedi gwawrio. Oherwydd hynny, maen nhw'n gwrthod cred hanfodol Cristnogaeth, sef yr honiad mai Iesu oedd y Meseia (yr enw Groeg am feseia, sef 'un eneiniog', yw y 'Crist'). Mae grwpiau'n bod heddiw, sy'n galw eu hunain yn 'Iddewon Meseianig' neu 'Iddewon dros Iesu' sy'n credu y gallant ddal i fod yn Iddewon tra'n derbyn Iesu fel y Meseia. Mae'n anodd gweld pam nad ydyn nhw'n eu galw eu hunain yn Gristnogion fel y gwnaeth yr Iddewon hynny a ddaeth i gredu yn Iesu fel y Meseia yng nghyfnod y Testament Newydd. O safbwynt prif ffrwd Iddewiaeth, boed Uniongred neu an-Uniongred, mae'r grwpiau yma'n drysu credoau sylfaenol Iddewiaeth a Christnogaeth. Sail Cristnogaeth yw Iesu, yr un sydd wedi cyflawni'r gobaith am Feseia, a'r un sydd wedi cymryd lle'r Torah fel ffocws i ufudd-dod. Mae Iddewiaeth yn gweld ufuddhau i'r Torah fel yr un amod sydd yn rhaid ei chyflawni cyn gwawrio Oes y Meseia. Mae llawer o Iddewon yn gweddïo bob dydd am ddyfodiad y Meseia, ac am adfer y Deml ac aberthu. Mae rhai eraill, yn enwedig Iddewon an-Uniongred, yn rhoi pwyslais ar oes newydd yn hytrach nag ar unigolyn, ac yn gweddïo am drawsnewid y ddynoliaeth yn hytrach nag am ddychwelyd i'r system aberthu.

Cynnwys y Ketuvim

Dinistr y Deml Gyntaf yn 586 COG oedd un o'r ddau ddigwyddiad a ddiffiniodd ddatblygiad y Beibl Hebraeg, gan fod yn rhaid ceisio egluro pam roedd hanes yr Iddewon wedi mynd i'r cyfeiriad y gwnaeth. Yr ail ddigwyddiad diffiniol oedd adfer Jerwsalem ac adeiladu'r Ail Deml, rhwng 538 a 450 COG. Pan drechodd Cyrus, Brenin y Persiaid, y Babiloniaid yn 538, caniataodd i bobl y Gaethglud ddychwelyd i'w gwledydd brodorol. Dewisodd rhai Iddewon aros ym Mabilon, gan osod seiliau un o gymunedau pwysig y Diaspora. Roedd y rheini a ddychwelodd i Jwda yn cynnwys Esra, ygrifennydd ac arbenigwr ar y Torah, a Nehemeia a aeth yn llywodraethwr Jwda. Mae llyfrau Esra a Nehemeia yn disgrifio'r cyfnod hollbwysig yma, yn rhannol ar ffurf atgofion hunangofiannol. Mae darlleniadau cyhoeddus Esra o'r Torah ac ymrwymiad y bobl i ufuddhau i'w orchmynion, yn enwedig yr un yn erbyn priodasau cymysg (Nehemeia 10: 30) o bwys sylfaenol i ddatblygiad Iddewiaeth yn y dyfodol. Daeth gwarchod purdeb y grefydd, a thrwy hynny sicrhau na fydden nhw'n troi cefn ar Dduw a chael eu halltudio eto, yn bwysicach na dim byd arall.

Mae cynnwys ac arddull lenyddol y drydedd ran o'r Beibl Hebraeg yn gwbl amrywiol. Yn y bôn, mae'r Ketuvim ('Ysgrifau') yn cynnwys yr holl lyfrau sydd ar ôl y tu allan i'r Torah a'r Neviim. Mae Cronicl 1 a 2, a sgrifenwyd tua'r un adeg â llyfrau Esra a Nehemeia (sy'n cael eu cyfrif fel un llyfr), yn ailadrodd hanes o Adda tan y Gaethglud Fabilonaidd ond gyda phwyslais ar yr offeiriadaeth yn hytrach na'r frenhiniaeth fel yn hanes Samuel-Brenhinoedd. Mae llyfr Daniel yn adrodd hanes ffyddlondeb mewn cyfnod o erlid. Y cefndir yw'r cyfnod Babilonaidd er bod ysgolheigion modern yn credu ei fod yn ymwneud â'r cyfnod Macabeaidd.

Llyfr y Salmau yw llyfr cyntaf y Ketuvim, casgliad o 150 o gerddi a gafodd eu cyfansoddi, y rhan fwyaf ohonyn nhw, ar gyfer addoli yn y Deml, mae'n debyg. Mae'r rhain yn dal i chwarae rhan amlwg mewn addoli Iddewig gan eu bod yn cynrychioli, yn aml mewn modd prydferth iawn, yr amrywiaeth anferth o brofiadau sy'n wynebu credinwyr. Mae rhai ohonyn nhw'n diolch i Dduw, rhai'n cwyno wrtho, rhai'n ei foli am fendithion i unigolion a'r gymuned, a rhai'n holi pam mae unigolion a'r gymuned yn dioddef. Yn ôl y traddodiad, gwaith y Brenin Dafydd yw'r Salmau. Mae llyfrau eraill y Ketuvim yn cynnwys y Diarhebion, casgliad o ddywediadau doeth yn bennaf, a Job, sy'n archwilio'r ffordd mae dyn yn parhau i gredu yn Nuw er gwaethaf ei ddioddefaint di-fai. Mae hyn yn herio'r cysylltiad a wneir yn y Beibl yn gyffredinol rhwng ffyddlondeb a ffyniant.

Mae llyfr Ruth yn herio safbwynt natur ddethol a chyfyngedig Iddewiaeth wedi'r Gaethglud drwy adrodd hanes teyrngarwch y ferch o Wlad Moab i'w mam-yng-nghyfraith Iddewig a Duw. Mae Ruth yn un o bum llyfr byr iawn a adnabyddir fel *Chamesh Megillot* ('Y Pum Sgrôl'). Mae pob un o'r rhain yn cael ei ddarllen yn y synagog ar adegau neilltuol yn y flwyddyn Iddewig sy'n gweddu i'w dymor neu ei thema: Ruth yn ystod Gŵyl yr Wythnosau, Llyfr y Pregethwr yng Ngŵyl y Tabernaclau, Galarnad yn ystod Ympryd Av, cyfnod o alaru dros ddinistr Jerwsalem, Caniad Solomon (cyfres o gerddi erotig a ddehonglir weithiau fel alegori am y cariad rhwng Duw ac Israel) adeg y Pasg Iddewig, ac Esther yn ystod Gŵyl Pwrim.

Dehongli'r Beibl

Midrash

Hyd yn oed wrth i'r Beibl gael ei sgrifennu a'i gyfieithu, roedd pobl eisoes wrthi'n ei ddehongli. Mae dehongli'n hanfodol cyn y gall geiriau gwaith cysegredig ddylanwadu mewn unrhyw fodd ar draddodiad crefyddol pobl. Gall geiriau fod yn amwys, a chroes-ddweud ei gilydd. Y gair Groeg a ddefnyddir am ddehongli neu esbonio ystyr testun yn y modd yma yw 'exegesis' a'r gair Hebraeg roedd yr hen awdurdodau Iddewig yn ei ddefnyddio am exegesis beiblaidd yw *midrash*. Mae gwahanol fathau o *midrashim* (lluosog) gan wahanol awdurdodau rabbinaidd. Mae rhai yn ddigon mympwyol tra bod eraill yn glynu'n glos wrth y testun. Mae rhai'n ceisio esbonio'r ystyr ar ffurf pregeth ar y darlleniadau ar gyfer sabothau a gwyliau'r flwyddyn (midrashim pregethwrol) a bydd midrashim eraill yn cynnig esboniad fesul adnod (midrashim esboniadol). Er mwyn gallu deall yr ysgrythur a sut mae'n cynnwys dysgeidiaeth Iddewiaeth, rhaid deall y midrash perthnasol, a dyna'r prif beth sy'n cael ei astudio, boed yn y *cheder* ('ysgol grefydd') i blant neu yn *shiur* ('dosbarth crefydd') yr oedolion.

Mae dau brif gasgliad o midrashim. Y cyntaf, sy'n dyddio o tua 300 OG, yw *Mechilta* ('rheolau dehongli') llyfr Exodus, *Sifra* ('llyfr') Lefiticus, a *Sifrei* ('llyfrau') Numeri a Deuteronomium. Enw'r ail gasgliad, a'r mwyaf, o'r bumed ganrif OG yw'r *Midrash Rabbah* ('Y Midrash Mawr'), sef casgliad o esboniadau a oedd ar wahân yn wreiddiol, un ar bob un o bum llyfr y Pentateuch ac un ar y *Megillot* ('sgroliau'). Fel y mae'r Pentateuch wedi ei rannu'n 54 o *sidrot* ('adrannau'), a phob *sidra* wedi ei enwi ar ôl y geiriau agoriadol Hebraeg, felly hefyd yr esboniadau ar y Pentateuch. Felly, er enghraifft, yn yr esboniad ar Genesis, *Genesis Rabbah*, ceir adran y *Toledot* ('cenedlaethau' neu 'disgynyddion'). Mae hwn yn cynnwys sylwadau ar Genesis 25: 19 i 28: 9, ac mae'r darn yn dechrau â'r geiriau 'Dyma genedlaethau Isaac . . .'.

Mae'r gwahanol awdurdodau'n cynnig gwahanol safbwyntiau, ac mae rhai ohonyn nhw'n gwbl groes i'w gilydd. Er enghraifft, yn Genesis Rabbah 63: 4 (ar Genesis 25: 20) mae Rabbi Yitzhak yn pwysleisio tras Arameaidd baganaidd y fatriarch Rebeca, gan esbonio felly y gall pobl lwyddo er gwaethaf eu cefndir. Ar y llaw arall, yn 63: 6 (ar Genesis 25: 22), mae Rabbi Yohanan yn dweud pan fyddai'r Rebeca feichiog yn mynd heibio i synagog y byddai Jacob yn rhwbio ochrau'r groth am ei fod ar frys i ddod allan i weddïo, tra byddai Esau yn rhedeg i addoli eilunod, gan esbonio fod cymeriadau a gwahanol arddull byw y ddau frawd wedi eu pennu yn y groth. Heb wneud unrhyw ymgais i gysoni'r pwynt yma, mae Rabbi Levi yn 63: 10 (ar Genesis 25: 24) yn dweud fod Esau a Jacob yn eiddgar i fynd i'r synagog.

Egwyddorion dehongli

Gallwn weld creadigrwydd y rabbiniaid yma wrth iddyn nhw ddangos mor aml-ochrog yw realiti. Gwelwn hefyd y ffordd maen nhw'n darllen sefydliadau diweddarach, fel y synagog, i mewn i hanes Genesis. Yn yr un modd, yn yr esboniad midrashig ar Genesis 25: 25 gwelwn adlewyrchiad o'r elyniaeth rhwng y byd Cristnogol a'r un Iddewig wedi ei olrhain yn ôl drwy Rufain, Herod, yr Idwmeniaid, a'r Edomiaid, o dras Esau. (Mae'r llinach yn cael ei holrhain yn ôl ymhellach, i Ismael yn hytrach nag Isaac.) Mae hyn yn rhybudd o'r modd y gall dehongliadau diweddarach gyfleu neges elyniaethus ac arwain at genedlaetholdeb peryglus. Gwelwn y broses hon o bardduo Esau eisoes yn digwydd yn y Beibl. Felly, mae'r darlleniad o'r Proffwydi sy'n dilyn y darn hwn o'r Torah, Malachi 1: 1 - 2: 7 yn cynnwys y geiriau 'Yr wyf yn caru Jacob, ond yn casáu Esau.' Mae'n bosib dehongli'r ysgrythurau Iddewig mewn modd gwrth-Gristnogol, fel y gellir dehongli'r Efengyl Gristnogol mewn modd gwrth-Semitig. Gan nodi'r peryglon yma, gallwn, serch hynny, ddeall mor bwysig oedd llyfr Genesis i rabbiniaid y midrash, nid yn unig oherwydd ei neges i Israel yn y gorffennol, ond yn ei ystyr i Israel ar y pryd, hynny yw, yn y canrifoedd dan ormes Rhufain. Y gobaith sy'n cael ei fynegi yw y bydd i Israel drechu grym y gelyn paganaidd, fel y gwnaeth ei hynafiad, Jacob-Israel, a ddisodlodd Esau. Felly, medd y midrash, mae'r rheolau'n glir o'r cychwyn cyntaf yn hanes y ddynolryw.

Trosglwyddo a chyfieithu'r Beibl

Oherwydd pwysigrwydd y Beibl o ran pennu cred ac arfer yr Iddewon, mae'r rheini sydd wedi trosglwyddo'r testun Hebraeg ar hyd y canrifoedd wedi bod yn ofalus dros ben. Y testun Masoretig yw'r testun presennol, o *masorah* ('traddodiad' neu'r 'hyn a draddodir'). Cafodd testun y fersiwn Hebraeg, sy'n cael ei dderbyn yn gyffredinol, ei sefydlu gan ei olygyddion, y Masoretiaid, erbyn y ddegfed ganrif OG. Gallwn weld amrywiadau mewn testunau hŷn, ond mae Sgrôl y Môr Marw o Eseia, sydd o leiaf wyth canrif yn hŷn, yn tystio i gywirdeb gwaith copïo'r Masoretiaid, gan ei fod yn union yr un fath, i bob diben. Tan yn ddiweddar iawn, y sgrôl hon oedd y llawysgrif feiblaidd hynaf oedd yn bod. O ganlyniad i waith cloddio yn y

Un o'r ffenestri gwydr lliw hardd yn Synagog Singers Hill, Birmingham yn darlunio adeiladu muriau Jerwsalem a darllen y Torah

Mae'r testun, o Nehemeia 8: 2-3, yn dweud yn yr Hebraeg: *daeth Esra yr offeiriad â'r gyfraith o flaen y gynulleidfa . . . a darllenodd rannau ohoni*

1970au a'r 1980au, cafwyd hyd i ddwy swynogl arian y mae'r arysgrifau Hebraeg arnyn nhw ryw 400 mlynedd yn hŷn na'r llawysgrif hon, hynny yw, yn dyddio o gyfnod y Deml Gyntaf. Yr enghraifft fwyaf trawiadol yw'r arysgrif o fersiwn gynnar o fendith offeiriadol Numeri 6: 24-26, gweddi sy'n dal yn rhan hanfodol o litwrgi'r synagog heddiw.

Rydym wedi trafod yr esboniadau ar ffurf midrashim a byddwn, yn nes ymlaen, yn trafod esboniadau canoloesol ar y Beibl. Ar un ystyr, mae cynnig esboniadau yn dyddio'n ôl i gyfnod Esra. Mae Nehemeia 8: 8 yn dweud fod y Torah'n cael ei ddarllen yn gyhoeddus, 'gydag esboniad' yn rhoi'r 'ystyr fel bod pawb yn deall y darlleniad'. Mae'r Talmud yn dod i'r casgliad, ar sail hynny, fod cyfieithad Aramaeg eisoes ar gael (Megillah 3a). Y gair am y math hwn o gyfieithad y credir ei fod yn cynnwys esboniadau ar y testun, yw *Targum*. Mae rhai o'r *targumim* (lluosog) Aramaeg yn dal mewn bodolaeth, ac yn taflu goleuni ar y modd roedd y Beibl yn cael ei ddehongli yn ystod addoli cyhoeddus yn y synagog gynnar. Y cyfieithad cynharaf o'r Beibl i iaith an-Semitig yw'r *Septuagint*, fersiwn Roeg a luniwyd dros gyfnod maith gan ddechrau yn y drydedd ganrif COG. Er i'r trosiad yma gael ei ddefnyddio'n helaeth gan Iddewon y cyfnod Groegaidd-Rufeinig, nid yw'n rhan o fywyd Iddewig mwyach, ac eithrio yn y math o ysgolheictod feiblaidd a drafodir ym mhennod 4.

Yn y bennod hon byddwch yn dysgu:

- sut y mynegir cred ac arfer Iddewig yn y Torah ysgrifenedig a llafar
- am drafodaethau manwl Rabbiniaid cyfnod yr Ail Deml
- am y crynodebau o'r Torah llafar mewn Codau Cyfreithiol pwysig, yn enwedig y *Shulchan Aruch*.

Y Torah ysgrifenedig a llafar

Nid credoau ffurfiol nac awdurdod sefydliadol canolog yw prif bwyslais Iddewiaeth ond, yn hytrach, y Torah. Mae ehangder y term yma ynddo'i hun yn dynodi hyblygrwydd ac egni'r grefydd. Yr hyn sy'n hollbwysig yw'r cyfarwyddyd y credir fod Duw wedi ei roi ar gyfer byw bywyd Iddewig, a'r cyfarwyddyd hwn, ynghyd â'i holl bosibiliadau ar gyfer yr amgylchiadau amrywiol a chyfnewidiol y caiff yr Iddewon eu hunain yn byw ynddyn nhw, yw'r peth mae'n rhaid ei drosglwyddo. Rydym wedi nodi'r gair *masorah* ('traddodiad') i ddisgrifio testun y Beibl Hebraeg, fel y cafodd ei gopïo'n ofalus. Rydym wedi dysgu'r gair *midrash* am yr esboniadau ysgrifenedig ar y testun beiblaidd. Ystyr midrash, o darddiad Hebraeg sy'n golygu 'chwilio' neu 'durio', yw archwilio'r ysgrythur i ddarganfod ei ystyr llawn. Nid damwain mo'r ffaith fod yr holl enwau ar glasuron llenyddiaeth Iddewig yn gysylltiedig â'r geiriau Hebraeg neu Aramaeg am ddysgu, hynny yw, â'r hyn mae'r naill berson yn ei ddysgu gan y llall, sy'n arwain yn ôl yn y pen draw at Dduw. Heblaw am midrash, mae gennym *mishnah*, o wraidd sy'n golygu 'ailadrodd' ac, yn dilyn hynny, 'dysgu', *talmud*, o'r ferf 'dysgu', a *gemara*, o'r Hebraeg am 'gwblhau' drwy astudio dro ar ôl tro. *Tannaim* ('athrawon') yw'r enw a roddir i athrawon y Torah cyn bod y Mishnah ysgrifenedig yn bod – er mai 'doethion' oedd yr enw mwy arferol arnyn nhw yn eu hoes eu hunain – ac mae'r rhai sy'n dod ar ôl y Mishnah ysgrifenedig yn cael eu galw'n *Amoraim* ('dehonglwyr').

Y rheswm am hyn oll yw'r argyhoeddiad mai'r hyn a ddatgelwyd ar Fynydd Sinai oedd y Torah, nid yn unig ar ystyr pum llyfr Moses, ond hefyd ar ystyr esboniad manwl o'r deddfau a'r credoau a geir yn y pum llyfr hyn. Dechreuwyd cyfeirio at y cyntaf fel y 'Torah ysgrifenedig' a'r ail fel y 'Torah llafar'. (Ystyr llythrennol y term Hebraeg yw 'Torah ar gof'.) Cafodd y Torah llafar ei lunio a'i drosglwyddo ar gof, gan broffwydi i ddoethion, gan feistri i ddisgyblion, o gyfnod Moses ei hun tan iddo gael ei roi mewn ffurf ysgrifenedig yn y Mishnah, tua 200 OG, ac yn y dogfennau a ddilynodd y Mishnah, yn bennaf oll, y Talmud.

Y bobl allweddol yn y gadwyn

Mynegwyd y gred yma mewn cadwyn ddi-fwlch o draddodiad, gydag Esra (y cyntaf o 'Wŷr y Cynulliad Mawr') tua 444 COG a'r holl athrawon a ddaeth wedyn yn ddolenni ynddi, yn ei ffurf enwocaf yng ngeiriau agoriadol traethawd (*tractate*) a ychwanegwyd at y Mishnah tua 250 OG. Mae'r traethawd yma,

Pirke Avot ('Dywediadau'r Tadau' neu weithiau 'Moeseg y Tadau'), yn aml yn cael ei argraffu mewn llyfrau gweddi oherwydd fod ei ddysgeidiaeth foesol mor bwysig ac mor glir. Mae'n dechrau gyda'r geiriau:

> *Derbyniodd Moses y Torah ar Sinai, a'i drosglwyddo i Josua; rhoddodd Josua ef i'r hynafgwyr, yr hynafgwyr i'r proffwydi, a throsglwyddodd y proffwydi ef i Wŷr y Cynulliad Mawr. Dywedodd y rhain dri pheth: Byddwch yn bwyllog wrth farnu; magwch lawer o ddisgyblion; a gwnewch glawdd o gwmpas y Torah. Seimon y Cyfiawn oedd un o'r olaf o aelodau'r Cynulliad Mawr. Arferai ddweud, Ar dri pheth y seiliwyd y byd: ar y Torah, ar wasanaeth Dwyfol, ac ar arfer elusengarwch. Derbyniodd Antigonos o Socho'r traddodiad o law Seimon y Cyfiawn ...*

Adnodau lawer yn ddiweddarach, darllenwn:

> *Derbyniodd Rabban Yochanan, fab Zakkai, y traddodiad gan Hillel a Shammai. Arferai ddweud, Os wyt wedi dysgu llawer o'r Torah, paid â meddwl dy fod yn rhinweddol, oherwydd i'r diben hwn y cefaist dy greu. Roedd gan Rabban Yochanan, fab Zakkai, bum disgybl, sef Rabbi Elieser, fab Hyrcanus, Rabbi Josua, fab Chananya, Rabbi José yr Offeiriad, Rabbi Simeon, fab Nathaniel, a Rabbi Elasar, fab Arach.* (2: 9-10)

Mae'r rhestr yn cynnwys enwau allweddol yn natblygiad Iddewiaeth Rabbinaidd, neu 'Iddewiaeth y Torah deublyg', yng ngeiriau'r ysgolhaig, Jacob Neusner. Tybir mai'r cymeriad canolog, Yochanan ben Zakkai, oedd ei sylfaenydd. Wedi i'r Rhufeiniaid drechu Jerwsalem, sefydlodd ganolfan yn Yavneh (Jamnia oedd yr enw Groegaidd) yng ngogledd Palesteina ac yno, tua 100 OG, y penderfynwyd pa lyfrau fyddai'n cael eu derbyn fel ysgrythur sanctaidd. Does neb yn gwybod llawer amdano yn bersonol, ond mae'n bwysig oherwydd ei bwyslais ar astudio'r Torah.

Amrywiaeth Iddewiaeth yr Ail Deml

Sefydlodd y ddau rabbi gafodd eu henwi o'i flaen ef, Hillel a Shammai, ysgolion ar gyfer astudio'r Torah. Roedd Iddewiaeth yn y ganrif gyntaf OG ymhell o fod yn unffurf, gyda nifer o sectau neu fudiadau gwahanol yn ymffurfio yn y cyfnod hynod greadigol yma. Yr un a fyddai'n dylanwadu'n fwyaf parhaol ar ddatblygiad Iddewiaeth oedd mudiad y Phariseaid, a Hillel a Shammai oedd dau o'i athrawon cynharaf ac enwocaf. Dechreuodd pobl alw'r athrawon yma yn *rabbi* ('fy meistr', yn yr ystyr 'fy athro'), a dyna darddiad y term 'Iddewiaeth rabbinaidd'. Roedd Hillel a Shammai yn aml yn anghytuno, a chafodd gwahanol farn eu dwy ysgol eu cofnodi'n helaeth. Yn y gyfrol yn y Mishnah (ysgrifau rabbinaidd) yn ymwneud â Bendithion (yn yr Hebraeg, *Berachot*), cawn drafodaeth am drefn y bendithion sydd i'w hadrodd dros bryd bwyd. Yn y gyfrol sy'n ymwneud â dogfennau ysgaru (yn yr Hebraeg, *Gittin*), cawn wahanol ddehongliadau o Deuteronomium 24: 1 sy'n dweud, yng ngeiriau'r Beibl Cymraeg Newydd:

> *Os bydd dyn wedi cymryd gwraig a'i phriodi, a hithau wedyn heb fod yn ei fodloni am iddo gael rhywbeth anweddus ynddi, yna y mae i ysgrifennu llythyr ysgar iddi . . .*

Mae'r rheswm dros ysgaru yn dibynnu ar ystyr 'rhywbeth anweddus ynddi'. Gan ychwanegu gair neu ddau i wneud yr ystyr yn fwy clir, gallwn gyfieithu'r darn yn y Mishnah fel hyn:

> *Mae ysgol Shammai yn dweud, Ni chaiff dyn ysgaru ei wraig onid yw wedi canfod rhywbeth anweddus ynddi, felly y dywedir, 'Am iddo gael rhywbeth anweddus ynddi'. Ond mae Ysgol Hilliel yn dweud, Hyd yn oed pe bai'n coginio'n wael, felly y dywedir 'Am iddo gael rhywbeth anweddus ynddi'. Dywed Rabbi Akiva, 'Hyd yn oed os yw wedi dod o hyd i rywun harddach na hi, felly y dywedir'*

Roedd dilynwyr Shammai yn credu mai dim ond ar sail perthynas rywiol y tu allan i briodas y gellid caniatáu ysgariad, rhai Hilliel yn credu y gellid ysgaru am resymau llawer llai difrifol, a dilynwyr Akiva yn credu y gellid am unrhyw reswm o gwbl. Dydy'r Mishnah ddim yn cynnig barn derfynol, ond mae'n amlwg fod rabbiniaid diweddarach wedi cynghori yn erbyn ysgaru, fel y gwelwn yn y Talmud (trafodaeth o'r Mishnah), er enghraifft: 'Os bydd dyn yn ysgaru ei wraig gyntaf, bydd hyd yn oed yr allor yn wylo dagrau' (Gittin 90b).

Yn dilyn Hillel a Yohanan, Akiva yw trydydd aelod y triawd o rabbiniaid a ddatblygodd draddodiadau cyfreithiol Iddewiaeth i gynhyrchu'r Mishnah, ac iddo ef y priodolir y casgliad o rai o'r dywediadau sydd ynddo. Bu farw'n ferthyr wedi Gwrthryfel Bar Cochba yn erbyn Rhufain tua 135 OG.

Pwysigrwydd parhaol y Phariseaid

Roedd Sadwceaid y ganrif gyntaf yn gwbl wahanol i'r Phariseaid. Y prif wrthdaro rhwng y ddau grŵp hyn oedd union natur ac awdurdod traddodiad. Dysgai'r Sadwceaid mai dim ond y Torah ysgrifenedig oedd ag awdurdod. Roedden nhw'n gwrthod pob arfer a chred nad oedd yn bod yn llyfrau Moses, fel atgyfodiad y meirw. (Saith canrif yn ddiweddarach, ym Mabilonia, mynnai mudiad y Caraitiaid yn yr un modd y dylai'r Iddewon ddychwelyd at awdurdod y Beibl, gan gondemnio dehongliadau'r rabbinaidd.) Sect offeiriadol oedd y Sadwceaid, a'r Arch-Offeiriaid oedd eu pennaeth; yn wir, roedden nhw wedi eu henwi ar ôl Sadoc, y prif offeiriad yn ystod teyrnasiad y brenin Dafydd a'r brenin Solomon. Safbwynt y Phariseaid a orfu, ac mae un esboniad diweddarach yn mynnu fod Duw wedi datgelu i Moses yr holl Feibl, y Talmud, y Midrash, a hyd yn oed yr atebion fyddai'n cael eu rhoi ar unrhyw adeg yn y dyfodol i gwestiynau rhywun a oedd yn astudio o ddifrif. Nid yw hyn yn golygu eu bod yn hawlio fod y Torah llafar yn ei grynswth wedi cael eu drosglwyddo yn ddigyfnewid ond, yn hytrach, bod modd olrhain egwyddorion y dehongli a'r prif syniadau yn ôl at Moses. Tra bod y Torah ysgrifenedig yn sefydlog ac yn gysegredig, mae'r Torah llafar yn benagored ac yn esblygu o hyd. Beth sy'n hollbwysig, felly, yw dilyniant di-fwlch o rabbiniaid yn mynd yn ôl at *Moshe Rabbenu* ('Moses ein Hathro'). Dyna safbwynt Iddewiaeth Uniongred i'r dydd heddiw (gweler pennod 4): ni ellir newid y Torah ysgrifenedig ond cyfeirir ato beunydd wrth ymdrin â realiti bywyd cyfnewidiol.

Gwyddom fod grwpiau Iddewig eraill yn bod yng nghyfnod yr Ail Deml, yn cynnwys un yn Qumran, ger y Môr Marw. Cangen o'r Eseniaid oedd y rhain, ym marn y rhan fwyaf o ysgolheigion. Mae gwybodaeth am yr Eseniaid yn ngwaith yr awduron Josephus a Philo, ond cafwyd llawer o'r wybodaeth am arferion a chredoau'r sect o Qumran o'r sgroliau a gafodd eu darganfod rhwng 1947 a 1960 mewn ogofeydd yn yr ardal honno. Roedd y grwpiau hyn yn wahanol nid yn unig o ran credoau diwinyddol ond hefyd yn eu perthynas â'r Rhufeiniaid. Collodd yr Iddewon yr ymreolaeth roedd y Macabeaid wedi ei hennill yn 164 COG pan feddiannodd y Rhufeiniaid Jerwsalem yn 63 OG. O ddau brif grŵp y cyfnod, roedd y Phariseaid yn aml yn beirniadu'r awdurdodau oedd mewn grym, ond cafodd y Sadwceaid awdurdod seciwlar gan y Rhufeiniaid, fel y Groegiaid Ptolemaig cyn hynny. Roedd ganddyn nhw bŵer a chyfoeth cwbl anghymesur â'u nifer.

Byw fel pobl sanctaidd heb y Deml

Teuluoedd offeiriadol oedd y teuluoedd a ddychwelodd o Fabilon wedi'r Gaethglud. Y Deml oedd canolbwynt adferiad y genedl yn ôl llyfrau Lefiticus a Numeri, a llyfrau beiblaidd eraill â'u bryd ar godi gwahanfur uchel rhwng yr Iddew a phawb arall. Aeth yn hanfodol bwysig diffinio beth oedd yn wahanol am yr Iddewon, a chraidd y gwahaniaeth hwn oedd eu bod wedi eu cysegru, eu gwneud yn sanctaidd, wedi eu gosod ar wahân. Byddai hyn yn cael ei fynegi drwy drefn gymdeithasol a naturiol bywyd Iddewig ond, uwchlaw popeth arall, roedd i'w fynegi drwy wasanaeth yn y Deml. Y gwasanaeth yma, a'r allor yn ganolbwynt iddo, oedd yn diffinio sancteiddrwydd, yn cynnig arwahanrwydd ac felly'n rhoi ystyr i fywyd Iddewig.

Dinistr yr Ail Deml

Pan ddinistriodd y Rhufeiniaid yr Ail Deml yn 70OG, roedd ailddiffinio'r sancteiddrwydd yma yn hanfodol. Roedd y Deml a'r offeiriadaeth wedi mynd, a'r peth pwysig yn awr oedd sut i sancteiddio bywyd y genedl gyfan. Er bod y ddolen gyswllt rhwng arweinwyr y cyfnod cyn dinistr y Deml ac ar ôl hynny efallai wedi cael ei orbwysleisio er mwyn tanlinellu awdurdod, mae'r rhan fwyaf o'r dystiolaeth yn awgrymu mai'r Phariseaid, â'u pwyslais sylfaenol ar sancteiddrwydd bywyd bob-dydd, a awgrymodd sut oedd mynd ati. Yn hyn, fe gawson nhw gymorth grŵp proffesiynol yr ysgrifenyddion, oedd â gwybodaeth fanwl am y Beibl, i ddehongli'r traddodiad a sicrhau fod ei ddefodau'n gywir. Mae'r gair 'ysgrifenyddion' yn disgrifio'u gwaith, sef copïo'r Torah a pharatoi'r dogfennau oedd eu hangen ar gymdeithas er mwyn iddi fedru byw yn ôl ei reolau. Roedd rhai ysgrifenyddion yn Phariseaid hefyd, ond nid pob un, gan mai galwedigaeth oedd hon yn y bôn, nid sect. Roedd y Phariseaid yn gwneud pob math o waith, yn cynnwys gwaith corfforol, a dim ond rhai oedd yn ysgrifenyddion.

Esgor ar y Mishnah

Yn y math o Iddewiaeth a ddatblygodd yn y canrifoedd hollbwysig wedi colli'r Deml, cynigiwyd canllawiau manwl ar sut i sancteiddio pob agwedd ar fywyd Iddewig. 'Doethion' oedd y dynion sanctaidd a oedd yn cynnig y rhain, a'u gwaith cyntaf, a phwysicaf, oedd y Mishnah, a gafodd ei gwblhau tua 200OG. Neges hanfodol y Mishnah yw fod yr Iddewon, er eu bod heb y Deml, yn dal i fod yn bobl sanctaidd. Mae'r ffermwr yn gorfod ufuddhau i'r rheolau ar drefn a strwythur sydd yn Lefiticus (fel rheolau'r flwyddyn sabothol) a rhaid i'r offeiriaid, er nad ydyn nhw'n gallu cyflawni eu gorchwyl o offrymu yn y Deml, ufuddhau i reolau Lefiticus ar eu cyfer (fel y rheolau cast ar gyfer priodi). Mae'r adegau sanctaidd, y Saboth wythnosol, y lleuad newydd bob mis, a'r gwyliau blynyddol yn parhau ers dyddiau'r Deml. Yn fwyaf arbennig, mae'r prydau bwyd ar yr 'adegau penodedig' yma yn mynd yn gysegredig, gyda'r bwrdd bwyd yn cymryd lle'r allor. Dyna sy'n rhoi ystyr i'r defodau (fel golchi dwylo) ac i'r litwrgi (fel dweud y fendith ar ôl prydau bwyd) sy'n dal i fod yn fynegiant mor bwysig o hunaniaeth yr Iddewon fel pobl sanctaidd.

Mae'r Mishnah'n ymdrin â chwe phrif faes mewn bywyd, gan ddangos fel y gall Iddewon eu sancteiddio yn eu bywyd bob-dydd. Mae pedwar o'r rhain yn ymwneud â gwasanaeth y Deml. Mae 'Hadau' yn egluro pa gyfran o'r cnydau ddylai gael eu roi i'r offeiriaid, ac adrannau arbennig eraill o gymdeithas, fel y tlodion. Mae 'Gwyliau' (neu 'Adegau Penodedig') yn ymwneud yn bennaf ag ymddygiad ar adegau arbennig fel Dydd y Cymod, y Pasg Iddewig, a gwyliau eraill. Mae 'Pethau Crefyddol' yn canolbwyntio ar y Deml a'r system offrymu. Mae 'Purdebau' yn ymdrin â deddfau amhurdeb defodol a sut y gall pobl buro'u hunain, ar sail deddfau a geir yn Lefiticus (yn enwedig Lefiticus 12-15). Mae'r ddwy adran ganol yn ymwneud â materion bob-dydd 'Iawndal', sef y gyfraith sifil a throseddol, a 'Menywod' sef materion teuluol, yr aelwyd a statws personol.

Chwe adran y Mishnah

Zeraim	–	Hadau
Moed	–	Adegau Penodedig (Gwyliau)
Nashim	–	Menywod
Nezikin	–	Iawndal
Kodashim	–	Pethau Sanctaidd
Tohorot	–	Purdebau

Mae pob adran (*seder*, lluosog *sedarim*) wedi ei rhannu'n draethodau byrrach (*tractates* yn Saesneg). Mae 63 o'r traethodau hyn i gyd.

Caru eich cymydog

Gwelsom eisoes rai enghreifftiau o'r adran ar 'Fenywod' (*Nashim*) ond dyma rai enghreifftiau pellach i ni o'r ychwanegiad yma at y Torah ysgrifenedig, o'r adran 'Iawndal' (*Neizikin*).

Gwelsom eiriau Hillel ym mhennod 1: 'Beth bynnag fo'n gas gennyt, na wna hynny i'th gymydog' (Shabbat 31a), sy'n ymwneud â darn allweddol:

> *Nid wyt i gasáu dy frawd yn dy galon . . . nid wyt i geisio dial ar un o'th bobl na dal dig tuag ato, ond yr wyt i garu dy gymydog fel ti dy hun.*
>
> (Lefiticus 19: 17-18)

Yn rhy aml o lawer, mae pregethau Cristnogol yn priodoli'r ymadrodd olaf yma i Iesu, fel pe bai wedi dyfeisio'r syniad o garu cymydog yn hytrach na'i ddyfynnu (Matthew 22: 39). Neu, fel arall, byddant yn cydnabod y dyfyniad ond yn pwysleisio dehongliad Iddewig o'r darn yn Lefiticus mai dim ond cyd-Iddewon sydd i gael eu caru, ac yn dadlau mai camp unigryw Iesu oedd ehangu hyn i gynnwys rhai nad ydynt yn Iddewon, a hyd yn oed gelynion, i brofi nad oedd dyngarwch Iddewig yn ddigonol.

Mae pregethwyr Cristnogol ac, yn amlach, y cyfryngau wrth sôn am ryw achos llys neu'i gilydd, yn dueddol o wyrdroi darn arall yn Lefiticus, sef 24: 17-24, sy'n dweud 'os bydd dyn yn cymryd bywyd unrhyw ddyn, rhaid ei roi i farwolaeth' ac os bydd rhywun yn 'niweidio'i gymydog, rhaid gwneud yr un peth iddo yntau, briw am friw, llygad am lygad, dant am ddant'. (Cymharwch hyn ag Exodus 21: 23-25, a sylwch fod y goddefiad eisoes yn ymddangos os 'na chynlluniodd hynny', Exodus 21: 13.) Mae trafodaeth faith a chymhleth o'r egwyddor (y *lex talionis*), yn gyntaf yn y Mishnah (yn nhraethawd cyntaf 'Iawndal', Bava Kama 8: 1 ymlaen) ac yna yn y Talmud (Bava Kama 83b-84a). Dydy hi erioed wedi bod yn fater o 'lygad am lygad' yn llythrennol; y nod yw ceisio pennu iawndal am niwed i gymydog. Mae'r ffaith fod y Talmud yn ystyried pwy sy'n atebol am y niwed, am y boen, am wella, am golli amser, ac am y sarhad a ddioddefodd rhywun yn ymddangos yn hynod oleuedig (fel y gwelwn yn y darn o'r Talmud isod.) Mae'n drueni fod y testun yn cael ei ddyfynnu mor aml fel pe bai'n annog dial. Hanfod cariad at gymydog yw cydnabod ei fod yn 'berson fel chi' neu yn yr ystyr o 'rhoi'ch hun yn ei le'. 'Dy elyn yw dialedd/O noddi hwn ni ddaw hedd' meddai'r bardd, ac mae dal dig a'i 'gadw'n gynnes' yn debyg o arwain at yr union ymddygiad treisgar y mae'r gorchymyn i ymddwyn tuag at eraill fel yr hoffem iddyn nhw ymddwyn tuag atom ni yn ceisio'i atal. Dydy gorchymyn Lefiticus 19: 17-18 ddim yn gofyn i ni hoffi pobl eraill ond i gofio mai bodau dynol ydym oll.

Mae ymgais ddiddorol iawn i ddarganfod beth yn union mae caru cymydog yn ei olygu yn ymarferol yn nhrydydd traethawd

'Iawndal' (Bava Batra 2: 1-5). Yma, mae'r person dan sylw yn gymydog, yn llythrennol:

> *Chaiff neb gloddio dyfrgist ger llaw dyfrgist ei gyd-ddyn, na chloddio ffos, seler, sianel ddŵr neu bwll golchi dillad onid yw dri lled-llaw oddi wrth wal ei gyd-ddyn, a rhaid iddo ei wyngalchu . . . Chaiff neb agor siop bobydd neu siop liwio is law stordy ei gyd-ddyn na [chadw] beudy gwartheg [ger llaw] . . . caiff dyn brotestio yn erbyn [un arall sy'n agor] siop o fewn y beili a dweud wrtho 'ni fedraf gysgu oherwydd sŵn y morthwyl' neu 'oherwydd sŵn y meini melin' neu 'oherwydd sŵn y plant' . . . Os yw wal un dyn yn cyffwrdd â wal ei gyd-ddyn, ni chaiff adeiladu wal arall yn cyffwrdd â hi heb fod bellter o bedwar cufydd i ffwrdd . . . Chaiff dyn ddim cadw ysgol o fewn pedwar cufydd i golomendy [ei gymydog] rhag ofn i'r bele neidio i mewn. Ni chaiff adeiladu ei wal o fewn pedwar cufydd i fargod to [ei gymydog], er mwyn i'r llall fedru pwyso'i ysgol [i'w lanhau]. Chaiff neb gadw colomendy o fewn hanner can cufydd i dref, a chaiff neb adeiladu colomendy ar ei diriogaeth ei hun onid yw ei dir yn ymestyn hanner can cufydd i bob cyfeiriad . . .'*

Er gwaetha'r eirfa hen-ffasiwn, mae hyn i gyd yn od o gyfarwydd yn yr oes fodern yma lle mae cymaint o ddadlau ynglŷn â phobl sy'n cadw anifeiliaid drewllyd neu ffyrnig mewn mannau sy'n rhy fach neu'n rhy agos at y tŷ drws nesa; yn rhedeg busnes swnllyd o'u cartref; ac yn adeiladu estyniadau sy'n dwyn golau eu cymdogion, difetha'u golygfa neu'n creu rhwystr. Nid hollti blew am ryw fanion y mae'r achosion ymarferol sy'n graidd i'r Mishnah, ond cynnig canllawiau hanfodol i gymdeithas allu cyd-fyw.

Mae rhagor o enghreifftiau o gyngor di-lol yn nawfed traethawd 'Iawndal'. Er bod ei gymeriad a'i arddull yn wahanol i weddill y Mishnah, y *Pirke Avot* ('Dywediadau'r Tadau') yw'r rhan symlaf i'w deall a'i dyfynnu, ac mae rhai o'i ymadroddion yn ddiarhebol bellach:

> *Os nad wyf o'm plaid fy hun, pwy fydd o'm plaid? Ac os wyf o'm plaid fy hun yn unig, beth ydwyf i? Ac os nad yn awr, pa bryd?'*
>
> (Avot 1:14)

. . . paid â barnu dy gymydog nes i ti ddod i'w le . . . paid â dweud pan gaf hamdden, mi astudiaf – efallai na chei di hamdden . . . Mewn man lle nad oes dynion, ceisia fod yn ddyn.

(Avot 2: 5–6)

Trafod y Mishnah – y Talmud

Er na chafodd ei grynhoi mewn ffurf gyhoeddedig tan 200 OG, mae'r Mishnah'n cynrychioli trafodaethau doethion am y Torah ysgrifenedig dros ganrifoedd lawer. Mae Hillel a Shammai, o ddiwedd y ganrif gyntaf COG a dechrau'r ganrif gyntaf OG, yn cael eu dyfynnu'n helaeth. Er nad ydym yn gwybod llawer am yr Hillel hanesyddol, fe sy'n cael y clod am lawer o ddyfarniadau sy'n cael eu derbyn heddiw, ac am y dywediadau o'r Pirke Avot uchod. Golygydd y casgliad sy'n ffurfio'r Mishnah heddiw oedd Rabbi Jwda y Tywysog (*Ha-Nasi*), 135-217 OG. Yr enw ar drafodaethau eraill (yn enwedig rhai'r Tannaim) sydd heb eu cynnwys yn y Mishnah yw'r *Tosefta* ('ychwanegiad'). Mae'r Tosefta wedi ei rannu'n chwe adran yr un fath â'r Mishnah.

Cwblhau'r Mishnah

Nid dyna derfyn y trafodaethau gan Rabbiniaid i geisio egluro mwy ar y Torah i ddibenion amgylchiadau newydd a phenodol. Mae 'llafar' yn ddisgrifiad da iawn am y Torah a ddilynodd y Torah ysgrifenedig oherwydd, yn y bôn, dyna ydoedd – cofnod o drafodaethau llafar mewn llysoedd barn ac academïau. Rhwng 200 a 400 OG, trafododd Rabbiniaid academïau Palesteina, sef Tiberias, Cesarea a Sepphoris, ddysgeidiaeth y Torah, ar ffurf astudiaethau o achosion unigol yn bennaf. Cafodd y trafodaethau hyn eu sgrifennu i lawr yn y pen draw, a'u hargraffu gyferbyn â'r darn o'r Mishnah oedd yn cael ei drafod, a'r enw arnyn nhw oedd y *Gemara* (yr Hebraeg am 'cwblhau' a'r Aramaeg am 'dysgu'). Roedd pobl yn credu fod yr archwiliadau hyn o'r Mishnah, oedd yn aml yn dudalennau o hyd, yn cwblhau'r Mishnah. Enw'r ddau gyda'i gilydd, y Mishnah ysgrifenedig a'r Gemara, oedd y *Talmud* (o'r Hebraeg, 'dysgu'). Cafodd ei gwblhau ym Mhalesteina erbyn tua 400 OG, a'r enw a roddir iddo yw'r *Yerushalmi*, sef Talmud Jerwsalem (er mai yng ngogledd yn hytrach na de Palesteina roedd yr academïau), ac mae'n ymdrin â 39 o 63 traethawd y Mishnah.

Roedd trafodaethau mwy manwl byth ar y Mishnah yn mynd yn eu blaen yn yr academïau Babilonaidd yn Sura a Pumbedita.

Cafodd y rhain eu golygu yn y pen draw (gan Rabbi Ashi a'i ddisgybl Rabbi Avina, erbyn 500 OG, yn ôl y traddodiad, er bod llawer yn credu fod y broses wedi parhau ymhell i mewn i'r ganrif wedi hynny), i ffurfio'r Talmud Babilonaidd, y *Bavli*. Er fod Gemara hwn yn ymdrin â llai o draethodau'r Mishnah na Talmud Jerwsalem, mae'r Talmud Babilonaidd yn llawer iawn hwy, gan fod pob trafodaeth yn hwy na'r drafodaeth Balestiniaidd gyfatebol. Mae cyfieithad Saesneg ohono, a gyhoeddwyd gan Wasg Soncino, yn fwy na 15,000 o dudalennau o hyd. Mae ehangder a dyfnder y casgliad hwn, canlyniad tair canrif o ysgolheictod rabbinaidd, yn golygu fod yr Iddewon yn aml yn cyfeirio ato fel môr dwfn. Pan fydd pobl yn son am 'y Talmud' neu'n dyfynnu ohono, y Talmud Babilonaidd yw hwnnw. Cafodd ei greu gan yr esbonwyr gorau a'r dehonglwyr mwyaf deallus a chynhwysfawr, a dyma brif ffynhonnell awdurdod cyfreithiol a diwinyddol Iddewiaeth.

Cynllun y Talmud

Y testun sydd wedi ei argraffu ar dud. 46 yw ffolio 83b, tudalen agoriadol y gyfrol Bava Kama yn y Talmud. Mae testun Hebraeg y Mishnah yn dechrau gyda'r gair mewn teip trwm ar law dde uchaf y golofn ganolog. Mishnah yw'r gair am y paragraff ei hun, fel pob paragraff yn y Mishnah. Wedi'r ddwy lythyren mewn teip trwm (sef yr Hebraeg am GM, neu gemara), yng nghanol yr unfed linell ar bymtheg, mae testun Aramaeg y Gemara ar y mishnah hwn yn cychwyn. Mae'n llenwi gweddill canol y dudalen. Mae testun y Mishnah (yn ôl Talmud Soncino, gol. I. Epstein, 1938) yn darllen fel a ganlyn:

> *Mae'r hwn sy'n niweidio cyd-ddyn yn mynd yn atebol iddo am bum peth: am ddibrisiant, am boen, am wella, am golli amser, ac am sarhad. Beth sy'n digwydd gyda 'dibrisiant'? Os tynnodd ei lygad, os torrodd ymaith ei fraich, neu os torrodd ei goes, ystyrir y person a niweidiwyd fel pe bai'n gaethwas yn cael ei werthu yn y farchnad, a gwneir prisiad yn dweud faint oedd ei werth [yn flaenorol] . . . os ydyw wedi ei daro, rhaid iddo dalu costau meddygol. Pe bai briwiau [yn y cyfamser] yn datblygu ar ei gorff, pe bai hynny o ganlyniad i'r anaf, byddai'r troseddwr yn atebol, ond os nad yw'n ganlyniad i'r anaf, câi ei esgusodi.*

Mae'r testun Gemara, llawer hwy, yn dechrau:

Pam [talu iawndal]? Onid yw'r Gyfraith Ddwyfol yn dweud 'Llygad am lygad'? Pam na dderbyniwn hynny'n llythrennol i olygu [tynnu] llygad [y troseddwr]? Peidiwch â meddwl hynny, oherwydd dysgwyd: Efallai y credwch lle tynnodd ef lygad, y dylid tynnu llygad y troseddwr, neu lle torrodd fraich ymaith, y dylid torri braich y troseddwr ymaith neu eto, lle torrodd goes rhywun, y dylid torri coes y troseddwr. [Nid felly; oherwydd] dywedir, 'os bydd dyn yn taro unrhyw ddyn . . .' 'Ac os bydd dyn yn taro unrhyw anifail . . .' fel yn achos taro anifail, rhaid talu iawndal, felly hefyd yn achos taro dyn, rhaid talu iawndal.

Mae'r Gemara yn mynd yn ei flaen i wahaniaethu rhwng colli aelod neu organ a cholli bywyd dynol. Does dim iawndal yn bosibl ar gyfer llofruddiaeth, dim ond y gosb eithaf.

Ar y chwith (neu ar y dde ar ffolio 'a' yn hytrach na 'b') i'r testun Mishnah a Gemara, mae esboniad gan Rashi (Rabbi Shelomo ben Yitzhak) oedd yn byw yn Ffrainc, 1040-1105. Mae Rashi'n ffigwr anferthol yn hanes Iddewiaeth a chyfansoddodd esboniadau dylanwadol dros ben ar yr holl Feibl a'r Talmud Babilonaidd. Mae ei esboniadau talmudaidd yn glir ac yn gryno dros ben, yn dangos y broses ddadlau a'r casgliad. Ar y llaw dde ar y dudalen hon ceir ychwanegiadau neu atodiadau i esboniad Rashi, y *Tosafot* (peidiwch â drysu rhwng hyn a'r Tosefta, yr atodiad i'r Mishnah). Mae'r rhain yn dechrau lle mae esboniadau Rashi'n dod i ben – yn wir, awduron y Tosafot cyntaf oedd meibion–yng–nghyfraith ac wyrion Rashi. Lledaenodd y gwaith yma o Ffrainc i'r Almaen a daeth i ben ar ddechrau'r bedwaredd ganrif ar ddeg.

Fel mae'r darn uchod yn dangos yn glir, mae'r Talmud yn ymdrin â darganfod y dwyfol mewn amgylchiadau bob dydd (e.e. canlyniadau anaf corfforol). Y gwirionedd sy'n ei uno yw sancteiddrwydd ac felly mae'n ymdrin â mwy na moeseg yn unig. Fel mae Jacob Neusner yn dweud (*Invitation to the Talmud*, argraffiad diwygiedig, Harper and Row, 1984):

Yn ôl y dull Talmudaidd o feddwl, mae person yn cael ei ryddhau, nid ei gaethiwo, gan reswm, sy'n agor y ffordd at greadigrwydd gwirioneddol, sef y gwaith o ddod o hyd i – neu osod – ffurf a threfn ar anhrefn. Deunydd crai creadigrwydd yw'r dibwys . . . a'r hyn a wneir â'r dibwys yw datgelu, o fewn neu y tu hwnt i bethau syml anhrefn, y drefn, y strwythur cymhleth, cydlyniad y cwbl . . . i'r rabbi Talmudaidd, yr agweddau mwyaf diddorol ar realiti yw'r dynol a'r

החובל

החובל בחבירו חייב עליו משום חמשה דברים בנזק בצער בריפוי בשבת ובושת: בנזק כיצד סימא את עינו קטע את ידו שיבר את רגלו רואין אותו כאילו הוא עבד נמכר בשוק ושמין כמה היה יפה וכמה הוא יפה: צער כואו (או) בשפוד או במסמר ואפילו על ציפורנו מקום שאינו עושה חבורה אומדין כמה אדם כיוצא בזה רוצה ליטול להיות מצטער כך: ריפוי הכהו חייב לרפאותו (א) עלה בו צמחים אם מחמת המכה חייב שלא מחמת המכה פטור חייתה ונסתרה חייתה ונסתרה חייב לרפאותו חייתה כל צורכה אינו חייב לרפאותו: שבת רואין אותו כאילו הוא שומר קישואין שכבר נתן לו דמי ידו ודמי רגלו: בושת הכל לפי המבייש והמתבייש: **גמ'** אמאי עין תחת עין אמר רחמנא אימא עין ממש לא סלקא דעתך דתניא יכול סימא את עינו מסמא את עינו קטע את ידו מקטע את ידו שיבר את רגלו מישבר את רגלו ת"ל מכה אדם ומכה בהמה מה מכה בהמה לתשלומין אף מכה אדם לתשלומין ואם נפשך לומר הרי הוא אומר לא תקחו כופר לנפש רוצח אשר הוא רשע למות לנפש רוצח אי אתה לוקח כופר אבל אתה לוקח כופר לראשי אברים שאין חוזרין *הי מכה אילימא מכה בהמה ישלמנה ומכה אדם יומת ההוא בקטלא כתיב אלא מהכא מכה נפש בהמה ישלמנה נפש תחת נפש וסמיך ליה ואיש כי יתן מום בעמיתו כאשר עשה כן יעשה לו האי לאו מכה הוא (ג) הכאה הכאה קאמרינן מה הכאה האמורה בבהמה לתשלומין אף הכאה האמורה באדם לתשלומין והא כתיב ואיש כי יכה כל נפש אדם מות יומת בממון ממאי דבממון אימא במיתה ממש לא סלקא דעתך חדא דהא איתקש למכה בהמה ישלמנה ועוד כתיב בתריה כאשר יתן מום באדם כן ינתן בו ושמע מינה ממון ומאי אם נפשך לומר תו קא קשיא לתנא מאי חזית דילפת ממכה בהמה לילף ממכה אדם אמרי דנין ניזקין מניזקין ואין דנין ניזקין ממיתה אדרבה דנין אדם מאדם ואין דנין אדם מבהמה היינו דקתני אם נפשך לומר הרי הוא אומר לא תקחו כופר לנפש רוצח אשר הוא רשע למות כי מות יומת לנפש רוצח אי אתה לוקח כופר אבל אתה לוקח כופר לראשי אברים שאינן חוזרין והאי לא תקחו כופר לנפש רוצח למעוטי ראשי אברים הוא דאתא האי מבעי ליה דאמר רחמנא לא תעביד ביה תרתי לא תשקול מיניה ממון ותקטליה האי מכדי רשעתו נפקא *רשעה אחת אתה מחייבו ואי אתה מחייבו שתי רשעיות ואכתי מבעי ליה דקאמר רחמנא לא תשקול ממון ותפטריה א"כ לכתוב רחמנא לא תקחו כופר לאשר הוא רשע למות לנפש רוצח למה לי ש"מ לנפש רוצח אי אתה לוקח כופר אבל אתה לוקח כופר לראשי אברים שאינן חוזרין וכי מאחר דכתיב לא תקחו כופר מכה מכה למה לי אמרי אי מהאי הוה אמינא *אי בעי עינו ניתיב ואי בעי דמי עינו ניתיב קמ"ל מבהמה מה מכה בהמה לתשלומין אף מכה אדם לתשלומין: תניא ר' דוסתאי בן יהודה אומר עין תחת עין ממון אתה אומר ממון או אינו אלא עין ממש אמרת הרי שהיתה עינו של זה גדולה ועינו של זה קטנה היאך אני קורא ביה עין תחת עין וכי תימא כל כי האי שקיל מיניה ממונא התורה אמרה משפט אחד יהיה לכם *משפט השוה לכולכם אמרי מאי קשיא דלמא נהורא שקיל מיניה נהורא אמר רחמנא נישקול מיניה דאי לא תימא הכי

רש"י

החובל. וכמה הוא יפה. שהרי הזיקו והפסידו ממון זה שאם היה נצרך היה מוכר עצמו בעבד עברי: במסמר. כאב המכה: כיוצא בזה. לפי מה שהוא מעונג רב לערו וכאיבו: למחין. מגלי"ע: שבת. כל ימי החולי רואים אותו כאילו הוא שומר קשואין ונותן שכירתו של כל יום שהרי אין ראוי למלאכה כבידה אפילו בלא חולי שהרי נקטעה ידו ורגלו והוא כבר נתן לו דמיהן: הכל לפי המבייש. אדם קל שבייש בושתו מרובה: והמתבייש. אדם חשוב שנתבייש בושתו מרובה וכולהו חמשה דברים מקרא נפקי נזק דכתיב עין תחת עין צער פצע תחת פצע דהכי דרשינן בגמ' ריפוי ושבת רק שבתו יתן ורפא ירפא בושת דכתיב וקצותה את כפה ממון: **גמ'** מכה אדם ומכה בהמה. לקמן מפרש לקראי הי מכה קאמר: ואם נפשך לומר. ואם יש לך להשיב ולהקשות כלום על טעם זה לא ולמד ממדרש אחר: הרי הוא אומר כו'. ולקמן בעי מאי הוי ליה לאקשויי: שאין חוזרין. לאחר שנקטעו: בקטלא כתיב. והשלומין אין שם: הכאה הכאה גמרינן. הע"ג דקראי לא דמו גמרינן ג"ש כותנא דבי ר' ישמעאל ושב הכהן ובא הכהן עירובין (דף נא.) ומכה אדם דקתני הכאה הוא דקאמר ומכי יתן מום גמר דמום ע"י הכאה בא: והכתיב איש כי יכה כל נפש אדם. ולקטלא לא אתא קרא אלא לראשי אברים כדכתיב בתריה עין תחת עין וכתיב יומת כלומר יגטל אברו וימות אותו אבר: מאי אם נפשך לומר. מאי הוה ליה לאקשויי: נילף ממכה אדם. שנהרג ממש והכא נמי (ג) (כתיב) כי יתן מום מום ממש: אמרי דנין ניזקין כו'. כלומר משום האי פירכא לא הוה מדחיק תנא למילף מלא תקחו הא מני לשנויי הכי דנין ניזקין מניזקין כו': ואכתי מבעי ליה לא תשקול ממונא ותפטריה. מקטלא ולגופיה אצטריך ולא למעוטי אחריני: לנפש רוצח. דלא אצטריך אלא למעוטי ראשי אברים שאין נפש: קטן

תוספות

החובל. מכה בהמה ישלמנה וסמיך ליה ואיש כי יתן. נראה לר"י דל"ג וסמיך ליה דהא מכח סמוכים לא דריש אלא מכח ג"ש כדאמר לקמן אנן הכאה הכאה קאמרינן ואמר נמי לקמן וכי מאחר דכתיב לא תקחו כופר לנפש רוצח האי מכה מכה למה לי משמע דג"ש היא ולא סמוכים ועוד כי פריך בסמוך מאי חזית דילפת ממכה בהמה נילף ממכה אדם ומאי קושיא והלא מכח סמוכים הוא בא ומכה אדם אין סמוך לאיש כי יתן מום וא"ת וכיון דמג"ש קא יליף למה הולרך לאתויי קרא דמכה נפש בהמה ישלמנה ושביק קרא דמכה בהמה דמייתי לעיל וי"ל דמכה בהמה איצטריך לתנא דבי חזקיה ומאן דלית ליה דריש ברייש הנחנקין (סנהדרין דף פד:) מה מכה בהמה לרפואה פטור כו' א"נ כיון דהדר ליה ממכה אדם דהוי בקטלא הדר ביה לגמרי ונקט האי קרא דמכה נפש בהמה דסמיך לאיש כי יתן מום ולפי זה מצי למגרס וסמיך ליה דמשום דסמיך ליה נקט האי קרא ולא משום סמוכים:

אף הכאה האמורה באדם לתשלומין. י"ס דגרסי בתר הכי והכתיב איש כי יכה כל נפש אדם מות יומת פירוש שימיתו אברו תחת אברו של חבירו ומשני יומת בממון ומנא דבממון אימא מיתה ממש לא ס"ד חדא דהא איתקש למכה נפש בהמה ועוד דכתיב התם כאשר יתן מום באדם כן ינתן בו ש"מ ממון ואין נראה לר"י אותה גירסא כלל חדא דאיש כי יכה כל נפש אדם מוקמינן בהגשרפין (סנהדרין דף עח.) בקטלא גבי פלוגתא דרבי יהודה בן בתירה ורבנן גבי הכוהו י' בני אדם בי' מקלות ועוד דלממון לא אצטריך ועוד מאי פריך מעיקרא והכתיב איש כי יכה כל נפש אדם מי אלים מקרא דעין תחת עין דמוקמינן ליה בממון בג"ש דהכאה הכאה ועוד מכיון דכתיב כאשר יתן מום באדם כן ינתן בו למה לי תו ג"ש דהכאה הכאה ע"כ נראה דל"ג ליה כלל:

מכדי רשעתו נפקא. פירושו בסוף פ"ב (דף כ.):

מאי חזית דילפת ממכה בהמה נילף ממכה אדם. אע"ג דהא לא איצטריך דממילא הוה אמרינן עין תחת עין ממש מ"מ איצטריך דלא נילף ממכה בהמה:

מכה מכה למ"ל. וא"ת דרבא דריש מיניה בפרק אלו נערות (כתובות דף לה.) בפירוש ריבתה תורה חייבי מלקות כחייבי מיתות לתשלומין מג"ש דמכה מכה וי"ל דרבא לטעמיה דדריש לקמן עין תחת עין ממון מקרא אחרינא: רב

עין משפט נר מצוה

א א מיי' פ"א מהל' חובל ומזיק הלכה א סמג עשין ע טוש"ע ח"מ סי' תכ סעיף ג:

ב ב מיי' שם טוש"ע שם סעיף טו:

ג ג מיי' שם פ"ב הלכה ג סמג שם טוש"ע שם סעיף ט:

ד ד מיי' שם הלכה י טוש"ע שם סעיף טז:

ה ה ו מיי' שם הלכה יד והלכה יט טוש"ע שם סעיף יט:

ו ח מיי' שם הלכה יא טוש"ע שם סעיף יז:

ז ט מיי' שם פ"ג הלכה א טוש"ע שם סעיף כד:

ח י מיי' פ"א מהלכות חובל הלכה ג ד ה:

ט כ מיי' פ"א מהלכות רוצח הלכה ד סמג לאוין קסא:

הגהות הב"ח

(א) במשנה עלו בו צמחים: (ב) גמ' אלא מכה הוא אנן הכאה הכאה: (ג) רש"י ד"ה נילף וכו' והכא נמי כי כתיב כי יתן:

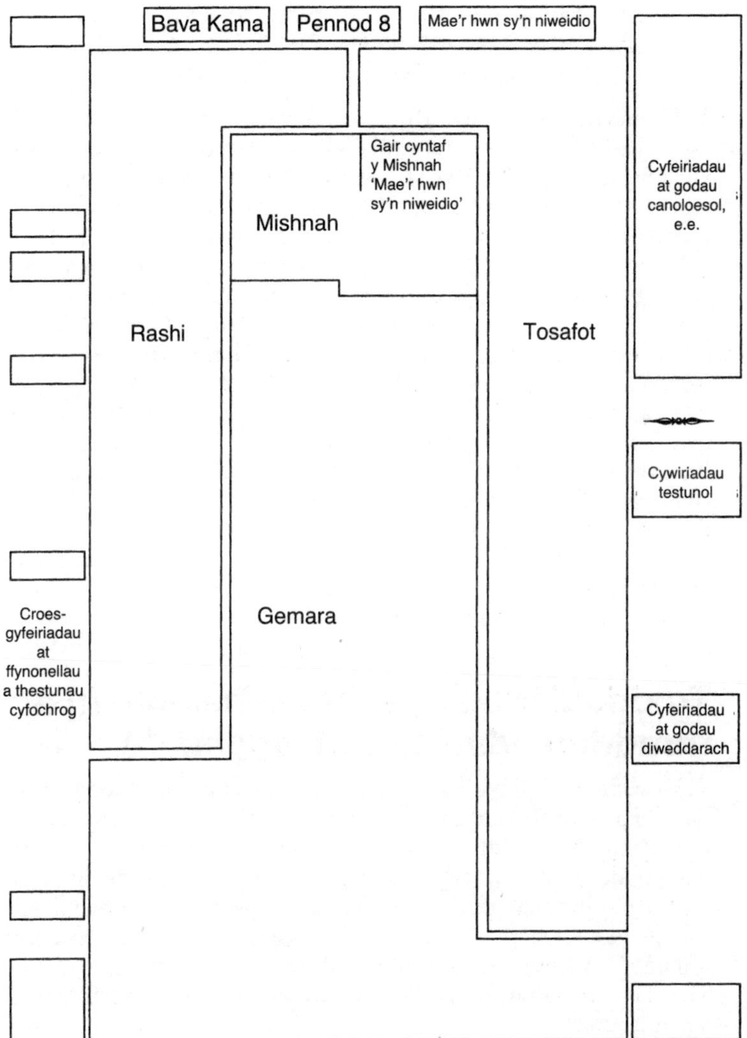

Bava Kama
Pennod 8
Mae’r hwn sy’n niweidio
Gair cyntaf y Mishnah ‘Mae’r hwn sy’n niweidio’
Mishnah
Cyfeiriadau at godau canoloesol, e.e.
Rashi
Tosafot
Cywiriadau testunol
Gemara
Croes-gyfeiriadau at ffynonellau a thestunau cyfochrog
Cyfeiriadau at godau diweddarach

cymdeithasol: y pentref, y cartref, yr unigolyn. Mae rhai wedi cyfeirio at Iddewiaeth Talmudaidd fel crefydd sosbenni a phadelli, oherwydd y pwyslais ar sut a beth y mae dyn yn ei fwyta a'i yfed. A dyna ydyw, er nad hynny'n unig, oherwydd ei defnyddiau crai yw atomau anostyngadwy bywyd diriaethol.

Y Talmud, felly, yw uchafbwynt y broses o ddehongli'r Torah ysgrifenedig. Dros gyfnod o amser, mae pobl wedi mynd i'w ystyried yn fath o gôd cyfreithiol, yn seiliedig ar gyfarwyddyd ymarferol. Ond i ddechrau, roedd y prif enghreifftiau o gyfraith a dyfarniadau mewn achosion yn y Talmud yn fwy damcaniaethol nag ymarferol. Mae'n ymddangos mai'r ddadl oedd y peth pwysicaf, i'r Amoraim eu hunain ac i'r golygyddion. Mae'r ffaith fod adrannau cyfan ohono yn ymwneud ag addoli yn y Deml, pan oedd y Deml ei hun wedi cael ei dinistrio ganrifoedd cyn i'r Talmud gael ei lunio, yn dangos hyn. Roedd astudio'r gyfundrefn aberthu, erbyn cyfnod yr Amoraim, yn gwbl academaidd. Hyd yn oed pan fo deunydd testun y Talmud yn gwbl ymarferol, mae'r ddadl yn fynych yn cael ei chynnal mewn ffordd academaidd, fel pe bai camau'r ddadl yn bwysicach na'i chasgliad. Hyd yn oed pan fo Rabbiniaid yn cael eu henwi, dydy hi ddim o bwys a yw eu dadleuon yn wir neu'n ddychmygol. Beth sy'n bwysig yw eu dulliau wrth iddyn nhw holi ystyron geiriau ac ymadroddion, cymharu un set o ddeddfau ag un arall, a dod o hyd i egwyddorion gwaelodol y naill a'r llall.

Traddodiadau cyfreithiol (*halachah*) a thraddodiadau storïol (*aggadah*)

Tra'r oedd y Mishnah'n cael ei esbonio, ar yr un pryd roedd pobl wrthi'n dehongli'r ysgrythur ei hun, a arweiniodd at y *midrashim* (yr esboniadau beiblaidd) y cyfeiriwyd atyn nhw ym mhennod 2. Felly, mae modd dosbarthu'r llenyddiaeth rabbinaidd yn mishnah ac yn midrash. Ond mae ffordd arall hefyd o ddosbarthu llenyddiaeth rabbinaidd, sef yn ôl ei genre llenyddol. Mae'r Torah ysgrifenedig ei hunan yn cynnwys deunydd crefyddol a deunydd storïol. Wrth i'r Torah llafar ddatblygu, datblygodd y traddodiadau ar ffurf deddfau a straeon hefyd.

Halachah

Enw'r traddodiad cyfreithiol yw *halachah* sy'n dod o'r ferf Hebraeg 'mynd' neu 'cerdded'. Felly, ystyr halachah yw 'y ffordd'. Mae'r gair Cymraeg, y 'Gyfraith', yn annigonol am ddau reswm. Yn gyntaf, mae halachah'n cynnwys popeth sy'n rheoli ymddygiad person, sy'n faes llawer ehangach na'r hyn y byddai'n llysoedd barn ni yn ymdrin ag ef. Yn ail, mae'n disgrifio yn ogystal â gorchymyn. Mae'n disgrifio'r 'ffordd' mae pobl Duw yn gwneud pethau, gan ddefnyddio'r ffurf: 'Mae dyn yn gwneud hyn; dydy dyn ddim yn gwneud y llall', yn hytrach na'r gorchymyn: 'Gwnewch hyn; peidiwch â gwneud y llall'. Drwy halachah (lluosog *halachot*) mae'r Rabbiniaid yn ceisio tywys yr Iddewon i fyw eu bywydau, ffurfio cymdeithas, a gwasanaethu Duw yn y ffyrdd iawn, yn eu barn nhw. Mae'r cyfreithiau'n cael eu cyflwyno gyda golwg ar y dyfodol. Felly, hyd yn oed os nad ydyn nhw'n gwbl ymarferol (fel y deddfau ym mhumed adran y Mishnah sy'n ymwneud â phurdebau'r Deml, lle'r oedd y Deml, erbyn 200 OG, eisoes yn adfeilion ers canrif a mwy), maen nhw'n disgrifio sut fyddai pethau'n cael eu gwneud mewn byd delfrydol.

Aggadah

Enw'r traddodiadau storïol yw *aggadah*, o'r ferf Hebraeg 'dweud'. Mae'n dal i fynegi prif themâu'r grefydd Iddewig, ond ar ffurf anogaeth chwedlonol neu hanesyddol. Mae aggadah hefyd yn cynnwys gwyddoniaeth, doethineb gwerin a phynciau damcaniaethol diwinyddiaeth a moeseg, fel y maen nhw'n effeithio ar ymddygiad. Yn y Talmud mae'r rhan fwyaf o'r deunydd yn halachaidd, er ei fod yn cynnwys rhywfaint o ddeunydd aggadig. Mae'r midrash bron i gyd, ar y llaw arall, yn aggadig, er bod rhywfaint ohono ar ffurf halachah. Roedd natur yr aggadah yn llawn dychymyg fel y gwelwn yn y modd y gwnaeth nifer o Rabbiniaid yr ail ganrif ddehongli'r ymadrodd 'ysbryd Duw' yn Genesis 1: 2. Mae un yn meddwl ei fod yn golygu 'gwynt', un arall ei fod yn golygu 'Adda' ac un arall 'Meseia'. Mae'r tri dehongliad yn cael eu cynnwys heb unrhyw ymgais i farnu pa un sy'n iawn. Eu grym barddonol yw'r hyn sy'n eu gwneud yn 'iawn'. Felly mae aggadah'n bwysig am ei fod yn dangos beth sydd y tu ôl i'r rheolau ymarferol, nid o safbwynt dysgeidiaeth ffurfiol fel y gred ddiwinyddol sydd yn sail i arfer Cristnogol, ond o safbwynt bywiogrwydd ac ysbrydoliaeth. Weithiau mae'r stori'n un faith, ond dyma dri darn byr iawn o'r Talmud (o *A Rabbinic Anthology*, gol. C.G. Montefiore a H. Loewe, Meridian Books, 1963) sy'n rhoi rhyw syniad:

> *Dywedodd Rabbi Hanina ben Idi: Pam y mae geiriau'r Torah'n cael eu cyffelybu i ddŵr, fel y mae'n ysgrifenedig, 'Dewch i'r dyfroedd, bob un y mae syched arno' (Eseia 55: 1)? Er mwyn dangos fel y mae*

dŵr yn gadael y mannau uchel a llifo i fannau isel, felly y mae geiriau'r Torah'n gadael yr hwn sydd drahaus, ac yn aros gyda'r hwn sydd yn ostyngedig.

(Taanit 7a)

Gofynnodd yr Ymerawdr i Rabbi Josua ben Chananiah, 'Beth sy'n rhoi'r fath arogl i'ch cig-Saboth?' Atebodd yntau, 'Mae gennym bêrlysieuyn o'r enw Saboth, sy'n cael ei roi yn y coginio, a dyna sy'n rhoi iddo ei sawr.' Dywedodd yr Ymerawdr, 'Rhowch beth o'r pêrlysieuyn hwn i mi.' Atebodd yntau, 'I'r hwn sy'n cadw'r Saboth, mae'r pêrlysieuyn yn gweithio, i'r hwn nad yw'n ei gadw. nid yw'n gweithio.'

(Shabbat 119a)

Pam y crewyd dyn ar ddydd Gwener: Er mwyn gallu dweud wrtho, pe bai'n mynd yn drahaus, Crewyd y gwybedyn o'th flaen di.

(Sanhedrin 38a)

Y Geonim

Halachah, y traddodiad cyfreithiol, yw'r gadwyn rhwng yr oesoedd cynnar a heddiw. Fel traddodiad byw, mae'n gorfod ymaddasu beunydd i anghenion cyfnewidiol pobl go iawn. Pan fydd pobl yn astudio pynciau sy'n ymddangos yn amherthnasol i fywyd heddiw, pwrpas hynny yw gweld sut y gellir cymhwyso'r deddfau gwreiddiol. Mae cysylltiadau'n dal i gael eu ffurfio gyda byd delfrydol y Talmud. Mae'r rhestr isod yn rhoi enwau'r rheini a drosglwyddodd y traddodiad o oes i oes:

Soferim	200–0 COG
Tannaim	0–220 OG
Amoraim	220–c. 500 OG
Savoraim	500–c. 650 OG
Geonim	650–1050 OG

Yr olaf o'r rhain, y *Geonim* (sef lluosog *Gaon*, 'ardderchowgrwydd') oedd penaethiaid academïau rabbinaidd blaenllaw Babilon. Gaon enwocaf yr academi yn Sura oedd Saadiah yn y ddegfed ganrif. Wrth i rabbiniaid o lawer gwlad anfon cwestiynau am ddyfarniadau'r Talmud at y Geonim, datblygodd system o atebion, *responsa*. Câi'r atebion ysgrifenedig hyn i gwestiynau eu casglu a'u cyhoeddi fel arfer, naill ai gan yr awduron eu hunain neu gan eu disgyblion. Parhaodd y broses o gwestiynu'r halachah ymhell ar ôl cyfnod y Geonim ym Mabilon. Mae'r atebwyr pwysicaf yn cynnwys Israel Isserlein o Awstria (1390-1460), Ezekiel Landau o Fohemia (1713-93), Joseph Saul Nathanson o Ukrain (1808-75), a Benzion Uziel o Balesteina (1880-1945).

Codau cyfreithiol

Oherwydd fod y môr yma o lenyddiaeth rabbinaidd mor anferth, rhaid oedd mynd ati i drefnu'r halachah mewn codau, yn enwedig yn yr Oesoedd Canol. Mae'n anodd dod o hyd i'ch ffordd o gwmpas y Talmud nid yn unig am ei fod mor fawr ond oherwydd ei strwythur. Er gwaethaf enwau'r adrannau a'r traethodau, mae cyfeiriadau at bwnc neilltuol wedi eu gwasgaru yma ac acw drwy'r Talmud cyfan. Yn ôl Louis Jacobs (*The Structure and Form of the Babylonian Talmud*, CUP, 1991), ffurf lenyddol, yn hytrach na rhesymegol, sydd iddo. Mae manylion yn cael eu cynnwys lle byddant yn creu fwyaf o argraff yn hytrach na chael eu rhoi mewn trefn ddestlus, dull tebycach i ddrama neu nofel. Mae peryglon crynhoi cyfraith achosion gymhleth fel hyn yn amlwg, sef bod codau marw yn disodli traddodiad byw. Serch hynny, mae pedwar côd, yn enwedig, wedi bod yn ddylanwadol, am fod ar bobl angen gwybod canlyniad trafodaethau'r rabbiniaid yn hytrach na manylion pob trafodaeth. Y côd cyntaf yw casgliad gan y Rabbi Isaac Alfasi, a adwaenir wrth yr acronym 'Rif'. Paratodd hynny'r ffordd ar gyfer gwaith Maimonides yn y drydedd ganrif ar ddeg. Roedd ei *Mishneh Torah* ('Ailadrodd y Torah') yn sicrhau Iddewon Sbaen: 'o hyn ymlaen, bydd unrhyw un fydd yn darllen y Torah Ysgrifenedig ac yna'r llyfr hwn yn gwybod y Torah Llafar yn ei gyfanrwydd.' Yn y 14eg ganrif, daeth *Arbaah Turim* Rabbi Jacob ben Asher. Mae'r côd hwn, sy'n golygu 'Pedair Rhes', yn cyflwyno deunydd yr halachah o dan bedwar pen: bywyd bob-dydd a defodau; rheolau crefyddol fel y deddfau bwyd; y berthynas rhwng y ddwy ryw; y gyfraith sifil a throseddol.

Cafodd y pedwar dosbarth yma eu defnyddio yn y côd halachaidd olaf, a mwyaf dylanwadol o bell fordd, sef y *Shulchan Aruch* ('Y Bwrdd Parod'). Rabbi Joseph Caro a gynhyrchodd y côd yma yn yr 16eg ganrif; fel Rif a Maimonides, bu'n byw am gyfnod yn Sbaen ond wedi iddo gael ei erlid oddi yno, ymgartrefodd ym Mhalesteina, yn Safed, un o ganolfannau mawr dysg Iddewig. Cafodd y Shulchan Aruch ei dderbyn gan y rhan fwyaf o Iddewon Seffardig ac yn ddiweddarach gan yr Ashkenazim, wedi i'r ysgolhaig Pwylaidd, Rabbi Moses Isserles, ychwanegu nodiadau ato. Yr enw ar y nodiadau hyn, oedd yn ymdrin ag arfer yr Ashkenazim, oedd y *Mappah*, sef y 'Lliain Bwrdd' ar gyfer y Bwrdd Parod.

Mae'r pynciau sydd dan sylw yn y Shulchan Aruch yn cynnwys gwahardd defnyddio llysoedd an-Iddewig; deddfau ar ymweld â chleifion; a deddfau ynglŷn â halltu cig, fel y gwelwn yn yr enghreifftiau a ganlyn:

> *Hyd yn oed os oes gan y pleintydd ddogfen sy'n dweud y caiff wysio'r amddiffynydd o dan gyfraith y Cenhedloedd – ni chaniateir iddo ei wysio ger bron llysoedd y Cenhedloedd . . . Mae ymweld â'r cleifion yn ddyletswydd crefyddol. Caiff perthnasau a ffrindiau alw heibio ar unwaith, a dieithriaid ar ôl tridiau, Os bydd dyn, fodd bynnag, yn mynd yn sâl yn sydyn, caiff y naill grŵp a'r llall alw i'w weld ar unwaith . . . Ni ddylid ymweld â'r rheini sy'n dioddef o afiechyd y coluddion, neu'r llygaid, neu o gur pen. Yn yr un modd, ni ddylid ymweld yn bersonol ag unrhyw un sydd yn ddifrifol wael, y byddai siarad yn niweidiol iddynt, ond gellir galw heibio i ystafell allanol a holi, a gweld a oes ar y claf angen rhywun i ysgubo a pherarogli ei ystafell, neu gyflawni gwasanaeth tebyg iddo. A dylid ymddiddori yn ei afiechyd a gweddïo drosto . . . Yn achos rhai sy'n dioddef o afiechyd y coluddion, y ddeddf yw na ddylai dyn ofalu am fenyw, ond y caiff menyw ofalu am ddyn . . . Ni ddylai'r halen fod mor fân â blawd, rhag iddo doddi ar unwaith yn y cig heb dynnu'r gwaed ohono. Ni ddylai ychwaith fod yn arw iawn, neu bydd yn syrthio oddi ar y cig. Yn hytrach, dylai'r gronynnau fod o faint canolig, fel yr halen a ddefnyddir i goginio; a dylai fod yn sych, er mwyn iddo allu cael ei daenu'n rhwydd.*

04 Iddewiaeth uniongred

Yn y bennod hon byddwch yn dysgu:

- am y parhad rhwng Uniongrededd ac Iddewiaeth rabbinaidd
- sut y bu'n rhaid i Uniongrededd ei diffinio ei hun yng nghyfnod y rhyddfreiniad a'r oleuedigaeth
- am wreiddiau a datblygiad Chasidiaeth.

Uniongrededd a chred

Gwyddom fod amrywiaeth o sectau neu fudiadau Iddewig yn bod yn y ganrif gyntaf OG, ond datblygiad Iddewiaeth rabbinaidd a roddodd ffurf i'r grefydd. Fyddai pawb ddim yn derbyn fod cysylltiad di-fwlch rhwng y Phariseaid a'r rabbiniaid diweddarach (gweler pennod 3) ond prin y byddai neb yn gwadu mai'r Iddewiaeth a oedd yn seiliedig ar awdurdod y Torah ysgrifenedig (y Beibl) a'r Torah llafar (y Talmud) oedd â'r gallu i oroesi dinistr yr Ail Deml. Parhaodd y grefydd i oroesi drwy'r Oesoedd Canol tan y cyfnod modern, sy'n dyddio o'r Chwyldro Ffrengig ym 1789. O'r adeg honno ymlaen, mae'n mynd yn amhosib sôn am y grefydd Iddewig fel pe bai pob un o'i dilynwyr yn credu'r un pethau yn sylfaenol. Mae angen dechrau labelu gwahanol fathau o Iddewiaeth.

Diffinio 'Uniongred'

Mae llawer yn mynnu fod y label 'Uniongred' (*Orthodox*) yn gamarweiniol, gan ei fod yn golygu 'y gred iawn'. Gan dderbyn fod amrywiaeth o gredoau o fewn Iddewiaeth rabbinaidd, efallai y byddai'r term 'Unionarfer' (*Orthoprax*) yn well. Mae rhai'n dadlau fod Iddewiaeth yn poeni mwy am 'arfer a defod iawn', sef beth mae pobl yn ei wneud yn hytrach na beth maen nhw'n ei gredu. I'r rheini sy'n ceiso deall Iddewiaeth yn ei gwahanol ffurfiau heddiw (yn enwedig pobl y tu allan iddi), mae perygl gorbwysleisio'r ddadl hon.

Mae'n wir nad yw'r Iddewon sy'n cael eu galw'n 'Uniongred' heddiw yn defnyddio'r term eu hunain yn aml iawn; mae'n well ganddyn nhw ddigrifio'u hunain fel Iddewon 'ffyddlon'. (Iddewon Diwygiedig a fathodd y term 'Uniongred' yn wreiddiol fel term dilornus, fel y bathodd Eglwyswyr y term 'Trefnyddion' neu 'Fethodistiaid' am Brotestaniaid a oedd, yn eu barn nhw, yn or-drefnus yn eu bywyd defosiynol.) Ond mae hyn eto yn seiliedig ar gred. Maen nhw'n credu eu bod yn ufuddhau i'r Torah (y Gyfraith Iddewig) fel y mae'n ymddangos yn y Beibl, ac yn cael ei datblygu yn y Talmud, felly does dim angen label i wahaniaethu rhyngddyn nhw ag Iddewon eraill, gan mai nhw sy'n dilyn cadwyn traddodiad. Fel y gwelsom ym mhennod 1, ac fel y gwelwn yn y penodau sydd i ddod, mae rhai Iddewon yn dathlu gwyliau neilltuol ac yn peidio â bwyta bwyd sydd wedi ei wahardd, fel porc, er mwyn teimlo'n rhan o'r bobl Iddewig yn hytrach nag oherwydd cred fod Duw wedi gorchymyn y pethau hyn. Serch hynny, mae'n anodd dychmygu pam mae Iddewon sy'n cadw pob mitzvot (gorchymyn) posibl, waeth pa mor anghyfleus a chostus y bo hynny, yn ymddwyn felly os nad ydyn nhw'n credu'n gryf eu bod, fel Iddewon, wedi cael gorchymyn i wneud hynny. Mae'n bosib gorbwysleisio'r cysylltiadau rhesymegol rhwng cred ac ymddygiad, ond mae'n bosib peidio â rhoi digon o sylw iddyn nhw hefyd. Dydy'r ffaith nad ydy pob Iddew Uniongred yn cadw pob gorchymyn, a'r ffaith mai mater biolegol yw Iddewdod (yn ôl yr halachah, drwy fod â mam sy'n Iddewes) ddim yn dinistrio'r ddolen gyswllt sylfaenol rhwng ffydd ac arfer.

Pwysigrwydd cred

Mae'r gyfrol hon yn ceisio deall beth yw Iddewiaeth. Dydy disgrifio defod ac arfer gwahanol grwpiau crefyddol, heb archwilio beth sydd wrth wraidd yr arferion hynny, ddim yn ein helpu i ddeall llawer am y grefydd, ddim mwy na dim ond adrodd hanes yr Iddewon a ffyrdd o fynegi Iddewiaeth, er mor bwysig yw'r elfen hanesyddol. Y cwestiwn pwysig yw pa arferion y byddem yn eu disgwyl gan rywun sy'n dweud 'Iddew ydw i', mewn cyfnod a lle neilltuol. Os nad yw cred yn ffactor bwysig mewn diffinio Iddewiaeth (fel mae rhai pobl yn dadlau), yna dylai'r grefydd yma, o bob crefydd, fod yn unedig, oherwydd gwahaniaethau mewn cred sy'n tueddu i achosi rhaniadau mewnol. Mae Jonathan Sacks, Prif Rabbi Cynulleidfaoedd Hebreaidd Unedig y Gymanwlad, yn ystyried hyn yn ei gyfrol *One People*? (Littman, 1993). Mae'n gwrthod defnyddio'r term 'enwadau', yn enwedig i ddisgrifio Uniongrededd, gan nad yw natur Iddewiaeth, yn ei farn ef, yn caniatáu cydnabod fersiynau eraill ohoni. Mae'n dyfynnu Samson Raphael Hirsch sydd, fel y cawn weld, yn allweddol yn natblygiad yr hyn a elwir yn Uniongrededd heddiw: 'Dydy Iddewiaeth ddim yn cydnabod unrhyw amrywiadau. Dydy hi ddim yn gwybod am Iddewiaeth foesenaidd, broffwydol neu rabbinaidd, nac Iddewiaeth uniongred neu flaengar. Mae hi naill ai'n Iddewiaeth neu dydy hi ddim yn Iddewiaeth.' Ond y ffaith amdani yw mai'r hyn sy'n rhannu Iddewon yw cred. O safbwynt awdurdod y Beibl, a natur orfodol halachah, mae gwahaniaethau diwinyddol gwirioneddol yn bod rhwng Iddewon Uniongred a phob Iddew arall, sef yr Iddewon 'an-Uniongred'. Mae awduron eraill – ac mae rhai o'r rheini, rhaid dweud, yn llai ysgolheigaidd ac yn llai realistig am farn gwahanol garfannau Iddewig na Sacks - yn credu ei bod hi'n hen bryd ystyried ffyrdd o uno cymuned grefyddol sy'n edwino beunydd ond sy'n dal yn rhanedig. Efallai nad yw Iddewiaeth yn ymwahanu i gategorïau fel Pabyddiaeth, Protestaniaeth a'r Eglwys Uniongred mewn Cristnogaeth, ond mae peth tebygrwydd. Gan geisio osgoi gorsymleiddio'n wyllt, mae'n bosibl dadlau fod gwahaniaethau Cristnogol yn deillio o gred gwahanol grwpiau am awdurdod – awdurdod yr ysgrythur a thraddodiad. Mae ymddygiad gwahanol enwadau'n tarddu o'r hyn maen nhw'n ei gredu. Mae gwahanol is-grwpiau wedi ymffurfio ar sail argyhoeddiad ynglŷn â sut y dylid gwneud pethau. (Doedd Methodistiaeth yn wreiddiol ddim am fod yn enwad ar wahân i Anglicaniaeth ddim mwy nag oedd Iddewiaeth Ddiwygiedig yn bwriadu cefnu ar Uniongrededd.) Yn ffodus, does gan Iddewiaeth ddim cymaint o is-grwpiau â Christnogaeth, o bell ffordd. Ac eto, mae'r agendor rhwng Iddewon Uniongred ac an-Uniongred yn ddyfnach na'r bwlch rhwng y rhan fwyaf o enwadau Cristnogol. Mae angen archwilio'r ffactorau a arweiniodd at y gwahanol agweddau hyn tuag at gred ac arfer.

Parhad a diffyg parhad

Ar un ystyr, yr un yw Iddewiaeth Uniongred y byd heddiw â'r grefydd sy'n cael ei disgrifio yn y bennod flaenorol. Wedi'r cwbl, hanfod Iddewiaeth rabbinaidd oedd datblygu i ymateb i sefyllfaoedd newydd. Ond yn y ddeunawfed ganrif, roedd newydd-deb y sefyllfa yn ddigymar. Un ymateb i hynny oedd datblygiad math newydd o Uniongrededd. Yn eironig ddigon, yr her a oedd yn wynebu Iddewiaeth oedd rhyddfreiniad gwleidyddol yr Iddewon, a'u plymiodd i mewn i argyfwng hunaniaeth sydd yn dal i fod heb ei ddatrys.

Rhwng 600 a 1800 OG, hanfod hunaniaeth yr Iddewon oedd mai nhw oedd 'Israel', pobl sanctaidd. Roedd pawb yn edrych ymlaen at ddychwelyd o *galut* ('alltudiaeth') i'r wlad (ac yn wir, roedd hynny'n dal yn wir ymhell wedi 1800). Yn y cyfamser, roedd yn rhaid i Iddewon dderbyn eu bod dan reolaeth wleidyddol pobloedd y gwledydd roedden nhw'n byw ynddyn nhw. Boed mewn gwlad Gristnogol neu Fwslimaidd, roedd rhaid i'r Iddewon ddal i fyw bywyd sanctaidd yn ôl safonau cred ac arfer y Torah, ysgrifenedig a llafar. Roedd hi'n amlwg beth ddylai Iddewon ei wneud, pwy oedden nhw, ac i ble'r oedden nhw'n mynd.

Wedi'r Chwyldro Ffrengig a Rhyfeloedd Napoleon, cafodd Iddewon gorllewin Ewrop yr hawl i bleidleisio a iawnderau eraill oedd wedi cael eu gwadu iddyn nhw tan hynny. Gyda Chyfansoddiad America, a'i Mesur Iawnderau ym 1787, ac ordinhad Cynulliad Cenedlaethol Ffrainc ym 1791, roedd pawb bellach yn ddinasyddion. Roedd cael chwarae rhan lawn mewn bywyd cenedlaethol yn brofiad cwbl newydd i Iddewon. Roedden nhw wedi bod yn bobl ar wahân o ran y bwyd roedden nhw'n ei fwyta, y dillad roedden nhw'n eu gwisgo a hyd yn oed yr ieithoedd roedden nhw'n eu siarad. Yng ngogledd a dwyrain Ewrop, roedden nhw'n siarad Iddeweg (*Yiddish*), tafodiaith Almaenaidd yn cynnwys elfennau o'r Hebraeg, Pwyleg a Rwsieg. Roedd Iddewon gwledydd Môr y Canoldir yn siarad Ladino, math o Sbaeneg. Y peth sylfaenol wahanol amdanyn nhw oedd fod eu crefydd yn ffydd wahanol i ffydd y mwyafrif mewn gwahanol wledydd a chyfnodau.

Uniongrededd modern

Rhoddodd y cyfnod modern ryddid i Iddewon i beidio â bod yn wahanol, na chael eu haddysgu ar wahân a gweithio mewn swyddi gwahanol i'w cyd-ddinasyddion. Roedd hyn yn agor meysydd cwbl newydd mewn bywyd, lle nad oedden nhw wedi gorfod ystyried y Torah o'r blaen. O ganlyniad, cododd y cwestiwn a oedd ffordd o gymodi rhwng Iddewiaeth rabbinaidd draddodiadol a gofynion byw bywyd fel rhan o gymdeithas fodern. Craidd y mater oedd sut i gadw'r ddysgl yn wastad rhwng gofynion gwrthwynebus traddodiad a moderniaeth.

Ymateb i hyn oedd datblygiad y gwahanol systemau sydd bellach yn dod o dan y penawdau Uniongrededd ac an-Uniongrededd. Yn y bennod nesaf, byddwn yn edrych ar yr ymatebion mwyaf radical. Yn y bennod yma byddwn yn ystyried ymateb yr hyn y gellir ei alw'n 'Uniongrededd modern'. Yn wahanol i'r Iddewiaeth Ddiwygiedig a ddatblygodd yn ddiweddarach, roedd ymateb Uniongrededd yn canolbwyntio nid ar ryddfreiniad ond ar gadwyn traddodiad. Gan eu bod yn credu yn natguddiad Duw, ac yn awdurdod manwl y gyfraith a defod, a'u bod, o ganlyniad, yn anfodlon newid unrhyw agwedd ar addoli cyhoeddus neu ufudd-dod caeth, roedd Uniongredwyr y bedwaredd ganrif ar bymtheg ganrif yn hawlio eu bod yn cynrychioli parhad Iddewiaeth unedig, heb ei rhannu gan systemau. Mynnai ei dilynwyr eu bod yn trosglwyddo'r traddodiad mewn perthynas ddi-dor â'r gorffennol. Ac eto, roedd diffyg yn y syniad hwn o barhad, yn deillio o atebion a systemau grwpiau eraill a orfodai'r 'traddodiadolwyr' i fod yn fwy hunan-ymwybodol ac yn fwy dethol. Roedd Iddewiaeth y cyfnod yn seiliedig ar olwg newydd ar y byd ac roedd yn siarad ag 'Israel' wahanol i Israel Iddewiaeth rabbinaidd. Ei delfryd oedd y Torah ynghyd â dysg seciwlar. Dywediad o'r Mishnah, yn argymell astudio 'Torah ynghyd â galwedigaeth fydol' (Avot 2: 2), oedd arwyddair Samson Raphael Hirsch. Iddo ef, roedd yr ymadrodd yn golygu fod y byd a'r diwylliant seciwlar yn gydnaws â dysg Iddewig.

Ym 1836, cyhoeddodd Hirsch ei *Nineteen Letters on Judaism* a oedd yn beirniadu ysgolion seciwlar iawn fel y Philantropin yn

Frankfurt a'r *chadarim* (ysgolion crefyddol Iddewig) traddodiadol hwythau. Roedd y naill yn methu 'addysgu'r galon' a'r llall yn dysgu 'Iddewiaeth nad oedd neb yn ei deall, fel arfer mecanyddol . . . a heb ei hysbryd'. Roedd Hirsch o blaid cyfuno gwybodaeth seciwlar a chrefyddol, gan ddweud: 'Barn yr Iddew yw fod y gwirionedd, fel Duw, ei ffynhonnell, yn un ac yn anwahanadwy, ac felly rhaid i wybodaeth ohoni fod yn un ac yn anwahanadwy' (yn *Judaism Eternal*). Ni ddigwyddodd y cyfuniad roedd Hirsch yn ei ragweld ar unrhyw raddfa fawr, ond roedd yn cynnig ateb i argyfwng hunaniaeth Iddewon yr Almaen yn y bedwaredd ganrif ar bymtheg ganrif a oedd yn wahanol i ateb y diwygwyr mwy radicalaidd. Roedd yn cynnig ffordd o fyw yn y ddau fyd a wynebai'r Iddewon ar drothwy'r cyfnod modern. Gallent fod yn y byd seciwlar, cyhoeddus ac yn y byd preifat, Iddewig lle'r oedd yr halachah mewn grym o hyd. Roedd Hirsch yn bendant yn draddodiadwr yn y maes yma, a hefyd ym maes astudio'r Beibl. Mae'n hynod ei fod yn cymeradwyo rhesymeg mewn athroniaeth a gwyddoniaeth ond nid mewn beirniadaeth feiblaidd – roedd hynny, yn ei farn ef, yn gamgymeriad. Roedd yn gadarn yn erbyn y fersiynau gwahanol iawn o Iddewiaeth a oedd yn ymddangos yn y byd modern wrth iddo honni:

> *Mae Iddewiaeth Uniongred yn credu yn nilysrwydd dwyfol y Beibl, ac ni ŵyr ddim am wahanol awduron y Pentateuch, na'r Eseia Ffug, nac am ganeuon Macabeaidd dan enw Dafydd, nac Ecclesiastes Solomon o gyfnod yr Ail Deml, ac yn y blaen.*

Mae gormod o gyffredinoli yn rhy aml ynglŷn ag Uniongrededd a'r Beibl, ac mae angen pwyso a mesur er mwyn gallu disgrifio'r cyferbyniadau ag an-Uniongrededd yn gywir. Does fawr o ddiben cyhuddo Iddewon Uniongred o fod yn 'ffwndamentalwyr' – yn bennaf oherwydd fod y gair yn cael ei ddefnyddio'n ddilornus a heb ei ddiffinio. Mae 'ffwndamentaliaeth' yn gallu golygu nifer o wahanol bethau, ond dydy'r awgrym fod Iddewon Uniongred yn gwrthod ystyried cwestiynau am iaith ac arddull llyfrau'r Beibl (a elwir weithiau yn is-feirniadaeth feiblaidd) ddim yn wir. Ond ar gwestiynau hanesyddol (a elwir yn feirniadaeth uwch weithiau), mae angen esbonio agwedd Uniongrededd tuag at y Beibl, yn enwedig y Pentateuch.

Iddewiaeth Uniongred a'r Beibl

Yn y Talmud mae darn lle mae'r Rabbiniaid yn trafod trefn y llyfrau beiblaidd a'u hawduron (Bavra Batra 14b-15a).

Oherwydd pwysigrwydd y Beibl mewn Iddewiaeth, byddech yn disgwyl ymdriniaeth lawer ehangach. I bob golwg, yr hyn oedd yn bwysig i'r rabbiniaid oedd bod y llyfrau wedi cael eu hysbrydoli, er fod y graddau o ysbrydoliaeth yn amrywio (fel y gwelsom ym mhennod 2). Doedd pwy yn union a sgrifennodd y llyfrau ddim yn fater o ryw ddiddordeb mawr. Roedd pawb yn derbyn mai Moses sgrifennodd y Pentateuch (y pum llyfr cyntaf). Yr unig ddadl rhwng credinwyr a hereticiaid oedd y cwestiwn a ddaethai 'o'r Nefoedd', hynny yw, ai Duw oedd y gwir awdur. Nid Rabbiniaid y Talmud a ddechreuodd y math o feirniadaeth feiblaidd a ddatblygodd yn ddiweddarach. Doedd y syniad o wahanol awduron yn y Pentateuch ddim yn codi.

Mae rhai wedi dadlau (yn enwedig yr ysgolhaig Masorti (Ceidwadol) blaenllaw, Louis Jacobs – gweler pennod 5) nad yw hyn, o anghenraid, yn golygu fod Duw wedi rhoi'r Pentateuch cyflawn i Moses, yn cynnwys hanes pethau oedd heb ddigwydd eto. Byddai credu hynny, yn ôl Jacobs, yn mynd ymhellach na'r hyn oedd y Rabbiniaid yn ei hawlio. Mae dweud y 'derbyniodd Moses y Torah ar Sinai' (Avot 1: 1) yn golygu fod y deddfau a'r ddysgeidiaeth sydd yn y Torah ysgrifenedig a llafar wedi cael eu rhoi ar fynydd Sinai. Mae hyn ynddo'i hun yn honiad mawr, a dydy Iddewon an-Uniongred ddim yn ei dderbyn. Ond dydy hyn ddim yn golygu fod Iddewon an-Uniongred yn mynd ati i ddarllen y Beibl gan ddefnyddio sgiliau athronyddol a ieithyddol i'w helpu i'w ddehongli tra bod Iddewon Uniongred yn cilio'n ôl i ryw gilfach ffwndamentalaidd, fel sy'n glir yng ngwaith awduron pwysig.

Beirniadaeth feiblaidd

Rydym eisoes wedi sôn am y Saadiah Gaon. Fe gyfieithodd y Beibl i'r Arabeg, ond mae'r esboniadau a sgrifennodd ar nifer o lyfrau beiblaidd yn dangos fod ganddo ddiddordeb mawr yn nheithi'r iaith Hebraeg hefyd. Roedd esboniadau beiblaidd Rashi, sydd yn aml yn ymddangos ochr yn ochr â thestun y Beibl Hebraeg, yn ddylanwadol iawn. Cafodd uwch-esboniadau eu sgrifennu amdanynt, fel yr uwchesboniadau ar esboniadau Rashi ar y Talmud a welsom yn y bennod flaenorol. Un o arloeswyr beirniadaeth feiblaidd oedd yr ysgolhaig o Sbaen, Abraham Ibn Ezra (1089-1164). Honnai nad Dafydd oedd awdur rhai o'r salmau, a bod holl bennod olaf Deuteronomium wedi cael ei hychwanegu gan Josua. (Mae eraill yn credu mai dim ond yr wyth adnod olaf, sef hanes marwolaeth Moses, gafodd eu hychwanegu.) Ibn Ezra oedd y beirniad cyntaf hefyd i awgrymu efallai bod llyfr Eseia yn waith mwy nag un awdur. Byddai hynny'n egluro nid yn unig y gwahaniaethau yn yr arddull ond hefyd y ffaith fod y 39 pennod gyntaf yn sôn yn bennaf am y cyfnod cyn y Gaethglud, fod 40-55 yn dod o gyfnod y Gaethglud, a 56-66 o'r cyfnod wedi'r Gaethglud. Mae'r datblygiad yma ar sail barn Ibn Ezra yn cael ei dderbyn gan y rhan fwyaf o ysgoleigion heddiw. Mater arall yw a ydy'r rhan fwyaf o Iddewon Uniongred yn derbyn hynny. Yn bwysicach, mae Uniongrededd yn gwrthod unrhyw awgrym na chafodd y Pentateuch cyfan ei roi i Foses ar fynydd Sinai. Dydy Uniongrededd ddim yn gwahaniaethu rhwng arddweud a datguddiad, yn gyffredinol, gwahaniaeth pwysig ym marn Iddewon an-Uniongred. Mae'r Uniongred yn credu fod y Pentateuch wedi cael ei drosglwyddo i Moses, ond nid drwy ddulliau corfforol. O ganlyniad, maen nhw'n gwrthod unrhyw feirniadaeth feiblaidd o'r Pentateuch. Mae'r ffaith y gallai beirniadaeth o'r fath niweidio'r ffydd Iddewig yn amlwg yng ngwaith Baruch Spinoza (1632-77). Roedd dylanwad Spinoza, un o sylfaenwyr yr oleuedigaeth resymegol, ar syniadau gorllewinol yn gyffredinol yn fawr iawn, er nad oedd mor ddylanwadol yn ei gymuned Bortiwgïaidd ei hun yn Amsterdam. Achosodd cwestiynau ynglŷn ag awduraeth y Beibl iddo wadu'r holl syniad o ddatguddiad. Rheswm dynol, nid Duw oedd ar waith yn y Beibl. Byddai llawer o feddylwyr mawr Iddewig yn cymryd rhan yn y ddadl hon, yn enwedig Moses Mendelssohn (1729-86), a geisiodd wneud y Beibl yn ddealladwy i ddarllenwyr modern drwy gyhoeddi trosiad Almaeneg gydag esboniadau ysgolheigaidd Iddewig. Ystyrir mai Mendelssohn oedd sylfaenydd yr *Haskalah* (yr 'Oleuedigaeth' Iddewig). Ond nid arweiniodd hynny Mendelssohn, Iddew crefyddol dros ben, i gyfeiriad beirniadaeth feiblaidd

Mae rhai, yn enwedig y mudiad Ceidwadol (gweler pennod 5) a dorrodd i ffwrdd oddi wrth Uniongrededd ar yr union fater yma, yn teimlo fod rhesymeg syniadau 'goleuedig' yn awgrymu fod y Pentateuch wedi cael ei dderbyn yn raddol dros nifer o ganrifoedd. Mewn erthygl ym 1995, a gafodd lawer o gyhoeddusrwydd, dywedodd Prif Rabbi Prydain fod unrhyw Iddew oedd yn gwadu fod Moses wedi derbyn y Torah yn uniongyrchol gan Dduw ar fynydd Sinai wedi 'torri cysylltiad â ffydd ei gyndadau'. Ymateb y mudiadau Diwygiedig a Rhyddfrydol, yn gam neu'n gymwys, oedd dweud y byddai diffiniad y Prif Rabbi o gred Iddewig yn eithrio o leiaf 90 y cant o Iddewon Prydain. Roedd y ffigur hwn yn cynnwys llawer o Iddewon oedd yn perthyn i synagogau Uniongred. Rhaid cofio, fodd bynnag, fod llawer o Iddewon o wahanol gred ac arfer yn dod o dan adain Uniongrededd. Mae un safbwynt Uniongred, fodd bynnag, sy'n gweld unrhyw fath o gyfaddawdu â'r byd modern yn anghymharus â'r ffydd Iddewig. O'r safbwynt Tra-Uniongred yma, dydy Uniongrededd modern Hirsch yn y bedwaredd ganrif ar bymtheg neu Sacks yn yr unfed ganrif ar hugain ddim yn ymddangos yn rhy draddodiadol; yn hytrach, credant nad yw'n ddigon traddodiadol.

Tra-Uniongrededd

Mae hwn yn label arall sy'n cael ei ddefnyddio gan rai Iddewon am rai sydd â safbwynt gwahanol (ac anghywir, yw'r awgrym). Yn sicr, ni fyddai'r rhai sy'n cael eu galw'n Dra-Uniongred yn defnyddio'r disgrifiad hwn eu hunain. Yn eu barn nhw, Iddewon duwiol neu draddodiadol ydynt, a dim byd arall. Yn wir, un o'r problemau gyda'r termau am wahanol ganghennau Iddewiaeth yw bod aelodau gwahanol fudiadau oll yn credu mai nhw sy'n mynegi hanfod Iddewiaeth. Felly, fel y cawn weld yn y bennod nesaf, mae'r mudiad Diwygiedig yn pwysleisio natur esblygol Iddewiaeth halachaidd ac yn hawlio ei bod yn y llinach honno. Y grŵp sydd dan sylw yma, o dan bennawd 'Tra-Uniongrededd', yw'r enghraifft orau o blith y gwahanol grwpiau Iddewig o ba mor annigonol yw labeli, a sut mae'r labeli hynny yn creu camargraff a rhoi gwybodaeth gamarweiniol i bobl sy'n ceisio eu deall.

Chasidiaeth

Yn y lle cyntaf, dydy'r Tra-Uniongred ddim yn grŵp unffurf. Mae dwy brif ffrwd. Mae'r cyntaf, y traddodiad Lithwanaidd, yn pwysleisio astudio'r Talmud yn yr *yeshivah* (neu'r academi, gweler disgrifiad pennod 8). Mae'r ail yn pwysleisio'r Torah hefyd, ond ynghyd ag agwedd gyfriniol. Chasidiaeth yw enw'r mudiad yma, o'r Hebraeg *chasid* ('duwiolfrydig', lluosog *chasidim*). Cafodd y term 'chasid' ei ddefnyddio am Iddewon duwiol a oedd yn gwrthsefyll ymosodiadau ar eu ffydd yn yr ail ganrif COG, ond roedd y mudiad Chasidig a darddodd yn nwyrain Ewrop yn y ddeunawfed ganrif, yng ngwlad Pwyl a Lithwania, yn enwedig, yn fwy o ddiwygiad nag o wrthsafiad. Roedd yn apelio at werin Iddewig orthrymedig y gwledydd hynny, ac roedd fel diwygiad am ei fod yn ceisio dwysáu defosiwn, dod â phobl yn nes at y dwyfol drwy ffyrdd hapus o addoli, yn enwedig canu a dawnsio. (Mae rhai alawon Chasidig yn deimladwy iawn, ac mae'n hynod sut mae hyd yn oed y rhai araf yn creu awydd i ddawnsio.) Roedd eu rabbiniaid, y *rebbes*, yn gymeriadau carismatig oedd yn dilorni ysgolheictod heb elfen ysbrydol ynddi. Sylfaenydd y mudiad oedd Rabbi Israel ben Eliezer a gafodd yr enw *Baal Shem Tov* ('Meistr yr Enw Da', sef enw Duw) neu yn ei ffurf fer, 'y Besht'. Roedd yn iachäwr poblogaidd, ac arweinwyr y mudiad ar ei ôl ef oedd cyfres o ddynion sanctaidd, y *zaddikim* ('y rhai cyfiawn', unigol *zaddick*). Roedd gan bob zaddick awdurdod am ei fod mor agos at Dduw.

Roedd hyn yn wahanol i arweinyddiaeth draddodiadol y rabbi oedd ag awdurdod ar sail ei ysgolheictod yn unig. Oherwydd hynny, datblygodd gwrth-fudiad, y *Mitnagdim* ('gwrth-wynebwyr'). Ei arweinydd oedd Elijah ben Solomon Zalman o ddinas Vilnius yn Lithuania, a chafodd yr enw Gaon (Vilna) am ei fod mor ddysgedig. Roedd hefyd yn feistr ar ysgrifau cyfriniol y *Kabbalah* ('Traddodiad') ond roedd yn eu dehongli mewn modd gwahanol i'r Chasidim oedd yn dibynnu ar fathau eraill o ysbrydoliaeth heblaw dysg. Nid yw cyfriniaeth yn bwnc hawdd ei ddeall, a does dim angen mynd ar drywydd hynny mewn llyfr sy'n ceisio egluro sut mae Iddewon yn meddwl ac yn mynegi eu ffydd heddiw. Ond mae llawer math o gyfriniaeth wedi dylanwadu ar fudiadau Iddewig ac Iddewon unigol, ac nid o fewn Tra-Uniongrededd yn unig.

Mae Iddewon Chasidig yn disgwyl i'w rabbiniaid fod yn ddynion sydd wedi cyrraedd cyflwr cyfriniol trosgynnol, sy'n eu hysbrydoli fel arweinwyr. Disgwylir iddynt, fodd bynnag, ddistyllu o'r traddodiad cyfriniol yma ffordd o fyw ar gyfer yr Iddew cyffredin, nid dim ond yr arweinydd. Mae elfen ddiwygiadol Chasidiaeth y ddeunawfed ganrif i'w gweld yn glir yng ngwaith cenhadu eang un grŵp Chasidig neilltuol, y Lubavitcher (o dre Rwsiaidd Lubavitch) neu'r Chabad (o'r geriau Hebraeg am 'ddoethineb, dealltwriaeth a gwybodaeth'). Mae'r mudiad Lubavitch yn pwysleisio'r Talmud a'r Kabbalah. Mae'n anarferol yn ei gysylltiad â'r byd allanol, yn enwedig yn ei ganolfannau a rhaglenni addysgol. Yn y man, yn nwyrain Ewrop hefyd, cafwyd cyfaddawd rhwng y Chasidim, a'u pwyslais ar y llyfrau cyfriniol a phethau fel perlesmair, gweledigaethau a gwyrthiau, a'r Mitnagdim a oedd yn pwysleisio dysg rabbinaidd a duwioldeb. Mae ehangder Iddewiaeth, felly, a'i gallu i gymathu pwyslais a mynegiant newydd i'w gweld yn achos y mudiad Chasidig sydd wedi dangos fod ganddo'r gallu i ysbrydoli pobl i astudio ac ufuddhau i'r Torah. Erbyn hyn mae Chasidiaeth, a oedd yn fudiad hynod wreiddiol yn y ddeunawfed ganrif – hereticaidd, ym marn rhai – yn un o gonglfeini Uniongrededd. Mae niferoedd mawr yn aelodau o Agudat Israel, er enghraifft, un o'r mudiadau mwyaf dylanwadol a phwysig o fewn Uniongrededd gyfoes, sy'n cynnwys Iddewon o bob cwr o'r sbectrwm Uniongred, yn cynnwys y gymuned Lithwanaidd.

Aelodaeth Uniongred heddiw

O ystyried llinach faith Iddewiaeth Uniongred, mae'n rhyfedd cyn lleied sy'n aelodau o'r mudiad Uniongred yn y wlad â'r boblogaeth Iddewig fwyaf yn y byd, sef Unol Daleithau America. Dim ond 9 y cant yw'r ffigur, er fod hyn yn tyfu'n gyson, yn enwedig o blith pobl ifainc sy'n symud oddi wrth eu cefndir cartref mwy radicalaidd. Mae canolfan ail fwyaf Iddewiaeth, sef Israel, yn unigryw o ran y gymysgedd o bobl sy'n ymfudo yno. Byddwn yn rhoi sylw arbennig i hynny ym mhennod 17. Digon am y tro yw dweud, er fod gan Uniongrededd gryn bŵer yn Israel, nad yw'n cynrychioli mwyafrif y boblogaeth Iddewig. Ym Mhrydain, mae'r nifer yn nes at yr hyn y byddech yn ei ddisgwyl, gyda tua hanner Iddewon Prydain yn perthyn i'r Synagog Unedig. (Roedd Bwrdd Dirprwyon Iddewon Prydain yn amcangyfrif rhyw 57,000 o aelwydydd yn 2002.) Ffederasiwn yw hon o synagogau Ashkenazi yn Llundain, a sefydlwyd ym 1870 gyda chaniatâd Deddf Seneddol. Dyma'r corff sy'n penodi'r Prif Rabbi ac yn cynnal *Bet Din* (Llys Barn Iddewig) Llundain; bydd pwysigrwydd hwn yn cael ei drafod ym mhennod 9. Honnir fod rhyw 25 y cant arall o Iddewon Prydeinig yn eu galw'u hunain yn Uniongred, gyda rhai o'r rhain yn perthyn i synagogau Uniongred nad ydynt yn perthyn i'r Synagog Unedig. (Er enghraifft, yn 2002, roedd 6,500 o aelwydydd yn perthyn i Undeb y Cynulleidfaoedd Uniongred, a rhyw 3,000 i gynulleidfaoedd Seffardig.) Ond rhaid cofio fod y garfan 'Uniongred' yma'n amrywio'n eang iawn o ran ufudd-dod crefyddol. Mae rhai'n dweud eu bod yn Uniongred yn yr ystyr syml nad ydyn nhw'n Ddiwygwyr neu oherwydd eu bod yn dod o deulu sydd, neu oedd, yn Uniongred. (Dylid nodi hefyd nad yw 25% o Iddewon Prydeinig yn aelodau o'r un synagog.) Mae hyn weithiau'n peri dryswch i bobl sy'n ymdrechu'n wirioneddol i geisio deall Iddewiaeth. Ar ôl dysgu na fydd Iddewon Uniongred yn bwyta prydau sy'n cynnwys cig a llaeth ar yr un pryd na'n gyrru i'r Synagog ar y Sabath, maent yn dod ar draws rhai sy'n gwneud. Ydy'r rhain yn eithriadau? A oes hawl ganddynt i'w galw'u hunain yn Uniongred? Y peth doethaf er mwyn peidio â pheri tramgwydd yw tybio fod Iddewon Uniongred yn cymryd y defodau a amlinellir yng ngwahanol benodau'r llyfr yma o ddifrif.

Y Tra-Uniongred

Mae grwpiau Tra-Uniongred yn lleiafrif bychan ond amlwg. Cafod Chasidiaeth ei dwyn i'r gorllewin gan don ar ôl ton o ymfudo o'r 1880au ymlaen, ac i'r Unol Daleithau ac Israel (Palesteina bryd hynny) yn sgîl yr Ail Ryfel Byd. Cafodd prif ganolfannau Chasidiaeth (yn y 1930au roedd rhai miliynau o Chasidim yn nwyrain Ewrop) eu dinistrio bron yn llwyr yn ystod yr Holocost. Ym mha wlad bynnag maen nhw wedi bwrw gwreiddiau, maen nhw'n byw mewn cymunedau clos iawn, sydd fel rheol yn cau allan y byd allanol. Mae cymuned Chasidig sylweddol yn Stamford Hill, Gogledd Llundain. Ynghyd â'r Lithwaniaid Uniongred, maen nhw'n bodoli, er enghraifft, mewn rhannau o Fanceinion, Efrog Newydd ac yn ardal 'Meah Shearim' Jerwsalem. Mae cymuned Iddewig Gateshead (Newcastle) yn falch o arddel ei gwreiddiau yn Lithwania.

Ers blynyddoedd bellach, mae grwpiau Tra-Uniongred wedi bod yn ymweld â threfi prifysgol yng Nghymru, fel Bangor, Aberystwyth a Chaerdydd yn ystod yr haf. Maen nhw'n aros yn neuaddau'r Brifysgol fel arfer, sy'n hwyluso'r trefniadau paratoi bwyd a llety sy'n ofynnol yn ôl y Torah.

Pan fydd papurau newydd neu'r teledu yn cyflwyno adroddiad am fater Iddewig, llun o Chasid sy'n cael ei ddangos bron yn ddieithriad (er nad yw Chasidim yn hoff o ffotograffau ohonyn nhw'u hunain, maen nhw'n gwneud llun trawiadol iawn!). Mae'r wisg ddu (sy'n deillio o gymdeithas ganoloesol gwlad Pwyl) a'r locsyn clust (er mwyn ufuddhau i Lefiticus 19: 27, 'Nid ydych i dorri'r gwallt ar ochr eich pennau, na thorri ymylon eich barf') yn dangos yn eglur mai Iddew yw hwn. Mae hyn yn digwydd hyd yn oed wrth gyflwyno safbwynt cwbl groes i Chasidiaeth, fel pan ddangoswyd lluniau ohonyn nhw ar adeg sefydlu eruv yng ngogledd-orllewin Llundain (gweler pennod 12). O ran arferion anodd eu deall o'r tu allan, y cymunedau Tra-Uniongred sydd amlycaf, am y rheswm syml eu bod nhw'n ufuddhau mor llwyr i'r rheolau, mewn ffyrdd sy'n adlewyrchu oes arall. Mae eu rheolau caeth ynglyn â gweddusrwydd (sy'n deillio o'r Codau Cyfreithiol), er enghraifft, yn dweud na chaiff dyn fod ar ei ben ei hun gydag unrhyw fenyw ac eithrio'i wraig. Mae unrhyw fath o agosatrwydd cyhoeddus (fel dal dwylo) gyda'ch gwraig yn cael ei ystyried yn anweddus pan fydd pobl eraill yn bresennol. Mae hyd yn oed ysgwyd llaw gyda menyw arall yn anweddus hefyd. Gallai dyn Tra-Uniongred sy'n gwrthod ysgwyd llaw â menyw gael ei ystyried yn anfoesgar neu'n sarhaus gan unrhyw un sy'n anghyfarwydd â'u hufudd-dod i'r rheolau crefyddol, ond does dim byd personol ynglŷn â hyn. Fel yr eglurwyd uchod, dyna fyddai ei agwedd tuag at unrhyw fenyw ac eithrio'i wraig.

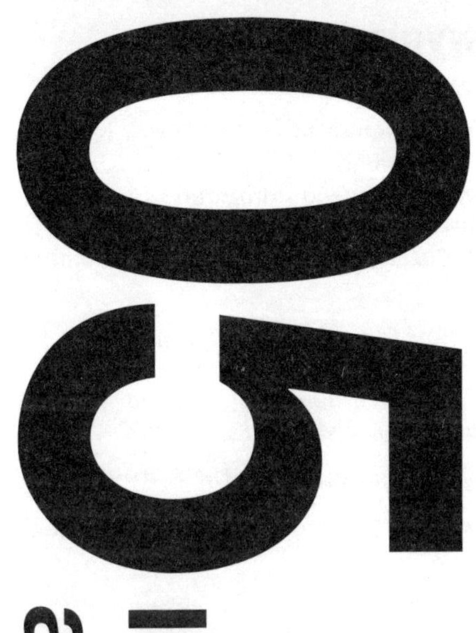

05 Iddewiaeth an-uniongred

Yn y bennod hon byddwch yn dysgu:

- am ddatblygiad mudiad a oedd yn ceisio diwygio Iddewiaeth
- sut mae gwahaniaethau allweddol mewn cred yn cael eu hadlewyrchu yn y gwahanol rannau mae menywod yn eu chwarae
- am fudiadau an-Uniongred eraill: Ceidwadol a Rhyddfrydol.

Iddewiaeth Ddiwygiedig a'i gwahaniaethau

Dydy hi ddim bob amser yn ddoeth diffinio rhywbeth – boed yn air, ymadrodd, safbwynt neu fudiad – drwy ddweud beth *nad* ydyw. Ond dyna'r ffordd orau o ddiffinio Iddewiaeth Ddiwygiedig, fel man cychwyn o leiaf. Yn mhennod gyntaf llyfr â'r is-deitl, *A Guide to Reform Judaism Today*, mae'r Rabbi Jonathan Romain yn dweud:

> *Y nodwedd sy'n diffinio Iddewiaeth Ddiwygiedig yw ei hagwedd tuag at y Datguddiad ar Fynydd Sinai. Digwyddodd rhywbeth arbennig iawn yno, nid yn unig i Moses, ond i holl gymuned Israel*
>
> (*Faith and Practice*, RSGB, 1991)

Ar ôl pwysleisio pwysigrwydd y cyfamod a ddaeth i fod, meddai Romain:

> *Cred yr Uniongred fod y llyfr sy'n disgrifio'r digwyddiad hwnnw wedi cael ei arddweud gan Dduw, a'i fod yn cynnwys union eiriau digyfnewid Duw. Credir fod ei gyfreithiau'n ddigyfnewid, a rhaid i benderfyniadau ynglŷn â sefyllfaoedd newydd ar unrhyw adeg yn y dyfodol ufuddhau iddo.*

Fel y gwelsom yn y bennod ddiwethaf, pobl eraill sy'n tueddu i ddefnyddio'r gair 'arddweud' (*dictate*) wrth ddisgrifio beth mae Iddewon Uniongred yn ei gredu. Nid y ffordd y cafodd y Torah ei dderbyn sydd o bwys iddyn nhw, ond yr argyhoeddiad fod y Torah, fel y rhoddwyd ef i Moses, wedi ei ysbrydoli'n uniongyrchol ac yn ddwyfol mewn modd y tu hwnt i brofiad dynol normal. Rhaid mesur pob penderfyniad wedi hynny yn erbyn yr egwyddorion sylfaenol sydd ynddo. Safbwynt y mudiad Diwygiedig, yng ngeiriau Romain, yw fod y Torah. 'wedi cael ei ysbrydoli gan Dduw ond wedi ei sgrifennu gan fodau dynol yn ôl eu dealltwriaeth nhw o ewyllys Duw'. Mae'n:

> *'dystiolaeth o brofiad ffurfeiddiol . . . yn ffynhonnell barhaus, yn llawn darnau sy'n ysbrydoli a chanllawiau ymarferol . . .*
>
> *Fodd bynnag, mae'n dal i fod yn llyfr dynol . . . y gellir ei herio a'i adolygu, a gall rhannau ohono fynd yn amherthnasol gydag amser.*

Dechrau'r Mudiad Diwygiedig yn yr Almaen

Yn ôl Romain, asgwrn y gynnen rhwng Uniongrededd a Diwygio yw'r canlynol: a gafodd y Torah ei roi i Moses ar fynydd Sinai neu dros gyfnod o amser i nifer o bobl, ac a yw cyfreithiau'r Torah yn orfodol am byth neu ai canllawiau ydynt a all fynd yn amherthnasol wrth i'r oes newid?

Dechreuodd Iddewiaeth Ddiwygiedig yng nghanolbarth Ewrop tua diwedd y ddeunawfed ganrif a dechrau'r bedwaredd ganrif ar bymtheg. Doedd dim bwriad sefydlu mudiad crefyddol newydd, ond datblygodd un wrth i gredoau ac arferion traddodiadol gael eu hailasesu. Roedd angen y fath ailasesu oherwydd y rhyddid deallusol a gwleidyddol newydd oedd wedi cael ei roi i bawb, yn cynnwys Iddewon. Roedd rhaid i Iddewon a oedd bellach yn rhydd ystyried beth oedd bod yn Iddewon a oedd hefyd yn ddinasyddion llawn yn eu gwahanol wledydd. Roedd yn rhaid iddynt ddiffinio'u hunaniaeth Iddewig yn erbyn cefndir crefyddau eraill a bywyd seciwlar. Dewisodd rhai Iddewon gymathu, sef peidio ag ymddwyn fel Iddewon o gwbl, ac er mwyn atal hynny a chynnig ffydd oedd yn cwmpasu pob agwedd o fywyd a syniadau cyfoes, dechreuwyd ailwampio Iddewiaeth. Y person cyntaf i wneud hyn oedd Israel Jacobson yn yr Almaen, a geisiodd ddiweddaru syniadau ac arfer. Y prif syniad oedd yr un uchod, sef mai dim ond gair Duw wedi ei ddehongli gan fodau dynol yw'r Torah. Gan fod bodau dynol yn gallu gwneud camgymeriadau, mae'n dilyn fod rhaid i bob cenhedlaeth bwyso a mesur cysyniadau o Dduw yng ngoleuni gwybodaeth a dealltwriaeth newydd. Er mwyn cadw Iddewiaeth yn gyfoes beunydd (sef nod Iddewiaeth rabbinaidd, meddai'r diwygwyr), ceir gwrthod arferion sydd heb lawer o bwrpas erbyn hyn. Yn ôl yr halachah, er enghraifft, chaiff dyn sy'n un o ddisgynyddion hen deuluoedd offeiriadol Israel gynt, *sef cohen* ('offeiriad') ddim priodi menyw sydd wedi ysgaru (Lefiticus 21: 7). Ym marn y mudiad Diwygiedig, gan nad ydy coheniaid mewn bywyd modern yn gweinyddu fel offeiriaid erbyn hyn, dylid eu trin fel dynion Iddewig eraill o safbwynt pwy y cânt eu priodi. Mae'r Diwygwyr hefyd yn amau, wedi'r holl ganrifoedd er cwymp yr Ail Deml yn 70 OG, a oes unrhyw un sy'n fyw heddiw yn perthyn i'r llinach offeiriadol. Dydyn nhw ddim yn credu chwaith fod yr hen ffyrdd o rannu cymdeithas Israel yn Offeiriaid, Lefiaid ac Israeliaid yn ffordd briodol o fynegi Iddewiaeth mewn cymdeithas gyfoes. Maen nhw'n rhoi enghreifftiau sydd, yn eu barn nhw, yn annheg ac yn afresymegol. Nid mater o anwybyddu penderfyniadau halachaidd mo hyn, oherwydd mae'r mudiad Diwygiedig yn credu eu bod yn fan cychwyn pwysig, ond credir y *gall* cyfreithiau sy'n deillio o un cyfnod fod yn anaddas mewn cyfnod cwbl wahanol. Yn hytrach na cheisio eu moderneiddio, dylid eu hepgor yn llwyr. Mae'r mudiad Diwygiedig yn gweithredu'r egwyddor hon yn achos rhai o'r cyfreithiau defodol, fel y rhai sy'n ymwneud â phurdeb defodol. Credir y dylid ufuddhau i'r cyfreithiau moesol.

Credai rhai o sylfaenwyr eraill mudiad diwygio'r Almaen fod gwahaniaethu rhwng cyfreithiau gorfodol ac anorfodol yn gydnaws â thraddodiad, ac mae'r mudiad Diwygiedig yn dal i gredu hynny heddiw. Meddai Abraham Geiger (1810-1874), yn *Judaism and History*:

> *Traddodiad yw'r pŵer datblygol sy'n parhau mewn Iddewiaeth fel asiant anweledig . . . Traddodiad yw'r enaid sy'n ysgogi Iddewiaeth . . .*
>
> *Mae traddodiad, fel datguddiad, yn egni ysbrydol sydd wastad ar waith, pŵer uwch nad yw'n dod oddi wrth ddyn, ond sy'n tarddu o'r Ysbryd Dwyfol . . .*

Aeth cyd-ddiwygiwr Geiger, Samuel Holdheim, i gyfeiriad llawer mwy radicalaidd, gan ei fod yn barod i roi'r gorau i'r holl mitzvot (dyletswyddau).

Ceisiodd Iddewiaeth Ddiwygiedig gynnar newid ffurfiau addoli cyhoeddus hefyd, gan gredu efallai y byddai gwasanaethau'n fwy deniadol i Iddewon ansicr pe baen nhw'n debycach i wasanaethau Cristnogol cyfoes. Felly, dechreuwyd gweddïo yn yr Almaeneg yn lle'r Hebraeg a defnyddio cerddoriaeth organ a chorau cymysg. Roedd y gwasanaeth yn cynnwys pregeth addysgol, cafodd pob cyfeiriad yn y litwrgi at ailddechrau aberthu ei ddileu o'r llyfr gweddi traddodiadol, a chafodd yr holl wasanaeth ei wneud yn fwy urddasol. Er dechrau'r mudiad Diwygedig, mae'r litwrgi wedi cael ei newid yn gyson, gyda rhai elfennau a hepgorwyd yn cael eu cynnwys eto yn ddiweddarach.

Diwygio yn yr Unol Daleithiau

Yn ail hanner y bedwaredd ganrif ar bymtheg, yr adain Ddiwygiedig fwy radicalaidd oedd â'r oruchafiaeth, yn enwedig yn yr Unol Daleithau. Cafodd barn yr adain honno ei lleisio mewn cyfarfod o Rabbiniaid Diwygiedig yn Pittsburgh ym 1885. Nid yw'r datganiad yma, y 'Pittsburgh Platform', yn gweld yr Iddewon mwyach fel 'cenedl sanctaidd', yn byw mewn ffordd gwbl wahanol i 'genhedloedd eraill':

> *Rydym yn cydnabod fod cyfraith Moses yn ddull o hyfforddi'r bobl Iddewig ar gyfer ei chenhadaeth yn ystod*

ei bywyd fel cenedl ym Mhalesteina, a heddiw, yr unig beth sy'n ein rhwymo, yn ein barn ni, yw'r cyfreithiau moesol, a'r unig seremonïau yr ydym yn eu cynnal yw'r rhai sy'n dyrchafu ac yn sancteiddio ein bywydau . . . Yr ydym o'r farn fod pob un o gyfreithiau Moses a'r rabbiniaid sydd yn rheoli bwyd, purdeb offeiriadol, a gwisg yn tarddu mewn oes ac o dan ddylanwad syniadau sy'n gwbl ddieithr i'n cyflwr meddyliol ac ysbrydol ni heddiw . . . Mae ufuddhau i'r rhain yn yr oes hon yn tueddu i rwystro yn hytrach na hyrwyddo dyrchafiad ysbrydol modern . . . Nid ydym bellach yn ystyried ein bod yn genedl, ond yn gymuned grefyddol; gan hynny, nid ydym yn disgwyl naill ai dychwelyd i Balesteina, nac addoliad aberthol o dan feibion Aaron, nac adfer unrhyw gyfreithiau sy'n ymwneud â gwladwriaeth Iddewig.

Erbyn 1937, roedd datganiad newydd o'r 'Egwyddorion sy'n Ganllawiau i Iddewiaeth Ddiwygiedig' wedi cael ei lunio yn yr Unol Daleithau. O dan ddylanwad rhai Iddewon traddodiadol iawn a ddaeth o ddwyrain Ewrop yn y 1890au, teimlai llawer o Iddewon America fod y 'Pittsburgh Platform' wedi mynd yn rhy bell. Roedd y datganiad newydd, a gynhyrchwyd gan gyfarfod o rabbiniaid Diwygiedig yn Columbus (y 'Columbus Platform') yn llawer mwy positif ei agwedd tuag at symbolau a seremonïau traddodiadol ac, yn bennaf oll, y mitzvot. Roedd hefyd yn dileu'r elyniaeth tuag at ymdrechion i sefydlu mamwlad i'r Iddewon ym Mhalesteina.

Dengys cyfarfod arall o rabbiniaid Diwygiedig, yn San Francisco, fod y duedd o blaid adfer rhannau o litwrgi ac arfer y teimlid eu bod yn dal o werth, yn parhau. Cydnabyddir fod angen 'defnyddio'r Hebraeg, ynghyd â'r iaith frodorol, yn ein haddoli a'n hyfforddi'. Roedd cyfrifoldebau'n cynnwys:

creu cartref Iddewig sy'n canolbwyntio ar y teulu . . .; astudio gydol oes; gweddïo preifat ac addoli cyhoeddus; cadw'r Saboth a'r dyddiau gŵyl.

Roedd 'San Francisco Platform' 1976, sef 'Persbectif Canmlwyddiant Rabbiniaid Diwygiedig America', yn ddogfen o bwys. Mae Iddewiaeth Ddiwygiedig yn America wedi bod â phwyllgor erioed a fyddai'n ateb cwestiynau ar sail yr halachah (sef Pwyllgor y Responsa). Mae datganiad 1976 yn dangos pwysigrwydd hynny, ond hefyd y gwrthdaro rhyngddo ag agweddau mwy modern:

O fewn pob maes defodol Iddewig, mae Iddewon Diwygiedig yn gorfod ystyried gofynion y traddodiad, sut bynnag y canfyddir hynny, ac fel unigolion rhydd, dewis a chreu ar sail ymwymiad a gwybodaeth.

Aeth y mudiad Diwygiedig o nerth i nerth ymhlith Iddewon America. Teimlai mewnfudwyr o'r Almaen yn y bedwaredd ganrif ar bymtheg fod bywyd ac agweddau'r 'Byd Newydd' yn cydfynd yn dda â'r 'Iddewiaeth Newydd'. Gallai rabbiniaid Diwygiedig o gefndiroedd yng ngorllewin Ewrop gymodi rhwng rhai mwy radicalaidd, fel Kaufmann Kohler, a oedd wedi ennill y dydd yn y cyfarfod yn Pittsburgh, a'r rheini a fynnai mai adnewyddu Iddewiaeth oedd ystyr Diwygio, nid torri cysylltiad. Y prif gymodwr oedd Isaac Mayer Wise a greodd brif sefydliadau'r mudiad Diwygiedig: Undeb Cynulleidfaoedd Hebreaidd America ym 1873, Coleg yr Undeb Hebreaidd, i hyfforddi rabbiniaid, ym 1875, ac, yn yr un flwyddyn, cymdeithas rabbinaidd. Yn fwy diweddar, mae rabbiniaid ag athroniaeth Seionaidd glir (fel Stephen Wise, 1874-1949), rhai â gwybodaeth fanwl am y litwrgi traddodiadol (fel A.Z. Idelsohn, 1882-1938) a rhai hyddysg yn yr halachah (fel Solomon Freehof, 1882-1990) wedi ei gwneud hi'n haws cyfuno traddodiad a newid nag oedd hi yn nyddiau mwy amddiffynnol y mudiad Diwygiedig. Cafodd menywod statws cydradd a chafodd y fenyw gyntaf ei hordeinio'n rabbi ym 1972. Ac eto, roedd y mudiad yn dal i ymdrechu i ddarparu 'rhywbeth at ddant pawb'. Er enghraifft, cynigiwyd côr i arwain y canu fel posibilrwydd arall yn ogystal â chantor, nid yn lle cantor. Heddiw, mae 13 y cant o Iddewon America yn aelodau o'r mudiad Diwygiedig, felly America yw cartref y mwyafrif o'r miliwn a mwy o Iddewon Diwygiedig y byd.

Diwygio ym Mhrydain

Ym Mhrydain, pethau ymarferol ddaeth gyntaf, ac ideoleg wedyn. Yn wir, dechreuodd y mudiad Diwygiedig ym Mhrydain ar ddamwain bron, ac aeth peth amser heibio cyn iddo symud i'r un cyfeiriad â'r mudiad yn yr Almaen. Cymerwyd y cam cyntaf gan rai o aelodau Bevis Marks, y synagog Seffardi hynaf ym Mhrydain, yn yr 'East End'. Ar ôl symud i fyw yng ngorllewin Llundain, roedden nhw am sefydlu synagog yno, ond roedd cymuned dwyrain Llundain yn gwrthwynebu, gan ofni colli cefnogaeth ariannol teuluoedd mwy cefnog gorllewin Llundain. Aeth rhai o'r aelodau yn eu blaen p'run bynnag, gan adael Bevis Marks a ffurfio cynulleidfa annibynnol ym 1840. Ymunodd rhai teuluoedd Ashkenazi â nhw yn 'Synagog Iddewon Prydeinig

Gorllewin Llundain', ac agorodd y synagog ym 1842. Gan eu bod yn annibynnol, manteisiwyd ar y cyfle i wneud mân newidiadau yng ngwasanaeth y synagog. Cafodd llyfr gweddi (argraffiad cyntaf *Forms of Prayer* – gweler pennod 10) ei gyhoeddi ym 1841-2. Mae'r ffaith eu bod yn ymbalfalu'n ddiwinyddol yn amlwg yn natganiad eu gweinidog cyntaf, y Parchedig D.W. Marks mai dim ond i'r Torah ysgrifenedig roedd yn rhaid ufuddhau ac nad oedd awdurdod gan y Torah llafar. Honnodd rhai rabbiniaid Diwygiedig diweddarach fod rhannau o'r Beibl yn amherthnasol ond bod rhannau o'r llenyddiaeth rabbinaidd yn barhaol. Tra bod cefnogwyr y mudiad Diwygiedig yn credu fod parhau i drafod yr halachah yn gryfder, gwêl ei wrthwynebwyr hynny fel dryswch. Parhau wnaeth y duedd tuag at y safbwynt mwy traddodiadol yn ail hanner yr ugeinfed ganrif, yn enwedig ym Mhrydain lle mae'r mudiad Diwygiedig yn agosach at yr hyn a elwir yn Iddewiaeth Geidwadol yn America (gweler isod). Mae'n cynnwys rhyw 13 y cant o Iddewon sy'n aelod o synagog ym Mhrydain. (Mae 8 y cant yn perthyn i'r mudiad Rhyddfrydol, sef y mwyaf radicalaidd o'r ddau brif grŵp an-Uniongred ym Mhrydain.) Maen nhw'n perthyn i Synagogau Diwygiedig Prydain Fawr (*Reform Synagogues of Great Britain*) neu'r RSGB, teitl presennol cymdeithas a ffurfiwyd ym 1941.

Anghytundeb hollbwysig

Bydd penodau diweddarach y llyfr yma yn rhoi enghreifftiau penodol o wahaniaethau rhwng Iddewiaeth Uniongred a Diwygiedig. Mae arferion gwahanol mewn defodau tyfiant, deddfau bwyd, addysg, addoli, cadw'r Saboth a gwyliau eraill. Ond yn awr, fe edrychwn ar un maes neilltuol, sydd ag oblygiadau ymarferol hollbwysig, ac sy'n amlygu'r prif anghytundeb rhwng y Diwygwyr ac Uniongrededd. Dechreuodd y mudiad Diwygiedig fel ymgais i ddangos fod cred ac arfer Iddewig yn addas at yr oes fodern, ac un o newidiadau mwyaf yr oes fodern yw swyddogaeth menywod mewn cymdeithas. Yn wahanol i newidiadau eraill yn nhrefn cymdeithas a ddigwyddodd ar ddechrau cyfnod y mudiad Diwygiedig, mae'r newid yma'n dal i ddigwydd. Prin y gellir dweud fod y mater wedi ei 'ddatrys'. Mae'r dadlau'n parhau, yn enwedig ymhlith nifer o grefyddau mawr y byd.

Prin y byddai hi'n fuddiol diffinio gwahanol enwadau Cristnogol ar sail eu barn am swyddogaeth menywod yn unig. Mae gwahanol agweddau hyd yn oed o fewn enwadau, yn enwedig tuag at fenywod fel offeiriaid yn Eglwys Loegr. Ni fynegir swyddogaeth menywod mewn credo grefyddol, er mai agweddau neilltuol tuag at awdurdod yr ysgrythur a thuag at draddodiad sy'n sail i wahanol safbwyntiau Cristnogol. Ond mae Iddewiaeth Ddiwygiedig yn gwneud safiad neilltuol ar swyddogaeth menywod, ac yn gwneud cydraddoldeb yn egwyddor sylfaenol. Unwaith eto, yn y tudalennau cyntaf lle mae'n diffinio'r mudiad Diwygiedig, mae Romain yn dweud:

> *. . . ystyrir menywod yn gydradd yn grefyddol â dynion, gyda'r un breintiau a'r un cyfrifoldebau, yn y synagog, yn y cartref, neu yn gyhoeddus. Mae Iddewiaeth Ddiwygiedig, gan hynny, yn ceiso cyflawni'r gorchwyl anodd o ddod ag amodau a chanfyddiadau modern o fewn terfynau bywyd Iddewig, fel y gellir bod yn grefyddol ac yn realistig ar yr un pryd.*

Mae'r union fodd y mae'r mudiad Diwygiedig yn ceiso gwneud hynny'n cynnig cymhariaeth ag Iddewiaeth Uniongred sydd yn taflu llawer iawn o oleuni ar y gwahaniaethau rhyngddynt.

Safle menywod mewn Iddewiaeth

Er bod hwn yn faes astudiaeth ynddo'i hun, archwilir safle menywod mewn Iddewiaeth yn y fan hon i roi enghreifftiau o'r prif wahaniaethau rhwng an-Uniongrededd ac Uniongrededd. Mae'n amhosib bod yn ddiduedd ar y pwnc yma. Mae gan bob un ohonom – yn ddyn neu fenyw, hen neu ifanc, Iddew neu beidio, Uniongred neu Ddiwygiedig - syniadau am swyddogaeth menywod yn y gymuned. Wrth edrych yn benodol ar safle menywod o fewn y gymdeithas Iddewig, mae'r syniadau hynny'n lliwio'n barn. Heddiw, efallai y byddem am ddefnyddio'r gair 'rhywiaethol' (*sexist*) i ddisgrifio rhai mathau o ymddygiad neu farn. Er na allwn lwyr anwybyddu'n barn am beth sy'n rhywiaethol ac am amrywiaeth eang o ganfyddiadau ac ymatebion wrth ystyried safle menywod Iddewig, dylem hefyd geisio deall safbwyntiau'r gwahanol grwpiau crefyddol. Gan geisio peidio â dychanu'r 'Iddewes nodweddiadol' (fel y gwna llawer o ddramâu a hysbysebion teledu), efallai y gallwn gynnig proffil o Iddewes Uniongred, Iddewes Dra-Uniongred, ac Iddewes Ddiwygiedig ym Mhrydain.

Tair 'Iddewes nodweddiadol'

Mae Mrs Canol (y-ffordd) Uniongred yn byw ym Manceinion. Mae'n briod ac yn debyg o aros yn briod. Mae ganddi ddau o blant sy'n mynd i ysgolion gwladol lleol. Mae'n danfon y plant i Ysgol Iddewig ar y Sul ond dydy hi ddim yn mynychu'r synagog yn gyson. Mae'n dathlu'r Flwyddyn Newydd Iddewig a Dydd y Cymod yn y synagog ac yn mynd yno pan fydd aelodau o'i theulu agos neu estynedig yn chwarae rhan ar achlysur arbennig. Yn y synagog, mae'n eistedd yn oriel y menywod ac oddi yno mae'n gallu gweld y dynion yn arwain y gwasanaeth a'r gweddïau ac, ar fore'r Saboth a dyddiau gŵyl, y darlleniad o'r Torah. Mae ei synagog yn perthyn i'r Synagogau Unedig ac mae rhai o'r menywod eraill yno yn mynd i'r synagog yn rheolaidd. Dim ond cig kosher mae'n ei goginio gartref, ond pan fydd hi'n bwyta allan gyda ffrindiau an-Iddewig, dydy hi ddim yn poeni am y rheolau bwyd. Mae'n dathlu'r Pasg Iddewig â phryd o fwyd bob blwyddyn. Mae'n mynd allan i weithio, yn byw bywyd cymdeithasol prysur, ac mae'n gweithio dros elusen leol. Mae bod yn Iddewes yn bwysig iddi ac mae'n gobeithio y bydd ei phlant yn priodi partneriaid Iddewig fel y gwnaeth hithau. Byddai'n anodd iawn iddi dderbyn gwraig an-Iddewig i'w mab, hyd yn oed pe bai bai'n ei hoffi fel person. Oni bai fod y ferch-yng-nghyfraith yn troi'n Iddewes Uniongred (ac mae tröedigaeth yn broses faith a blinderus) fyddai'r wyrion ddim yn cael eu cyfrif yn Iddewon.

Mae Mrs Tra-Uniongred yn byw yn Stamford Hill yn Llundain, ac mae ganddi deulu mawr fel pob un bron o'i chymdogion o Iddewon. Yn ei barn hi, bod yn briod a chael plant yw ei swyddogaeth bwysicaf o bell ffordd, er ei bod yn mynd allan i weithio. Cafodd addysg Iddewig lawn-amser, ac mae'n danfon y plant i ysgol Iddewig. Mae'n gweddïo ac yn astudio'n gyson, yn ufuddhau'n fanwl i'r deddfau bwyd, ac yn cadw'r dyddiau gŵyl. Mae'n cadw'r rheolau purdeb teuluol sy'n golygu dim cyfathrach rywiol tra bod ei misglwyf arni nac am wythnos wedyn, cyn ymdrochi mewn baddon defodol. Mae'n gorchuddio'i gwallt ond pan fydd ar ei phen ei hun gyda'i gŵr. Dydy hi ddim wir yn poeni y bydd un o'i phlant yn 'priodi allan' am nad ydyn nhw'n cwrdd yn gymdeithasol â braidd neb ond Iddewon. Mae'r mab hynaf, er enghraifft, yn gweithio i gwmni sy'n cyflogi Iddewon Tra-Uniongred yn bennaf.

Mae Mrs Diwygiedig yn byw yng nghyffiniau Caerdydd. Mae ganddi ddau blentyn sy'n mynd i ysgol wladol. Mae'n byw dipyn o ffordd o'r synagog ond mae wedi dechrau mynd yn fwy cyson wrth i'r ferch hynaf ddechrau ymddiddori mwy. Does dim llawer o ddiddordeb gan y ferch ieuengaf ac mae ei ffrindiau bron i gyd yn an-Iddewon. Mae'n edrych yn debyg y bydd un o'r rheini'n dod yn bartner iddi. Byddai'n well ganddi i'w merch beidio â 'phriodi allan', er bod ei chwaer ei hun wedi gwneud, er gofid mawr i'w mam. Mae'n cadw nos Wener ar gyfer pryd teuluol arbennig ac yn ymweld â'i pherthnasau Iddewig yn Abertawe ar gyfer y Pasg Iddewig a'r Flwyddyn Newydd Iddewig. Mae ei mam yn perthyn i synagog Uniongred, ond mae Mrs Diwygiedig yn cael gwasanaethau ei synagog ei hun yn fwy ystyrlon. Yno, mae llawer o'r gweddïau yn Saesneg yn hytrach na Hebraeg, ac mae'n cytuno â'r modd mae'r menywod yn ei synagog hi yn cymryd rhan yn y darlleniadau a'r gweddïo. Mae hyd yn oed sôn y bydd y rabbi nesaf yn fenyw.

Ni ddylid mynd â'r math yma o gyflwyniad poblogaidd yn rhy bell, ond mae'n taflu goleuni ar y prif wahaniaethau: statws, sef materion yn ymwneud â geni, tröedigaeth, priodas, ac ysgariad; addoli cyhoeddus, sef darllen y Torah ac adrodd (neu ganu) y gweddïau; a bywyd teuluol, sef magu teulu, addysg, a chyflogaeth. Trafodir llawer o'r rhain yn benodol yn nes ymlaen yn y llyfr yma. Er enghraifft, bydd yn well ystyried materion yn ymwneud ag addoli cyhoeddus, fel iaith gweddïau, yn y penodau ar Weddïo a'r Synagog. Mae cwestiynau am burdeb defodol a rhan y Llysoedd Iddewig mewn penderfynu pwy sy'n Iddew yn codi'n fwy naturiol yn y bennod ar Briodas. Ond dylid codi nifer o bwyntiau sy'n gysylltiedig â'i gilydd yn y fan hon.

Menywod yn darllen y Torah

Nid dim ond o fewn Iddewaeth an-Uniongred y bu brwydr dros gydraddoldeb rhywiol wrth reswm. Mae'r cwestiwn a all menyw fod yn rabbi dan ystyriaeth gan rai cynulleidfaoedd neo-Uniongred, yn enwedig yn UDA. Bydd yr ateb yn dibynnu i raddau helaeth ar y ffordd mae pobl yn gweld swydd rabbi heddiw: penderfynu ar gyfreithiau Iddewig, bod yn athro ac yn arweinydd y gymuned neu gyflawni gorchwylion swyddog crefyddol? Mae'r cwestiwn a all swyddogaeth rabbinaidd i fenyw fod yn gymharus â'r halachah yn dal i gael ei archwilio. Yn y cyfamser, yn America a Phrydain, ceir grwpiau bychain o fenywod sydd am ufuddhau i ofynion yr halachah ond sy'n dal i gael y gwasanaeth Uniongred cwbl wrywaidd yn anfoddhaol. Gan hynny, maen nhw wedi sefydlu gwasanaethau i fenywod yn unig. Cododd anhawster neilltuol ym Mhrydain pan ataliodd Llys y Prif Rabbi ddau wasanaeth a oedd wedi cael eu cymeradwyo gan Rabbi Uniongred yn ei synagog yng ngogledd-orllewin Llundain. Yr anhawster oedd fod y menywod am ddarllen o'r *sefer Torah* (sgrôl y Torah). Mae'n rhaid cael cworwm yn bresennol ar gyfer y fath ddarlleniad cyhoeddus, a'i fendithion cysylltiedig, a'r cworwm hwnnw mewn Uniongrededd yw deg dyn. Roedd y cwbl yn fêl ar fysedd y cyfryngau, fel mae unrhyw fath o ffrae, yn enwedig ymhlith pobl grefyddol. Pennawd yr *Independent* ar 25 Tachwedd 1992 oedd: '*Women-only worship splits Orthodox Jews*' ac roedd yn dyfynnu rabbi arall oedd yn cefnogi'r gwaharddiad, a fynnai fod a wnelo'r holl beth fwy â ffeministiaeth nag angerdd crefyddol, a'i fod felly i'w ystyried yn beth amheus. Yn anffodus, wnaeth yr adroddiadau papur-newydd ddim egluro mai'r broblem oedd y sefer Torah yn yr achos yma, gan greu'r argraff ymhlith darllenwyr cyffredin nad oedd menywod yn cael cynnal eu cyrddau gweddi eu hunain. Dydy hynny ddim yn wir, oherwydd mewn athrofeydd Tra-Uniongred, cynhelir cyrddau gweddi ar gyfer menywod yn unig.

Mae cyrddau o'r fath yn rhan o'r drefn ym Mhrydain erbyn hyn, gyda'r rhai yn y synagogau sydd dan ofal y Prif Rabbi yn ufuddhau'n llwyr i'r halachah drwy hepgor yr ychydig elfennau o'r litwrgi lle byddai'n rhaid cael cworwm. Mewn rhai canolfannau yn America, mae menywod yn cael darllen o'r Torah, ond mae diffyg un awdurdod canolog i Uniongrededd yn America yn ei gwneud hi'n haws i rabbiniaid unigol ganiatáu camau newydd nag ym Mhrydain. Mae gwahaniaeth barn ymhlith Iddewon Uniongred parthed a yw rhai o'r materion hyn, fel menywod yn unig yn darllen y sefer Torah, ac hyd yn oed menywod yn arwain y weddi yn gyhoeddus, wedi eu seilio'n gadarn ar yr halachah neu ddim ond yn fater o arfer.

Un datblygiad ym Mhrydain yw'r 'Fforwm Menywod Iddewig', fforwm lle gall menywod Iddewig o bob lliw a llun siarad â'i gilydd. Fel y dywedodd un o'i aelodau Diwygiedig, Rabbi Sheila Shulman, pan sefydlwyd y rhwydwaith ym 1993: 'fe ddaw newid os bydd menywod yn dechrau dymuno newid go iawn' ond fe ychwanegodd: 'Wn i ddim pa mor hyblyg y gall Iddewiaeth Uniongred fod.' Amser a ddengys a yw grwpiau gweddi menywod yn gam gwag peryglus a allai arwain, yn eironig ddigon, at addoli cwbl ar wahân, neu fod yn gyfrwng ysbrydoliaeth ysbrydol gyffredinol. Mae'r anfodlondeb ymhlith menywod Iddewig Uniongred yn sicr wedi denu sylw'r Prif Rabbi Prydeinig, wrth iddo ystyried yr arolwg a gomisiynodd pan ddaeth i'r swydd ac a gyhoeddwyd ar ffurf adroddiad ym

1994. Mynegodd llawer eu beirniadaeth o bethau fel y pwyslais ar y teulu sydd, medden nhw, yn annheg ar fenywod sengl, rhieni sengl a gweddwon; y ffaith fod rhan menywod ym mywyd y synagog yn gyfyngedig, i raddau helaeth, i wneud bwyd; a'r ffaith fod menyw Uniongred yn cael ei hystyried yn fenyw briod o hyd os bydd ei gŵr yn gwrthod ysgariad crefyddol iddi, hyd yn oed os bydd hithau wedi cael ysgariad sifil (gweler pennod 9).

Eithrio rhag gorfod cyflawni mitzvot positif ar adegau penodol

Mae'r cwestiwn a all menywod gyfrif mewn cworwm neu arwain y weddi yn faes arall lle nad yw'n glir ai defod ac arfer neu halachah sy'n rhwystr i newid. Er fod y Beibl yn cyflwyno menywod cryf fel Miriam, Deborah, ac Esther, roedd cymdeithas y Beibl yn amlwg yn un batriarchaidd. Cafodd y fenyw ei chreu i fod yn gynorthwydd i'r dyn ac roedd hi i fod i ufuddhau iddo (Genesis 3: 16). Does dim rheolau'n cael eu rhoi, heb sôn am eu diffinio, ond erbyn cyfnod dechrau trafod y Torah, roedd pobl yn cymryd yn ganiataol mai prif le'r fenyw oedd magu teulu, nid gweithredu'n gyhoeddus. Doedd dim disgwyl iddi hi wneud dim oedd yn ymyrryd â'i chyfrifoldeb fel mam. Oherwydd hynny, roedd wedi ei hesgusodi rhag gorfod cyflawni'r mitzvot (dyletswyddau) positif ar adegau penodol o'r dydd mewn man cyhoeddus. Roedd mitzvot gwyliau neilltuol y gellid eu cyflawni ar yr aelwyd (fel ymprydio ar Ddydd y Cymod a bwyta bara croyw dros y Pasg Iddewig) yn orfodol ar fenywod, a'r holl mitzvot negyddol (Kiddushin 1: 7). Y prif mitzvah positif nad oedd menywod yn gorfod ei gyflawni oedd y dyletswydd i weddïo gyda'r nos, yn y bore ac yn y prynhawn. Er y gallai dyn weddïo gartref, roedd yn well gweddïo gyda *minyan* (cworwm), yr uned gymunedol leiaf. (Mynnai'r rabbiniaid mai ystyr y geiriau 'Yn amlder pobl y mae anrhydedd brenin' (Diarhebion 14: 28) oedd mai po fwyaf o bobl oedd wedi ymgynnull i weddïo, mwyaf oll o fawl oedd yn cael ei roi i Dduw.) Deg dyn dros 13 oed oedd yn ffurfio minyan (Berachot 21b). Felly, roedd ymuno yn y cwrdd gweddi cyhoeddus yn ddyletswydd ar ddynion, gan nad oedd ganddynt gyfrifoldebau ar yr aelwyd i'w rhwystro. Roedd dynion yn gorfod gwisgo dillad arbennig hefyd ar adegau gweddïo penodol, ond nid menywod (Kiddushin 34a).

Mae'r rheolau hyn yn dal mewn grym mewn synagogau Uniongred. Caiff menyw weddïo yn y synagog ar adegau penodol, ond does dim rhaid iddi. Am nad oes rhaid iddi, nid yw hi'n cyfrif mewn minyan o'r rhai sydd dan ddyletswydd, nac yn gallu arwain pobl eraill sy'n cyflawni eu dyletswydd. Yn ôl egwyddor y Talmud, dim ond person sydd dan ddyletswydd i gyflawni mitzvah a all berfformio'r mitzvah hwnnw ar ran rhywun arall (Berachot 20b). Mae rhai'n dweud fod y cyfreithiau gwyleidd-dra hefyd yn rheswm pam na ddylai menywod arwain y weddi. Y gred yw y gallai llais ac ymddangosiad menyw dynnu sylw dyn oddi wrth ei weddi. Gofal am 'urddas y gymuned' (Megillah 23a) yw'r rheswm hefyd dros beidio â gadael i fenywod ddarllen o sgrôl y Torah – hyd yn oed pan fydd minyan yn bresennol – er ei bod yn ddiddorol nodi fod yr un darn yma o'r Talmud yn ei gwneud hi'n glir fod menyw yn gymwys i ddarllen. Felly, mae'n amhosib i fenyw fod yn rabbi neu'n gantor ar hyn o bryd o dan reolau Iddewiaeth Uniongred. O'r safbwynt an-Uniongred, mae amgylchiadau newydd yn golygu fod rhaid rhoi'r gorau i arferion neu gyfreithiau sydd wedi'u gwreiddio'n gadarn mewn cymdeithas batriarchaidd hynafol. Mae gan bob synagog Ddiwygiedig yr hawl i benderfynu ar ei harfer ei hun. Mewn llawer o'r rhain, ond nid pob un, o bell ffordd, mae menywod yn arwain y weddi ac yn darllen o'r Torah. Mae menywod yn cyfrif ar gyfer minyan (ond dydy minyan ddim yn hanfodol mewn Iddewiaeth Ddiwygiedig) a'u dewis nhw yw gwisgo siôl weddïo neu beidio, yn union fel dynion Diwygiedig. (Ond mae disgwyl i ddynion Diwygiedig wisgo siôl weddïo, ac mae rhai'n dadlau, os yw menywod yn cael eu hystyried yn gydradd, y dylai hwythau eu gwisgo hefyd.) Does dim balconi neu fan arbennig lle bydd menywod yn eistedd ar wahân i'r dynion. Er 1975 ym Mhrydain, mae menyw wedi gallu bod yn rabbi, er bod ofnau ar y dechrau y byddai dadlau o fewn synagogau unigol ynglŷn â hyn.

Mae Iddewon Diwygiedig (a rhai Iddewon Uniongred) yn amau hefyd a ydy hi'n wir na châi menywod chwarae unrhyw ran mewn addoli cyhoeddus yng nghyfnod yr Ail Deml. Yn sicr, doedden nhw ddim yn cael gwneud yn y Deml ei hun. Mae'n amlwg nad oedd menywod yn offeiriaid. Yn wir, doedden nhw ddim yn cael mynd ar gyfyl y lle roedd yr offeiriaid yn offrymu'r aberth, gan orfod aros mewn cwrt allanol, y tu hwnt i gwrt y dynion a chwrt yr offeiriaid. Ond mae tystiolaeth fod menywod yn cael eu trin yn llawer mwy cydradd yn y synagog nag yn ddiweddarach, pan gawsant eu gorfodi i eistedd ar wahân i'r dynion, a'u bod yn chwarae mwy o ran yn y gwasanaeth. Yn ôl Hyam Maccoby: 'Dim ond wrth i bobl fynd yn fwy cul a phoeni mwy am weddusrwydd y newidiodd pethau yn y synagog, fel yn yr eglwysi Cristnogol . . .' (*Judaism in the First Century,* Gwasg Sheldon, 1989). Mae Stefan Reif, wrth archwilio gweddïau

Hebreaidd (gweler pennod 10) yn crybwyll testunau canoloesol sy'n awgrymu y gallai menywod ddewis cyflawni mitzvot nad oedd yn orfodol arnyn nhw (fel gwisgo eitemau penodol wrth weddïo), cyfrif mewn minyan, a nid yn unig darllen o'r Torah, ond adrodd y fendith hefyd.

Swyddogaeth gyhoeddus menywod

Efallai bod Uniongrededd yn ymddangos yn 'rhywiaethol' i anghredinwyr yr oes hon, ond yn wreiddiol, doedd gwahaniaethu rhwng swyddogaeth gyhoeddus y dyn a swyddogaeth breifat y fenyw – dwy swyddogaeth grefyddol - ddim yn golygu awgrymu fod y fenyw'n israddol. Nid dadl ynglŷn â hawl menyw i fynd allan i weithio yw hon chwaith. Mae'r fenyw Dra-Uniongred nodweddiadol, fel y gwelsom, yn dewis mynd allan i weithio er nad oes rhaid iddi wneud (ac ni fyddai'n debyg o wneud tra bod y plant yn fach). Dylid cofio hefyd fod traddodiad balch yn bodoli ers yr oes rabbinaidd mai'r fenyw sy'n ennill cyflog er mwyn i'r dyn allu astudio. Craidd y mater yw pwyslais yr Iddewon ar briodas a chenhed!u plant. Os yw'r rhain yn ddyletswyddau rabbinaidd, yna dyma'r swyddogaeth bwysicaf i fenyw. Ond os cychwynnir o fan cwbl wahanol, sef bod dynion a menywod yn gallu cyflawni nid yn unig swyddogaethau crefyddol cydradd ond yr *un* swyddogaethau crefyddol, yna mae'r safbwynt Uniongred yn gyfeiliornus.

Y rhai sy'n ei chael hi'n fwyaf anodd yw menywod Uniongred sy'n parchu'r halachah a'r hen arferion ('y ffordd roedd eu rhieni'n gwneud pethau') ond sy'n methu cymryd rhan ym mywyd cyhoeddus y synagog – a fyddai, yn eu tyb nhw, yn ychwanegu at eu swyddogaeth breifat, nid yn amharu ar hynny. Dydyn nhw ddim yn fodlon bellach ar y ddadl fod swyddogaeth grefyddol y fenyw mewn Iddewiaeth yn fwy, o bosib, na swyddogaeth grefyddol y dyn am mai yn y cartref mae gwerthoedd Iddewiaeth yn cael eu trosglwyddo ac yno mae llawer o'r addoli yn digwydd. Mae hon yn broblem wirioneddol, a nid dim ond i fenywod ar rai pwyntiau allweddol. Ei hanfod yw'r union broblem o amser a blaenoriaethau roedd yr hen rabbiniaid efallai wedi ei chanfod, a meddwl eu bod wedi ei datrys drwy eithrio menywod rhag gorfod ufuddhau i mitzvot ynghlwm wrth amserau neilltuol. Os mai'r cartref yw ffynhonnell hollbwysig dysg Iddewig, yna a yw hunaniaeth Iddewig ei hun dan fygythiad os bydd menywod yn derbyn cyfrifoldebau cyhoeddus eraill? Mae rhai pobl yn credu hynny. Fel Blu Greenburg sy'n cydnabod y gwahaniaeth rhwng safle menywod â phlant ifanc a rhai sydd heb blant:

Bydd parhau i eithrio mamau â phlant ifanc . . . yn sicrhau nifer o bethau: o safbwynt yr halachah, bydd yn fwy cyson â'r gorffennol a bydd yn tawelu ofnau a fynegir yn aml y byddai tephilah (gweddïo) yn ymyrryd â gorchwylion teuluol. Yn bwysicach, bydd yn troi'r eithriad pendant ar sail rhyw o fod yn rhywbeth negyddol i fenywod, fel y mae ar hyn o bryd, yn rhywbeth mwy positif. Bydd yn ddatganiad cynnil, ond nerthol, ynglŷn â sancteiddrwydd magu teulu a all, am ychydig o flynyddoedd hollbwysig, gael y flaenoriaeth dros gyflawni'r mitzvah i weddïo.

(*On Women and Judaism*, Jewish Publication Society of America, 1981).

Meddai H.H. Donin:

Y fenyw, fel arfer, sy'n gyfrifol am naws ysbrydol yr aelwyd. Y fam sydd, gan amlaf, yn gorfod ateb cwestiynau beunyddiol ei phlant. Maint ffydd y fam, cryfder ei gwerthoedd a'i chred sy'n chwarae'r rhan bwysicaf mewn ffurfio cymeriad ysbrydol y genhedlaeth nesaf.

(*To Raise A Jewish Child*, Basic Books, 1977)

Gallai'r paragraff diwethaf, fodd bynnag, arwain eraill at gasgliad cwbl wahanol. Mae'r mudiad Diwygiedig yn credu mai'r ateb yw caniatáu i bob menyw unigol benderfynu beth yw'r ffordd orau o atgyfnerthu ei ffydd, a ffydd ei theulu os oes ganddi un.

Iddewiaeth Geidwadol

Cefnu ar Ddiwygio

Mae Iddewiaeth Geidwadol yn enghraifft o ba mor anodd yw cadw'r ddysgl yn wastad rhwng gofynion traddodiad a moderniaeth, yn enwedig yn ei barn ar safle menywod yn y synagog. Gellir dweud fod Iddewiaeth Geidwadol yn cynnwys elfennau Uniongred a Diwygiedig, gan gefnogi'r safbwynt Uniongred ar ufuddhau i'r halachah a'r farn Ddiwygiedig ar bwysigrwydd ysgolheictod beirniadol a chred. Dechreuodd y mudiad drwy ddatgysylltu â'r mudiad Diwygiedig oedd yn ymffurfio yn yr Almaen pan fynnodd y Rabbi Zachariais Frankel ym 1845 y dylai'r litwrgi fod mewn Hebraeg. Ym 1854 aeth Frankel yn brifathro cyntaf Athrofa Ddiwinyddol Iddewig

Breslau. Bu ymateb tebyg i Ddiwygiaeth radicalaidd yn UDA, a chafodd Athrofa Ddiwinyddol Iddewig America ei sefydlu ym 1886. Cafodd Solomon Schechter (1848-1915) ei benodi'n llywydd ym 1902. O dan ei arweiniad ef, ehangodd Iddewiaeth Geidwadol i gynnwys amrywiaeth barn draddodiadol eang. Gwrthododd gefnu ar halachah traddodiadol a'r llyfr gweddi neo-Uniongred. Oherwydd hynny, gallai'r athrofa hyfforddi rabbiniaid ar gyfer cynulleidfaoedd Uniongred a Cheidwadol.

Cefnu ar Geidwadaeth

Ond newidiodd pethau pan ddechreuodd un o athrawon yr athrofa, Mordecai Kaplan, ymdrin â'r holl halachah fel pe bai'n ddim byd mwy na *minhag* ('arfer') a chyflwyno Iddewiaeth fel gwareiddiad crefyddol esblygol yn lle crefydd a gafodd ei datguddio'n oruwchnaturiol. Yn ei *Guide to Jewish Ritual*, mynnai Kaplan mai parhad yr Iddewon fel grŵp a'u mynegiant unigol ddylai reoli defod, yn hytrach na fel arall. Credai Kaplan yn gryf mewn cydraddoldeb rhywiol, a chreodd y seremoni *Bat Mitzvah* (gweler pennod 8). Rhwng 1945 a 1963, cafodd amryw o lyfrau gweddi eu cynhyrchu a oedd yn cael gwared o syniadau fel cenedl etholedig a Meseia personol. Dydy llyfr gweddi 1994 ddim yn cyfeirio at Dduw ond, yn hytrach, yr 'Un Trugarog', yr 'Anfeidrol' neu'r 'Tragwyddol'. Enw'r mudiad hwn yw Adferiadaeth ac mae'n debyg ei fod yn cynnwys 1-2 y cant o'r gymuned Iddewig yn UDA lle mae'n eithaf gweithgar, gyda chymdeithas o synagogau Adferiadol a choleg rabbinaidd.

Tyndra pellach o fewn Iddewiaeth Geidwadol

Yn wyneb y datblygiad yma, cynhyrchodd Iddewiaeth Geidwadol lyfr gweddi saboth a gŵyl ym 1946. Y testun sylfaenol o hyd oedd y fersiwn Hebraeg o Uniongrededd Ashkenazi fodern, ond roedd newidiadau pwysig yn rhai o'r gweddïau, fel y rhai sy'n galw am adfer aberthu yn y Deml a'r fendith wrywiadd negyddol sy'n diolch i Dduw am 'beidio â'n gwneud yn un o'r Cenhedloedd . . . yn gaethwas . . . yn fenyw'. Wrth i'r mudiad fagu hyder yn gyffredinol, a hunanaiaeth nad oedd yn Uniongred nac yn Ddiwygiedig, lluniodd ei ffurf ei hun o'r halachah, a adlewyrchir mewn dogfennau newydd ar gyfer seremonïau crefyddol fel priodas, a'r ffaith y caiff pobl yrru i'r synagog ar y saboth.

Doedd naill ai'r chwith na'r dde yn gwbl hapus â'r cyfuniad roedd y llyfr gweddi newydd yn ei fynegi, ond bu Ceidwadaeth yn America yn y 1980au wrthi'n ailasesu swyddogaeth menywod, ac oherwydd penderfyniad 1983 i hyfforddi rabbiniaid benywaidd yn yr Athrofa Ddiwinyddol Iddewig, a'u hordeinio wedi hynny, cefnodd lleiafrif mwy traddodiadol ar y mudiad.

Bu tyndra tebyg ym Mhrydain yn chwarter olaf yr ugeinfed ganrif. Yr enw ar fudiad y 'traddodiadwyr' o Geidwadwyr yn UDA ac yn Israel yw *Masorti* ('traddodiad'). Mae gan fudiad y Masorti wyth cynulleidfa ym Mhrydain erbyn hyn (a nifer o gymunedau, er enghraifft, yn Leeds), ond roedd sefydlu'r cyntaf o'r rhain yn bwnc llosg. Roedd y gwrthdaro bryd hynny – a heddiw – yn un diwinyddol (sy'n ategu pwysigrwydd y gwahaniaethau mewn cred rhwng Uniongrededd a phob grŵp Iddewig arall). Union awdurdod y Torah ysgrifenedig oedd asgwrn y gynnen. Cafodd y Rabbi Louis Jacobs ei atal rhag mynd yn brifathro Coleg yr Iddewon (y coleg rabbinaidd Uniongred yn Llundain), lle'r oedd eisoes yn ddarlithydd, a'i wahardd rhag bod yn rabbi gyda'r Synagogau Unedig wedi hynny. Roedd wedi cyhoeddi llyfr, *We Have Reason to Believe* (1957) lle dywedodd:

> *Wnaeth y Torah ddim disgyn fel pecyn o'r nefoedd; perthynas barhaus ydyw gyda phobl Israel. Mae'n gynnyrch myfyrdod y naill genhedlaeth ar ôl y llall ar ystyr gair Duw.*

Roedd Jacobs ei hun yn meddwl fod y gred yma'n gwbl gydnaws â'i safbwynt Uniongred, ond pan gafodd ei ddiarddel, sefydlodd Synagog Newydd Llundain, lle mae'n dal i fod yn rabbi. Dydy'r mudiad Masorti Prydeinig ddim wedi ordeinio menywod yn rabbiniaid hyd yma. Yn Synagog Newydd Llundain, mae dynion a menywod yn eistedd ar wahân, yn wahanol i'r arfer Ceidwadol. Ceidwadaeth heddiw yw'r grŵp mwyaf (23 y cant) o Iddewon yn America, ac mae ei Synagog Unedig yn cynnwys mwy nag 800 o gynulleidfaoedd.

Iddewiaeth Ryddfrydol

Mae rhyw 25 y cant o Iddewon sy'n aelodau o synagog ym Mhrydain yn perthyn i fudiad sydd weithiau'n cael ei alw'n Iddewiaeth Flaengar. Mae hyn yn cynnwys nid yn unig y mudiad Diwygiedig, sy'n cynrychioli rhyw 17 y cant, ond hefyd Iddewon Rhyddfrydol, sef yr 8 y cant sy'n weddill. Daeth y mudiad Rhyddfrydol i fod ym 1902 fel cangen o'r mudiad Diwygiedig, ac mae'n llawer mwy radicalaidd. Mae'n debycach i fudiad Diwygiedig America ac asgell fwy radicalaidd mudiad Diwygiedig yr Almaen. (I wneud pethau'n fwy cymhleth, 'Rhyddfrydiaeth' yw'r enw ar gangen lai radicalaidd y mudiad Almaenaidd.) Tyfodd y mudiad yma, Undeb y Synagogau Rhyddfrydol a Blaengar (ULPS) o'r Undeb Crefyddol Iddewig a sefydlwyd gan Lily Montagu a Claude Montefiore ym 1902. Ym 1912, ychwanegwyd y geiriau 'er hyrwyddo Iddewiaeth Ryddfrydol' at deitl yr Undeb Crefyddol Iddewig. Roedd hyn i gyd yn gam oddi wrth y mudiad Diwygiedig.

Roedd yn well gan lyfr gweddi cyntaf y mudiad Rhyddfrydol ddefnyddio Saesneg na Hebraeg ac roedd yn mynegi agwedd bendant wrth-Seionaidd. Arweinydd ysbrydol y mudiad Rhyddfrydol Prydeinig rhwng y ddau ryfel byd oedd y Rabbi Dr Israel Mattuck. Erbyn 1956, roedd Synagogau Diwygiedig Prydain Fawr yn Llundain wedi sefydlu coleg i hyfforddi rabbiniaid ac athrawon. O 1964 ymlaen, mae wedi cael ei noddi ar y cyd gan RSGB ac ULPS. Cafodd y coleg ei enwi ar ôl Leo Baeck (1873-1956), un o arweinwyr Iddewon yr Almaen a aeth i fyw yn Lloegr wedi'r Ail Ryfel Byd. Mae Iddewiaeth Ryddfrydol ei hun wedi cyfaddawdu, yn enwedig ar Seioniaeth, ond mae'n dal yn gwbl an-halachaidd, fel y gwelir, er enghraifft, yn ei barn fod person yn Iddew oherwydd bod un rhiant yn Iddew, nid dim ond y fam. Mae'n parhau i bwysleisio dyfodiad oes gyffredinol o heddwch yn hytrach nag Oes Feseianaidd Iddewig fwy penodolol. Mae pob un o'r 28 cynulleidfa sy'n perthyn i'r ULPS yn annibynnol ac o fewn pob cynulleidfa, mae Iddewiaeth Ryddfrydol yn argymell mai penderfyniadau unigol sy'n cynnig y cyfle gorau i hyrwyddo, puro, cryfhau a diogelu Iddewiaeth yn y byd modern. Serch hynny, mae'n cynnig egwyddorion cyffredinol a rhaglen ymarferol y gall aelodau benderfynu eu derbyn, eu haddasu neu eu gwrthod. Gan mai dyma'r ymateb crefyddol Iddewig mwyaf modern a mwyaf radicalaidd i ryddfreiniad, mae Iddewiaeth Ryddfrydol yn credu'n gryf iawn mewn cydraddoldeb, a gall ymfalchïo mewn rhai rabbiniaid benywaidd o fri, yn cynnwys yr awdur a'r darlledydd, Julia Neuberger.

Yn y bennod hon byddwch yn dysgu:

- pwrpas y deddfau bwyd
- am y rheolau sy'n pennu beth sy'n kosher
- sut mae pobl yn ufuddhau i'r deddfau bwyd.

Tarddiad a phwrpas y deddfau bwyd

Does dim byd yn egluro tarddiad a datblygiad Iddewiaeth yn well na'r deddfau Iddewig ynglŷn â bwyd. Mae gwreiddiau'r deddfau hyn yn y Beibl Hebraeg, mae'r Talmud yn ymhelaethu arnyn nhw, ac mae lefelau o ufudd-dod yn adlewyrchu prif safbwyntiau gwahanol ganghennau Iddewiaeth. Os yw Iddew'n ufuddhau i'r deddfau bwyd traddodiadol, mae hynny'n arwydd o ufudd-dod i'r halachah yn gyffredinol ac agwedd gyffredinol y person tuag at fod yn Iddew.

Enw'r deddfau hyn yw *kashrut*, o'r gair *kasher*. Yn y Beibl ac yn y Talmud, mae'r gair Hebraeg *kasher* yn golygu 'iawn' neu 'gymwys'. Mae'n gallu disgrifio ymddygiad cywir a pherson sy'n ymddwyn yn iawn. Gall gyfeirio at rywbeth sydd wedi ei baratoi yn y modd cywir, fel sgrôl Torah, er enghraifft. Mae kasher (neu *kosher*, yr ynganiad Ashkenazi rydyn ni'n ei ddefnyddio) bellach yn cyfeirio at fwyd sy'n addas i'w fwyta. Yr unig faen prawf sy'n pennu pa fwyd sy'n addas yw a ydy'r Torah'n ei ganiatáu. Felly, ystyr arferol kosher heddiw yw bwyd y caniateir i Iddewon ei fwyta.

Y gair am y gwrthwyneb, sef bwyd sydd wedi ei wahardd, yw *trefah* ('rhwygedig'). Roedd 'trefah' yn wreiddiol yn cyfeirio at greadur roedd anifail ysglyfaethus wedi ymosod arno a'i ladd, ond cafodd yr ystyr ei ymestyn yn y traddodiad rabbinaidd i gynnwys unrhyw anifail a oedd wedi ei glwyfo'n farwol neu â nam corfforol, hyd yn oed os nad oedd wedi cael ei 'rwygo' gan anifail gwyllt. Dydy anifeiliaid o'r fath byth i fod i gael eu bwyta, hyd yn oed os byddan nhw wedi cael eu lladd yn y ffordd gywir.

Mae gan Iddewiaeth system gyfan o ddeddfau bwyd sy'n deillio o'r Beibl, y Talmud, a'r codau cyfreithiol. Mae'r rhan fwyaf o'r deddfau yma yn Lefiticus 11 a/neu Deuteronomium 14. Mae'r geiriau, sy'n ymddangos droeon yn y Torah yn ganolog i'r darn cyntaf: 'Myfi yw'r ARGLWYDD eich Duw; ymgysegrwch a byddwch sanctaidd, oherwydd sanctaidd wyf fi'. Ac mae sylw rabbinaidd cynnar ar yr ail ddarn yn dweud: 'Ymgysegrwch â'r pethau a ganiateir i chwi' (Sifrei Deuteronomium 14: 21).

Sancteiddrwydd

Mae hyn yn egluro pwrpas y deddfau bwyd, sef disgyblu'r Iddewon tuag at sancteiddrwydd. Gellid dadlau heddiw eu bod yn gall o safbwynt iechyd a glendid, ond unig bwrpas kashrut y Torah yw mynegi sancteiddrwydd pobl y cyfamod. I Iddewon, mae'r cyflwr cyffredinol o sancteiddrwydd yn mitzvah, ac mae gorchmynion penodol yn ffordd o fynegi sancteiddrwydd ufuddhau. Does dim rhaid i bawb ufuddhau i'r patrwm cymhleth o mitzvot sydd yn y deddfau bwyd, ond, yn ôl y Torah, rhaid i bobl Duw ufuddhau. Drwy wneud hynny, mae'n nhw'n mynd yn sanctaidd, yn bobl a osodwyd ar wahân i wasanaethu Duw (Exodus 19: 3-6).

Byddwn yn trafod sut mae kashrut yn gwneud yr Iddewon yn bobl wahanol yn nes ymlaen pan fyddwn ni'n ystyried agweddau Iddewon Uniongred ac an-Uniongred. Yn y cyfamser, mae rhyw awgrym yn y deddfau hyn fod pobl, drwy fod â disgyblaeth wrth fynd ati i ddiwallu newyn, sef y chwant dynol mwyaf sylfaenol, yn meithrin agwedd neilltuol tuag at fywyd. Maen nhw'n cofio bob amser eu bod yn bwyta i fyw, yn hytrach na byw i fwyta. Mae'r athronydd o Iddew, Maimonides, yn dweud fod y deddfau bwyd yn helpu 'i'n dysgu i feistroli ein harchwaeth; ein cynefino â rheoli ein chwantau; a pheidio ag ystyried pleser bwyta ac yfed fel nod bodolaeth dyn.' Mae kashrut, felly, yn golygu peidio â chael popeth rydych chi'n ei hoffi pan hoffech chi ei gael. Felly, bwyd yw'r man cychwyn, ond mae'n mynd yn ffordd o roi arbenigrwydd i bobl neilltuol. Mae natur gysegredig bwyta yn amlwg ar wahanol adegau ym mywyd Iddewon. Drwy gyfrwng y fendith cyn y pryd a wedi hynny, a thrwy weithredoedd sy'n ein hatgoffa am ddyletswyddau'r offeiriaid gynt (er enghraifft, golchi dwylo a throchi'r bara Saboth arbennig yn yr halen) mae'r bwrdd bwyd yn mynd yn lle cysegredig. Meddai'r Talmud: 'Mae bwrdd dyn fel yr allor' (Hagigah 27a). Drwy'r weithred hollbwysig o fwyta, gall Iddewon ddangos eu bod yn credu yn Nuw ac yn ufuddhau i'w ofynion ar lefel fwyaf sylfaenol eu bodolaeth.

Penderfynu beth sy'n kosher

Dywedodd Duw wrth bobl Israel gynt:

> *Myfi yw'r* ARGLWYDD *eich Duw, a'ch gosododd chwi ar wahân i'r bobloedd. Yr ydych i wahaniaethu rhwng anifeiliaid glân ac aflan, a rhwng adar glân ac aflan. Nid ydych i'ch halogi eich hunain trwy unrhyw anifail, aderyn, nac unrhyw beth sy'n ymlusgo hyd y ddaear; dyma'r pethau a osodais ar wahân fel rhai aflan ichwi.'*
>
> (Lefiticus 20: 24-5)

Mae unrhyw beth nad yw'n trefah (aflan, neu efallai y byddai anaddas yn well gair) yn kosher (glân neu addas). Er mwyn gwybod beth sy'n iawn i'w fwyta, rhaid i Iddew ddarganfod beth sy'n trefah. Yn ôl y rhestr yn Lefiticus 11, mae hyn yn cynnwys bron pob math o bryfed. Roedd rhai locustiaid yn cael eu gwahardd (adnod 22) ond gan nad yw hi'n glir pa fath y ceid eu bwyta gwaharddodd yr awdurdodau rabbinaidd bob math o locust,ac ehangu hynny i gynnwys pob pryfedyn. Rhaid golchi llysiau (sydd oll yn addas) yn ofalus felly, i wneud yn siŵr nad oes unrhyw bryfed arnyn nhw.

Nodweddion gofynnol dofednod, pysgod a chig

Mae adnodau 13-19 yn enwi llawer o adar anaddas (cymharer â Deuteronomium 14: 11-18). Yma eto, mae'n anodd gwybod yn union pa adar yw'r rhain gan nad ydym yn sicr o'r trosiadau o enwau Hebraeg. Dydy hi ddim yn glir pam mae rhai adar yn cael eu gwahardd. Mae rhai wedi awgrymu'r cysylltiad â chreulondeb gan mai adar ysglyfaethus yw'r rhai sy'n cael eu henwi. Ond mae chwilio am reswm dros alw'r adar hyn yn aflan yn camddeall holl bwrpas y deddfau bwyd. Dydy'r Torah ddim yn trafferthu i roi rheswm. Mae'r deddfau bwyd yn dod o fewn categori *chukim* (mitzvot na all neb fod yn sicr o'r rheswm amdanynt). Felly, er mwyn bod yn siŵr, mae Iddewon yn tueddu i fwyta adar sydd wedi cael eu cydnabod yn rhai kosher yn draddodiadol, fel hwyaden, gŵydd, cyw iâr a thwrci.

Mae'n glir iawn pa bysgod sydd wedi eu gwahardd, sef rhai heb esgyll a chen (Lefiticus 11: 10, Deuteronomium 14: 10). Rhaid i bysgod fod ag esgyll a chen cyn cael eu hystyried yn kosher. Mae'r halachah yn rhoi eglurhad pellach, gan ddweud y dylai'r cen ddod i ffwrdd yn hawdd, sydd felly'n eithrio pysgodyn fel y styrsiwn. Fydd Iddewon defodol byth yn bwyta pysgod cregyn.

Rhaid i anifeiliaid fod â dwy nodwedd hefyd i fod yn kosher. Rhaid iddyn nhw gnoi cil a bod â charnau sydd wedi eu hollti'n llwyr. Efallai oherwydd iddo gael ei enwi'n benodol fel anifail sydd heb un o'r nodweddion hyn (Lefiticus 11: 7; cymharer â Deuteronomium 14: 8), mae'r mochyn wedi ei wahardd yn bendant. Mae rhai wedi awgrymu mai rhywbeth i'w wneud â glendid yw hyn, ond dydy hynny ddim yn wir. Yng ngeiriau ffraeth yr awdur o Iddew, Herman Wouk, gallech fagu mochyn mewn deorydd a'i fwydo ar wrthfioteg, ei olchi bob dydd, ei ladd mewn theatr ysbyty a diheintio'r corff â phelydrau uwchfioled – ond fyddai'r golwython porc ddim yn kosher. Nid glendid yw'r pwynt, ond purdeb seremonïol. Dydy'r mochyn ddim yn anifail arbennig o fudr (ddim mwy nag y mae cyw iâr yn greadur arbennig o lân wrth ei natur), ond mae'n aflan i bobl Israel, yn ôl eu disgyblaeth arbennig nhw.

Yn y Canol Oesoedd roedd tipyn o drin a thrafod ar y cwestiwn pr'un ai bod anifeiliaid sy'n cnoi cil ac sydd â charnau hollt (a physgod sydd ag esgyll a chen) yn kosher oherwydd y nodweddion yma, neu a ydy'r nodweddion yma yn dangos fod yr anifeiliaid a'r pysgod yn kosher. Mae'n amhosib gwybod gan nad ydy'r Torah'n dweud pam mae anifeiliaid yn kosher neu beidio. Rhaid ufuddhau i'r deddfau bwyd, waeth beth yw eu tarddiad, am y rheswm syml fod ufuddhau iddyn nhw yn helpu'r Iddewon i fyw bywyd sanctaidd. Mae peidio â bwyta porc, fel rhai o'r deddfau bwyd eraill, wedi magu arwyddocâd arbennig oherwydd adegau mewn hanes pan gollodd Iddewon eu bywydau am fynnu ufuddhau i'r ddeddf yma. Yn yr ail ganrif COG, er enghraifft, bygythiodd Antiochus IV ladd unrhyw Iddew a fyddai'n gwrthod gorchymyn i fwyta porc. Rhaid i sgîl-gynhyrchion anifeiliaid, fel llaeth ac wyau, fod yn gynnyrch anifeiliaid neu adar kosher - felly dydy llaeth camel ac wyau estrys ddim yn kosher.

Mae rheolau pellach ynglŷn ag anifeiliaid. Ni ddylai anifeiliaid a fu farw'n naturiol (Deuteronomium 14: 21) neu a gafodd eu lladd gan anifeiliaid eraill (Exodus 22: 31) gael eu bwyta – ac mae hynny'n cynnwys anifeiliaid ag unrhyw nam difrifol fel ysgyfaint tyllog. Mae rhai rhannau o'r anifail wedi eu gwahardd. Un o'r rhain yw'r nerf sgiatig. Bydd naill ai'n rhaid ei dynnu'n ofalus, sy'n broses gymhleth, neu osgoi'r bedrain yn llwyr. Mae hyn er cof am stori yn Genesis 32: 22-32 lle mae Jacob yn ymgodymu â dieithryn dirgel ac yn cael niwed yn nerf ei glun. (Mae'r stori hon yn bwysig am ei bod yn adrodd sut y cafodd y patriarch Jacob ei ailenwi'n 'Israel'.) Mae gwaharddiad arall ar siwet, y braster caled sy'n ymffurfio islaw'r llengig (y diaffram). Y mathau o fraster sy'n cael eu gwahardd yw'r rhai mae Lefiticus 7: 1-4, 22-25 yn dweud y dylid eu defnyddio wrth offrymu. Mae gwahanu'r rhain oddi wrth frasterau y gellir eu bwyta yn waith cymhleth i'r cigydd kosher.

Tynnu'r gwaed o'r cig

Mae gwaed wedi ei wahardd hefyd oherwydd, chwedl Deuteronomium 12: 23: 'y gwaed yw'r bywyd'. Gan fod bywyd y corff yn y gwaed (Lefiticus 17: 11), mae'r gwaed yn rhy gysegredig i'w fwyta. Os ceir y smotyn lleiaf o waed mewn wy, mae'n wy trefah. O safbwynt cig, rhaid tynnu cymaint o waed ag sy'n bosibl ohono, drwy ddwy broses wahanol. Y cyntaf yw'r dull Iddewig o ladd anifeiliaid, sef *shechitah*. Mae hyn yn golygu 'lladd' (yn y dull cywir). Pwrpas shechitah yw lladd yr anifail yn y modd lleiaf poenus posibl, a draenio'r gwaed o'r cig. Mae llawer o reolau manwl ac felly dim ond lladdwr proffesiynol medrus, sef *shochet*, sy'n cael lladd anifail, a hynny o dan arolygaeth. Rhaid i'r shochet, sy'n gweithio yn siop y cigydd neu mewn lladd-dy, wybod y deddfau'n drylwyr a bod wedi cael ei arholi arnynt, a gallu torri'n ddeheuig. Os anufuddheir i unrhyw reol, mae'r cig wedi ei 'rwygo', ac ni ddylai gael ei fwyta. Rhaid i'r ergyd farwol fod ar draws y gwddf gyda chyllell finiog, fain. Rhaid i'r gyllell fod heb fwlch ynddi a allai rwygo cnawd yr anifail a pheri poen dianghenraid iddo wrth ei ladd. Rhaid torri'n lân drwy gorn bwyd a chorn gwddw'r anifail. Bydd yn gwaedu'n enbyd, ond dydy'r anifail ddim yn gwaedu i farwolaeth, fel mai gwrthwynebwyr yn honni. Mae'r arterïau carotid a gwythïen y gwddf yn cael eu torri ar unwaith, ac mae hynny'n atal llif y gwaed i'r ymennydd. Mae'r anifail, felly, yn ddiymadferth cyn iddo allu teimlo dim. Os bydd pobl yn condemnio shechitah a dweud ei fod yn greulon, gall Iddewon ddangos tystiolaeth wyddonol sy'n profi fod lladd fel hyn mor drugarog ag unrhyw ddull arall - ac yn llawer mwy trugarog na'r rhan fwyaf o ddulliau lladd.

Yr ail broses yw tynnu gweddill y gwaed drwy kasheriaeth (gwneud yn gymwys). Erbyn heddiw, cyfrifoldeb y cigydd neu'r dosbarthwr yn hytrach na'r cwsmer yw hyn. 'Halltu' yw'r broses benodol hon, hynny yw, mae'r cig yn cael ei orchuddio â halen sy'n tynnu'r gwaed ohono. Mae'r cig yn cael ei adael i fwydo mewn dŵr llugoer am hanner awr i'w feddalu ac i helpu'r halen i dynnu'r gwaed. Yna mae'n cael ei roi ar fwrdd draenio, ei orchuddio â halen garw, a'i adael am awr, cyn cael ei olchi'n drylwyr mewn dŵr glân. Mae manylion y deddfau halltu yn y côd cyfreithiol, y Shulchan Aruch.

Gwahanu cig a llaeth

Mae'r Shulchan Aruch yn rhoi llawer o sylw i agwedd arall ar kashrut wrth iddo geisio esbonio dysgeidiaeth y Beibl, sef y gorchymyn beiblaidd od iawn: 'Paid â berwi myn yn llaeth ei fam.' 'Pwy yn y byd fyddai am wneud hynny?' yw'r ymateb naturiol! Mae'r gwaharddiad yn ymddangos dair gwaith yn y Torah (Exodus 23: 19; 34: 26; Deuteronomium 14: 21). Beth bynnag roedd hyn yn cyfeirio ato'n wreiddiol, mae'r traddodiad rabbinaidd, sy'n llenwi 28 tudalen o'r Talmud (e.e. Hullin 115b), yn dweud mai enghraifft o gymysgu cig a llaeth yw sôn am fyn gafr yn llaeth ei fam. Mae tri gwaharddiad yn dilyn: chewch chi ddim berwi cig a llaeth ynghyd, chewch chi ddim bwyta cig a llaeth gyda'i gilydd, na chael maeth o'r fath gymysgedd.

Mae gorfod gwahanu cig a bwydydd llaeth wrth goginio yn waith caled i'r person yn y gegin. Mae gan gartrefi Uniongred ddwy set o sosbenni, llestri, cyllyll, ffyrc a llwyau, powlenni golchi llestri, a chlytiau golchi a sychu ar wahân. Mae dwy sinc hefyd, un ar gyfer cig (yn aml wedi ei marcio â lliw coch, fel yr holl offer arall) ac un arall ar gyfer cynnyrch llaeth (wedi ei marcio â lliw glas). Mae'n siŵr mai natur amsugnol llestri'r cyfnod wnaeth i Rabbiniaid y Talmud wahardd defnyddio'r un llestri ar gyfer cig a bwydydd llaeth. Ond mae Iddewon Uniongred yn credu fod y gyfraith yn bwriadu iddyn nhw gadw gwahanol setiau o lestri, hyd yn oed rhai gwydr neu pyrex neu ddefnydd an-amsugnol arall, ac felly dydy llestri cig a llestri bwydydd llaeth ddim yn cael eu defnyddio'n gyfnewidiol. Os caiff y bwyd anghywir neu fwyd sydd heb fod yn kosher ei roi mewn sosban neu ddysgl fetel drwy gamgymeriad, gellir eu gwneud yn kosher eto (eu 'kasheru') â dŵr berw. Mae kasheru yn chwysu'r deunydd estron allan. Allwch chi ddim kasheru llestri pridd neu blastig.

Gan fod cig mor gyffredin mewn bwyd, gallwn weld yn fuan iawn pam mae hi mor anodd i Iddew defodol fwyta mewn cartref an-Iddewig neu gartref Iddewig lle na chedwir at reolau kashrut. Heb law am y gwaharddiad ar gymysgu cig a bwydydd llaeth wrth baratoi pryd, mae gwaharddiad hefyd ar fwyta'r naill yn syth ar ôl y llall. Rhaid oedi am 30 munud rhwng llaeth a chig, a mwy fyth, tair awr yn aml (er y gall fod yn awr i chwe awr yn dibynnu ar leoliad neu draddodiad teuluol), rhwng cig a bwydydd llaeth, gan fod cig yn cymryd mwy o amser na llaeth i'w dreulio. Dydy bwydydd fel pysgod ddim yn cynnwys cig na llaeth. *Parev* neu *parve*, 'niwtral' mewn Iddeweg, yw'r enw ar fwydydd felly, sy'n gallu cael eu bwyta gyda llaeth neu gig.

Rheolau pellach ar gyfer y Pasg Iddewig

Yn ystod gŵyl y Pasg Iddewig, mae rheolau bwyd arbennig. Bryd hynny (a dim ond bryd hynny) mae unrhyw fwyd sy'n cynnwys unrhyw beth *hametz* (â lefain ynddo, sef 'sur' neu 'eplesedig' yn llythyrennol) wedi ei wahardd yn llwyr. (Bydd pobl yn defnyddio llestri ac offer coginio gwahanol, neu fe fydd llestri sydd wedi cynnwys cynnyrch o'r fath yn cael eu kasheru, os oes modd gwneud hynny, ar gyfer y Pasg.) Chaiff neb yfed diodydd alcoholig sy'n deillio o gynnyrch grawn lefain (e.e. chwisgi). Ar adegau eraill, dydy kashrut gwinoedd ddim yn dibynnu o ble mae'r gwin yn dod ond ar bwy sydd wedi ei drafod. Mae llawer o Iddewon Uniongred yn gwrthod gwin os yw wedi cael ei drafod gan berson nad yw'n Iddew ar unrhyw adeg yn y broses, o gasglu'r grawnwin i botelu'r gwin. Mae hyn yn mynd yn ôl i'r cyfnod talmudaidd pan oedd gwin a fyddai'n cael ei yfed wrth addoli eilunod wedi ei wahardd yn llwyr i Iddewon. Yn ddiweddarach, cafodd y gwaharddiad hwn ei ehangu i gynnwys pob gwin a oedd wedi cael ei gyffwrdd gan an-Iddewon. (Os cafodd y gwin ei ferwi yn ystod y broses gynhyrchu, yna dydy e ddim yn cael ei ystyried yn sagrafennaidd bellach, a does dim gwaharddiad felly.)

Lefelau o ufudd-dod

Uniongred

Mae llawer o Iddewon yn ufuddhau i'r deddfau kashrut ym mhob manylyn. Y farn Uniongred yw fod yr halachah traddodiadol yn eu rhwymo. Mae'r hyn y ceir ei fwyta wedi ei reoli gan yr holl reolau sy'n deillio o'r Beibl a'r esboniadau rabbinaidd ar y rheolau beiblaidd. Os yw hynny'n achosi llawer o waith, yn ddrud, ac yn eu cadw ar wahân i gymdeithas an-Iddewig, mae hynny, wedi'r cwbl, yn cyflawni pwrpas yr holl ddeddfau bwyd yma - sef atgoffa'r Iddewon eu bod yn wahanol. Maen nhw'n golygu gofal, gan gydnabod fod y corff a bwyd yn rhodd gan Dduw sy'n galw am sancteiddrwydd ymhlith ei bobl.

Mae astudiaethau diweddar yn America a gwledydd eraill wedi dangos fod Iddewon an-Uniongred yn llai a llai tebygol o ufuddhau i kashrut, sy'n dipyn o syndod gan mai kashrut, ynghyd â chadw'r Saboth, yw'r ddau beth sy'n effeithio fwyaf ar fywydau'r rhan fwyaf o Iddewon, ac sy'n ffurfio asgwrn cefn y bywyd Iddewig. Mae America, sydd â'r gymuned Iddewig fwyaf yn y byd a'r un sydd wedi cael ei hastudio fwyaf, yn help i ni weld safbwyntiau theoretig y gwahanol grwpiau. Mae gwahanol ymateb i kashrut yn dangos yn eglur iawn mor anodd yw penderfynu, pan fo pobl wedi gwrthod y gred draddodiadol fod yr halachah yn eu rhwymo, faint o ryddid i'w roi i'r unigolyn (neu'r gymuned fechan) i benderfynu beth yw bywyd 'Iddewig'.

Diwygiedig

Yn nyddiau cynnar Iddewiaeth Ddiwygiedig, credai ei harweinwyr fod y deddfau bwyd yn afresymol ac yn niweidiol i berthynas dda rhwng Iddewon a phobl eraill, arweinwyr fel Geiger a Holdheim yn yr Almaen, ac i raddau mwy fyth, Kohler yn America. Nid gwahaniaethau rhwng deddfau Mosesaidd a rabbinaidd oedd yn bwysig iddyn nhw, ond rhwng gwahanol fathau o ddeddfau. Tra bod y deddfau moesol yn orfodol, pwrpas y deddfau seremonïol oedd gloywi a sancteiddio bywyd. Os nad oedden nhw'n gwneud hynny, yna dylid cael gwared ohonyn nhw. Ceir y datganiad mwyaf radical ar y mater yn y Pittsburgh Platform, penderfyniadau cynhadledd rabinaidd 1885 (sy'n cael eu dyfynnu ym mhennod 5) sy'n awgrymu y gallai kashrut, mewn gwirionedd, fod yn rhwystr i 'ddyrchafiad ysbrydol'. Roedd barn y Columbus Platform ym 1937 yn fwy positif tuag at yr halachah yn gyffredinol, ac mae'r datganiad cynhwysfawr diweddaraf gan Rabbiniaid Diwygiedig America, Persbectif Canmlwyddiant 1976, yn symud ymhellach byth i'r cyfeiriad hwn.

Yn ymarferol heddiw mae llawer o Iddewon Diwygiedig yn cadw at rai o'r rheolau traddodiadol (ac mae llawer o Iddewon Uniongred yn anwybyddu rhai ohonyn nhw), ond o'r safbwynt Uniongred, does dim sail resymegol i arfer y mudiad Diwygiedig. Mater o ddewis personol yw popeth. Mae athrawon Diwygiedig blaenllaw yn dal i roi'r argraff nad yw kashrut yn hanfodol, ac y gall yn hawdd iawn fod yn rhwystr i wir deimlad crefyddol.

Mae'n hawdd gweld pam y tybir fod yr agwedd Ddiwygiedig tuag at kashrut yn negyddol. Ond gellir herio hynny. Yn sicr, mae rhai Iddewon Diwygiedig heddiw yn dal yn amheus ynglŷn â rhoi pwys ar gadw'r deddfau bwyd yn fanwl, fel pe bai hynny'n ddigon ynddo'i hun. Dim ond pan fyddan nhw'n atgoffa pobl o werthoedd Iddewiaeth ac ymddygiad moesol y maen nhw'n cyflawni eu pwrpas. Mae pryder hefyd ynglŷn â'r anghytuno rhwng awdurdodau kashrut a'r modd mae hynny'n rhannu'r gymuned. Yn UDA, gall unrhyw rabbi benderfynu. Ym Mhrydain, mae dau brif awdurdod: llys y Prif Rabbi ac Undeb y Cynulleidfaoedd Hebreaidd Uniongred sydd wedi cynhyrchu rhestr yn ddiweddar i geisio cysoni pethau. Rhaid i bob cigydd, pobydd a bwyty kosher (lle cynigir dim ond prydau cig neu ddim ond prydau llaeth) arddangos trwydded gan fwrdd rabbinaidd. Eu cyfrifoldeb nhw yw sicrhau fod popeth yn cael ei wneud yn iawn.

Mae bwyd kosher mewn siopau yn dwyn sêl sawl corff rabbinaidd Uniongred sy'n gwarantu kashrut. Dylai'r prynwr edrych am y gair Hebraeg am 'kosher' neu am sêl neu label (*hechser*) ar y pecyn neu'r tun. **K** ac **U** (symbol Undeb y Cynulleidfaoedd Hebreaidd Uniongred) yw'r mwyaf poblogaidd.

Mae amrywiaeth eang o gynnyrch kosher ar gael heddiw mewn archfarchnadoedd, cynnyrch Israel ac UDA fel arfer.

Mae gwahaniaethu rhwng bywyd preifat a bywyd cymunedol yn bwysig iawn i'r mudiad Diwygiedig. Yn wahanol i Uniongrededd, mae'r mudiad Diwygiedig yn gwahaniaethu rhwng gwahanol agweddau ar kashrut. Dylid ufuddhau i ddeddfau kashrut nid am fod Duw wedi eu rhoi i Moses, ond oherwydd y gallant annog hunan-ddisgyblaeth ac ymdeimlad o hunaniaeth Iddewig. Efallai bod gwerth iddyn nhw o ran glendid hefyd. Ond cyfrifoldeb y teulu unigol yw penderfynu ar ba lefel maen nhw'n mynd i ufuddhau. Nid ufuddhau i'r cwbl neu eu hanwybyddu'n llwyr yw'r dewis. Gan hynny, mae pethau'n amrywio'n fawr iawn o deulu i deulu. Mae rhai Iddewon Diwygiedig yn ufuddhau'n llwyr i kashrut ac eraill yn rhannol. Mae'r rhai sy'n ufuddhau'n rhannol yn mynnu eu bod yn cadw'r deddfau beiblaidd, fel peidio â bwyta cynnyrch llaeth a chig gyda'i gilydd, ond eu bod yn ystyried y dehongliad ôl-feiblaidd o kashrut fel 'ychwanegiadau' dianghenraid, er enghraifft, y rheolau manwl ar gyfer bod â llestri a sosbenni ar wahân. Gan nad hyn oedd y gwrthwynebiad gwreiddiol pan ddechreuodd y mudiad Diwygiedig, a gan nad yw'r mudiad Diwygiedig yn nodi pa agweddau neilltuol y dylid ufuddhau iddyn nhw, mae'n bosib fod y ddadl yma, sy'n un gyffredin iawn, wedi datblygu o awydd i hwyluso cysylltiadu gyda rhai nad ydyn nhw'n Iddewon. Yn sicr, mae'n gwneud bwyta gyda ffrindiau an-Iddewig neu fynd allan i fwyta'n llawer symlach, gan mai mater hawdd yw gofyn am bysgod neu brydau llysieuol.

Beth bynnag yw barn bersonol pob Iddew Diwygiedig am werth y deddfau bwyd, derbynir rhai safonau gwaelodol. Mae Iddewon yn gyffredinol yn ceisio osgoi bwydydd sy'n cael eu gwahardd yn benodol yn y Beibl, yn enwedig porc, gan fod hon yn gyfraith sy'n cael ei derbyn gan bawb, ac a sancteiddiwyd gan hanes o oes y Macabeaid tan oes Hitler. Disgwylir hefyd i bobl fwyta cig wedi ei brynu oddi wrth gigydd kosher yn unig, lle bydd yr anifail wedi cael ei ladd a'i lanhau yn y modd priodol. Mae cigyddion kosher ar gael mewn ardaloedd sydd â chymuned Iddewig fawr. Mewn mannau eraill, mae rhai synagogau Diwygiedig yn rhedeg eu 'siop kosher' eu hunain, gan gadw cynnyrch ffres neu rewedig, i helpu pobl i ufuddhau i kashrut.

Does dim cigydd kosher yng Nghymru bellach er fod cigydd kosher o Birmingham yn teithio unwaith yr wythnos i Gaerdydd i werthu cig. Mae hyn yn golygu fod teuluoedd Iddewig yn ne Cymru naill ai'n rhewi cig neu'n cyfaddawdu â'r rheolau bwyd. Yng ngogledd Cymru, mae'n rhaid teithio i Lerpwl neu

Fanceinion i brynu cig kosher. Mae Synagogau Diwygiedig Prydain Fawr a Chynulliad y Rabbiniaid (y corff proffesiynol mae pob Rabbi Diwygiedig Prydeinig yn perthyn iddo) yn cefnogi Bwrdd y Dirprwyon i'r carn wrth iddo amddiffyn shechitah yn gyhoeddus, yn enwedig ym 1987 pan fu ymdrechion i wneud shechitah yn anghyfreithlon.

Mae safonau ufudd-dod yn y synagog neu ddigwyddiadau a drefnwyd gan synagog yn ceisio bod mor gynhwysol â phosib. Y bwriad yw ei gwneud hi'n bosib i'r rhan fwyaf o Iddewon gymryd rhan heb boeni dim, a pheidio â chreu rhwyg rhwng Iddewon sy'n credu gwahanol bethau. Er enghraifft, dim ond pysgod neu brydau llysieuol fydd rhai synagogau Diwygiedig yn eu caniatáu; bydd eraill yn cynnig cig kosher yn unig.

Mae'r mudiad Diwygiedig yn tueddu i feddwl fod llawer o'r rheolau mae'r Uniongred yn eu parchu yn ddianghenraid, er enghraifft, gwaharddiadau ar alcohol a'r angen am arolygaeth arbennig a labelu eitemau sydd eisoes yn gwbl ddilefain adeg y Pasg Iddewig. Ond mewn un maes, mae syniadau Diwygiedig yn symud i gyfeiriad ehangu'r gwaharddiadau beiblaidd. Mae rhai Iddewon Diwygiedig yn gwrthod bwyta anifeiliad sydd wedi eu magu dan amodau technolegol ffermio modern, fel ieir batri. Gan fod hyn yn mynd yn groes i'r gred Iddewig mewn trin anifeiliaid yn drugarog, yn cynnwys rhai sy'n cael eu lladd am fwyd (gweler Lefiticus 22: 28; Deuteronomium 5: 14, 22: 6-7; Diarhebion 12: 10), y ddadl yw fod y bwydydd hyn yn trefah o safbwynt moesol.

Gwahanol safbwyntiau

Mae Iddewon Uniongred yn gwrthod gwahaniaethu rhwng deddfau beiblaidd a'u dehongliad diweddarach sydd, yn eu barn nhw, yn ffurfio 'clawdd o gwmpas y Torah' i atal y gorchmynion beiblaidd rhag cael eu torri. Maen nhw hefyd yn credu fod ceisio gwneud bwyta allan yn haws yn gwanhau'r hunaniaeth Iddewig. Bydd Iddewon traddodiadol caeth yn gwrthod bwyta mewn cartrefi an-Iddewig na chaniatáu unrhyw fwyd nad yw'n kosher yn eu cartrefi eu hunain. Ond mae gwahanol lefelau o ufudd-dod modern, a bydd rhai Iddewon Uniongred yn bwyta bwydydd llaeth neu lysieuol y tu allan i'r cartref o dan rai amgylchiadau. Mae rhai Iddewon Diwygiedig yn amheus hefyd ynglŷn â sefyllfa lle mae dwy set o reolau ar gyfer bwyta – y naill ar gyfer y cartref a'r llall ar gyfer mannau eraill. Tra byddai eraill yn dadlau fod gwahaniaeth rhwng Iddewdod y cartref a'r byd seciwlar y tu allan, maen nhw'n ofni cael eu cyhuddo o fod yn anghyson neu'n rhagrithiol, a drysu eu plant. O safbwynt rhywun nad yw'n Iddew sy'n gwahodd Iddewon am bryd, byddai'n ddoeth peidio â chynnig cig neu bysgod cregyn iddyn nhw. O gofio'r holl wahanol ffyrdd o ufuddhau i kashrut, y peth gorau fyddai gofyn i'r gwesteion beth y gallant ei fwyta a'i yfed.

Mae Iddewiaeth Geidwadol mewn safle rywle yn y canol (rhwng safonau Uniongred a radicaliaeth Ddiwygiedig) ar kashrut, fel llawer pwnc arall. Gan fod y mudiad yn caniatáu i bob unigolyn benderfynu a yw rheolau unigol yn cynyddu neu'n cyfyngu ar ei ddatblygiad ysbrydol, mae'n agosach at y mudiad Diwygiedig yn hynny o beth. Gallant benderfynu glynu'n gaeth wrth yr halachah traddodiadol neu fod yn fwy dethol. Mae Iddewon Rhyddfrydol yn pwysleisio barn yr unigolyn hefyd ar y cwestiwn a yw'r deddfau'n helpu i feithrin bywyd gwirioneddol grefyddol. Efallai y bydd Adferiadwyr, ar y llaw arall, yn rhoi'r lle blaenaf i 'wareiddiad Iddewig' yn hytrach na'u dymuniadau personol, ac oherwydd hynny'n parchu rhai o'r deddfau bwyd oherwydd eu pwysigrwydd traddodiadol ym mywyd yr Iddewon fel pobl. Fel y gwelsom, mae'r teimlad yma o rywbeth sy'n uno pob Iddew yn un o ddibenion kashrut ac yn rhywbeth y mae'r rhan fwyaf o Iddewon yn ei gymeradwyo.

materion bywyd a marwolaeth

Yn y bennod hon byddwch yn dysgu:

- sut y mynegir credoau pwysig mewn seremonïau genedigaeth a marwolaeth
- am bwysigrwydd enwaediad
- beth mae Iddewon yn ei gredu ynglŷn â bywyd y tu hwnt i'r bedd.

Ffyrdd o fynegi cred

Y tu ôl i arferion sylfaenol crefydd mae credoau sylfaenol. Gadewch i ni droi yn y fan yma at y ddwy foment bwysicaf ym mywyd Iddew, a'r defodau sy'n gysylltiedig â nhw. Er bod defod ac arfer yn amrywio o ardal i ardal, ac o oes i oes, mae defodau geni a marw yn mynegi credoau dwfn sydd wrth wraidd Iddewiaeth. Y pennaf o'r rhain yw'r gred ym mhwysigrwydd magu plant, yn sancteiddrwydd bywyd dynol, yng ngwendid unigolion ond hefyd yn eu gallu i fyw yn ôl bwriad Duw, yng nghydraddoldeb holl bobl y cyfamod, ac yn realiti marwolaeth a bywyd tu hwnt i'r bedd. Mae Iddewon yn anghytuno ynglŷn â rhai ffyrdd o fynegi'r rhain ac, i raddau llai, ar union fanylion y credoau. Ond mae'r pynciau trafod yma – er enghraifft, pryd yn union mae bywyd yn cychwyn a phryd y mae'n gorffen, beth yw ffurf bywyd tragwyddol – yn codi materion sydd, ers canrifoedd, wedi nodweddu Iddewiaeth, crefydd sydd yn cwestiynu ac yn esblygu o hyd. Mae gwir gred pobl yn dod i'r amlwg ar adegau tyngedfennol.

Y pennaf o'r rhain i deulu a ffrindiau yw croesawu bywyd newydd a ffarwelio â bywyd presennol. Mae llawer o benderfyniadau cysylltiedig, sy'n fwy cymhleth gyda datblygiadau'r ugeinfed ganrif mewn technoleg feddygol a moeseg, hefyd yn adlewyrchu credoau allweddol. Er nad yw hi'n bosibl dweud yn bendant: 'Dydy Iddewon ddim yn cytuno ag amlosgi' neu 'Dydy Iddewon ddim yn defnyddio dulliau atal cenhedlu' (oblegid mae llawer yn eu defnyddio), mae'n bosib amlinellu arfer a chred Uniongred a lle mae Iddewon an-Uniongred yn anghytuno. Mae deall beth sydd wrth wraidd arfer neilltuol yn bwysicach i rai nad ydynt yn Iddewon na disgrifiad o'r arfer hwnnw, er mwyn sicrhau, beth bynnag fo barn bersonol rhywun ar y materion hyn (sydd bob amser yn sensitif a weithiau'n ddadleuol), na fydd anwybodaeth a chamddealltwriaeth yn cymylu pethau. Yn UDA, ceir 'Mesur Iawnderau Cleifion Iddewig', dogfen i helpu'r claf neu'r teulu i wrthsefyll pwysau i gydymffurfio, ac i helpu'r tîm meddygol i beidio â phechu pobl yn eu gofal. Mae'n drueni nad oes canllawiau ymarferol tebyg ar gael ym Mhrydain.

Pwysigrwydd magu plant

Y mitzvah (dyletswydd) cyntaf oll yn y Torah yw: 'Byddwch ffrwythlon ac amlhewch' (Genesis 1: 28; cymharer â Genesis 9: 1). Mae'r rheidrwydd i greu bywyd newydd er mwyn i'r grefydd oroesi yn cael ei gydnabod yn glir, yn enwedig wrth i boblogaeth Iddewig y rhan fwyaf o wledydd y byd leihau. Mae cymunedau Chasidig yn teimlo hyn i'r byw. Ond ar hyd yr oesoedd, mae'r gred fod magu plant yn ddyletswydd ac yn fendith wedi bod yn gryf. Mae'r Beibl a llenyddiaeth rabbinaidd yn ystyried plant yn rhodd, ac yn credu fod bod yn ddi-blant yn anffawd difrifol (e.e. Genesis 16: 1). Ond y pwynt hanfodol mewn Iddewiaeth yw nid dim ond y cynnydd yn nifer yr Iddewon, ond cynnydd yn nifer y bobl sy'n arddel perthynas neilltuol â Duw, yn ufuddhau iddo, a thrwy hynny yn sicrhau ei deyrnasiad ar y ddaear.

Enwaediad

Mae'r gred yma'n cael ei mynegi'n fwyaf amlwg yn yr arfer o enwaedu. Mae'r term Hebraeg am hyn, *brit milah* ('cyfamod yr enwaedu') yn cyfleu'r prif syniad. Y 'brit' mae'n cyfeirio ato (a 'brit' mae llawer o bobl yn galw'r seremoni, neu 'bris' yn ôl yr ynganiad Ashkenazi) yw'r cyfamod rhwng Duw ac Abraham. Mae Genesis 17: 9-14 yn gorchymyn y cyfamod hwn 'yn y cnawd' ar gyfer pob gwryw ar yr wythfed dydd wedi ei eni. (Mae Lefiticus 12: 3 yn mynnu hyn hefyd.) Gallwn weld mor bwysig yw'r amseru yn y ffaith fod enwaedu'n digwydd ar yr wythfed dydd hyd yn oed os bydd hwnnw'n Saboth neu hyd yn oed yn Ddydd y Cymod. Dim ond os yw'r baban yn sâl y bydd y brit yn cael ei ohirio.

Dydy'r Beibl ddim yn rhoi unrhyw reswm am yr amseru nac am enwaedu fel arwydd o gyfamod Duw gyda disgynyddion Abraham. Mae llawer o wahanol resymau wedi cael eu hawgrymu pam fod torri'r blaengroen ymaith yn arwydd priodol o deyrngarwch i Dduw. Mae rhai'n pwysleisio'r cysylltiad â chreu'r genhedlaeth nesaf. Mae eraill yn pwysleisio nad oes dim defnydd i'r blaengroen ac yn gweld ei dorri ymaith fel arwydd o ddyn yn cydweithredu â Duw i'w wneud ei hun yn berffaith a gwasanaethu Duw â phob organ o'i gorff.

Beth bynnag am esboniadau diweddarach, does dim amheuaeth ynglŷn â pha mor hynafol yw'r dyletswydd ei hun, nac ynglŷn ag ymlyniad selog yr Iddewon wrtho ar hyd yr oesoedd. Mae 1 Macabeaid 1: 60-61, er enghraifft, yn tystio i rai Iddewon gael eu merthyru yn hytrach na pheidio ag enwaedu, yn ôl gorchmyn y rhai oedd am ddinistrio Iddewiaeth. Rhaid i unrhyw ddyn sy'n cael tröedigaeth i Iddewiaeth heddiw gael ei enwaedu (gweler pennod 9). Ond dydy'r weithred ei hun ddim yn gwneud rhywun yn Iddew, dim ond dangos ei ymrwymiad i'r grefydd. Yn ôl halachah (hynny yw, yn gyfreithiol) mae unrhyw fab a aned i fam o Iddewes yn Iddew p'run ai ei fod wedi cael ei enwaedu neu beidio. Os na ellir enwaedu rhywun (er enghraifft, am ei fod yn dioddef o hemoffilia), dydy'r person hwnnw ddim yn llai o Iddew. Mae enwaedu, felly, i Iddewon yn ddefod gwbl grefyddol. Mae dadlau fod enwaedu'n beth iach, fel pe bai gan Abraham wybodaeth arbenigol am beryglon peidio ag enwaedu, yn gamgymeriad. Rydym yn gwybod heddiw fod yr Eifftiaid gynt ac eraill yn enwaedu, ac mae rhai wedi amcangyfrif fod seithfed rhan o boblogaeth y byd heddiw yn gwneud, yn cynnwys Mwslimiaid, fel arwydd o ddarostyngiad i Allah. I Iddew, ei bwysigrwydd arbennig yw ei fod yn arwydd o berthyn i bobl y cyfamod.

Mae'r seremoni, felly, yn un gymunedol. Rhwng y nawfed ganrif a'r bedwaredd ganrif ar bymtheg, byddai'n cael ei chynnal yn y synagog yn aml. Erbyn heddiw, mae'n well gan bobl ei chynnal gartref, ond yn ddelfrydol, dylai minyan (y deg dyn sy'n angenrheidiol er mwyn gweddïo'n gyhoeddus mewn Uniongrededd) fod yn bresennol. Ym marn Iddewon Uniongred ac an-Uniongred fel ei gilydd, mae enwaediad preifat mewn ysbyty gan lawfeddyg, heb ddim o'r gweddïau gofynnol, yn dileu ystyr crefyddol y brit. Lle bydd teulu a ffrindiau yn ymgynnull fel rhan o bobl y cyfamod, mae i'r holl ddigwyddiad, hyd yn oed i wyliwr an-Iddewig, naws hynafol a defosiynol dros ben. Er fod rhai Iddewon Diwygiedig radicalaidd yn gwrthod cael eu henwaedu, gan ddadlau y gallant ufuddhau'n ysbrydol heb arwydd allanol, mae'n amlwg fod y rhan fwyaf o Iddewon yn credu ei fod yn fynegiant hanfodol bwysig o Iddewdod.

Mohel yw'r enw ar berson sy'n perfformio enwaediad defodol, arbenigwr yn y dechneg gorfforol a'r ddefod grefyddol hefyd. Mae'r llawdriniaeth yn gyflym, un toriad drwy flaengroen y pidyn, tynnu'r leinin mewnol, a rhoi rhwymyn i atal y gwaedu. Bydd rhieni bedydd yn aml yn bresennol, ond gall yr achlysur fod yn rhy boenus i'r fam fod yn bresennol. Mae'r tad yn bendithio Duw am enwaedu, sy'n caniatáu i feibion gael 'mynediad i gyfamod Abraham ein tad'.

Un o nodweddion eraill y seremoni yw rhoi'r baban mewn cadair arbennig am foment cyn ei roi i'r *sandek* (yr un sy'n cael yr anrhydedd o ddal y baban ar ei lin). Mae 'gorsedd Elias' fel y gelwir hi yn ein hatgoffa am hanes y proffwyd yn galw'r hen Israeliaid yn ôl at eu dyletswyddau cyfamodol. (Gweler, er enghraifft, 1 Brenhinoedd 18, 19; Malachi 3: 1, 4: 5-6.) Dyma hefyd yr adeg y bydd y bachgen bach yn derbyn ei enw Hebraeg yn ystod un o'r gweddïau: 'Ein Duw a Duw ein Tadau, cadw'r

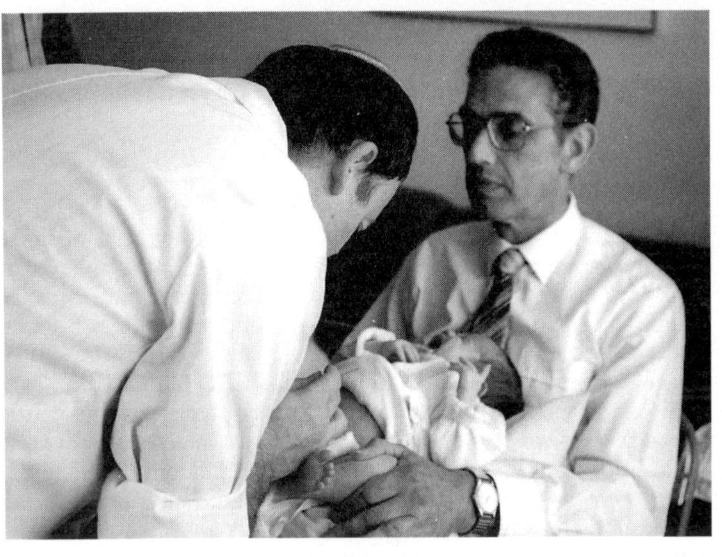

Yn y brit yma, tadcu'r baban yw'r *sandek* ('daliwr')

plentyn hwn i'w dad a'i fam, a bydded ei enw yn Israel yn ________ fab ________. Yr enw yma, Jacob Ben Samuel, er enghraifft, oedd unig enw Iddew tan y ddeunawfed ganrif (mae'r 'Ben' yn gyfystyr â'r 'ap' yn y Gymraeg). Yna, dechreuodd rhai llywodraethau, fel Gwlad Pwyl, fynnu bod gan bobl enwau teuluol. Y cwbl wnaeth llawer oedd cymryd enw cyntaf eu tad a chreu cyfenw, fel Jacobs neu Samuelson. Yr un peth ddigwyddodd yng Nghymru ganrifoedd ynghynt, gydag enwau fel Dafydd ap Siencyn yn mynd yn Dafydd (neu David) Jenkins a Siôn ap Hywel yn Siôn (neu John) Powell. Bydd Iddewon Seffardi yn aml yn dewis enw perthynas byw tra bod Iddewon Ashkenazi yn defnyddio enw perthynas marw neu arwr beiblaidd. Mae enw Hebraeg person yn cael ei ddefnyddio mewn seremonïau crefyddol fel priodi neu pan fydd yn cael ei alw i ddarllen y Torah.

Merched

Mae merched yn derbyn eu henw Hebraeg (e.e. Hannah Bat Miriam) yn y synagog ar y Saboth wedi'r geni, ac mae'r tad yn cael ei alw bryd hynny i ddarllen y Torah. Mae rhai Iddewon Diwygiedig yn cynnal seremoni debyg i brit milah lle mae Duw'n cael ei fendithio am 'gyfamod bywyd' yn hytrach na 'chyfamod yr enwaediad'. Mae rhai hefyd yn cynnal seremoni i fendithio'r baban yn y synagog rai wythnosau wedi'r geni. Mae'r rhain yn cael eu cynnal ar gyfer bechgyn hefyd, yn ogystal â'u henwaediad. Y nod yw tynnu mwy o'r gymuned i mewn i ddathlu'r geni hefyd mewn modd ysgafnach.

Pidyon Ha-Ben

Os mai mab yw eu baban cyntaf, gall pâr Uniongred gymryd rhan mewn seremoni arall, sef *Pidyon Ha-Ben* ('prynedigaeth y mab'), sy'n atgof o statws crefyddol arbennig y mab cyntaf-anedig yn y cyfnod beiblaidd. Os nad oedd yn perthyn i deulu offeiriad (cohen) roedd yn rhaid i'w dad ei 'brynu yn ôl' o wasanaeth yr offeiriaid. Felly mae'r cyntaf-anedig (yn llythrennol, 'beth bynnag a agoro y groth', gweler Exodus 13: 2 yng nghyfieithad 1588, ac felly nid un a aned drwy doriad Cesaraidd) yn cael ei brynu yn ôl os nad yw'r tad yn cohen neu'n Lefiad neu'r fam yn ferch i cohen neu Lefiad. Pur anaml y bydd Iddewiaeth Ddiwygiedig yn perfformio'r seremoni yma, gan fod y mudiad wedi dileu swydd y cohen ac yn credu fod y seremoni'n annheg â phlant eraill yn y teulu.

Sancteiddrwydd bywyd dynol

Mae agweddau Iddewon tuag at faterion fel gwrthgenhedlu, erthylu, ewthanasia, hunan-laddiad, archwilio cyrff marw ac, yn y cyfnod diweddar, trawsblannu organnau a pheiriannu genetig, yn arddangos eu cred yn sancteiddrwydd pob bywyd unigol. Yn ôl yr halachah, ni ddylid defnyddio dyfeisiau atal-cenhedlu ac eithrio pan fo bygythiad difrifol i iechyd y fam. Hyd yn oed wedyn, dylai'r weithred briodasol fod mor normal ag sy'n bosibl, felly mae cyfraith Iddewig yn graddio dulliau atal-cenhedlu, o'r mwyaf i'r lleiaf derbyniol, gan ddechrau gyda'r bilsen atal-cenhedlu (mae ffurfiau cynnar yn cael eu trafod yn y llenyddiaeth rabbinaidd) – gan nad yw'n ymyrryd â'r broses naturiol o ffrwythloni (fel y 'colli had ar lawr' yn Genesis 38: 9-10) - ac yn gorffen gyda'r condom neu dynnu'n ôl sydd, yn amlwg yn ymyrryd â'r broses yma. Mae fasectomi'n cael ei ystyried fel rhywbeth sy'n llurgunio'r corff ac mae wedi ei wahardd. Weithiau caiff diffrwythloni ei ganiatáu os oes perygl i fywyd menyw (Shabbat 110b-111a). Mae'r mudiad Diwygiedig yn credu mai mater i'r pâr ei hun yw pob mater yn ymwneud â chynllunio teulu, yn cynnwys cael plant o gwbl (yn wahanol i'r lleiafswm mae Yevamot 61b yn ei fynnu, sef mab a merch).

Mae ffrwythloni *in vitro* yn cael ei gymeradwyo ar y cyfan os yw'r had a'r wy wedi dod oddi wrth bartneriaid priod Iddewig. Gallai ffrwythloni artiffisial drwy gyfrwng cyfrannwr dienw achosi llosgach yn ddiarwybod. Yn ôl y Mishnah, mae erthylu nid yn unig yn cael ei ganiatáu, ond mae'n orfodol pan fydd bywyd y fam mewn perygl (Ohalot 7: 6), gyda'r bywyd llawn yn cael y flaenoriaeth dros fywyd posib y ffetws. Mae responsa (atebion cyfreithiol) ar erthylu yn dal i gael eu llunio, yn enwedig yn UDA lle mae Iddewiaeth Geidwadol mor gryf. Mae Ceidwadaeth am ufuddhau i'r halachah ond mae'n derbyn rhai prosesau sy'n cael eu gwrthod gan Uniongrededd (e.e. y rhan fwyaf o ddulliau atal-cenhedlu). Deddfodd Gwladwriaeth Israel ym 1977 i ganiatáu erthylu o dan amgylchiadau fel treisio, llosgach, nam corfforol difrifol, a phan fydd merch dan oedran yn feichiog. Roedd y mudiad Uniongred yn gwrthwynebu hyn mewn ffordd debyg iawn i'r Eglwys Babyddol yng Ngweriniaeth Iwerddon. Mae banciau had ac arbrofi ar embryonau wedi eu gwahardd, a felly hefyd rhoi organau os oes mwy na 50 y cant o debygrwydd y bydd y rhoddwr neu'r derbynydd yn marw. Mae gwrthwynebiad i drawsblannu calonnau os yw'r organ yn dod oddi wrth rywun sydd heb gyrraedd trothwy marwolaeth. Y diffiniad traddodiadol Iddewig o farwolaeth yw bod y galon a'r ysgyfaint wedi pallu. Ond mae'r posibilrwydd o gadw'r organau hyn yn fyw hyd yn oed wedi i'r ymennydd farw (cyflwr nad yw'n golygu, ym marn Iddewon crefyddol, fod y person wedi marw) a'r cwestiwn o beth yn union all gael ei gysylltu wrth gorff i'w gadw'n fyw wedi arwain at gwestiynau sy'n cael eu hateb yn wahanol gan wahanol ganghennau Iddewiaeth. Dydy Uniongrededd ddim yn caniatáu trawsblannu organau ac eithrio i dderbynnydd penodol a fyddai'n marw oni châi'r organ ar unwaith. Mae'r mudiad Diwygiedig yn caniatáu cadw organau i'w defnyddio yn y dyfodol, a does dim rhaid i drawsblaniad achub bywyd - mae rhai sy'n gallu gwella ansawdd bywyd, fel trawsblannu cornea, yn dderbyniol hefyd. (Mae'r mudiad Uniongred yn caniatáu trawsblannu cornea hefyd oherwydd fod dallineb yn peryglu bywyd.) Mae llawer o ddadlau ar faterion fel hyn a rhai hanfodol bwysig eraill ymhlith Iddewon, fel sy'n digwydd o fewn crefyddau eraill, yng ngoleuni gwybodaeth a medrau newydd.

Seremonïau marwolaeth

Mae'r ffordd yr ymdrinir â'r corff ar ôl marwolaeth yn dangos yn glir iawn fod yr Iddewon yn credu nid yn unig fod bywyd dynol yn sanctaidd, ond fod pob aelod o bobl y cyfamod yn gyfwerth ac yn gyd-gyfrifol am ei gilydd. Mae'r canllawiau manwl yn amrywio. O fewn Uniongrededd, er enghraifft, dydy'r corff ddim yn cael ei adael ar ei ben ei hun cyn yr angladd, a chredir fod awtopsi'n halogi'r corff marw, er y caniateir gwneud awtopsi pan fydd cyfraith gwlad yn mynnu hynny. Mae'r corff yn cael ei baratoi i'w gladdu gan grŵp a benodir gan bob cynulleidfa, gyda dynion yn gweini ar ddynion a menywod yn gweini ar fenywod. Enw'r gymdeithas wirfoddol yma yw *hevra kaddishah* ('cymdeithas gysegredig') a dim ond y bobl uchaf eu parch yn y gymuned sy'n cael y fraint o berthyn iddi. Efallai y bydd y grŵp yn aros gyda'r person nes iddo farw. Wedi iddo/iddi farw, rhaid cyflawni defod buro. Mae hyn yn golygu golchi'r corff a'i lanhau ac yna ei lapio mewn dillad gwyn plaen iawn, yn cynnwys *kittel*, math o smoc y bydd dynion Iddewig yn ei gwisgo ar Ddydd y Cymod. Mae'r *taharah* (y weithred o olchi'r corff yn ddefodol) yn broses ychwanegol at y broses normal o olchi'r corff marw. Gall ddigwydd yn y cartref neu yn y marwdy, ond mae'n dynodi glanhau ysbrydol ac mae Iddewon Uniongred yn gwahardd unrhyw un nad yw'n Iddew rhag 'ymgeleddu' corff mewn ysbyty neu gapel. Yn y rhan fwyaf o gymunedau, bydd siôl weddi yn cael ei rhoi am ysgwyddau dyn, gyda rhan o'r ymyl wedi ei dorri i ddynodi nad yw'r meirw'n gorfod ufuddhau i'r mitzvot (gweler pennod 10).

Fel arwydd o barch, dylid claddu cyn gynted ag sy'n bosibl wedi i'r person farw, ond ddim ar y Saboth neu ar ddiwrnod cyntaf neu olaf gwyliau. Mae'r seremoni'n cael ei chynnal mewn neuadd yn y fynwent ac mae'n pwysleisio rhinweddau'r person sydd wedi marw a ffydd yng nghyfiawnder Duw. Yna, mae pawb yn cyflawni'r mitzvah o hebrwng y corff i'r bedd. Mae Iddewon Uniongred yn credu fod yn rhaid i fodau dynol ddychwelyd i'r llwch (Genesis 3: 19) ac felly maen nhw'n gwahardd amlosgi. Rhaid cofio hefyd y gred y bydd y corff, wedi iddo bydru a dychwelyd yn naturiol i'r ddaear, yn cael ei atgyfodi'n gorfforol yn Oes y Meseia. Yng nghyfnod y Beibl, roedd y corff yn cael ei roi'n syth yn y pridd, a dyna a wneir yn Israel o hyd. Ond fel arfer heddiw, bydd y corff yn gorwedd mewn arch bren blaen wedi ei gorchuddio â lliain du, yn hytrach nag un wedi ei haddurno'n ddrud mewn modd a allai dynnu sylw at gyfoeth neu dlodi rhywun. Does dim blodau fel arfer mewn angladd Iddewig. Dydy'r mudiad Diwygiedig ddim yn credu fod parhad yr enaid ar ôl marwolaeth yn dibynnu ar gyflwr y corff. Mae hyn yn golygu y gellir gwneud archwiliadau post-mortem a thrawsblannu organau a hyd yn oed amlosgi.

Mae'r litwrgi mewn gwasanaeth amlosgi yr un fath â litwrgi claddu. Efallai y bydd angen symud symbolau Cristnogol o'r amlosgfa. (Ni cheir claddu Iddew mewn mynwent an-Iddewig.) Gan nad oes ganddyn nhw fedd i alaru drosto, bydd rhai Iddewon Diwygiedig yn claddu'r llwch mewn mynwent ac yn codi beddrod. Dydy Iddewon ddim yn credu y dylid gwasgaru'r llwch. Ychydig cyn yr angladd neu'n fuan wedyn, bydd galarwyr Uniongred, yn ôl yr arfer, yn rhwygo eu dillad yn ffurfiol i ddangos eu galar dwfn. Mae rhai Iddewon Diwygiedig hefyd yn cael fod hynny'n ollyngdod i'w teimladau.

Galar a gobaith

I Iddewon, mae galaru am fod rhywun wedi marw a chredu yn y bywyd nesaf yn mynd law yn llaw. Yr enw ar fynwent Iddewig yw *Bet Olam* ('Tŷ Tragwyddoldeb') neu *Bet Ha-Hayyim* ('Tŷ Bywyd'). Er ei bod yn bosib mai ffordd o leddfu tristwch oedd yr enwau hyn yn wreiddiol, maen nhw hefyd yn mynegi cred Iddewon nad marwolaeth yw diwedd pob peth. Y ffordd arferol o gyfarch rhywun sydd newydd gael profedigaeth yw dweud: 'Boed i chi gael bywyd maith'. Dydy hyn ddim yn gwadu eu tristwch, ond mae'n ffordd o ddweud fod bywyd (y rhai sydd wedi marw a'r rhai sy'n dal yn fyw) yn mynd yn ei flaen. Mae'r agwedd yma'n cael ei mynegi gryfaf yng ngweddi'r *Kaddish* (yr Aramaeg am 'sanctaidd' neu 'cysegredig'). Mae'r weddi yma, mewn ffurfiau gwahanol, bob amser yn cael eu hadrodd pan fydd Iddewon yn addoli ledled y byd, ond pan fydd pobl yn galaru, mae'n neilltuol o rymus. Mae Kaddish rhai sy'n galaru yn canolbwyntio nid ar y meirw (does dim cyfeiriad atyn nhw ynddi) ond ar enw Duw, y dylai'r byd ei sancteiddio. Mae'r geiriau agoriadol, sydd wedi eu seilio ar Eseciel 38: 23, 'Amlyger mawredd a sancteiddrwydd ei Enw mawr yn y byd a greodd yn ôl ei ewyllys', yn datgan ffydd y galarwyr. Maen nhw'n dweud, hyd yn oed pan fo rheolaeth Duw yn lleiaf amlwg yn eu bywydau, ei bod yn dal i weithredu. Mae hon yn weddi dros barhad a chynnydd yn eu ffydd yn nyfodiad llawn teyrnas Dduw, a'i haddewid o atgyfodiad. Bydd plant yn adrodd y weddi yn angladd mam neu dad, a phob dydd am 11 mis wedi hynny. Lle nad oes plant, bydd Kaddish yn cael ei adrodd gan berthnasau eraill neu rywun a gyflogwyd i'r diben arbennig yma. Mae gan yr hevra kaddishah ran bwysig i'w chwarae wrth gynnal y rhai sy'n galaru yn eu gofid.

Diwedd yr angladd yw dechrau'r cyfnod galaru ffurfiol. Mewn ffordd sy'n hynod o agored a iach, mae rhan gyntaf y galaru yn angerddol iawn, Mae'n para am saith diwrnod, a *shiva* (sef 'saith') yw enw'r cyfnod hwnnw. Mae'r galarwyr yn 'eistedd shiva', hynny yw, eistedd ar stoliau isel i ddangos eu galar, heb gymryd rhan mewn unrhyw ddyletswyddau cyhoeddus. Dim ond ar y Saboth y byddan nhw'n gadael y cartref (a rhwng y farwolaeth a'r claddu, dydyn nhw ddim yn cael cyfrif mewn minyan). Dydyn nhw ddim yn ymuno â'r gynulleidfa yn y synagog nes bod y Saboth wedi cael ei groesawu'n llawen ar y nos Wener (gweler pennod 12) gan y byddai hynny'n anodd iawn. Gan esgeuluso'u hymddangosiad personol, fydd dynion ddim yn eillio na thorri eu gwallt. Mae prydau bwyd, yn enwedig yr un cyntaf, yn cael eu cludo i'r cartref gan aelodau o'r gymuned sydd hefyd yn ffurfio minyan er mwyn adrodd gweddïau yn y cartref.

Er bod gwahanol amgylchiadau a natur wahanol pobl yn golygu y byddan nhw'n teimlo'u profedigaeth mewn ffyrdd gwahanol, dros wahanol gyfnodau o amser, nod defodau galaru Iddewig yw cael pobl i ddychwelyd i fywyd normal yn raddol, gan gynnig fframwaith a chefnogaeth i bobl wrth iddyn nhw geisio dygymod â'u colled. Wedi'r shiva, mae cyfnod pellach o *sheloshim* ('30' diwrnod), y cyfnod o alaru am Moses a ddisgrifir yn Deuteronomium 34: 8. Yn ystod sheloshim mae'r galarwr yn

Mae arwyddocâd arbennig yn perthyn i gael eich claddu ar lethr gorllewinol Mynydd yr Olewydd, yn enwedig i'r rheini sy'n credu y bydd y Glwyd Euraid yn wal ddwyreiniol Jerwsalem yn ymagor yn wyrthiol pan fydd y meirw'n cael eu codi o'r bedd

mynd yn ôl i'r gwaith ond mae gwaharddiad ar ymweld â mannau adloniant. Cedwir y gwyliau crefyddol, fodd bynnag. Os bydd rhywun yn galaru am riant, mae cyfyngiadau sheloshim yn para am flwyddyn gron wedi'r angladd. Ar ddiwedd y flwyddyn, mae'r 'plentyn' yn cadw *Yahrzeit* (term Iddeweg am 'benblwydd'). Dyma ddefod olaf y cyfnod galaru, sef diwrnod o fyfyrio ac edifarhau, a bydd llawer o Iddewon yn ymprydio. Ar noswyl Yahrzeit bydd llawer o bobl yn goleuo cannwyll a fydd yn llosgi am 24 awr. Efallai y byddan nhw'n mynd i'r synagog ac yn adrodd Kaddish, fel y byddan nhw'n gwneud bob blwyddyn ganlynol ar yr un diwrnod. Ar Yahrzeit mae carreg fach yn cael ei gadael ar y bedd, fel symbol pellach o gofio rhiant drwy gadw'r bedd yn gymen. Ar ddiwrnod olaf Gwyliau'r Pererinion ac ar Ddydd y Cymod, mae'r rhai ymadawedig yn cael eu cofio hefyd mewn *Yizkor* ('gwasanaeth coffa').

Rywbryd cyn yr Yahrzeit cyntaf, bydd seremoni i osod y garreg fedd, yng nghwmni perthnasau a ffrindiau. Dydy cerrig beddi ddim yn cael ei gosod adeg y claddu, ond rhwng pedwar a 12 mis yn ddiweddarach. Byddant yn cael eu gosod yn wastad ar y ddaear (arfer Seffardi) neu yn eu sefyll (arfer Ashkenazi). Efallai y bydd gwasanaeth byr sy'n ceisio ateb anghenion y galarwyr ar y pryd, ond ni ddylid meddwl am hyn fel ail angladd. Mae rhan o weddi Ddiwygiedig ar gyfer yr achlysur yma yn gofyn i'r galarwyr gofio, wrth weld y garreg fedd, 'nid yn unig am y meirw ond hefyd amdanat Ti, Dduw bywyd tragwyddol.' Mae'n dweud wedyn: 'Yn eu galar, yr wyt Ti gyda hwy . . . Dysg iddynt y llyncir marwolaeth am byth yn y bywyd tragwyddol.' Mae'r gwasanaeth angladdol Uniongred yn datgan yn yr un modd y bydd Duw, ryw ddydd, yn gorchfygu angau ei hun, gan ddyfynnu Eseia 25: 8: 'llyncir angau am byth, a bydd yr ARGLWYDD Dduw yn sychu ymaith ddagrau oddi ar bob wyneb . . .'.

Ar y cyfan, mae Iddewiaeth yn annog pobl i ganolbwyntio ar y bywyd hwn yn hytrach na'r un nesaf. Ddylai neb ofni marw, ond dylent ei gadw mewn cof i'w hannog i fod yn ffyddlon bob dydd. Felly mae'r Mishnah'n annog pobl i edifarhau ddiwrnod cyn marw ac yn sôn am y byd yma fel 'rhag-ystafell i'r byd sydd i ddod' lle dylid ymbaratoi (Avot 4: 17). Ond mynegir y syniad fod y bywyd nesaf yn rhywbeth i bobl edrych ymlaen ato yn yr un darn, sy'n dweud: 'gwell un awr o wynfyd yr ysbryd yn y byd sydd i ddod na holl fywyd y byd hwn'. Cred gymharol ddiweddar yw hon mewn Iddewiaeth. Darlun diflas iawn sydd gan y Beibl lle mae pawb (da neu ddrwg, brenin neu gaethwas) yn mynd wedi iddyn nhw farw i *sheol* ('pwll'), is-fyd tywyll lle mae pobl wedi eu gwahanu hyd yn oed oddi wrth Dduw (gweler Job 7: 9 a Salm 88). Prin y gellid disgrifio hynny fel 'bywyd'. Dim ond yn nhermau'r gymuned roedd pobl yn meddwl am 'fyw ymlaen', hynny yw, yn nisgynyddion pobl Israel. Yng nghyfnod yr Ail Deml, gwelir y Sadwceaid yn gwadu unrhyw syniad o atgyfodiad unigol, tra bod y Phariseaid yn ei ystyried yn un o hanfodion y ffydd, yn deillio'n naturiol o gred mewn Duw cariadus sy'n rhoi bywyd dynol er mwyn i bobl ddysgu i ufuddhau iddo.

Mae Iddewon Uniongred yn dilyn dysgeidiaeth y Phariseaid. Ond maen nhw'n cydnabod nad yw atgyfodiad corfforol 'yn golygu, o anghenraid, yn yr un deunydd ag a ffurfiai'r corff pan oedd yn fyw' (Rabbi Hertz yn ei esboniad yn yr *Authorised Daily Prayer Book*). Yn hytrach, bydd yn: 'gyfanswm ein holl weithredoedd a meddyliau, arferion a chymeriad . . . Yr un fydd personoliaeth yr enaid yn y Byd-sydd-i-ddod â'r enaid yn y bywyd daearol.' Mae'n amlwg fod Iddewiaeth, fel Cristnogaeth hithau, yn ei chael hi'n anodd rhoi mewn geiriau y gred mewn 'byd-sydd-i-ddod' (Hebraeg, *Olam Ha-Ba*), trefn newydd sylfaenol (a fydd yn dod ar ôl Oes y Meseia, a ddisgrifir mewn termau daearol). Rhaid deall fod disgrifiadau o natur yr ôl-fywyd yma, meddai Louis Jacobs, 'yn ddyfalu llwyr ynglŷn â chyflwr cwbl wahanol i unrhyw beth y gallwn ni gael profiad ohono yn y bywyd hwn, ond mae pobl wedi ceisio ei ddisgrifio hyd eithaf eu gallu yn yr iaith sydd ar gael iddynt.' Mae syniad o nefoedd ac uffern, atgyfodiad y corff ac anfarwoldeb yr enaid wedi treiddio i mewn i Iddewiaeth o syniadau Hebreaidd a Groegaidd a datblygiadau Iddewig a Christnogol. Mae amrywiaeth barn eang ymhlith Iddewon heddiw. Ond eu cred sylfaenol yw y dylid byw yn awr ac 'yn dragwyddol' yn y ffyrdd y mae Duw'n eu bwriadu.

08 addysg Iddewig

Yn y bennod hon byddwch yn dysgu:

- sut yr addysgir plant yn y ffydd
- am y dyletswyddau a ddaw i ran Iddewon wrth dyfu'n oedolion
- am ysgolion Iddewig ac Astudiaethau Iddewig diweddarach.

Pwysigrwydd addysg

Mae llenyddiaeth Iddewig yn llawn cyfeiriadau at bwysigrwydd astudio uwchlaw popeth arall. Mewn crefydd â'r Torah yn ganolbwynt iddi, dydy hi ddim yn anodd egluro'r pwyslais yma ar ddysg grefyddol. Er mwyn gallu arfer y grefydd gyda'i holl mitzvot (dyletswyddau), mae angen gwybodaeth. Ac mae'r ysgogiad i ddilyn crefydd neilltuol yn dibynnu ar ddeall ei phwrpas. Mae'n rhaid i berson gael ei ysbrydoli ganddi, a theimlo'n ddefosiynol ac ysbrydol. Dyna yw ystyr y syniad fod astudio yn weithred ddefosiynol. Yn wir, mae rhai'n ystyried fod astudio'n bwysicach na gweddïo am fod y myfyriwr mewn cysylltiad â Duw a ysbrydolodd yr holl destunau sanctaidd. Yn ôl y Talmud, mae astudio'r Torah'n bwysicach nag ailadeiladu'r Deml (Megillah 16b), ac er bod tŷ gweddi'n gallu cael ei droi'n dŷ astudio, all tŷ astudio – gan ei fod yn fwy cysegredig – ddim cael ei droi'n dŷ gweddi (Megillah 27a). O'r holl gyfeiriadau at werth defosiynol astudio yn Mishnah Pirke Avot (e.e. 1: 6, 15; 2: 4-6, 8; 3: 6; 5:22) yr un mwyaf trawiadol yw 3: 3: '... os bydd dau yn eistedd ynghyd ac yn cyfenwid geiriau o'r Torah, mae'r Presenoldeb Dwyfol yn preswylio rhyngddynt.' Mae darn arall enwog o Mishnah, sy'n cael ei ddyfynnu a'i ddefnyddio yn y llyfr gweddi, yn dweud fod cymaint o werth i astudio'r Torah â'r holl bethau a ganlyn: 'anrhydeddu tad a mam, gweithredoedd o garedigrwydd cariadus, gwneud heddwch rhwng dyn a'i gyd-ddyn' (Peah 1: 1).

Meithrin ffydd

Mae pobl wedi credu erioed mai'r man cychwyn o ran dysgu'r ffydd yw'r cartref. Fel y dywedodd Duw wrth bobl Israel:

> *Y mae'r geiriau hyn yr wyf yn eu gorchymyn iti heddiw i fod yn dy galon. Yr wyt i'w hadrodd i'th blant, ac i sôn amdanynt pan fyddi'n eistedd yn dy dŷ ac yn cerdded ar y ffordd, a phan fyddi'n mynd i gysgu ac yn codi. Ysgrifenna hwy ar byst dy dŷ ac ar dy byrth.*
>
> (Deuteronomium 6: 6-9)

Mae hyn yn dweud wrth bobl am ddefnyddio pethau i'w hatgoffa am y Torah (gweler *tephilin a mezuzah* ym mhennod 10) ac wrth rieni am addysgu eu plant. Dydy pawb ddim yn mynd ymlaen i addysg uwch mewn astudiaethau Iddewig, ond mae pob Iddew i fod i dderbyn digon o addysg i'w alluogi i berthyn i 'deyrnas offeiriadol a chenedl sanctaidd', er bod cyfyngiadau wedi bod ar ferched o bryd i'w gilydd. Mae'n rhyfedd meddwl fod pobl, mor gynnar ag oes y Phariseaid, wedi ceisio ychwanegu at yr addysg oedd yn cael ei rhoi yn y cartref drwy sefydlu rhwydwaith o ysgolion lle byddai plant amddifad a thlawd yn cael eu haddysgu ar draul y gymuned. Yn ôl Bava Batra 20b-21a, dechreuodd yr Archoffeiriad Josua Ben Gamla (c.64-5 OG) roddi addysg gynradd i fechgyn chwe neu saith mlwydd oed. Bydden nhw'n mynd o'r ysgol gynradd i'r 'ysgol uwch', y *Bet Midrash* ('y tŷ astudio') a oedd yn y synagog neu mewn adeilad cyfagos. Yn y Canol Oesoedd, yr enw ar ysgol gynradd oedd *Talmud Torah*. Mae'n debyg fod Talmud Torah i ferched wedi cael ei sefydlu yn Rhufain yn y bymthegfed ganrif, ond cymerodd bedair canrif arall i sicrhau addysg Iddewig lawn ar gyfer merched.

Rhieni a phlant

Byddwn yn ystyried y ffyrdd y ceisiodd y naill genhedlaeth ar ôl y llall ddarparu addysg Iddewig fwy ffurfiol, wrth i ni droi at yr hyn mae'r synagog ac ysgolion dyddiol Iddewig yn ei gynnig heddiw. Mae'r syniad fod parhad y gymuned Iddewig yn dibynnu'n llwyr ar drosglwyddo'r ffydd yn effeithiol cyn wired heddiw ag erioed, ac mae rhan y teulu yn hyn yn dal i fod yn hollbwysig. Gan bod Iddewon yn grŵp lleiafrifol fel arfer, maen nhw wedi cydnabod erioed mai eu cyfrifoldeb nhw yw addysgu, yn yr ystyr o hyfforddi, eu plant yn grefyddol. Dydyn nhw ddim yn disgwyl i neb arall wneud hynny ar eu rhan. Ar y llaw arall, mae Cristnogion weithiau'n anfodlon cydnabod mor aneffeithiol yw ysgolion gwladol o ran meithrin Cristnogaeth. Nid creu Cristnogion yw pwrpas Addysg Grefyddol yn yr ysgolion hynny. Mae'r dyddiau pan oedd Addysg Grefyddol yn cael ei gweld fel hyfforddiant mewn Cristnogaeth, crefydd y mwyafrif helaeth ym Mhrydain bryd hynny, wedi hen fynd heibio. Mae rhai rhieni'n ei chael hi'n anodd derbyn y ddadl os ydynt yn gwirioneddol ddymuno i'w plant fod yn Gristnogion yn hytrach na dim ond dysgu am y ffydd Gristnogol, mai cyfrifoldeb y cartref a'r eglwys yw hynny.

Mae'r gostyngiad parhaus yn nifer y gymuned Iddewig fechan o ryw 285,000 ym Mhrydain wedi arwain at gamau newydd yn ddiweddar i gryfhau gallu'r aelwyd i addysgu'n grefyddol. Mae'r hyn a alwodd Jonathan Sacks yn 'barhad Iddewig' yn destun pryder i Iddewon Uniongred, Tra-Uniongred a Diwygiedig. Mae'r mudiad Diwygiedig, yn enwedig, wedi datblygu rhaglenni o'r hyn mae'n ei alw'n 'addysg Iddewig deuluol'. Mae hyn yn hanfodol nid yn unig am fod mwy o Iddewon yn marw nag sy'n cael eu geni ond hefyd oherwydd effaith gyffredinol agwedd fwyfwy seciwlar tuag at fywyd. Rhedwyd rhaglenni arloesol o'r fath yn yr UD yn y 1980au, lle'r oedd llawer o rieni am addysgu eu plant yn eu treftadaeth grefyddol Iddewig, ond yn teimlo'n rhy anwybodus i fedru gwneud hynny. Er mwyn hyfforddi athrawon a darparu adnoddau, cafodd y Biwro Addysg Iddewig cyntaf ei sefydlu yn Efrog Newydd ym 1910 ac yn awr mae gan bob un o brif ddinasoedd yr UD gorff tebyg. Yn un o gyhoeddiadau biwro Los Angeles Fwyaf, mae'r cymdeithasegydd Samuel Heilman yn dweud:

> *Er gwaethaf yr holl bwysau a'r realiti sydd fel pe baen nhw'n tanseilio'r teulu, mae Iddewon ar y cyfan yn dal i fyw o fewn unedau teuluol ... Mae llawer o Iddewon sydd heb ymrwymiad crefyddol am fod yn Iddewig mewn modd gweithredol, ond naill ai heb fod yn gwybod sut i fynd ati neu heb lawer o ffyrdd o fynegi Iddewdod ... mae ymrwymiad Iddewig yn codi a gostwng gyda newidiadau yn statws y teulu*

Dilynodd Prydain yr un llwybr yn y 1990au, yn enwedig yn y Ganolfan dros Addysg Iddewig ym mhencadlys Iddewiaeth Ddiwygiedig, Canolfan Sternberg. Mae rhaglenni'r ganolfan yn ceisio bod yn anfygythiol, heb bregethu'n ormodol wrth iddyn nhw addysgu rhieni ochr yn ochr â'u plant. Weithiau mae angen dysgu rhywfaint o Hebraeg sylfaenol a weithiau mae angen ailddysgu sgiliau ac ystyron yn ymwneud â gwyliau. Mae'r rhaglenni'n cynnig cyfle i'r teulu ddysgu drwy brofiad ymarferol, wrth oleuo'r canhwyllau ar gyfer swper nos Wener (dechrau'r Saboth) gyda'i gilydd, neu ddathlu pryd bwyd y Pasg Iddewig, neu adeiladu tabernacl ar gyfer Gŵyl y Tabernaclau. Er bod addysg i oedolion Iddewig wedi bod ar gael erioed, ychydig o bobl oedd yn cymryd rhan, ac mae pobl yn gweld bwlch yn tyfu rhwng addysg plant yn y synagog, a'r aelwyd fel prif gyfrwng trosglwyddo hunaniaeth Iddewig. Mae rhaglenni cynhwysfawr o addysg i oedolion, yn hytrach na'r teulu, yn dal i fod ar gael, yng ngogledd-orllewin Llundain yn bennaf yng Nghanolfan Sternberg, yn Sefydliad Spiro ar gyfer Astudio Hanes a Diwylliant Iddewig, ac yn Yakar, canolfan Uniongred annibynnol. Mae llawer o synagogau yn darparu rhywfaint o addysg i oedolion, yn aml ar ffurf *shiur* ('dosbarth crefydd') lle mae testunau Iddewig yn cael eu hastudio.

Yn y synagog

Dod i oed

Pwrpas llawer o addysg Iddewig yw paratoi plant i gadw dyletswyddau'r grefydd Iddewig yn oedolion. Mewn Iddewiaeth Uniongred, mae merched yn 'dod i oed crefyddol' yn 12 oed, a bechgyn yn 13 oed. Mae'r Talmud yn dweud mai 13 yw oed 'cyflawni'r gorchmynion' (Avot 5: 24), fel ymprydio am ddiwrnod cyfan ar Ddydd y Cymod (Ketubah 50a). Ar ei benblwydd yn 13 oed yn ôl y calendr Iddewig (gweler pennod 13) mae bachgen yn dod yn *Bar Mitzvah* ('mab y gorchymyn', sy'n cyfuno gair Aramaeg a gair Hebraeg). Oherwydd fod pobl yn credu fod merched yn aeddfedu'n gynt, mae merch yn dod yn *Bat Mitzvah* ('merch y gorchymyn') ar ei phenblwydd yn 12 oed. Roedd Iddewiaeth Ddiwygiedig, ar y cychwyn, yn casáu'r gwahaniaethu rhwng bechgyn a merched a'r ffordd roedd mynd yn bar neu bat mitzvah fel pe bai'n ddiwedd yn hytrach nag yn ddechrau, wrth i blant yn rhoi'r gorau i astudio ar ôl cyrraedd yr oed yma. Roedd teimlad hefyd fod yr oedrannau a gafodd eu pennu yn y cyfnod talmudaidd, pan oedd pobl yn dechrau gweithio yn llawer iau nag y mae'n nhw heddiw, yn anaddas hefyd. Felly, dyma roi'r gorau i ddathlu cyrraedd yr oed yma yn ffurfiol, a derbyn pobl ifanc i'r grefydd yn 15 neu 16. Roedd y seremoni honno'n cael ei chynnal yn ystod Gŵyl Shavuot (gweler pennod 14) gan mai pwrpas seremoni dderbyn yw addo bod yn deyrngar i'r cyfamod yn Sinai, sef ffocws yr ŵyl yma. Mae'n fwy cyffredin heddiw i roi'r dewis i bobl ifanc Ddiwygiedig i gael seremoni Bar neu Bat Mitzvah, pan fydd y bachgen neu'r ferch yn 13 oed, ar yr amod eu bod yn addo mewn ysgrifen i barhau ag addysg grefyddol nes cael eu derbyn yn llawn. Mae rhai'n cynnal seremoni *Ben* neu *Bat Torah* bryd hynny, lle bydd yr ymgeisydd yn cymryd y gwasanaeth boreol llawn ar y Saboth neu ar Shavuot. Pa beth bynnag fydd person yn ei ddysgu wedi hynny, bwriad yr addysg cyn cyrraedd oed Bar neu Bat Mitzvah yw cael y plentyn i ddeall iaith addoli a defod yn ddigon da i allu cymryd rhan lawn mewn bywyd Iddewig.

Mae Iddewiaeth Ddiwygiedig, sy'n pwysleisio cydraddoldeb rhywiol, yn ystyried fod yr holl orchmynion yn orfodol ar ferched yn ogystal a bechgyn. Mae'r datganiad yma (yn y geiriad benywaidd) o'r Llyfr Gweddi Diwygiedig yn egluro pwrpas y dathliad yn 13 oed:

> *Ger bron fy athrawon, arweinwyr ac aelodau'r gynulleidfa sanctaidd hon, yr wyf yn awr yn ymbaratoi i dderbyn y dyletswyddau sy'n orfodol ar holl deulu Israel. Gofynnaf am eu cymorth yn y blynyddoedd sydd i ddod i gryfhau fy nheyrngarwch a'm defosiwn er mwyn i mi fod â mwy o gariad a chyflawni mwy o weithredoedd da. Meddyliaf hefyd am y rhai a aeth o'm blaen, a ddiogelodd, drwy holl drafferthion y byd, y dreftadaeth hon o sancteiddrwydd a daioni,er mwyn i*

mi gael mynediad iddi yn awr.
Boed i mi fod yn wir Batmitzvah, yn ferch y gorchymyn, yn cymryd fy lle yng nghymuned Israel, gan dderbyn ei chyfrifoldebau, a llawenhau yn ei bendith. Boed i mi fod yn dyst i'r Duw byw a'i ddaioni, a'r traddodiad sy'n byw ynof. Cofiaf bawb sydd wedi fy helpu i gyrraedd yr awr hon. Diolchaf am gariad a gofal fy nheulu, amynedd a hyfforddiant fy athrawon, a chefnogaeth a chwmnïaeth fy ffrindiau.
Yn y Torah rwyf wedi darllen gair Duw. Gyda'ch cymorth chi, boed i mi fynd ymlaen i'w gyflawni yn fy mywyd. Amen

Mewn synagogau Uniongred ac an-Uniongred, mae'n rhaid i blant fynychu ysgol grefyddol y synagog am rai blynyddoedd. Mae'r rhan fwyaf o ysgolion felly yn dechrau gyda dosbarthiadau i blant pum-mlwydd oed, sy'n cael eu cynnal ddwy neu dair noson yr wythnos ar ôl ysgol a/neu ar fore Sul. (Mae rhai cynulleidfaoedd Rhyddfrydol yn eu cynnal ar fore Sadwrn er mwyn i'r holl deulu allu teithio gyda'i gilydd i fynychu'r synagog.) Yr enw Uniongred ar yr 'ysgolion Sul' hyn yw *chadarim* (unigol *cheder*) sef 'ystafell'. (Cyn i Iddewon gael rhyddid a hawliau llawn, 'ysgol' Iddewig fechan oedd yr cheder gyda nifer fach o ddisgyblion, mewn un ystafell, yn astudio testunau crefyddol. Roedden nhw'n symud ymlaen o ddosbarth i ddosbarth fel eu bod yn cael o leiaf gymaint â hyn o addysg ffurfiol cyn dechrau gweithio.)

Mae pob cheder yn cynnwys nifer o wahanol grwpiau oedran gyda maes llafur sy'n amrywio o ddysgu'r wyddor Hebraeg a gweddïau, i astudio'r Chumash (y Pentateuch) a'r Talmud yn fanwl. Mae'r synagog Uniongred yng Nghaerdydd yn cynnal cheder bob bore Sul a nos Fercher at oed Bar Mitzvah neu Bat Chayil, gydag arholiad ar derfyn y cwrs. Rhaid i ferched Bat Chayil gyflawni gwaith cwrs a chyflwyniad ar ryw agwedd o Iddewiaeth. Mae'r cheder newydd gychwyn cwrs Astudiaethau Iddewig TGAU er mwyn i fyfyrwyr allu parhau â'u haddysg Iddewig ar ôl cyrraedd oed Bar Mitzvah neu Bat Chayil ac ennill cymhwyster yn y maes.

Derbyn cyfrifoldebau oedolyn

Yn y cyfnod cyn y Bar neu Bat Mitzvah, mae mwy o bwyslais ar ddarllen Hebraeg ac ar oblygiadau'r ffydd. Mae'r ddau beth yma yn hanfodol er mwyn i'r ymgeiswyr allu chwarae rhan lawn yn y seremoni sy'n cydnabod eu statws newydd. Rhaid pwysleisio nad yw'r seremoni ei hun yn newid statws neb. Yn wir, yn achos bechgyn Uniongred, dydy hon ddim hyd yn oed yn seremoni ar wahân, dim ond gwasanaeth boreol y Saboth cyntaf ar ôl penblwydd 13 y bachgen. Mae rhai nad ydyn nhw'n Iddewon yn tueddu i son am fechgyn Iddewig yn 'cael Bar Mitzvah' ond nid mater o 'gael' un yw hi ond 'dod yn un', hynny yw, derbyn eu bod bellach yn gorfod ufuddhau i holl mitzvot cymuned y cyfamod. Felly, mae'r gwasanaeth yn nodi fod y bachgen wedi dod yn Bar Mitzvah. Hyd yn oed heb gymryd rhan mewn gwasanaeth o'r fath, mae bachgen Iddewig yn dal i ddod yn Bar Mitzvah cyn gynted ag y bydd yn 13 oed. Efallai y bydd dathlaid Bar Mitzvah yn y neuadd wedi'r gwasanaeth, a chinio dathlu wedi hynny gyda'r teulu a ffrindiau, ond mae arweinwyr cymunedau Iddewig yn rhybuddio rhag i hynny fynd mor foethus nes bod paratoi ar ei gyfer yn mynd yn bwysicach na pharatoi ar gyfer y gwasanaeth ei hun. Parti neu beidio, pwysigrwydd cyrraedd 13 oed yw cael eich derbyn yn oedolyn o Iddew. Mae'r rhieni, fel mae'r tad yn dweud yn y synagog, yn cael eu rhyddhau 'o'r cyfrifoldeb am y plentyn hwn'.

Mewn gwasanaeth dod-i-oed Uniongred, mae'r bachgen yn cymryd rhan mewn gwasanaeth lle mae'r Torah'n cael ei ddarllen. Gwasanaeth Saboth fydd hwn, fel arfer, ond gall hefyd fod ar ddydd Llun, dydd Iau neu ŵyl (gweler pennod 11). Os yw'r bachgen yn gallu gwneud, ac os mai dyna yw traddodiad ei synagog, bydd yn darllen y darn o'r Torah ar gyfer y diwrnod hwnnw. Neu gall adrodd y fendith cyn y darlleniad neu wedyn, neu ddarllen y darn penodedig o'r Proffwydi ar ôl y darlleniad o'r Torah. Mae'r un peth yn digwydd mewn synagogau Diwygiedig, ond efallai y bydd y bachgen yn siarad wedyn am y darn gafodd ei ddarllen. Mae cael ei galw i ddarllen y Torah yn rhan o ddathlu Bat Mitzvah merch hefyd, ond ddim mewn synagogau Uniongred fel rheol, gan nad yw menywod yn y rheini'n arwain yr addoli nac yn cyfrif mewn minyan (gweler pennod 4). Dydy merched ddim yn gwisgo'r tephilin y bydd dynion mewn oed yn eu gwisgo ar gyfer cyrddau gweddi boreol yn ystod yr wythnos chwaith (gweler pennod 10). Y drefn Uniongred arferol yw cynnal seremoni arbennig yn y synagog ar y prynhawn Sul ar gyfer yr holl ferched sydd wedi cyrraedd eu 12 oed yn y flwyddyn flaenorol. *Bat Chayil* ('merch rinweddol') yw enw'r seremoni yma. Mae teuluoedd, ffrindiau a'r gynulleidfa yn dod at ei gilydd i glywed pob Bat Chayil yn darllen darn y mae wedi ei ddewis yn yr Hebraeg, gyda'i sylwadau arno. Mae Iddewon Uniongred yn dal i drafod a fyddai dathliad Bat Mitzvah yn fwy priodol, ac Iddewon Diwygiedig a Rhyddfrydol yn gofyn i'w gilydd a ddylid rhoi mwy o bwyslais ar dderbyn person ifanc yn aelod nag ar Bat neu Bar Mitzvah. Mae pob cymuned am barchu ei ffordd draddodiadol o wneud pethau. ond hefyd heb greu'r argraff fod addysg Iddewig yn dod i ben pan fo plant yn 12 neu 13 oed.

Yn yr ysgol

Heddiw, mae 50 y cant o'r 45,000 o blant Iddewig oed ysgol ym Mhrydain yn mynd i ysgolion cyffredin, ac felly'n dibynnu ar y synagog am eu haddysg grefyddol Iddewig. Mae'r 50 y cant arall yn mynd i ysgol Iddewig. Mewn rhai gwledydd Mwslimaidd ac yn America Ladinaidd, mae'r ffigur hwnnw'n fwy na 90 y cant. Y ffigur byd-eang yw rhyw 40 y cant o fyfyrwyr rhwng 3 a 17 oed. Yn UDA mae sawl math o ysgol Iddewig, yn dilyn traddodiadau penodol – Uniongred, Diwygiedig neu Geidwadol. Ym Mhrydain, mae llai o ddewis, a does dim un ysgol Iddewig yng Nghymru gan fod y cymunedau Iddewig mor fach. Mae sawl ysgol Tra-Uniongred yn Lloegr, er enghraifft, Ysgol Lubavitch (cynradd ac uwchradd) yn Stamford Hill yn Llundain, ac mae un (ond dim ond un, hyd yma) ysgol an-Uniongred yng Nghanolfan Sternberg yn Finchley. Mae'r ysgol yma, yr Akiva, yn ysgol gymysg i blant rhwng 5 ac 11, gyda'r gobaith y bydd yn ehangu i gynnwys rhai 12 i 16 oed yn y man. Mae'r ysgol 'dan nawdd y mudiadau Iddewig Diwygiedig a Rhyddfrydol, ac mae ar agor i bawb sy'n uniaethu â'r gymuned Iddewig.' Y nod yw meithrin hunaniaeth bositif o fewn Iddewiaeth, ei diwylliant, a'r gymuned Iddewig. Mae'r cwricwlwm yn cynnwys holl bynciau ysgol gynradd ac o fewn hynny, 'yn hytrach na chadw astudiaethau seciwlar a bywyd a dysg Iddewig ar wahân maent yn cael eu dwyn ynghyd'. Mae'r mwyafrif helaeth o ysgolion Iddewig ym Mhrydain o dan nawdd y Synagog Unedig sy'n rhoi grantiau iddyn nhw drwy ei Bwrdd Addysg. Un ysgol Uniongred o'r fath yw Ysgol Michael Sobell Sinai yn Middlesex. Yma eto, mae'r cwricwlwm cynradd llawn yn cael ei ddysgu, ond mae addysg Iddewig, *Limmudei Kodesh* ('astudiaethau crefyddol') yn llenwi rhyw 25 y cant o'r amserlen, fel rhan o'r dydd ysgol cyffredin yn hytrach nag elfen ar wahan. Mae'r ysgol yn agored i bawb, a dydy hi ddim yn dethol ei disgyblion ar sail gallu na chrefyddoldeb. Mae rhai plant yn dod o deuluoedd crefyddol dros ben; i blant eraill, dyma'r unig le y cânt unrhyw addysg benodol Iddewig. Mae gan yr ysgol gymysgedd o athrawon Iddewig ac an-Iddewig a does dim rhaid i'r rhai an-Iddewig ddysgu Astudiaethau Iddewig. Mae rhyw 80 y cant o'r plant yn mynd ymlaen o Ysgol Michael Sobell Sinai i ysgolion uwchradd Iddewig. Mae rhai sydd o blaid ysgolion crefyddol ar wahân yn dadlau fod hyn yn dangos bod angen ysgolion cynradd Iddewig a'u bod yn llwyddiannus. Mae'r rhai sydd yn eu herbyn yn dadlau fod hyn yn profi mor anodd yw integreiddio ar ôl astudio ar wahân. Y cwestiwn sylfaenol yw a ydy plant Iddewig yn teimlo'n fwy Iddewig mewn amgylchedd sy'n ei gwneud hi'n haws ufuddhau i'w dyletswyddau crefyddol oherwydd pethau fel gallu cael prydau kosher.

Yr ysgol Iddewig hynaf a mwyaf adnabyddus ym Mhrydain yw Ysgol Rydd yr Iddewon a gafodd ei sefydlu yn Llundain ym 1817. Ar ddiwedd y bedwaredd ganrif ar bymtheg, hon oedd ysgol elfennol fwyaf Ewrop. Mae gan ddinasoedd eraill sydd a chymunedau Iddewig mawr ysgolion uwchradd Iddewig hefyd, er enghraifft, Ysgol Uwchradd y Brenin Dafydd yn Lerpwl. Mae'r rhain i gyd yn pwysleisio safonau academaidd uchel ond maen nhw hefyd yn darparu cwricwlwm Iddewig, gan astudio'r Beibl, y Talmud, a'r Hebraeg (modern a chlasurol).

Mewn addysg uwch (academi, athrofa a choleg)

Bob blwyddyn, mae bechgyn o Ysgol Lubavitch yn Stamford Hill yn mynd yn syth i academi rabbinaidd lle byddan nhw'n treulio pum mlynedd, ar gyfartaledd. Bydd rhai, er nad y mwyafrif, yn cwblhau'r holl hyfforddiant i fod yn rabbi. Enw academi o'r fath yw *yeshivah* (lluosog *yeshivot*). Mae'r enw'n dod o'r Hebraeg, yashav ('eistedd') ac mae'r term yn dynodi modd y bydd dynion ifainc yn eistedd yn astudio cyfrolau mawr y Torah. Er bod rhai'n astudio ar eu pen eu hunain, mae'r rhan fwyaf yn gweithio mewn parau yn y system *chavruta* ('cwmnïaeth'). Yr astudiaethau talmudaidd hyn yw canbolbwynt bywyd yeshiva. Y pynciau eraill sy'n cael eu hastudio yw athroniaeth, moeseg, codau cyfreithiau ac esboniadau Iddewig. Y Beibl sydd wrth wraidd y cwbl. Roedd pennod 2 yn sôn am Rashi ac Ibn Ezra, dau esboniwr beiblaidd mawr, ond roedd llawer iawn o rai eraill, yn enwedig ŵyr Rashi, Rashbam (acronym o enw Rabbi Samuel ben Meier) yn yr unfed ganrif ar ddeg a'r ddeuddegfed ganrif, a'r ysgolhaig Seffardig Nahmanides (talfyriad o enw Rabbi Moses ben Nahman) yn y ddeuddegfed a'r drydedd ganrif ar ddeg. Mae modd olrhain egwyddorion dehongli'r Beibl yn ôl i oes y Tannaim (gweler pennod 3). Cadwodd Rashi ac Ibn Ezra at ystyr plaen y testun yn bennaf, lle'r oedd Nahmanides yn hoffi dehongli hefyd. Roedd yr ystyr plaen yn bwysig, meddai, ond y gwerth mwyaf yw'r modd mae'r ystyr wedi cael ei gymhwyso i fywyd Iddewig. Yn ystod cyfnod y Rhyddfreiniad, diflannodd yeshivot bron yn llwyr o orllewin Ewrop (a'r cheder hefyd) ond roedd rhai'n dal i fod yn nwyrain Ewrop, ac mae rhai yn bod i'r dydd heddiw, er gwaethaf ergyd farwol yr Holocost (er enghraifft, un yn Volozhin, Lithwania, a sefydlwyd ym 1803). Oherwydd erledigaeth y Rwsiaid (a'r Natsïaid wedi hynny) trosglwyddwyd peth o'r ysgolheictod draddodiadol i UDA a gorllewin Ewrop, er enghraifft, i yeshivah Gateshead, a sefydlwyd ym 1927. Cafodd athrofeydd a phrifysgolion modern eu sefydlu ar egwyddorion neo-Uniongred ym mlynyddoedd olaf y bedwaredd ganrif ar bymtheg, fel Prifysgol Yeshiva Efrog Newydd ym 1886.

Y sefydliad addysg cyfatebol i ferched yw'r athrofa (neu goleg diwinyddol). Mae amrywiaeth ehangach o bynciau a mwy o strwythur i'r cyrsiau nag a geir mewn yeshiva. Er bod y system chavruta yn cael ei defnyddio yno hefyd, ar y cyfan, mae'r ffordd o ddysgu yn debycach i brifysgol gyda darlithiau, gwaith ysgrifenedig a phrojectau ymchwil. Mae llawer o ferched yn dilyn cwrs tair-blynedd, ac mae eraill yn treulio blwyddyn neu ddwy flynedd yno.

Y prif goleg addysg Uniongred ym Mhrydain yw Ysgol Astudiaethau Iddewig Llundain. Yma eto, bydd rhai myfyrwyr yn hyfforddi i fod yn rabbiniaid, gydag eraill yn dilyn cyrsiau byrrach. Mae'r coleg hefyd yn hyfforddi *chazanim* (unigol, *chazan*, sef 'cantor'). Mae rabbiniaid Diwygiedig a Rhyddfrydol yn cael eu hyfforddi yng Ngholeg Leo Baeck ac yn mynd oddi yno i wasanaethu mewn synagogau Diwygiedig neu Ryddfrydol. Mae'r cwrs pum mlynedd wedi ei seilio ar astudio'r testunau yn bennaf, yn cynnwys y Beibl, y Talmud, Athroniaeth, Hanes, Moeseg Ymarferol a Chynghori. Mae'r bedwaredd flwyddyn yn gyfnod o brofiad gwaith ac mae'r bumed yn cael ei threulio gyda chynulleidfa hefyd, ond gan lunio traethawd ymchwil ar yr un pryd. Yn UDA (ac yn Israel hefyd) mae mwy o yeshivot traddodiadol wedi cael eu sefydlu y y blynyddoedd diwethaf, ond mae'r rhan fwyaf o sefydliadau addysg uwch Iddewig yn bod yn bennaf er mwyn hyfforddi rabbiniaid, er enghraifft, Coleg Undeb Hebreaidd y mudiad Diwygiedig a sefydlwyd yn Cincinnati ym 1875.

Astudiaethau Iddewig

Mae'n bosibl gwneud cwrs Astudiaethau Iddewig mewn llawer o brifysgolion a cholegau ym mhedwar ban y byd. Ym Mhrydain, mae llawer o'r cyrsiau hyn dan adain Astudiaethau Crefyddol. Yng Nghymru, gellir graddio mewn Astudiaethau Iddewig yng Ngholeg Prifysgol Llanbedr-Pont-Steffan, un o sefydliadau Astudiaethau Crefyddol blaenllaw gwledydd Prydain. Weithiau, dim ond un cwrs unigol sydd, o fewn adran neilltuol, er enghraifft, Diwinyddiaeth yr Holocost yn adran Astudiaethau Crefyddol Prifysgol Bryste, neu gwrs y Drydydd Reich yng ngradd Hanes Prifysgol Caerlŷr. Mae gan lawer o brifysgolion a cholegau staff â gwybodaeth arbenigol am y Beibl Hebraeg ac Astudiaethau Sgroliau'r Môr Marw, fel Cyfadran Ddiwinyddiaeth Prifysgol Caeredin, ac mae adrannau Astudiaethau'r Dwyrain Canol yn cynnig cyrsiau testunol ar y Talmud, er enghraifft, ym Mhrifysgol Manceinion. Mae nifer y cyrsiau gradd mewn Astudiaethau Iddewig yn dal i gynyddu. Mae Prifysgol Rhydychen yn cynnig BA o'r fath, yn ogystal â'i BA Hebraeg hir-sefydliedig.

Mae canolfannau penodol yn hyrwyddo Astudiaethau Iddewig, yn cynnwys Canolfan Astudiaethau Hebraeg ac Iddewig Rhydychen, ac Uned Ymchwil Taylor-Schechter Genizah Caergrawnt a sefydlwyd ym 1974. Daeth yr olaf o'r rhain i fod o ganlyniad i ddarganfod casgliad helaeth o ddarnau o destun yn Cairo, o'r cyfnod beiblaidd a llawer o gyfnodau diweddarach mewn hanes Iddewig, gan Solomon Schechter (sylfaenydd Iddewiaeth Geidwadol). Cafodd ei benodi'n Ddarllenydd mewn Rabbineg ym Mhrifysgol Caergrawnt ym 1892 ac yn Athro Hebraeg yng Ngholeg y Brifysgol, Llundain ym 1899, ac mae llu o ysgolheigion o fri wedi dilyn gwaith Schechter. Roedd y darnau yn taflu goleuni ar gyfraith, athroniaeth, a barddoniaeth Iddewig, ac ar weithgareddau crefyddol, cymdeithasol ac economaidd (yn cynnwys addysg plant) cymunedau Iddewig y Dwyrain Agos rhwng y seithfed a'r drydedd ganrif ar ddeg. Mae astudiaethau iaith pwysig wedi deillio o'r darganfyddiadau hyn hefyd. (Mae'r darnau hefyd yn cael eu hastudio ar ficroffilm mewn canolfannau ymchwil eraill fel Prifysgol Yeshiva yn UDA a'r Brifysgol Hebraeg yn Israel.) Y ddwy wlad yma yw prif ganolfannau addysg Iddewig wedi'r Holocost. Mae Israel yn darparu deunyddiau ac athrawon hanfodol ar gyfer ysgolion yng nghymunedau bychain y Diaspora ac yn cynnig tripiau addysgol sy'n para o fis neu ddau i flwyddyn. Tra bod rhai o'r bobl sy'n gweithio yn y meysydd hyn yn Iddewon, mae'n amlwg nad yw'r hyn mae'r sefydliadau hyn yn ei ddarparu yn rhagdybio neu'n meithrin ymrwymiad i gred ac arfer y grefydd Iddewig, sef yr hyn sy'n ysgogi'r 'addysg Iddewig' sy'n cael ei disgrifio yn y bennod yma. Mae gan rai sefydliadau, fodd bynnag, agwedd ddeublyg, fel Coleg Leo Baeck, er enghraifft, sy'n hyfforddi rabbiniaid Iddewig ond hefyd yn cynnig BA ac MA mewn Astudiaethau Iddewig. Mae'r olaf o'r rhain yn cynnwys llenyddiaeth rabbinaidd a hanes a syniadaeth Iddewig.

priodas

Yn y bennod hon byddwch yn dysgu:

- am agweddau Iddewig tuag at ryw, priodas ac ysgariad
- am y seremoni briodasol Iddewig
- beth sy'n ofynnol mewn tröedigaeth at Iddewiaeth.

Rhyw a phriodas mewn Iddewiaeth

Rydym eisoes wedi gweld sawl gwaith (yn enwedig ym mhennod 5) pa mor bwysig yw priodas i Iddewiaeth. Mae'n bwysig am ddau reswm. Yn gyntaf gall gynnig boddhad emosiynol ac ysbrydol ar ffurf cefnogaeth a chwmnïaeth. Mae'r Torah ysgrifenedig yn dweud 'Nid da bod y dyn ar ei ben ei hun' (Genesis 2: 18) ac y dylai dyn ofalu'n dyner am wraig mewn perthynas rywiol (Genesis 2: 24). Meddai'r Torah llafar:

> *Mae dyn heb wraig wedi ei gondemnio i fodolaeth heb lawenydd, heb fendith, heb gael profi gwir ddaioni bywyd, heb y Torah, heb amddiffyniad a heb heddwch.*
>
> (Yevamot 62b)

Yn ail, mae'n gallu cynnig boddhad corfforol ar ffurf mynegiant rhywiol. Does dim awgrym mewn Iddewiaeth fod y bywyd di-briod yn arbennig o sanctaidd. I'r gwrthwyneb, mae Iddewon yn credu mai priodas yw'r ffordd ddelfrydol o ddyfnhau perthynas, ac mai agosatrwydd a phleser rhyw yw'r ffordd orau o ddyfnhau perthynas. Pan fydd Iddewiaeth Uniongred yn son am berthynas rywiol, mae'n golygu priodas. Mae'r gair Hebraeg am briodas, *Kiddushin* ('sancteiddio') yn awgrymu ei bod yn arbennig o sanctaidd. Mae priodas yn fwy na pherthynas gysegredig: dyma y berthynas gysegredig. Dydy'r cwestiwn a yw perthynas hoyw yn dderbyniol ddim yn codi gan fod perthynas felly wedi ei chondemnio yn y Torah, er enghraifft, Lefiticus 18: 22; 20: 13. Ond mae Iddewon Diwygiedig yn mynd i'r afael â'r cwestiynau hyn, fel mae'r holl brif enwadau Cristnogol. Er bod datganiadau'r Eglwys Babyddol yn bendant yn erbyn hoywder, mae adroddiadau'r prif eglwysi eraill yn ffrwyth llawer o drafod. A all rhywun sy'n cydnabod ei fod/bod yn hoyw ddal swydd mewn eglwys, a all ef neu hi gael ei ordeinio, a all ymrwymiad rhwng Cristnogion hoyw gael ei gydnabod gan seremoni mewn eglwys? Mae cwestiynau tebyg yn destun dadl yn y gymuned Iddewig Ddiwygiedig yn UDA ac, yn fwy diweddar, ym Mhrydain. Mae'r Diwygiedig a'r Uniongred yn cytuno y dylid condemnio anffyddlondeb, anfoesoldeb ac ecsploetiaeth rywiol. Maen nhw hefyd yn cytuno fod priodas yn neilltuo un fenyw ar gyfer un dyn, mewn ffyddlondeb, teyrngarwch a pharch at ei gilydd. Wnaeth Iddewiaeth ddim gwahardd amlwreiciaeth yn swyddogol tan tua'r flwyddyn 1000, ond mae'r dystiolaeth yn awgrymu mai un wraig oedd y norm ym mywyd Iddewon ers canrifoedd.

Mae datganiadau'r rabbiniaid yn pwysleisio y dylai dyn werthfawrogi ei wraig, ond anwybyddir hynny weithiau gan bobl sy'n credu fod y geiriad yn llawer rhy batriarchaidd. Mae popeth wedi ei sgrifennu o safbwynt y dyn ond hyd yn oed felly, y fenyw sy'n cael ei gweld fel yr allwedd i fywyd bodlon. Mae rhai'n mynnu fod y Rabbiniaid yn credu ei bod hi'n fwy ysbrydol na'r dyn, gan awgrymu'n ffraeth mai dyna pam nad oes disgwyl iddi orfod ufuddhau i gymaint o mitzvot (dyletswyddau) â dyn. Mae Hirsch, er enghraifft, yn hawlio fod 'gan fenywod fwy o danbeidrwydd a ffydd na dynion.' Yn sicr, mae traddodiad yn rhybuddio dynion i 'ofalu am anrhydedd eich gwraig, oblegid oherwydd y wraig yn unig y daw bendith i mewn i'r tŷ' (Bava Metzia 59a).

Purdeb defodol

Mae menywod Iddewig yn anghytuno a ddylid edmygu neu ddirmygu cyngor o'r fath. Ni ellir diffinio'r gwahaniaeth barn yma'n dwt fel safbwynt Uniongred neu an-Uniongred, modern neu hen-ffasiwn, feministaidd neu rywiaethol (os mai dyna'r ddau begwn), fel mae'r drafodaeth ar swyddogaeth menywod ym mhennod 5 yn dangos. Ond mae un maes arbennig o arfer talmudaidd a beiblaidd nad oes ond nifer fach iawn o fenywod Diwygiedig yn gweld gwerth ynddo, a hynny am resymau gwahanol iawn i'r rhai traddodiadol, sef *niddah* ('gwahaniad'). Mae deddfau niddah, sy'n ymwneud â phurdeb defodol (neu burdeb teuluol) yn sarhad ar fenywod ym marn rhai; cred eraill, yn cynnwys nifer fach o fenywod Diwygiedig, eu bod yn ffordd o fynegi benywdod Iddewig. Er mwyn deall hynny, rhaid i ni ystyried y syniadau y tu ôl i'r deddfau hyn.

Ceir y datganiadau beiblaidd am niddah yn Lefiticus (15: 19-24; 18: 19; 20: 18) ac mae'r manylion talmudaidd yn y gyfrol Niddah (yn adran y Tohorot, 'Purdebau'). Yn wir, Niddah yw'r unig gyfrol mishnah ar 'Burdebau' sy'n destun esboniad yn y Talmud Babilonaidd, sy'n dangos pa mor bwysig oedd y pwnc. Mae cyfreithiau niddah yn ymwneud â phurdeb pethau sanctaidd, yn enwedig y Deml. Rhaid i bawb a phopeth sy'n dod i gysylltiad a'r Deml aros yn bur ac mae hyn yn golygu osgoi cyffwrdd â phethau a allai lygru. Felly byddai'n rhaid i offeiriad a oedd wedi cyffwrdd â chorff marw ymburo cyn aberthu yn y Deml, a chael gwared o'r llygredigaeth. Pan glywn fod menyw ar ei misglwyf ymhlith y pethau hyn sy'n llygru, mae'n hawdd iawn dod i'r casgliad fod y Rabbiniaid yn ystyried rhyw yn beth budr. Ond dydy hynny ddim yn wir o gwbl. Mae parau priod wedi cael eu hannog erioed i gael cyfathrach rywiol ar y Saboth gan ei fod yn beth da i'w wneud ar ddiwrnod llawen. Mae gŵr yn cael ei annog i ystyried pleser ei wraig yn ystod y gyfathrach, ac i beidio â gadael i'w waith oddi cartref amddifadu ei wraig am gyfnodau hwy nag yr oedd hi wedi disgwyl pan briododd.

Na, nid rhyw sy'n cael yn ei ystyried fel peth sy'n llygru, ond gwaed y misglwyf. Heblaw am eiriau Lefiticus, does neb yn gwybod sut y dechreuodd gael ei ystyried yn un o'r pethau sy'n llygru. Mae rhai'n awgrymu ei fod, fel sylweddau eraill (had sy'n cael ei ollwng y tu allan i gorff menyw a gwahanol afiechydon fel y gwahanglwyf), mewn rhyw fodd yn cynrychioli marwolaeth.

Dywedodd y Rabbiniaid na ddylai menyw ar ei misglwyf gael cyfathrach rywiol am gyfnod o ddeuddeg diwrnod o leiaf. Mae rhai sy'n derbyn y rheolau hyn yn gweld hynny fel peth positif. Mae'n golygu fod rhaid i barau priod ddod o hyd i ffyrdd eraill o fynegi eu perthynas yn hytrach nag yn gorfforol. Mae'n gwneud i'r pâr werthfawrogi ei gilydd a bod yn fwy ystyrlon a pharchus. Fel y sgrifennodd Blu Greenberg, sy'n dadlau'n gryf o blaid niddah fel mitzvah arbennig i fenywod:

> *... y bwriad oedd diogelu menywod a'u rhywioldeb; chwarae teg, ac ystyried fod cymdeithas yn credu y dylai'r fenyw wasanaethu'r dyn, yn rhywiol ac ym mhob ffordd arall. Roedd niddah hefyd yn diogelu menywod rhag bod yn wrthrychau rhyw yn unig; hyd yn oed pan na allai'r gyfraith newid canfyddiadau cymdeithas, o leiaf roedd yn cyfyngu ar yr adegau y gellid gweithredu yn unol â'r agwedd hon.*
> *(On Women and Judaism)*

Mae'n dweud wedyn:

> *Mae cyfreithiau niddah yn fy atgoffa beunydd fy mod yn Iddewes ac mae niddah yn atgyfnerthu boddhad mewnol dwfn â'r ffordd Iddewig o fyw. Derbyn y mitzvah, gan hynny, yw'r sylfaen: y teimladau cysylltiedig o gymuned, 'benywdod Iddewig' a 'chadwyn traddodiad' yw'r addurniadau*

Mae'n ddiddorol nodi fod y nifer sydd, o wahanol safbwyntiau crefyddol, yn canfod rhywbeth tebyg mewn niddah yn cynyddu. I rai menywod Iddewig, mae'r profiad yn cynnig hunaniaeth a sancteiddrwydd, yn hytrach na'r ymdeimlad o gyntefigrwydd sarhaus y mae'r arfer yn ei awgrymu i eraill.

Y *mikveh*

Gwyddom fod y nifer yn cynyddu oherwydd yr ystadegau am y nifer o fenywod sy'n ymweld â *mikveh* ('cronfa' o ddŵr) bob mis. Dyma'r ddefod lanhau ar gyfer menyw briod ar ôl ei misglwyf (ac yn union cyn priodi ac wedi geni plentyn). Er mwyn glanhau yn ddefodol, rhaid i'r dŵr grynhoi'n naturiol i ffurfio 'dyfroedd byw'. Gall mikveh fod yn nant, afon, pwll, llyn neu fôr, ond mae'r rhan fwyaf o fenywod yn defnyddio pwll dan-do a adeiladwyd yn bwrpasol, lle mae cyfran o'r dŵr yn ddŵr glaw. Mae ystafell ymolchi drws nesaf i'r mikveh lle bydd y fenyw'n diosg pob dilledyn, ei modrwyau ac unrhyw eitemau eraill a allai atal y dŵr pur rhag cyrraedd pob rhan o'r corff. Ar ôl ymolchi yn y modd normal, mae'n mynd i mewn i'r mikveh ac yn cael ei throchi'n llwyr ynddo, gan adrodd y fendith briodol. *Tevilah* ('trochi') yw enw'r broses yma.

Mae'r fath lanhau ysbrydol yn digwydd ar adegau eraill mewn Iddewiaeth, ac nid yn unig i fenywod. Bydd rhai dynion duwiol dros ben yn ymdrochi mewn mikveh cyn y Saboth a chyn pob gŵyl flynyddol. Mae nifer fwy o ddynion yn gwneud hynny cyn Dydd y Cymod yn unig, gan mai nod yr ŵyl honno yw cael gwared o unrhyw beth sy'n atal pobl rhag bod 'yn un' â Duw. Mae tevilah'n ofyniad defodol hefyd ar gyfer rhywun sy'n cwblhau tröedigaeth at y ffydd Iddewig (gweler isod).

Priodas Iddewig

Y *chupah*

Mae priodas Iddewig bob amser yn digwydd o dan *chupah* (canopi). Mae hyn yn arwydd o ofod cysegredig y cartref priodasol. Wrth i'r seremoni ddechrau, mae'r briodferch, sy'n cael ei hebrwng gan ei rhieni neu gan y ddwy fam (neu weithiau ei thad), yn mynd at y priodfab sydd eisoes o dan y chupah. Maen nhw'n sefyll yno yn wynebu'r rabbi neu'r swyddog sy'n gweinyddu'r rhan yma o'r seremoni. Gan ffurfio sgwâr, mae tadau'r pâr yn sefyll ar y chwith i'r priodfab a'r mamau ar y dde i'r briodferch. Ar ei symlaf gall y chupah fod yn ddim byd mwy na *tallit* (siôl weddïo) yn cael ei dal uwch ben y pâr gan bedwar ffrind i'r priodfab. Ond gall hefyd fod yn fwy ffurfiol ac wedi ei addurno'n hardd, gyda blodau'n gorchuddio pedwar polyn y canopi. Gall chupah fod yn yr awyr agored neu, yn fwy arferol, yn y synagog.

Y llw priodasol

Bydd y seremoni'n amrywio mewn rhai ffyrdd, ond dyma'r drefn arferol. Yn gyntaf, adroddir bendith – dros y gwin, wrth i'r ddau bartner yfed o gwpan fel arwydd o rannu llawenydd, ac yna dros y briodas ei hun. Y cam nesaf yw rhoi'r fodrwy. Fel arfer, bydd y priodfab yn gosod y fodrwy briodas ar fys blaen y llaw dde er mwyn i'r ddau dyst allu ei gweld yn glir. (Mae'r fodrwy'n cael ei symud wedyn i'r bys priodol, yn dibynnu ar arfer y wlad lle mae'r briodas yn digwydd.) Dyma'r adeg hollbwysig wrth i'r priodfab adrodd y geiriau: 'Wele, yr wyt wedi dy gysegru i mi â'r fodrwy hon, yn ôl Cyfraith Moses a Chyfraith Israel.' Mae'r geiriau hyn yn bwysig yn gyfreithiol ac yn grefyddol. Dyma'r llw priodasol Iddewig, er y bydd y dyn a'r fenyw, mewn rhai seremoniau Rhyddfrydol ym Mhrydain, yn adrodd y geiriau: 'Gyda'r fodrwy hon, fe'th briodaf ...', a fenthycwyd o'r gwasanaeth priodas Cristnogol. Mae priodasau Diwygiedig fel arfer yn dilyn y ffurf draddodiadol, ond fel arfer bydd y briodferch yn rhoi modrwy i'r priodfab hefyd, gan adrodd yr un datganiad cysegru. Drwy hynny, maen nhw wedi eu gosod ar wahân, ar gyfer ei gilydd, a neb arall. Mae hyn yn awgrymu ymrwymiad am oes ond dydy Iddewiaeth ddim yn credu y gall pobl addo hyn mewn llwon 'er gwell, er gwaeth ...'.

Y cytundeb priodasol

Mae'r drydedd elfen yn y seremoni yn canolbwyntio ar y cytundeb priodasol, y *ketubah*. Mae'r person sy'n arwain y briodas yn ei ddarllen yn uchel mewn Aramaeg ac yn aml rhoddir crynodeb Saesneg. Cytundeb priodasol ysgrifenedig yw'r ketubah sy'n datgan ymrwymiad ymarferol y gŵr i gynnal ei wraig a sicrhau y caiff gymorth ariannol o stâd ei gŵr os byddant yn ysgaru neu os bydd ef farw. Weithiau mae'r ketubah'n cael ei lunio a'i arwyddo yn ystod y seremoni. Mewn rhai seremonïau mae'r priodfab yn darllen y ketubah ac yn derbyn ei amodau cyn i'r seremoni ddechrau. Mae seremonïau Diwygiedig yn aml yn defnyddio tystysgrif priodas syml y bydd y priodfab a'r briodferch yn ei arwyddo. I gloi, bydd pawb yn adrodd saith bendith. Mae'r bendithion hyn, sy'n moli Duw am greu pob peth, am greu'r ddynolryw, ac am greu dyn a menyw ar ei ddelw ei hun, yn ein hatgoffa'n fwriadol am orfoledd gardd Eden. Maen nhw'n adleisio nid yn unig hanes y creu, ond hefyd hanes Israel a'i gobeithion am y dyfodol. Pwrpas yr holl seremoni yw sancteiddio'r cyffredin, gweddnewid y pâr neilltuol yma wrth i'w cariad ymgorffori creadigaeth, datguddiad a gwaredigaeth Duw yn y byd hwn. Mae'r bendithion huawdl hyn yn cael eu hadrodd eto ar ddiwedd y brecwast priodas. Yn draddodiadol, maen nhw'n cael eu hadrodd hefyd ar derfyn prydau bwyd dathlu sy'n cael eu cynnal mewn gwahanol gartref bob nos am saith noson wedi'r briodas. Mae gwledd briodas yr Iddewon yn achlysur gorfoleddus gyda llawer o lawenydd a dawnsio.

Roedd y seremoni briodasol yn arfer bod mewn dwy ran, gyda rhyw flwyddyn rhyngddynt. Roedd y rhan gyntaf, y dyweddïad, yn digwydd yng nghartref y briodferch. Golygai hyn fod y pâr wedi ymrwymo'n gyfreithiol ond doedden nhw ddim yn byw gyda'i gilydd. Y rhan honno bellach yw'r fendith ddechreuol. Roedd yr ail ran, y briodas ei hun, yn arfer digwydd pan fyddai'r briodferch yn mynd i mewn i'r chupah. Bryd hynny, byddai'r fodrwy'n cael ei rhoi, y cytundeb yn cael ei ddarllen, a'r saith bendith yn cael eu hadrodd.

Nodweddion eraill y dathliadau priodasol

Mae rhai pethau eraill sy'n gysylltiedig â seremoni briodas Iddewig yn cynnwys ymprydio o flaen llaw i ymbaratoi ar gyfer achlysur dwysddifrifol (mewn cynulleidfaoedd Uniongred, fel arfer), a thorri gwydr gwin drwy i'r priodfab sathru arno gyda phawb yn galw *Mazel tov* ('Llongyfarchiadau', neu 'lwc dda' yn llythrennol). Mae torri'r gwydr yn atgoffa Iddewon Uniongred o ddinistr y Deml; yn y mudiad Diwygiedig, mae'n ein hatgoffa'n fwy cyffredinol mor fregus a thrist yw bywyd. Mae adnodau Jeremeia 33: 10-11 yn cael eu darllen gyda thema debyg sy'n cydblethu llawenydd a gofid wrth i'r proffwyd alw i gof adferiad, gwaredigaeth a dychweliad pobl Israel wedi'r gaethglud, ac annog gobaith newydd er bod y gelyn wrth byrth Jerwsalem. Weithiau bydd y pâr yn cael eu gadael mewn stafell breifat am ychydig yn syth wedi'r seremoni, i ddynodi eu statws newydd fel gŵr a gwraig.

Gall priodasau Iddewig fod ar unrhyw ddydd ond y Saboth a dyddiau gŵyl. Mae'r dyddiau hynny'n achlysuron arbennig p'run bynnag a chaiff neb gyflawni gweithred gyfreithiol bryd hynny. Mae'r rhan fwyaf o briodasau Iddewig yn digwydd ar y Sul, yn y prynhawn, fel arfer, er mwyn i bobl sy'n teithio o bell allu cychwyn wedi i waharddiadau'r Saboth ddod i ben. Mae côr, organ, hyd yn oed fideo oll yn dderbyniol mewn synagogau ar achlysur priodas. Bydd Iddewon Uniongred yn ceisio osgoi cyfnodau galar – personol a chenedlaethol – wrth drefnu dyddiad priodas. Mae ymprydio yn rhan o alaru i lawer o bobl. Ym Mhrydain mae priodas grefyddol Iddewig yn weithred gyfreithiol hefyd a does dim angen seremoni sifil. Rabbi sy'n gweinyddu fel arfer, er y gall unrhyw Iddew duwiol sy'n ddigon cyfarwydd â gofynion y seremoni weinyddu hefyd.

Priodasau rhwng Iddewon ac an-Iddewon

Priodi 'allan o'r ffydd'

Ceid trefnwyr priodasau Iddewig gynt, a oedd yn gyfrifol am gyflwyno pobl gydnaws (o safbwynt duwioldeb) i'w gilydd. Dim ond mewn cylchoedd traddodiadol iawn mae hyn yn dal i ddigwydd heddiw. Mae pawb, ac eithrio Iddewon Tra-Uniongred, yn gweithio a chymdeithasu mewn cymdeithas gwbl gymysg. Mae canlyniadau hynny o safbwynt priodi yn destun gofid mawr yn y gymuned Iddewig. Yn UDA mae mwy na 50 y cant o Iddewon erbyn hyn yn priodi an-Iddewon, ac mae'r gyfradd ym Mhrydain yn agosáu at hynny ar ddechrau'r unfed ganrif ar hugain. Mewn oes sy'n pwysleisio (neu'n honni ei bod yn pwysleisio) rhyddid a goddefgarwch i'r unigolyn rhwng pobl o wahanol enwadau o fewn crefydd neilltuol, a phobl o wahanol grefyddau, gall fod yn eithaf anodd deall gwrthwynebiad Iddewon i ryng-briodi. Mae'r term sy'n cael ei ddefnyddio weithiau, 'priodi allan', yn mynegi'r prif ofid. Mae 'priodi allan' yn golygu priodi allan o'r ffydd, ac ofn Iddewon yw fod y ffydd Iddewig ei hun, sy'n cael ei mynegi gymaint ym mywyd y cartref, yn y fantol. I ddeall mor gryf yw'r teimlad yma, rhaid i ni ystyried y cefndir hanesyddol a diwylliannol. Yn yr oesoedd gynt, roedd priodi an-Iddew yn golygu ffarwelio â'ch teulu, eich cymuned a'ch ffydd. Allech chi ddim bod yn niwtral ac felly roedd Iddew a briodai Gristion yn mynegi mewn ffordd gryf iawn ei fod yn troi cefn ar y grefydd. Roedd y teulu'n aml yn teimlo ei fod wedi methu wrth i'r plentyn ddiflannu o'u bywyd. Heddiw, mae cymdeithas yn fwy niwtral, ond mae'r teimlad yno o hyd, wedi ei ddwysáu gan y profiad hanesyddol o elyniaeth Cristnogion tuag at Iddewon. Mae rhieni'n dal i ofidio ynglyn â rhyng-briodi, hyd yn oed os nad ydyn nhw'n grefyddol.

Y lleihad yn nifer a chrefyddoldeb yr Iddewon

Rhaid deall yr ofnau hyn yn erbyn cefndir ffigurau eraill sy'n awgrymu fod y gymuned Iddewig yn lleihau beunydd. Ym 1991, amcangyfrifid fod cyfradd eni'r gymdeithas Iddewig am y degawd blaenorol yn rhyw ddau-draean o'r gyfradd farwolaeth (hynny yw, dim ond dau faban oedd yn cael eu geni am bob tri pherson oedd yn marw); roedd traean o briodasau Iddewig yn diweddu mewn ysgariad; roedd bron 20 y cant o blant Iddewig wedi dioddef tor-priodas eu rhieni. Dim ond hanner yr Iddewon priod oedd wedi priodi mewn synagog. Mae Cyfarwyddwr Swyddfa Awdurdodi Priodasau'r Prif Rabbi, Rabbi Dr Julian Shindler, yn cadarnau fod y gostyngiad hwn yn parhau ac yn dwysáu ('Marriage Trends in Anglo-Jewry' yn *Le'ela: A Journal of Judaism Today*, Ebrill 1993). Dydy hi ddim yn gwbl glir ai rhyng-briodi sy'n gyfrifol am yr hanner coll y gellid fod wedi disgwyl iddynt briodi mewn synagog. Mae rhai Iddewon yn byw gyda'i gilydd yn hytrach na phriodi, wrth gwrs, a bydd rhai eraill yn priodi partner Iddewig ond mewn seremoni gwbl sifil, ond mae Shindler yn credu mai rhyng-briodi sy'n gyfrifol am y mwyafrif helaeth. Mae gwahanol garfannau Iddewon Prydain yn cydnabod fod yna broblem, ond heb allu cytuno sut i'w datrys.

Rydym eisoes wedi nodi'r pwyslais ar briodas fel y brif ffordd o fynegi'r ffydd Iddewig, ac ar bwysigrwydd magu teulu Iddewig. Yr agwedd Uniongred yw mai'r unig ffordd o wneud hynny yw drwy i ddau bartner Iddewig ag ymrwymiad i'w gilydd wneud addewid dwysddifrifol i sefydlu aelwyd Iddewig gyda'i gilydd. Does dim lle i bartner an-Iddewig yn y darlun yma. Mae'n agwedd realistig oherwydd mae'n anodd gweld fel y gallai an-Iddew gadw'r gorchmynion caeth fel kashrut (y deddfau bwyd). Beth fyddai'r cymhelliant dros y fath ymdrech a'r fath gost heb gredu fod y deddfau'n bwysig? Hefyd, o fewn priodas, y berthynas ddyfnaf oll, y delfryd yw fod y partneriaid yn gytûn ar bob peth. Ond os yw eu syniad o Dduw yn wahanol, maen nhw'n mynd i anghytuno ar y lefel ddyfnaf oll. Po bwysicaf y bo ffydd y naill a'r llall, gwaethaf oll yr anghytuno. Mae'r un peth yn wir am yr effaith ar eu plant os bydd y rheini'n cael eu magu mewn dwy grefydd.

Pan oedd yn Brif Rabbi, eglurodd Immanuel Jakobovits y gwrthwynebiad Uniongred i unrhyw briodas rhwng Iddew ac an-Iddew. Ffactor hollbwysig yw'r rheol halachaidd (a gefnogid gan Jakobovits yn erbyn penderfyniad gwahanol yn America) mai dim ond plentyn Iddewes sy'n Iddew. Gan fod mwy o ddynion na menywod Iddewig yn 'priodi allan' mae hyn yn creu problemau difrifol. Er bod rhai menywod yn troi at Iddewiaeth (gweler isod) cyn priodi, dydy'r rhan fwyaf ddim yn gwneud hynny. Oherwydd hynny, all y briodas ddim cymryd lle mewn synagog. Mae Deddf Priodasau 1949, sy'n dilyn deddf gynharach, yn caniatáu i 'ddau berson sydd ill dau yn arddel y grefydd Iddewig' gofrestru eu priodas mewn synagog. Mae pob synagog ym Mhrydain yn gorfod ufuddhau i hyn. Chaiff yr un rabbi chwarae rhan swyddogol mewn priodas aml-ffydd chwaith. (Ar ôl gweld mor wahanol yw'r seremoni i seremoni

Gristnogol, gyda'r geiriau hanfodol yn cael ei dweud 'yn ôl Cyfraith Moses' yn hytrach nag 'yn Enw'r Tad, y Mab, a'r Ysbryd Glân', mae'n hawdd gweld pam fod pobl yn credu y byddai'r fath seremoni'n amhosib. Mae'r Torah a'r Drindod Sanctaidd yn anodd iawn eu cyfuno mewn unrhyw fodd ystyrlon.) Yn UDA, chaiff rabbiniaid Uniongred, Ceidwadol ac Adferiadol ddim cymryd rhan, ac mae pwysau ar rabbiniaid Diwygiedig i beidio â gwneud chwaith.

Iddewiaeth Ddiwygiedig a rhyng-briodi

Mae rhai rabbiniaid Diwygiedig Prydeinig wedi cymryd camau yn y blynyddoedd diwethaf mewn ymgais bositif i fynd i'r afael â'r sefyllfa. Ond dydyn nhw ddim am ymddangos fel pe baen nhw'n cefnogi rhyng-briodi: mae Rabbi Dr Jonathan Romain, a ysbrydolodd y camau hyn, yn ei gwneud hi'n glir ei fod yn credu fod rhyng-briodi yn fygythiad i ddyfodol Iddewiaeth. Mae adroddiad ei weithgor ym 1982 yn dweud: 'un prif orchwyl yw annog Iddewon i briodi Iddewon'. Ond mae'n dal i deimlo fod wynebu'r bygythiad yma yn golygu fod rhaid gwneud mwy na gwrthod y partner an-Iddewig, a thrwy hynny gau'r partner Iddewig allan o fywyd y synagog hefyd. Pan fydd Iddew wedi priodi partner an-Iddewig, mae'n credu y dylid gweithredu mewn ffyrdd neilltuol i geisio cadw unrhyw gysylltiadau Iddewig yn fyw. Oherwydd hyn, mae wedi sefydlu seminarau ar gyfer Iddewon o'r fath ac (ers 1989) eu partneriaid an-Iddewig, gyda'r nod o gryfhau unrhyw elfennau Iddewig yn eu bywyd. Mae'r rhaglen allanol yma'n cael ei noddi ar y cyd gan Iddewiaeth Ddiwygiedig a Rhyddfrydol yng Nghanolfan Sternberg. Roedd Cynhadledd Flynyddol Synagogau Diwygiedig Prydain Fawr ym 1990 yn croesawu:

> *... y mentrau hynny sy'n anelu at ddod â rhai sydd mewn perthynas ffydd-gymysg yn ôl at fywyd Iddewig, hyrwyddo hunaniaeth ac addysg Iddewig, a chynnig y gofal priodol i Iddewon a'u teuluoedd.*

Mewn ymgais arall i atal rhyng-briodi rhag cau'r drws ar Iddewiaeth, mae'r mudiad Diwygiedig Prydeinig yn caniatáu i blant tad o Iddew a mam an-Iddewig i fynychu'r ysgol grefyddol yn y synagog leol. Er nad yw hynny'n rhoi unrhyw fath o statws Iddewig i'r plentyn, y gobaith yw y gallai paratoad o'r fath osod y seiliau ar gyfer tröedigaeth yn y man, pe bai'r plentyn yn dymuno hynny. (Mae'r mudiad Diwygiedig yn dyfynnu Ketubot 11a am yr egwyddor o hwyluso tröedigaeth er lles y plentyn.)

Weithiau dydy tröedigaeth plentyn ddim yn golygu fod yn rhaid i'r fam droi hefyd. Yn ôl Romain, efallai fod ganddi 'resymau dilys' dros beidio â throi er ei bod yn fodlon cefnogi'r tad yn ei awydd i drosglwyddo'i dreftadaeth Iddewig a 'magu'r plant yn Iddewon'. Mae problemau gwirioneddol yn codi, yn enwedig wrth ymwneud ag Iddewon Uniongred sy'n mynnu fod rhaid i bob unigolyn droi at Iddewiaeth (gweler isod). Mae rhai'n ofni fod y mudiad Diwygiedig ym Mhrydain yn symud tuag at y sefyllfa yn UDA lle tybir fod gan unrhyw blentyn i briodas gymysg 'statws Iddewig', penderfyniad Cynhadledd Ganolog Rabbiniaid America ym 1983. Mae'r penderfyniad yma'n golygu fod llawer o bobl yn eu hystyried eu hunain yn Iddewon ac yn mynychu synagog, ond heb gael eu hystyried yn Iddewon gan bobl Uniongred, a hynny yn y wlad sydd â'r gymuned Iddewig fwyaf yn y byd. Mae rhai'n credu fod y mudiad Uniongred yn creu rhwystrau, mae eraill yn credu fod y mudiad Diwygiedig yn anghyfrifol, ac mae eraill eto yn credu fod hyn oll yn dangos bod angen meini prawf cwbl wahanol er mwyn penderfynu pwy sy'n Iddew.

Wrth reswm, mae hwn yn faes lle mae teimladau cryf ac mae ymateb Iddewon Uniongred a rhai an-Uniongred yn gwbl wahanol. Mae'r naill yn credu ei fod yn diogelu bywyd Iddewig drwy ufuddhau'n gaeth i'r halachah. Mae'r llall â'r un nod yn y pen draw, ond yn cyrchu'r nod honno drwy ddilyn yr egwyddor Ddiwygiedig o ailasesu hanfodion Iddewiaeth, drwy fod yn bragmatig yn y sefyllfa sydd ohoni, a thrwy fod mor gynhwysol â phosib o safbwynt pobl sydd am fynychu'r synagog a'r ysgol grefydd. Pan lansiodd Jonathan Sacks fenter parhad Iddewig ym 1993, roedd cyrraedd Iddewon sydd 'heb briodi, sy'n priodi allan neu sy'n cefnu ar y gymuned mewn ffyrdd eraill' yn un o'i nodau. Wrth i amser fynd heibio, mae'n anodd gweld sut y gall gwahanol grwpiau crefyddol Iddewig Prydain gydweithredu yn y maes yma, fel y gwelwn wrth droi yn awr at holl gwestiwn statws. Beth yn union yw parhad y llinach a beth yw'r ffordd orau o ddiogelu'r parhad hwnnw yw asgwrn y gynnen.

Y llys crefyddol (*Bet Din*) a deddfau statws

Mae testunau rabbinaidd yn gorchymyn i Iddewon ymdrin ag anghydfod yn eu llysoedd crefyddol eu hunain yn hytrach na mynd ger bron llys sifil. Enw llys rabbinaidd o'r fath yw *Bet Din* (yn llythrennol 'tŷ'r farn'; lluosog *Batei Din*). Mae'r llysoedd hyn i'w cael mewn trefi â phoblogaeth Iddewig sylweddol. Yn Llundain mae pedwar Bet Din Uniongred, yn cynrychioli'r Gymuned Seffardi, Undeb y Cynulleidfaoedd Hebreaidd Uniongred (Chasidig), Ffederasiwn y Synagogau, a'r Synagog Unedig. Yr olaf o'r rhain, sef Bet Din Llundain, yw llys y Prif Rabbi a chafodd ei sefydlu o dan Ddeddf Seneddol ym 1890. Gall unrhyw un ddefnyddio Bet Din, a bwrw bod y ddwy ochr mewn anghydfod yn cytuno i wneud. Drwy gytundeb sy'n ddilys o dan Gyfraith Lloegr a Chymru (Deddfau Cyflafareddu 1950 a 1979), pan fydd y ddau barti wedi arwyddo gweithred gyflafareddu, mae gan ddyfarniad y Bet Din yr un grym â dyfarniad llys sifil. Mae'r cyfrifoldeb crefyddol hynafol o weinyddu cyfiawnder absoliwt (Deuteronomium 16: 18-19) yn cael ei gymryd o ddifri calon, ac mae pob llys yn cynnwys tri rabbi profiadol ac uchel eu cymwysterau.

Dim ond rhyw 20 y cant o amser Bet Din Llundain sy'n mynd at ddyfarnu ar achosion dadleuol. Mae'n cyhoeddi arweiniad ar faterion sy'n ymwneud â dyddiau gŵyl a kashrut – yn ymholiadau gan unigolion neu geisiadau am drwyddedau gan arlwywyr a phobyddion. Ei brif waith yw ymdrin â chwestiynau am statws personol, hynny yw, statws Iddewig crefyddol. Gall hyn olygu pobl sydd wedi eu mabwysiadu, wedi cael tröedigaeth neu wedi ysgaru. Bob blwyddyn bydd yn ymdrin â rhwng 300 a 400 o achosion gan bobl an-Iddewig sydd am gael eu derbyn i'r ffydd Iddewig ac yn goruchwylio'r gwaith o sgrifennu a throsglwyddo 170-200 o *gittin* ('tystysgrifau ysgaru', unigol *get*). Mae pob Bet Din Uniongred yn cydnabod penderfyniad Bet Din arall ar faterion cyfreithiol ac ar gittin, fel arfer. Felly, er enghraifft, dydy Bet Din Llundain ddim yn llys apêl uwch na'r Batei Din ym Manceinion, Leeds neu Glasgow. (Yn UDA ac yn Israel, mae tuedd i ffurfio llys anffurfiol i geisio cael tystysgrif ysgariad, fel yn yr achos o Israel sy'n cael ei ddisgrifio isod.)

Statws mewn Iddewiaeth Ddiwygiedig

Yn ôl halachah, mae person sy'n blentyn i Iddewes neu sydd wedi cael tröedigaeth i Iddewiaeth yn Iddew. (Mae Iddewiaeth Ryddfrydol yn cydnabod plentyn i fam neu dad Iddewig fel Iddew, ac mae Iddewiaeth Ddiwygiedig yn UDA wedi cydnabod hynny hefyd ers 1983.) Ond y broblem ddyrys i Iddewon Diwygiedig yw'r ffaith nad yw dyfarniadau eu Bet Din nhw ar dröedigaethau a hefyd ysgariadau yn cael eu cydnabod fel penderfyniadau dilys gan Iddewon Uniongred. Sefydlwyd y Bet Din Diwygiedig ym 1948 ac ers hynny mae wedi gwasanaethu pob cymuned sy'n perthyn i Synagogau Diwygiedig Prydain Fawr (SDPF). Mae'r llys yn eistedd yn ngogledd Llundain, yng Nghanolfan Iddewiaeth Sternberg, pencadlys yr SDPF. Mae gan unrhyw lys sy'n eistedd, fel y rhai Uniongred, dri *dayan* (barnwr, lluosog *dayanim*) sydd yn rabbiniaid ordeiniedig. Yn wahanol i lysoedd Uniongred, dydy'r rhain ddim yn farnwyr Bet Din llawn-amser ond yn rabbiniaid synagogau sy'n gwasanaethu yn eu tro. Pur anaml y bydd y Bet Din Diwygiedig yn clywed achosion sifil, ac eithrio pan fo mater penodol Iddewig yn codi. Mae'n ymfalchïo yn ei ddehongliad tosturiol o'r halachah. Er ei fod yn glynu wrth ei safbwynt gwahanol ar bethau, mae'r mudiad Diwygiedig ym Mhrydain wedi teimlo yn y blynyddoedd diwethaf y dylai wneud ei brosesau pennu statws mor debyg â phosib i ddulliau grwpiau Iddewig eraill. O ganlyniad, penderfynodd yn y 1940au i ailsefydlu'r gofyniad fod yn rhaid i rywun sydd am ailbriodi mewn synagog sicrhau *get*. Yn y 1970au, cytunodd hefyd i gyflawni'r gofynion traddodiadol ar gyfer tröedigaeth a thestun tristwch mawr i'r mudiad yw'r ffaith nad yw'r mudiad Uniongred yn credu fod hyn yn ddigonol.

Cael tröedigaeth

Yn achos pobl sydd wedi cael tröedigaeth ac sy'n bwriadu priodi mewn seremoni Iddewig, rhaid i'r partner Iddewig fod yn aelod o synagog Ddiwygiedig cyn y gall yr ymgeisydd gofrestru gyda'r Bet Din Diwygiedig. Ychydig iawn o dröedigion sy'n cael eu derbyn gan y mudiad Uniongred, sy'n mynnu ufudd-dod crefyddol caeth a blynyddoedd o astudio. Dydy Iddewiaeth erioed wedi bod yn grefydd sy'n cenhadu, ac mae wedi gwneud ei gorau i atal tröedigaethau ar hyd yr oesoedd. Mae darn diddorol iawn yn y Talmud sy'n amau cymhellion pobl sydd am ymuno â phobl sydd wedi cael 'eu sarhau, eu gormesu, eu gwaradwyddo a'u gwneud i ddioddef' i'r fath raddau (Yevamot 47a-b). Mae'r mudiad Diwygiedig, fodd bynnag, yn pwysleisio rhannau mwy croesawgar o'r darn sy'n sôn am beidio â gordrethu pobl na bod yn or-ofalus. Y drefn arferol yn y mudiad Diwygiedig yw cyfweliad gyda'r rabbi lleol sy'n egluro tair amod tröedigaeth. Y gofyniad cyntaf yw gwir awydd bod yn Iddew, parodrwydd i arddel cred ac arfer Iddewig, ac awydd i ymuniaethu â'r gymuned Iddewig. Weithiau, bydd ail gyfweliad ar ôl yr un cyntaf os yw'r ymgeisydd yn anwybodus iawn am y grefydd. Mae'n bosib y bydd person am droi at Iddewiaeth o ran cyfleuster priodas Iddewig, ac mae'r mudiad Diwygiedig yn drwgdybio'r cymhelliad hwn, er nad mor ffyrnig ag Iddewiaeth Uniongred.

Yr ail ofyniad yw i'r ymgeisydd ddysgu digon am Iddewiaeth i deimlo'n gartrefol yn cyflawni defodau Iddewig a'u dysgu i'r plant. Mae hyn yn golygu mynychu dosbarth wythnosol yn y grefydd – ei chredoau, arferion, hanes a'i hiaith – sy'n cael ei gynnal yn y synagog Ddiwygiedig leol am flwyddyn o leiaf. (Os yw tad rhywun yn Iddew er nad yw'r fam yn Iddewes, yna weithiau gall ddilyn cwrs byrrach.)

Y drydedd amod yw bodloni gofynion defodol: enwaediad i ddynion, dan law mohel (gweler pennod 7). Rhaid i ddynion a menywod dderbyn tevilah (cael eu trochi mewn baddon defodol). Dydy Iddewiaeth Ryddfrydol ddim yn mynnu hyn, a doedd y mudiad Diwygiedig ddim yn gwneud ychwaith tan 1977 pan dderbyniodd y gofyniad er mwyn cysoni arfer SDPF ag Iddewiaeth fyd-eang. Ar ôl trafodaeth faith, gwnaeth Cynulliad y Rabbiniaid hyn yn orfodol ym 1980. Mae pob synangog Ddiwygiedig yng ngwledydd eraill Ewrop ac yn Israel yn mynnu ar tevilah mewn tröedigaeth, fel yr holl synagogau Ceidwadol ac Uniongred. (Serch hynny, mae'r mudiad yn derbyn rhai sydd wedi troi at Iddewiaeth Ryddfrydol fel Iddewon.) Roedd gan synagog Ddiwygiedig Manceinion, yn y cyfnod cyn y rhyfel, ei mikveh ei hun ar y safle, a does neb yn gwybod pryd na pham y rhoddodd y mudiad Diwygiedig Prydeinig y gorau i'r gofyniad, ond mae'n amlwg fod mudiad Diwygiedig America a'r mudiad Rhyddfrydol Prydeinig wedi dylanwadu ar y penderfyniad. Cafodd y mikveh yng Nghanolfan Sternberg ei adeiladu ar gyfer tröedigion, er bod rhai gwragedd, yn enwedig rhai ifanc, yn cael bod ymdrochi defodol yn help i fynegi beth yw bod yn Iddewes. Gellir dewis gwneud hyn neu beidio cyn priodas yn y mudiad Diwygiedig, ond mae'n orfodol mewn Uniongrededd. Nid purdeb defodol sy'n bwysig i'r mudiad Diwygiedig ar yr achlysur yma, ond dechrau bywyd newydd.

Pan fydd y tri gofyniad wedi cael eu cyflawni bydd yr ymgeisydd yn cael cyfweliad ger bron y Bet Din, sy'n penderfynu a oes ganddo/ganddi'r wybodaeth a'r ymrwymiad angenrheidiol. Os caiff ei dderbyn/derbyn, bydd yn derbyn tystysgrif sy'n derbyn y person i'r ffydd fel 'proselyt cyfiawnder'. Mae'n rhaid i blant sy'n troi gyda'i rhieni fodloni'r prif ofynion hefyd. Mae rhyw 100 o oedolion y flwyddyn yn troi'n Iddewon drwy'r Bet Din Diwygiedig, ac mae gan y rhan fwyaf ohonyn nhw bartner Iddewig. Mae Uniongrededd yn mynnu glynu wrth drefn halachaidd gaeth drwy gydol y broses.

Ysgariad Iddewig

Pan ddywedodd y rabbiniaid 'mae'n gas gan Dduw yr hwn a ysgaro ei wraig' (Gittin 90b) roedden nhw'n dweud nad oedd ysgariad yn beth da. Ond mae'r ffaith eu bod yn treulio cymaint o amser yn trafod ochr ymarferol yr holl beth yn dangos eu bod yn cydnabod y ffaith fod priodasau'n methu. O'r dyddiau cynharaf, dydy'r gred fod priodas yn clymu am oes, beth bynnag sy'n digwydd, ddim wedi bod yn rhan o'r ffydd Iddewig. Mae Deuteronomium 24: 1-4 (a 22: 13-21, 28-29) yn egluro pa bryd mae'r Beibl yn caniatáu ysgaru a beth yw'r broses. Fe welsom (pennod 3) rai o'r dadleuon rabbinaidd ynglŷn ag ystyr 'rhywbeth anweddus' fel rheswm dros ysgaru, ond does dim llw 'tan i angau'n gwahanu' a fyddai'n rhwystr i ysgaru. Hyd yn oed o safbwynt 'rhesymau dros ysgaru' (sy'n cynnwys anfodlonrwydd cyffredinol rhwng gŵr a gwraig), dydy Iddewiaeth ddim yn ceisio pennu bai, fel mae cyfraith ysgaru sifil Prydain yn dal i wneud. (Yn wir, tan 1969, roedd rhaid profi fod rhywun ar fai (yn euog o 'gamwedd priodasol' fel creulondeb neu odineb) cyn y gellid ysgaru. Cytunwyd i dderbyn 'chwalfa briodasol anadferadwy' fel rheswm dros roi ysgariad wedi hynny, ond gwaith araf o hyd yw diwygio'r gyfraith sifil i geisio dileu'r chwerwder o'r broses ysgaru.)

Y cytundeb ysgaru

Mae'r broses ysgaru Iddewig yn datod y cwlwm priodasol, yn ffurfiol ac yn derfynol. Y ketubah oedd yn cychwyn y briodas, a'r get sy'n dod â hi i ben, 'yn unol â phenderfyniadau rabbiniaid'. Mae'n arwyddocaol fod pump allan o'r saith traethawd mishnah sy'n ymwneud â menywod a theulu yn canolbwyntio ar drosglwyddo menywod, wrth i'r cwlwm priodasol gael ei glymu neu ei ddatod. Mae'r fenyw'n cael ei hystyried fel un uned yn nhrefn gymdeithasol yr aelwyd lle mae hi'n 'sanctaidd i ddyn'. Os yw hi'n ymadael ac yn mynd yn 'ganiataëdig i unhyw ddyn', dydy hi ddim yn mynd yn benteulu ar ei haelwyd ei hun gyda'i phlant, ond yn dychwelyd i aelwyd ei thad. Er gwaetha'r holl gyfyngu hyn ar fenyw yn yr oes rabbinaidd, mae'n cael ei hanrhydeddu'n fawr. Os daw priodas i ben, nes os yw'n annilys, nod yr holl broses yw adfer y *status quo ante*, sef y sefyllfa fel yr oedd cyn y briodas, nid am fod menyw yn cael ei gweld fel eiddo dyn ond am fod y gyfraith yn cymryd yn ganiataol fod menyw'n ddibynnol yn ariannol ar ddyn.

Mewn rhai ffyrdd, roedd Iddewiaeth o flaen ei hoes o ran cydnabod y ffaith fod perthynas yn gallu methu ac o ran ceisio amddiffyn y wraig ddibynnol. Byddai rhai hefyd yn cymeradwyo'r ffaith ei bod yn gweld priodas fel cytundeb yn hytrach nag undeb neu sagrafen amhosib ei dadwneud. Mae'n iawn fod modd terfynu cytundeb os nad yw'r amodau'n cael eu cyflawni'n foddhaol. Ond ar un mater hollbwysig, mae ysgariad Iddewig ym marn y rhan fwyaf o bobl (yn cynnwys y rhan fwyaf o Iddewon) yn hen-ffasiwn, sef y ffordd mae'r dyn yn cael y gair olaf. Gall menyw gychwyn achos ysgaru, ond ni chaiff ei rhyddhau o'r briodas yn swyddogol heb ganiatâd ei gŵr. Mae hyn wedi arwain at achosion fel yr un yn yr adroddiad yma o'r *Guardian* (22 Chwefror 1993):

> *Ers 30 mlynedd, mae Yihya Avraham wedi bod dri gair oddi wrth ryddid. Byth er i'r Israeliad 80 oed gael ei garcharu ym 1963, mae wedi gwrthod dweud 'Rwyf yn fodlon', geiriau a fyddai yn ei ryddhau o garchar ac o'i briodas 52-mlynedd.*

Yn Israel, lle mae priodas, ysgariad, neu ailbriodas yn golygu un grefyddol Iddewig, mae Mrs Avraham anfodlon yn dal i fod, cyhyd ag y bydd ei gŵr yn mynnu, yn *agunah* ('wedi ei hangori', lluosog *agunot*), ynghlwm wrth Mr Avraham ddialgar. Gall y llys rabbinaidd garcharu dyn o'r fath, ond all y llys mo'i orfodi i gydsynio i ysgariad. Yn yr achos yma, priododd y pâr yn Yemen pan oedd hi yn 12 oed, a gwahanu bron 40 mlynedd yn ôl. Mae'r ffordd mae'r *Guardian* yn adrodd hanes diwedd rhyfedd y briodas yn ffraeth ond dydy'r math yma o sefyllfa ddim yn ddoniol:

> *Am ddau ddiwrnod cadwodd y wraig wyliadwraeth yn y maes awyr. Pan welodd ei gŵr o'r diwedd, aeth yr heddlu ag ef i'r ddalfa a dod ag ef ger bron llys ad hoc y maes awyr i wynebu dewis terfynol: cytuno i'r ysgariad neu golli ei awyren. Dewisodd y cyntaf*

Er bod hwn yn achos eithafol, mae llawer o agunot anhapus sydd am aros o fewn Uniongrededd ond sydd hefyd am fod yn rhydd i ailbriodi. Mae Iddewaeth Geidwadol yn ogystal ag Uniongred yn ei chael hi'n anodd datrys problem yr agunah. Gallai menyw o'r fath fod â gŵr sydd ar goll – ar ôl rhyfel, efallai. Dydy dweud y 'tybir ei fod wedi marw' ddim yn newid y sefyllfa. Heb dystysgrif ysgariad, mae'n dal yn briod â'i gŵr absennol. Pam na ellir gwneud y peth amlwg, a dileu'r fath gyfraith? Oherwydd penderfyniad hynafol y gyfraith halachaidd fod yn rhaid cael cynulliad rabbinaidd uwch ei statws na'r un a ddeddfodd yn y lle cyntaf. Does dim un cynulliad cyfoes sy'n cael ei gyfrif o statws uwch na'r hen gynulliadau a luniodd y Talmud. Gellid dadlau fod yr halachah yn llawer ehangach ei bosibiliadau nag y mae Iddewon an-Uniongred yn ei gydnabod, ac y gallai'r awdurdodau Uniongred ddatrys llawer o broblemau sy'n ymddangos yn ddyrys iawn pe baen nhw'n manteisio ar y traddodiad ehangach. Mae mater menywod y gwrthodir ysgariad iddynt gan eu gwŷr yn un o'r meysydd hyn. Fel mater o ffaith, mae ffyrdd cyfreithiol o ryddhau'r fath fenyw a gadael iddi ailbriodi, dulliau tebyg i ddull yr eglwys Babyddol o ddileu priodas. Gellir ei hystyried yn broses artiffisial, ond mae iddi gyfiawnhad moesol.

Mae Iddewiaeth an-Uniongred yn gwrthod yr holl syniad o agunah gan gredu fod y peth yn anfoesol. Mae'n gwbl ddi-fudd ystyried menyw sy'n weddw neu wedi ysgaru o dan y gyfraith sifil fel menyw sy'n dal i fod yn briod. Nid dim ond hi sy'n dioddef yr anghyfiawnder yma, ond plant ei phriodas sifil nesaf hefyd. Yn ôl y diffiniad Uniongred, mae'r rhain yn mamzerim (unigol mamzer, 'epil uniad gwaharddedig' fel godineb neu losgach). Gall bod yn 'anghyfreithlon' gyfyngu'n fawr iawn ar eu dewis nhw wrth briodi. Yn ôl y Mishnah chaiff rhywun sy'n mamzer ddim ond priodi mamzer arall, rhywun a gafodd dröedigaeth, neu gaethwas neu gaethferch a ryddhawyd. Mae'r mudiad Diwygiedig wedi dileu'r holl gysyniad o anghyfreithlondeb. Does gan Bet Din Diwygiedig ddim mwy o allu na Bet Din Uniongred i orfodi partner (dyn neu fenyw, gan fod datganiad rabbinaidd o'r wythfed ganrif yn dweud na all menyw gael ei gorfodi i ysgaru chwaith) i gytuno i get. Ond os bydd pob ymdrech yn methu, mae'r Bet Din Diwygiedig yn barod i ddyfarnu get os yw'r pâr eisoes wedi ysgaru'n sifil. Does dim angen get ar Iddewon Rhyddfrydol cyn ailbriodi. Byddai pâr felly yn cael eu derbyn mewn synagog Ddiwygiedig pe baen nhw'n trosglwyddo eu haelodaeth yno, ond byddai'n rhaid iddyn nhw gael get pe baen nhw heb briodi eto ac am i'r seremoni fod yn y synagog Ddiwygiedig.

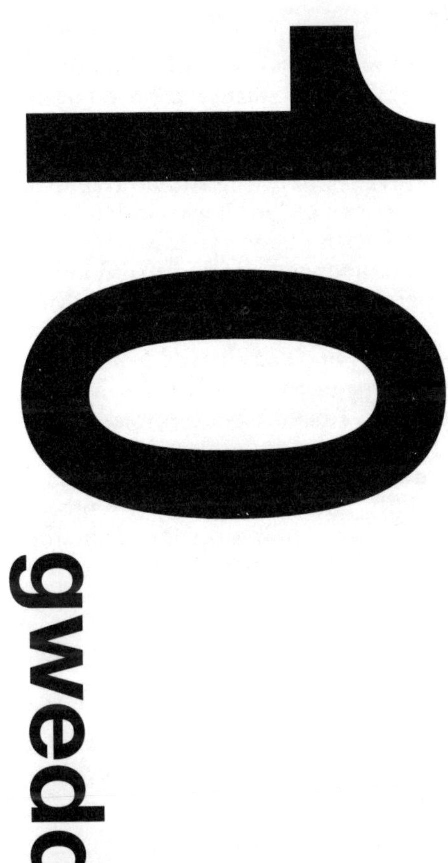

10 gweddi

Yn y bennod hon byddwch yn dysgu:

- pryd a pham mae Iddewon yn gweddïo
- am darddaid a datblygiad gweddïau Iddewig
- am ddyfeisiau sy'n cynorthwyo gweddïo.

Pwrpas gweddïo

Mae'r gred fod Duw yn cyfathrebu â bodau dynol yn hanfodol bwysig i Iddewiaeth. Y prif gyfrwng cyfathrebu yw'r Torah, ysgrifenedig a llafar. Felly, yn ystod *talmud Torah* ('astudio'r Torah') bydd yr Iddew yn clywed y datguddiad dwyfol ac yn gweithredu ar ei sail. Mae perthynas glos rhwng astudio a *tephilah* ('gweddi'). Mae'n bosibl fod y gair yn deillio o'r gwraidd Hebraeg am 'barnu', yn yr ystyr fod pobl, wrth weddïo, yn galw ar Dduw i farnu eu holl feddyliau a'u gweithredoedd. Efallai hefyd ei fod yn cynnwys y syniad o hunan-archwilio, eich barnu'ch hun. Mae geiriau Hebraeg eraill sy'n ymwneud â gweddïo hefyd yn mynegi'r pwyslais yma ar ddod â bywyd dynol o dan chwyddwydr Duw a gofyn am ei arweiniad, ar fod yn agored ac yn barod i ymateb i beth mae Duw'n ei fynnu gan bobl. Roedd *avodah* ('gwasanaeth') yn oes y Deml yn cyfeirio at addoli cyhoeddus. Mae rhai'n pwysleisio natur aberthol y 'gwasanaeth' yma, sy'n gwbl wahanol i weddïo (tephilah). Mae eraill, yn enwedig Samuel Raphael Hirsch, yn dadlau fod addoli i'r Iddewon wedi cynnwys aberthu ochr yn ochr â gweddïo erioed. Mae 1 Brenhinoedd 8: 27-30 yn ei gwneud hi'n glir mai man gweddi oedd Teml Solomon. Ac roedd y prif wasanaeth, yr avodah a oedd yn cael ei arwain gan yr Archoffeiriad ar Ddydd y Cymod yn cynnwys defodau, sef yr hyn oedd yn cael ei wneud, ond hefyd litwrgi, sef geiriau oedd yn cael eu dweud. Roedd Lefiticus 16 yn cael ei ddarllen i'r bobl ar y diwrnod hwnnw fel y mae i'r dydd heddiw. Mewn darnau fel Eseia 1: 11-15 o'r wythfed ganrif COG, cawn y proffwyd yn condemnio rhagrith wrth aberthu a gweddïo.

Yn sicr, pan na allai'r Iddewon aberthu mwyach, wedi dinistr y Deml, roedd patrymau o weddïo yn bod eisoes, nid er mwyn effeithio neu ddylanwadu ar Dduw, ond er mwyn sicrhau lles ysbrydol y ddynolryw. Mae Hirsch hyd yn oed yn olrhain gweddïo yn y synagog yr holl ffordd yn ôl at 'Wŷr y Synagog Fawr' yn y bumed ganrif COG. Mae llawer o ddadlau ynglyn â pha mor hen yw rhai patrymau gweddïo. Serch hynny, roedd y term *avodah shebalev* ('gwasanaeth y galon') yn cael ei ddefnyddio gan y Rabbiniaid (e.e. Taanit 2a, cymharer â Deuteronomium 11: 13) i olygu 'gweddi', sy'n egluro teitl prif lyfr gweddi'r Iddewon Rhyddfrydol, *Service of the Heart* (1967). Teitl eu llyfr gweddi newydd a gyhoeddwyd ym 1995 yw *Service of the New Heart* sy'n ychwanegu at yr ymadrodd rabbinaidd gyda geiriau o Eseciel 36: 26 – 'Rhof i chwi galon newydd, a bydd ysbryd newydd ynoch'. (Teitl eu llyfr gweddi ar gyfer yr Uchel Wyliau Sanctaidd yw *Gates of Repentance*.)

Amserau gweddïo

Yn ôl y Talmud, gwasanaethau'r deml oedd yn pennu amserau gweddïo'r Iddewon. Bob dydd roedd aberth yn cael ei offrymu yn y bore ac yn y prynhawn, felly heddiw, mae gweddïau dyddiol, fore a phrynhawn. Enw gwasanaeth y bore yw *shacharit* ('bore', yr un enw ag aberth y bore), a *minchah* ('offrwm' o flawd wedi ei gymysgu ag olew) yw enw gwasanaeth y prynhawn (fel aberth y prynhawn). Roedd rhan o'r gwasanaeth aberthu yn parhau gyda'r nos, ac mae hyn yn cael ei adlewyrchu yng ngweddi'r hwyr, sef *maariv* ('min nos'). Mae'r Mishnah'n rhoi'r amserau:

> *Ceir adrodd y Tephilah boreol unrhyw bryd tan hanner dydd. Mae Rabbi Jwda'n dweud: Tan y bedwaredd awr [h.y. canol y bore]. Ceir adrodd Tephilah'r prynhawn unrhyw bryd tan fachlud haul. Mae Rabbi Jwda'n dweud: tan hanner ffordd drwy'r prynhawn. Nid oes amser penodol ar gyfer Tephilah'r hwyr; a cheir adrodd y Tephilah Ychwanegol unrhyw bryd yn ystod y dydd. Mae Rabbi Jwda'n dweud: tan y seithfed awr: [h.y. 1.00 a.m.].*
>
> (Berachot 4:1)

Mae'r 'weddi ychwanegol' yma'n cyfateb i'r gwasanaeth aberthol ychwanegol ar y Saboth a'r Uchel Wyliau Sanctaidd. Ei henw yw musaf ('ychwanegol'). Mae *musaf* yn aml yn dilyn y darlleniad o'r Torah yn y gwasanaeth shacharit, nes bod y gwasanaeth boreol yn para mwy na dwy awr. Rheswm arall am sefydlu'r tri phrif amser gweddi yw esiampl y partriarchiaid: Abraham (Genesis 19: 27), Isaac (Genesis 24: 63, lle mae'r Hebraeg yn son amdano'n 'myfyrio'), a Jacob (Genesis 28: 11).

Kavanah a devekut

Dydy gorfod gweddïo ar adegau penodol ddim yn golygu nad yw'r weddi'n dod o'r galon. Mae dau air arall yn gysylltiedig â gweddïo sy'n egluro fod yn rhaid canolbwyntio a bod ag ymdeimlad o Dduw. Y cyntaf yw *kavanah* sy'n gallu golygu 'defosiwn' neu 'cyfeiriad' neu 'bwriad', y gwrthwyneb llwyr i'r 'gwybod y geiriau heb adnabod y Gair' sy'n cael ei gondemnio yn Isaiah 29: 13. Roedd Maimonides, a gyfrannodd at y litwrgi Iddewig, yn pwysleisio mor bwysig oedd kavanah (bwriad cywir) yn y Talmud. Doedd gweddi heb kavanah ddim yn weddi o gwbl, meddai, a rhaid gweddïo eto gyda kavanah. Dylai person 'wacáu ei feddwl o unrhyw feddyliau eraill ac ystyried ei hun fel pe bai'n sefyll ger bron y Presenoldeb Dwyfol'. Mae kavanah hefyd yn golygu deall geiriau'r weddi yn llawn. Yn yr un modd mae'r Shulchan Aruch yn dweud: 'Gwell yw ymbil am ychydig gyda kavanah nag ymbil llawer iawn hebddo'. Roedd arweinwyr Chasidig hefyd yn gweld perygl gweddïo cyhoeddus ar adegau penodol. Yn y ddeunawfed ganrif, anogai'r Rabbi Nahman ei ddilynwyr i ddod o hyd i fan tawel a dweud popeth oedd ar eu meddwl wrth Dduw. Mae'n sôn am feiddgarwch gweddïo yn y lle cyntaf. Mae'n rhaid bod yn ddewr, meddai, i sefyll mewn gweddi ger bron 'mawredd y Creawdwr':

> *Mae gweddi yn ddirgelwch sy'n anelu, yn ei hanfod, at newid trefn y byd. Mae pob seren a phlaned yn sefydlog yn ei threfn, ac eto mae dyn am newid trefn natur; mae'n gofyn am wyrthiau. Gan hynny, y foment y mae'n gweddïo, rhaid i ddyn osod o'r neilltu ei allu i deimlo cywilydd. Pe bai gan ddynion gywilydd byddent, Duw a'n gwaredo, yn colli'r ffydd fod gweddi'n cael ei hateb.*

Gall kavanah arwain at gyflwr o *devekut*, yr ail air pwysig. Efallai mae'r trosiad gorau o hynny yw 'cymundeb gyda Duw'. Yn ôl geiriau'r Kabbalah (cyfriniaeth Iddewig), nid dim ond y rhai sy'n cael eu hystyried yn gyfrinwyr all gyrraedd devekut, y cyflwr ysbrydol uchaf un. Mae Chasidiaeth yn mynd mor bell â dweud y dylai rhai sy'n credu fod yn y cyflwr meddwl yma bob amser. Ond mae gweddïo, yn neilltuol, yn gallu arwain at gyfarfyddiad cyfriniol â'r Dwyfol. Mae sylfaenydd Chasidiaeth Chabad, Shneur Zalman, yn son am weddi fel:

> *sylfaen y Torah cyfan. Mae hyn yn golygu fod dyn yn adnabod Duw, yn cydnabod ei fawredd a'i ysblander â meddwl tawel a chyfan, a chalon sy'n deall. Dylai dyn fyfyrio ar y syniadau hyn nes bod ei enaid rhesymegol yn cael ei gyffroi i garu Duw, i lynu wrtho Ef a'i Torah, ac i ddeisyfu Ei orchmynion.*

Bendithio Duw

Does dim rhaid i bobl fod mewn lle neilltuol i weddïo. Yn nodweddiadol o Iddewiaeth, nid y lle ond yr amser sy'n sanctaidd (gweler y Saboth ym mhennod 12). Gallwn weld hyn yn glir iawn yn y weddi sy'n batrwm i holl weddïau Iddewiaeth, y *berachah* ('y fendith'). Nid un weddi neilltuol mo hon, ond math o weddi. Gallwn weld ei phwysigrwydd yn y ffaith mai'r lluosog, *berachot*, yw enw'r gyfrol gyntaf yn y Mishnah sy'n rhoi'r rheolau ar gyfer gweddïo, fel yn y darn uchod ynglŷn ag amserau, a'r darn yma, Berachot 9: 1-3:

> *Pe gwelai dyn fan lle cafodd gwyrthiau eu gwneud er mwyn Israel, dylai ddweud 'Bendigaid yw yr hwn a wnaeth wyrthiau i'n tadau yn y lle hwn' . . . Pe gwelai sêr gwib, daeargrynfeydd, mellt, taranau a stormydd, dylai ddweud, 'Bendigaid yw yr hwn y mae ei bŵer a'i rym yn llenwi'r byd' . . . Ar gyfer glaw a newyddion da, dylai ddweud, 'Bendigaid yw efe, y daionus a gwneuthurwr daioni.' Ar gyfer newyddion drwg, dylai ddweud, 'Bendigaid yw efe, y gwir farnwr'. Pe bai dyn wedi adeiladu tŷ neu wedi prynu llestri newydd, dylai ddweud, 'Bendigaid yw yr hwn a roddodd inni fywyd'.*

Geiriau agoriadol safonol y berachah yw: 'Bendigaid wyt Ti, yr Arglwydd ein Duw, Brenin y Bydysawd, sydd wedi ...'. Gall beth bynnag sy'n dilyn fod, fel yn y darn uchod, yn olygfa anarferol neu newydd, yn newyddion (da neu ddrwg), neu gall fod yn fendith cyn bwyta unrhyw fath o fwyd neu ddiod neu berfformio mitzvah (un defodol, nid un moesol) fel enwaedu ('... y gorchymyn a gawsom i wneud i'n meibion ymuno â chyfamod Abraham ein tad'). Mae dwy agwedd ar y geiriad hwn yn bwysig. Yn gyntaf, Duw sy'n cael ei fendithio, nid y digwyddiad, y gwrthrych, neu'r mitzvah. Felly, Duw 'a greaist ffrwyth y winwydden' sy'n cael ei fendithio, nid y gwin ei hun. Yn ail, mae newid o'r ail berson ('Ti') i'r trydydd ('yr hwn a wnaeth') fel pe bai'r byd ond yn gallu cynnig profiad anuniongyrchol o'r Duw sanctaidd. Drwy foment neilltuol, mae'r Duw trosgynnol a thragwyddol yn datgelu ei bresenoldeb.

Does dim byd yn dangos hyn yn well na'r fendith benodol ar gyfer adeg arbennig, y gallwn ei chyfieithu fel: 'Bendigaid wyt Ti, yr Arglwydd ein Duw, a'n cadwodd ni mewn bywyd, sydd wedi ein cynnal ac wedi caniatáu i ni gyrraedd y foment hon.' Mae enw'r fendith hon, yn dod o'r Hebraeg am 'a'n cadwodd ni yn fyw', sef *shecheheyanu*. Felly, ar adeg cwblhau tŷ newydd a symud i mewn iddo, dydy Iddew ddim yn bendithio Duw am y lle ond am y foment. Mae shecheheyanu'n cael ei adrodd ar ddechrau pob gŵyl, gyda'r pwyslais ar y fraint o gael bod yn fyw a gallu dathlu adeg arbennig yn natguddiad Duw.

Y cartref a'r synagog

Er y gellir offrymu'r bendithion hyn a gweddïau eraill lle bynnag y bo'r profiad yn digwydd, y synagog a'r cartref yw'r prif leoliadau gweddïo. Mae llyfrau gweddi pob cangen o Iddewiaeth, gan hynny, yn cynnwys cyfuniad o weddïau ar gyfer y synagog a'r cartref. Mae llawer ohonyn nhw'n cael eu hoffrymu yn y ddau le. Un weddi sy'n fwy arferol yn y cartref yw gras ar ôl pryd o fwyd. Mae'n debyg mai hon yw'r fendith ffurfiol gynharaf oll. (Mae bendith offeiriadol Numeri 6: 22-27 sydd, fel y gwelsom ym mhennod 2, yn ei hanfod yn dyddio yn ôl i'r seithfed ganrif COG, yn perthyn i drefn gwbl wahanol o fendithio.) Yn bwysicach na'i union ddyddiad, mae gras ar ôl pryd yn taflu goleuni ar le gweddïo mewn Iddewiaeth. Yn ei gyfrol *Short History*, sydd a'r is-deitl *Three Meals, Three Epochs*, mae Jacob Neusner yn rhoi sylw neilltuol i'r weddi yma. Er na fyddai pawb yn derbyn ei holl ddadl, fyddai neb yn gwadu ei osodiad sylfaenol, sef fod y bwrdd bwyd yn troi, ar ôl dinistr y Deml, yn fath o allor. Felly, ym mhedair rhan y weddi yma, mae'r person yn cael ei symud o'r presennol i'r amser sydd i ddod, o'r pryd sydd newydd gael ei fwyta i'r wledd ar derfyn hanes. Mae geiriau'r ddau baragraff canol yn ein hatgoffa o holl hanes cysegredig yr Iddewon ac yn cyfeirio tuag at y waredigaeth derfynol. Maen nhw'n cynnwys y geiriau:

> *Diolchwn i ti, yr Arglwydd ein Duw, am i ti roi fel treftadaeth i'n tadau wlad ddymunol, dda, a digonol . . .; yn ogystal ag am dy gyfamod a seliaist yn ein cnawd, y Torah a ddysgaist ti i ni, dy ddeddfau a wnaethost yn hysbys i ni, y bywyd, gras a charedigrwydd cariadus yr wyt wedi eu rhoi i ni, ac am y daioni yr wyt drwyddo yn ein porthi a'n cynnal beunydd, ym mhob tymor, ar bob awr . . . O Dduw ein Tad, portha ni, meithrin ni, cynnal a chynorthwya ni, ac yn fuan, yr Arglwydd ein Duw, gwareda ni o'n holl drafferthion . . .*

Wedi hyn, meddai Neusner, mae'r paragraff olaf:

> *Yn mynd â ni'n ôl i'r man cychwyn: diolch am ginio . . . Roedd y ciniawyr yn newynog ac wedi bwyta, gweithred gyffredin, gwbl seciwlar, ond drwy gyfrwng geiriau mae'r profiad o newyn a bwyta yn cael ei droi'n gyfarfyddiad â byd arall o ystyr yn llwyr.*

Gweddïau cymunedol – hynafol a modern

Y *Shema*

Dwy golofn gynhaliol gweddïo cymunedol yw'r *Shema* a'r *Amidah*. Mewn astudiaeth ddiweddar o hanes litwrgaidd Iddewig, *Judaism and Hebrew Prayer* (Gwasg Prifysgol Caergrawnt, 1993), mae Stefan Reif yn dadlau y gallai'r ddwy weddi fod wedi dod i mewn i'r llenyddiaeth rabbinaidd ddiweddarach o ddwy ffynhonnell wahanol, gyda gwahanol draddodiadau ynglyn â phryd yn union y dylen nhw gael eu hadrodd. Mae enw'r *Shema*'n dod o'r gair agoriadol, 'Gwrando'. Mae'r weddi'n cynnwys tri darn o'r Beibl, sef Deuteronomium 6: 4-9; 11: 13-21, a Numeri 15: 37-41. Mae'r darn cyntaf (fersiwn y llyfr gweddi dyddiol Uniongred) yn dechrau fel hyn:

GWRANDO, O ISRAEL: Y MAE'R ARGLWYDD EIN DUW YN UN ARGLWYDD. (Yn hytrach na'r llythrennau Hebraeg sy'n golygu 'ARGLWYDD' yn Gymraeg, bydd Iddew, o ran parch i'r enw ac i natur Duw, yn dweud *Adonai*, sy'n golygu 'Arglwydd', neu *Ha-Shem*, 'Yr Enw'.) Mae'n mynd yn ei blaen:

> *Câr di yr Arglwydd dy Dduw â'th holl galon ac â'th holl enaid, ac â'th holl nerth.*

Yn yr adnodau beiblaidd agoriadol yma, mae Duw'n annerch Israel, yn hytrach nag Israel yn annerch Duw. Felly, mae'n mynd yn ddatganiad o ffydd yn y gred sy'n gwbl ganolog i Iddewiaeth: mai dim ond un Duw sydd, a'i fod yn mynnu fod ei bobl yn ufuddhau iddo â'u holl galon. Gweddi dorfol yw hon yn ei hanfod, lle mae'r gymuned yn datgan ei dyletswyddau i'r Duw sydd wedi datgelu'r Torah ac sydd wedi – ac a fydd yn y dyfodol – yn gwaredu ei bobl. Mae'r Shema'n rhan o weddi foreol a hwyrol Iddew, p'run ai yn y synagog neu gartref. Mae'r frawddeg agoriadol yn cael ei hadrodd wrth i sgrôl y Torah gael ei thynnu o'r arch ar y Saboth a gwyliau eraill (gweler pennod 11), ac ar adegau pwysig eraill. Uchelgais Iddew duwiol yw marw â'r geiriau hyn ar ei wefusau. Dyma ddiwedd y weddi gyffes ar wely angau sydd, yn ddelfrydol, yn cael ei hadrodd gan y person sy'n marw. Os nad yw'n gallu, dylai'r bobl sy'n bresennol ei hadrodd, gan helpu'r person i farw'n datgan ei ffydd fel Iddew.

Yr *amidah*

Mae *amidah* yn golygu 'sefyll', oherwydd fod yr addolwr yn adrodd y weddi yn sefyll yn wynebu Jerwsalem. Cyfres o berachot (gweler y disgrifiad uchod) yw'r weddi, gyda Duw yn cael ei fendithio ar ddiwedd, yn hytrach nag ar ddechrau, pob uned. Mae 19 o unedau heddiw, ond 18 oedd yn wreiddiol, sef tarddiad enw arall y weddi, *Shemoneh esreh* ('18') – gyda *berachot* ('bendithion') yn ddealledig. Does neb yn gwybod yn iawn ai'r ddeuddegfed fendith ynglŷn â hereticiaid, neu'r bymthegfed ynglŷn â Dafydd yw'r ychwanegiad diweddarach.

Mae'r Amidah mor sylfaenol i litwrgi Iddewig nes y cyfeirir ati weithiau fel y *Tephilah*, y weddi. Yn oes y Tannaim, roedd pobl yn dal i anghytuno ynglŷn â nifer union y berachot a'u cynnwys. Mae rhai'n credu fod ffurf sylfaenol y weddi'n dyddio'n ôl i oes y Deml. Os felly, y tebygrwydd yw fod y ffurf honno'n cynnwys y tri berachah agoriadol a'r tri sy'n cloi'r weddi. Y tri yma sy'n cael eu hadrodd yng ngwasanaethau'r Saboth a gwyliau. Ar ddyddiau'n wythnos – yn y bore a'r prynhawn a gyda'r hwyr – mae pob un o'r 19 yn cael eu hadrodd, gan symud o foli i ddeisyfu i ddiolchgarwch. Yr adran ddeisyfu (gofyn neu apelio) yw trwch y weddi, sef unedau rhif 4-16, ac mae'n gofyn am i anghenion ysbrydol a chorfforol gael eu diwallu. Mae'n deisyfu doethineb, edifeirwch, gwellhad, cysur bydol, rhyddid, cyfiawnder, ac achubiaeth derfynol gan y Meseia. Cais am heddwch yw'r cais terfynol. Fel ym mhob gweddi Iddewig, mae'r gymuned yn gofyn hyn yn y lluosog, er enghraifft, yn y chweched berachah:

> *Maddau i ni, O Dad, oblegid yr ydym wedi pechu; trugarha wrthom, ein Brenin, oblegid yr ydym wedi tramgwyddo; oherwydd yr wyt ti'n trugarhau ac yn maddau. Bendigaid wyt, O Arglwydd, sydd yn raslon ac yn maddau'n hael.*

Ac eto, mae adran ddeisyfol y weddi'n cael ei dweud yn dawel, wrth i bob unigolyn weddïo ar ei ben/phen ei hun drosto/drosti'i hun, ochr yn ochr ag unigolion eraill sy'n gweddïo'n ddistaw. Mae'r elfen dorfol yn cael ei phwysleisio wedyn wrth i'r arweinydd ailadrodd yr Amidah yn uchel. Yng ngeiriau atgofus Neusner:

> *Er mwyn canfod nerth y gweddïau hyn, dychmygwch lond ystafell o bobl, oll yn sefyll ar eu pen eu hunain, ond yn agos at ei gilydd, rhai'n siglo yn ôl a blaen, oll yn annerch Duw yn uniongyrchol ac yn breifat, gan sibrwd neu siarad yn dawel. Nid ydynt yn symud eu traed, oblegid y maent yn awr yn sefyll ger bron Brenin y brenhinoedd, ac nid gweddus fyddai symud*

a llusgo eu traed. Os bydd rhywun yn siarad â hwy ni fyddant yn ateb. Mae eu sylw wedi ei hoelio ar y geiriau sy'n deisyf, yn moli ac yn diolch. Pan fyddant yn dechrau, byddant yn plygu glin – a thuag at y diwedd hefyd – ac ar y terfyn byddant yn camu'n ôl ac ymadael â'r Presenoldeb.

(*A Short History of Judaism*, Gwasg Fortress, 1992)

Yr *Alenu*

Mae trydedd elfen orfodol (oedd yn arfer dod ar ddiwedd gwasanaeth y Flwyddyn Newydd yn unig, ond sy'n cael ei defnyddio ym mhob gwasanaeth yn awr) i addoliad cyhoeddus gorfodol. Mae hon, yr *Alenu* (o'r gair cyntaf, sy'n golygu 'mae wrth law'), yn ymwneud â swyddogaeth Israel yn y byd cyfan. Mae'n tynnu'r gymuned allan tuag at y cenhedloedd y mae rhaid i Iddewon dystio iddyn nhw mai Duw yw'r unig Dduw. Gyda'i gilydd mae'r Shema, yr Amidah a'r Alenu yn ymdrin â'r un themâu â'r gras ar ôl bwyd: creadigaeth, datguddiad, a gwaredigaeth. Yn wir, ynghyd â'r bendithion sy'n ei ragflaenu, mae'r Shema'i hun yn cynnwys y tair thema.

Salmau

Mae gweddïau cyhoeddus yn llawn darnau ac ymadroddion o'r Beibl. Weithiau bydd Salmau cyfan yn cael eu hadrodd. Mae Llyfr y Salmau yn cynnwys gwahanol fathau o weddïau, fel mawl, diolchgarwch, galarnadau, a chyffesion. Cefndir llawer ohonyn nhw yw'r Deml, gyda rhai'n cyfeirio'n uniongyrchol at bererindod (e.e. Salmau 42, 122), eraill at Fynydd Seion a Jerwsalem fel ffynhonnell ysbrydoliaeth (e.e. Salmau 24, 150), ac eraill at wahanol fathau o aberthu (e.e. Salmau 20: 3, 54: 6). Mae rhai ysgolheigion yn credu bod modd cysylltu Salmau neilltuol wrth wyliau neu achlysuron cenedlaethol penodol, fel gorseddu'r brenin. Mae'r cysylltiad rhwng gwahanol fathau o Salmau ac addoliad yn y Deml yn destun dadl i ysgolheigion y Beibl Hebraeg, a hefyd y cysylltiad rhwng gweddïo cymunedol ac unigol. Dydy pawb ddim yn derbyn y cysylltiad rhwng litwrgi a defod a nodwyd ar ddechrau'r bennod yma. Mae hanes litwrgaidd maith a chymhleth yn cysylltu'r Beibl â gweddïau sylfaenol addoli Iddewig heddiw. Ond mae llawer o gefnogaeth, yn amrywio o ffynonellau rabbinaidd i ysgolheictod feiblaidd ddiweddar, i'r farn fod y rhan fwyaf o'r Salmau wedi bod yn rhan o'r addoli yn y Deml gyntaf neu'r ail. Y farn gyffredinol yw fod dylanwad Llyfr y Salmau yn un cryf, ac mai o academïau Babilon rhwng y nawfed a'r ddeuddegfed ganrif y daeth y llyfr gweddi Iddewig cyntaf. Beth bynnag yw oed a tharddiad pob gweddi, casgliadau'r arweinwyr crefyddol yma oedd rhagflaenwyr cynnar y llyfr gweddi rabbinaidd safonol.

Llyfrau gweddi

Y *siddur*

Heddiw, mae gweddïau at ddefnydd cyffredinol – boed gartref neu yn y synagog – yn cael eu hargraffu yn y prif lyfr gweddi, y *siddur* ('y drefn'). Mae'r drefn weddïau yma, fel y nodwyd gyda'r Shema, yr Amidah, a'r Alenu, yn cyflawni sawl diben. Mae'n ategu ffydd a phrofiadau hanesyddol yr Iddewon. Mae'n gwneud yn siwr nad yw gweddïo'n mynd yn beth hunanol drwy ei wneud yn brofiad cymunedol, ond mae'n cydnabod yr unigolyn ar yr un pryd. Mae'n cynnig hen, hen eiriau, sy'n rhoi'r argraff o barhad a diogelwch. Mae'n cynnig patrwm ac undod i Iddewon ym mhedwar ban y byd; mae'n amheus a fyddai pob unigolyn ar bob adeg benodedig ym mhob man yn adrodd gweddi neilltuol yn naturiol neu, yn wir, yn gweddïo o gwbl pe bai hynny'n fater o awydd ac arfer personol. Mae pob Iddew sy'n addoli yn derbyn fod y siddur yn mynegi eu gobeithion a'u hargyhoeddiadau. Ym Mhrydain, y siddur Uniongred yw *The Authorised Daily Prayer Book*, y siddur Diwygiedig yw *Forms of Prayer for Jewish Worship (Daily, Sabbath, and Occasional Prayers)*, a'r siddur Rhyddfrydol yw *Service of the New Heart*.

Y *Mahzor*

Mae gweddïau ar gyfer achlysuron arbennig yn ystod y flwyddyn (gweler pennod 13) yn cael eu cyhoeddi mewn llyfr gweddi gwyliau, o'r enw'r *mahzor* ('cylch'). Mae nifer o enghreifftiau o'r mahzor Diwygiedig ar gyfer yr Uchel Wyliau Sanctaidd yn ymddangos ym mhennod 15. Dyma enghraifft o'r mahzor Rhyddfrydol:

> *Yr Arglwydd ein Duw, trown atat Ti yn awr unwaith eto i yngan ein dyhead a dyhead pob dyn a menyw am ddechrau'r cyflawnder yr ydym yn ei alw'n heddwch . . . Rydym wedi cymhwyso'r deall a blannaist ynom at gelfyddyd rhyfel; gyda'r sgiliau a gawsom gennyt Ti, rydym yn gwneud dyfeisiau arswyd a phoen.*

Efallai y bydd rhai'n cael ymadroddion modern fel 'dyfeisiau arswyd a phoen' yn annymunol tra bydd eraill yn teimlo eu bod yn rymus oherwydd eu bod mor gignoeth. Bydd rhai'n teimlo nad oes angen defnyddio iaith gynhwysol fel 'pob dyn a menyw' mewn crefydd sy'n cynnwys pawb yn y gymuned; bydd eraill yn teimlo fod hynny'n hanfodol er mwyn i Iddewon mewn cymdeithas sy'n honni bod yn an-rywiaethol allu gweddïo ag unrhyw argyhoeddiad.

Dim ond dau o newidiadau Iddewiaeth Ddiwygiedig a Rhyddfrydol i'r llyfrau gweddi (gwyliau a dyddiol) yw cynnwys gweddïau newydd – rhai yn yr iaith frodorol a rhai yn yr Hebraeg – a moderneiddio'r iaith mewn mannau. Mae newidiadau eraill yn dod o dan dri phen: diwinyddol, hanesyddol a strwythurol. (Mae cyfrol Reif, uchod, yn cynnwys arolwg ardderchog o ddatblygiadau modern yn y ddwy bennod olaf, gyda manylion am yr holl brif lyfrau gweddi a gyhoeddwyd tan 1990.) Un o'r prif feysydd y dymunai mudiad Hamburg yn y bedwaredd ganrif ar bymtheg ei ddiwygio oedd y litwrgi. Cafodd y rhan fwyaf o'r *piyyutim* ('cerddi litwrgaidd'), a gyfansoddwyd cyn y drydedd ganrif ar ddeg gan mwyaf, eu gollwng neu eu talfyru, nid yn unig am eu bod yn hen-ffasiwn o ran iaith a syniadau ond hefyd am eu bod yn gwneud y gwasanaeth mor hir. Diflannodd y rhan fwyaf o destunau rabbinaidd a beiblaidd yn ymwneud ag aberthu, a defnyddiwyd yr Almaeneg yn lle'r Hebraeg, neu ochr yn ochr â hi, ar gyfer rhai gweddïau. Doedd y newidiadau hyn ddim yn gwbl systematig na chyson, yn ôl 'tad ysbrydol y mudiad Diwygiedig', Abraham Geiger. Roedd hwnnw am gynnwys llai o Hebraeg a dim awgrym o unrhywbeth positif ynglŷn ag aberthu. Roedd polisïau Samuel Holdheim hyd yn oed yn fwy eithafol, yn cynnwys addoli ar y Sul yn lle'r Saboth, a gwahardd gorchuddio'r pen, sioliau gweddi, a seinio'r corn hwrdd ar Ddydd y Cymod.

Wrth i'r mudiad Diwygiedig fagu mwy o nerth, symudodd ymhellach ac ymhellach oddi wrth fersiynau traddodiadol o'r llyfr gweddi. Mewn rhai cynulleidfaoedd, cafodd hyd yn oed y Shema a'r Amidah eu cwtogi'n hallt, a chafodd gwasanaeth y musaf, â'i gysylltiadau clir ag aberthu, ei ddileu. Aeth y newidiadau radicalaidd hyn o nerth i nerth ym Mhrydain, Ffrainc, yr Iseldiroedd, ac UDA, ond dechreuodd yr Almaen fynd yn fwy cymedrol ('rhyddfrydol', yn nherminoleg yr Almaen). Ers canol y bedwaredd ganrif ar bymtheg, fodd bynnag, mae symudiad cyson wedi bod tuag at synthesis rhwng traddodiad a moderniaeth. Mae hyn i'w briodoli, i raddau helaeth, i Zacharias Frankel a'i agwedd 'hanesyddol-bositif' tuag at Iddewiaeth. Mae'r argraffiad diweddaraf o *Forms of Prayer*, a gynhyrchwyd gan SDPF, yn llawer nes at y siddur traddodiadol. Mae'r siddur Rhyddfrydol diweddaraf (1995) yn fwy positif ynglŷn â rhai elfennau traddodiadol. Roedd gwrthwynebiad Iddewon Diwygiedig a Rhyddfrydol i Seioniaeth yn hanner cyntaf yr ugeinfed ganrif wedi cymedroli erbyn yr ail hanner. Mae'r ddau litwrgi'n cynnwys cyfeiriadau at wladwriaeth fodern Israel, er bod Iddewiaeth Ryddfrydol yn dal yn amheus a dydy'r mudiad Diwygiedig yntau ddim cymaint o blaid Seioniaeth ag Uniongrededd fodern.

Mae rhai o'r newidiadau diwinyddol wedi parhau. Cafodd rhai elfennau cenedlaethol a neilltuolaidd eu dileu am nad oedden nhw mewn cadw â syniadau modern. Heddiw, mae rhai pobl yn credu fod yr Alenu traddodiadol yn bychanu an-Iddewon ac felly yn newid y geiriad, er bod dyletswydd hanfodol y weddi, sef tystio i'r un Duw, yn dal yr un fath. Yn yr un modd, mae gweddïau dros heddwch yn sôn am ran Iddewon mewn hyrwyddo heddwch ledled y byd yn hytrach na gweddïo am heddwch i Israel. Y prif bethau eraill sy'n cael eu hepgor yw gweddïo am adfer aberthu (mae Iddewiaeth Geidwadol, sy'n glynu agosaf wrth y traddodiad, yn sôn am aberthu yn yr amser gorffennol ac yn mynd ymlaen i weddïo am ddefosiwn mor gryf yn y presennol â'r hyn a deimlid wrth aberthu yn y Deml); Meseia personol; ac atgyfodiad y meirw (er bod geiriad y llyfr gweddi Ceidwadol, yn enwedig, (fel: 'Bendigedig wyt Ti, O Arglwydd, sy'n galw'r meirw i fywyd tragwyddol') yn gallu cael ei ddehongli mewn llawer o wahanol ffyrdd). Mae'r llyfr gweddi Diwygiedig yn dweud '... sydd yn adnewyddu bywyd wedi marwolaeth', er na newidiwyd y geiriau Hebraeg gwreiddiol.

Mae'r mudiad Diwygiedig, yn gyffredinol, yn ceisio cadw'r ddysgl yn wastad rhwng ffurfiau Hebraeg traddodiadol a diwygio'r litwrgi. Mae gweddïau a oedd yn arfer cael eu hailadrodd sawl gwaith mewn gwasanaeth, yn enwedig rhai mewn Aramaeg, iaith ddieithr i'r rhan fwyaf o Iddewon heddiw, yn cael eu hadrodd unwaith yn unig heddiw. (Eithriad i hyn yw'r Kaddish ar y Saboth, gweler pennod 7.) Mae newidiadau hanesyddol yn cynnwys gweddïau newydd yn coffáu'r Holocost a chofio hanes mwy diweddar Israel, fel Dydd Annibyniaeth. Mae trefn y siddur Diwygiedig yn wahanol i'r un Uniongred gan ei fod yn gosod gweddïau'r Saboth gyntaf ac yna'r gweddïau dyddiol, gan gydnabod y ffaith mai ar y Saboth y bydd y rhan fwyaf o Iddewon yn cymryd rhan mewn gweddïo cymunedol.

Pethau sy'n atgoffa

Fe welsom ar y dechrau fod rhaid wrth kavanah (bwriad) mewn gweddi Iddewig. Er bod arferion yn amrywio, mae rhai ystumiau corfforol a dillad arbennig sy'n cael eu defnyddio i greu'r agwedd a'r awyrgylch iawn ar gyfer gweddïo. Mae rhai o'r rhain yn ein atgoffa'n bwerus iawn am gredoau canolog Iddewiaeth, sef yn undod Duw, yn y Torah fel datguddiad Duw, ac yn nyletswyddau'r Torah fel y ffordd o fyw fel 'pobl sanctaidd'.

Iaith gorfforol

Mae'r rheolau talmudaidd ar gyfer y symudiadau roedd y disgrifiad o'r Amidah yn son amdanyn nhw yn cael eu crynhoi yn y prif gôd cyfreithiol, y Shulchan Aruch:

> *Rhaid ymgrymu bedair gwaith yn ystod yr Amidah: Ar ddechrau ac ar ddiwedd y fendith gyntaf ac ar ddechrau a diwedd gweddi'r Modim [diolchgarwch]. Pan fydd dyn yn dweud 'Moler' dylai blygu nes bod cymalau ei asgwrn cefn yn ymwthio, a phlygu ei ben hefyd. Yna, cyn ynganu enw'r Arglwydd, dylai ddechrau codi'n araf a sefyll yn unionsyth, yn ôl yr adnod 'Y mae'r Arglwydd . . . yn unioni'r rhai gwargam' (Salm 146: 8). Ar ôl adrodd yr Amidah, a chyn i'r addolwr adrodd 'Boed iddo ef sydd yn ordeinio trefn y bydysawd ddod â heddwch i ni ac i Israel gyfan', dylai ymgrymu a chamu tri cham yn ôl, wysg ei gefn, fel gwas yn ffarwelio â'i feistr.*

Mae'n ymddangos fod Duw yn mynnu fod bodau dynol yn ymostwng i ufuddhau iddo, ond heb ymgreinio. Meddai esboniad Rashi ar Berachot 34b sy'n mynnu y dylai'r Archoffeiriad ymgrymu'n amlach na pherson cyffredin, a'r brenin yn amlach na'r Archoffeiriad: 'Po fwyaf y person, mwyaf oll yr angen iddo ymostwng.'

Gall ystumiau corfforol eraill gynnwys gorwedd ar eich wyneb tra'n adrodd yr Alenu yng ngŵyl y Flwyddyn Newydd a Dydd y Cymod (a'r Avodah – y disgrifiad o wasanaeth y Deml) a chuddio'ch llygaid yn ystod adnod agoriadol y Shema rhag i ddim byd arall darfu arnoch. Tra bod rhai pobl yn cael fod sefyll yn llonydd yn eu helpu i ganolbwyntio, mae'n well gan eraill siglo'n ôl a blaen yn araf. Un eglurhad a gynigir ar yr arfer hwn yw'r cyfeiriad yn Salm 35: 10 – 'Bydd fy holl esgyrn yn gweiddi, "Pwy, ARGLWYDD, sydd fel tydi?"' Mae rhai grwpiau Chasidig, ers dyddiau eu sylfaenydd, y Baal Shem Tov, yn credu fod ymysgwyd yn egnïol yn helpu person i synhwyro fod Duw yn agos, ond rhaid gwneud hynny'n fyr-fyfyr, nid mewn mannau penodol yn y weddi.

Yr yarmulkah

Arwydd cyffredinol o barch yw gwisgo 'cap corun', sef *yarmulkah* (talfyriad, efallai, o'r Iddeweg am 'ofn y Brenin') neu *capel* neu *kippah*. Mae'r rhain bob amser yn grwn er y gallant fod o bob maint a lliw. Does neb yn gwybod o ble ddaeth hwn, er bod llawer o bobl yn credu fod ei wisgo'n ffordd o fod yn wahanol i'r Cristnogion sydd yn dadorchuddio eu pennau fel arwydd o barch wrth weddïo. Bydd rhai dynion Iddewig yn gwisgo yarmulkah drwy'r amser ac eraill pan fydd enw Duw yn cael ei lefaru, wrth astudio ac wrth weddïo. Bydd rhai dynion yn gwisgo'u hetiau yn y synagog ac mewn rhai cymunedau, mae'r swyddogion yn gwisgo hetiau silc. Mae'n bosib y bydd disgwyl i ddynion sy'n ymweld â synagog i orchuddio'u pennau.

Y tallit

Y dilledyn mae pobl yn ei gysylltu fwyaf â gweddïo yw'r *tallit* ('siôl'). Mae hon wedi ei gwneud o wlân, cotwm, neu sidan gwyn pur (ond dim cymysgedd, gan fod hynny wedi ei wahardd yn Lefiticus 19: 19) gyda streipiau glas neu ddu llorweddol bob pen iddi. Gall fod yn sgwâr neu'n bedrongl, ond y peth pwysicaf amdani yw'r taselau ar ei phedwar cornel. Mae pwysigrwydd y *tzitzit* ('taselau') yn cael ei egluro yn Numeri 15: 38-41:

> *Dywed wrth bobl Israel am iddynt, dros eu cenedlaethau, wneud taselau ar odre eu gwisg, a chlymu rhuban glas ar y tasel ym mhob congl. Pan fyddwch yn edrych ar y tasel, fe gofiwch gadw holl orchmynion yr* ARGLWYDD *. . . Felly fe gofiwch gadw fy holl orchmynion, a byddwch yn sanctaidd i'ch Duw. Myfi yw'r* ARGLWYDD *eich Duw, a ddaeth â chwi allan o wlad yr Aifft i fod yn Dduw i chwi . . .*

Mae dynion (hynny yw, rhai dros 13 oed) Uniongred yn gwisgo'r tallit yn ystod y weddi foreol gartref neu yn y synagog. Mae rhai, yn enwedig yr arweinydd, yn ei gwisgo yn ystod cwrdd gweddi'r hwyr hefyd. Mae'n cael ei gwisgo am yr ysgwyddau a weithiau dros y pen (fel yn y ffotograff gyferbyn); bydd rhai'n adrodd y myfyrdod kabbalistaidd yma cyn ei gwisgo:

Ar achlysur mynd yn Bar Mitzvah, mae bachgen yn derbyn dyletswydd oedolyn i wisgo tephilin ar gyfer y weddi foreol

Tynnwyd llun yr olygfa hon ger y Wal Orllewinol ar un o ddyddiau'r wythnos

Pe bai wedi bod ar y Saboth ni fyddai'r dynion yn gwisio tephilin gan yr ystyrir y Saboth, fel dydd gŵyl, yn arwydd digonol o'r cyfamod

> *Yr wyf yma yn lapio tallit amdanaf gyda tzitzit ynghlwm wrtho er mwyn cyflawni gorchymyn fy Nghreawdwr . . . ac yn union fel yr wyf yn fy ngorchuddio fy hun â tallit yn y byd yma, felly boed i'm henaid haeddu cael ei wisgo mewn gwisg ysbrydol hardd yn y Byd sydd i Ddod, yng Ngardd Eden.*

Mae'r mudiad Diwygiedig yn disgwyl i ddynion wisgo tallit (mewn rhai cymunedau, mae hynny'n golygu dynion priod yn unig) ac yn rhoi'r dewis i fenywod, ond mae rhai pobl yn credu y dylai fod yn orfodol i fenyw hefyd os yw'n derbyn yr un cyfrifoldebau a breintiau â dynion yn y synagog, fel agor yr arch neu gael ei galw i ddarllen o'r Torah. (Er enghraifft, mae Rabbi David Kunin yn dadlau hynny yn y *Journal of Progressive Judaism*, Mai 1994, gan alw ar y mudiad Diwygiedig i ddilyn egwyddorion halachaidd ar natur dyletswyddau.) Mae rhai Iddewon traddodiadol yn gwiso tallit bychan (*tallit katan*) fel dilledyn isaf drwy gydol y dydd. Enw arall ar y dilledyn yma yw *arba kanfot* ('fest bedair-cornel'). Nodwedd hollbwysig y tallit katan hefyd yw'r tzitzit sy'n atgof o mitzvot pobl y cyfamod.

Tephilin

Yr un egwyddor o gofio sydd wrth wraidd yr arfer o wisgo *tephilin* ('ffylacterau') ar gyfer y weddi foreol yn y synagog neu'r cartref. Mewn Iddewiaeth Flaengar, gall pawb dros 13 eu gwisgo, ond does dim rhaid i neb wneud. Mewn Uniongrededd, rhaid i oedolion gwrywaidd 'osod tephilin', ymadrodd sy'n cyfeirio at y ffordd mae'r tephilin yn cael eu rhwymo wrth y corff drwy ddirwyn y ddwy strap yn symbolaidd. Mae'r naill yn cael ei gosod ar y fraich gyferbyn a'r galon a'r llall ar y talcen, gan ufuddhau i Deuteronomium 6: 4-9; 11: 13-21; (dau ddarn cyntaf y Shema) ac Exodus 13: 1-10; 13: 11-16. Mae'r adnodau hyn yn cael eu gosod yn y tephilin, ar sgroliau a ysgrifenwyd gan ysgrifennydd cymwys. Mae'r blychau duon eu hunain wedi eu gwneud o groen anifeiliaid kosher. Er bod mudiadau addysgol yn cynhyrchu copïau o tephilin i'w harddangos, dylid nodi fod rhai go iawn yn cael eu trafod â pharch mawr.

Mezuzah

Mae'r adnodau o Deuteronomium yn cael eu cynnwys hefyd ar y memrwn sy'n cael ei osod ar bostyn drws tŷ Iddewig (a weithiau ym mhob stafell fyw), gan ufuddhau i orchymyn y darnau eu hunain i osod atgof o'r Torah ar byst y drws. *Mezuzot* (unigol, *mezuzah*) yw enw'r rhain. Mae'r mezuzah'n cael ei osod mewn casyn fel arfer cyn ei roi, yn gogwyddo i fyny tuag at y drws, ar bostyn llaw dde'r drws. Does dim enghraifft well na hon o'r ddolen gyswllt anwahanadwy rhwng gweddïo ac astudio'r Torah, a phwysigrwydd deublyg y cartref a'r synagog wrth ufuddhau i'r mitzvot.

y synagog

Yn y bennod hon byddwch yn dysgu:

- am wreiddiau a dibenion y synagog
- ynglŷn â darllen y Torah
- ynglŷn â swyddogaeth y Rabbi.

Termau a dibenion

Mae adeilad y synagog yn cyflawni sawl diben: mae'n lle i astudio a gweddïo, ac yn fan cyfarfod cyffredinol i'r gymuned. Efallai y bydd yn cynnwys *Bet Midrash* (tŷ astudio) er bod hwnnw, fel y gwelsom ym mhennod 8, yn aml mewn adeilad ar wahân. Trafodwyd y synagog fel *Bet Tefillah* ('tŷ gweddi') ym mhennod 10. Rhaid pwysleisio eto fod Iddewon yn gweddïo'n breifat yn ogystal ag yn gymunedol, ac nad oes rhaid bod â synagog i allu gweddïo'n gymunedol. Dydy hi ddim yn glir o gwbl pryd a ble y daeth y synagog yn gysylltiedig â gweddïo. Mae'r gair Groeg ar gyfer '[tŷ] gweddi', *proseuche*, yn ymddangos mewn arysgrifau o safleoedd Eifftaidd yn y drydedd ganrif COG, ond tan flynyddoedd olaf y ganrif gyntaf COG, does yr un ffynhonnell yn dweud fod adeilad penodol ar gyfer gweddïo gan yr Iddewon ym Mhalesteina na Babilon.

Bet Knesset ('tŷ'r cynulliad') yw'r prif enw ar synagog (ac eithrio'r term mwy tafodieithol, *shul* (ysgol), y gair sy'n cael ei ddefnyddio gan amlaf). Efallai mai dyma'r disgrifiad gorau o wir natur a phwysigrwydd y synagog, ac mae hefyd yn egluro gwreiddiau'r synagog fel sefydliad. Mae *Knesset* yn golygu 'cynulliad' (dyna enw Senedd Israel) a felly, ystyr *Bet Ha-Knesset* yw 'y man cyfarfod' ('Ha' yw'r fannod mewn Hebraeg). Mae tinc ffurfiol i'r modd y defnyddir 'Bet Knesset' yn y Talmud, sy'n awgrymu fod y cynulliad yn achlysur pwysig, yn hytrach na phobl yn digwydd cwrdd yn anffurfiol. Dydy hi ddim yn glir sut y datblygodd y synagog fel 'canolfan gymuned', ond mae'r term Bet Knesset yn disgrifio cwmpas llawn yr holl weithgareddau sy'n digwydd yn y synagog fodern. Mae pobl yn ymgynnull i astudio, i weddïo, i ddarllen y Torah, i gynnal cyfarfodydd, clybiau, achlysuron cymdeithasol, a dathliadau. Ni wahaniaethir rhwng gweithgareddau crefyddol a rhai seciwlar. Y synagog yw cartref pob gweithgaredd.

Gwreiddiau'r synagog

Er mai ychydig iawn a ŵyr neb am y synagog cyn y ganrif gyntaf COG, mae'r dystiolaeth yn awgrymu mai rhagflaenydd y synagog oedd man cynnull lleol Iddewon Groeg eu hiaith y Diaspora. Fel cymuned Iddewig, byddai'r rhain yn cwrdd i gynnal amrywiaeth o weithgareddau cymdeithasol a chrefyddol, yn cynnwys astudio, gweddïo, darllen yr Ysgrythur, a defodau traddodiadol Iddewig eraill. Mae'n ddiddorol nad yw'r arysgrif gynharaf o Balesteina sy'n cyfeirio at fan cyfarfod o'r fath yn sôn am weddïo cymunedol. (Mae Theodotus, o'r ganrif gyntaf OG mae'n debyg, yn cael ei alw'n 'archisynagog', 'rheolwr y synagog' ac mae'r adeilad yn lle ar gyfer darllen y Torah, dysgu'r gorchmynion, a chroesawu ymwelwyr.) Efallai mai'r eglurhad yw bod yr Iddewon yn addoli yn y Deml, ac nad oedd angen nac awydd creu 'man cysegredig' arall. Mae'n siwr fod ganddyn nhw adeiladau cymunedol (a lleoliadau awyr-agored) lle bydden nhw'n gweddïo'n gyson, ond doedd gan y llefydd hyn ddim o'r nodweddion cysegredig a fyddai'n dod yn rhan hanfodol o synagog. Felly, mae'n edrych fel pe bai'r term *knesset* yn cyfateb yn union i ystyr wreiddiol y gair Groeg *sunagoge*, sef cynulliad neu gynulleidfa ffurfiol yn hytrach nag adeilad. Efallai fod hynny'n egluro pam nad oedd math safonol o adeilad yn bod yn y canrifoedd Cristnogol cynnar. Yn wir, does dim llawer o reolau ynglŷn â ffurf adeilad synagog i'r dydd heddiw. Mae unrhyw ofynion penodol yn ymwneud â'r Torah a'r darlleniadau ohono (gweler isod).

Mae rhai pobl yn olrhain gwreiddiau'r synagog yn ôl i'r gaethglud yn y chweched ganrif COG. Heb Deml, efallai fod yr Iddewon wedi ymgynnull i weddïo. Mae'r dystiolaeth destunol, fodd bynnag, yn awgrymu fod yr Iddewon wedi ymgynnull yn Israel ar ôl dychwelyd o'r gaethglud, ac wedi i'r Deml gael ei hadfer, i wrando ar y Torah'n cael ei ddarllen (Nehemiah 8: 7-8). Mae un traddodiad yn dweud mai Esra ddechreuodd gynnal darlleniadau fore Llun a bore Iau pan fyddai llawer o bobl yn dod i'r farchnad ac i'r llysoedd barn (Talmud Jerwsalem 4: 1) ac ar brynhawn y Saboth pan fyddai siopwyr yn gallu dod (Bava Kama 82a). (Mae cyfeiriadau sy'n dyddio darllen y Torah'n gyhoeddus ar rai achlysuron arbennig i oes Moses, Josua a Josiah yn Deuteronomium 31: 10 ymlaen; Josua 8: 34; a 2 Brenhinoedd 23: 2.) Erbyn y ganrif gyntaf OG, mae'r athronydd Philo a'r hanesydd Josephus ill dau yn sôn am ddarlleniadau cyson ar y Saboth fel arfer cyffredin. Mae digon o dystiolaeth i bwysigrwydd y synagog fel lle i ddarllen yr Ysgrythurau yn y Testament Newydd (e.e. mae Luc 4: 16-20 yn cyfeirio'n benodol at ddarllen ac mae Marc 6: 2; Mathew 12: 9; Actau 18: 4 yn cyfeirio at addysgu); dim ond un darn o'r Testament Newydd (Mathew 6: 5) sy'n sôn am weddïo yn y synagog, a gallai hynny fod yn gyfeiriad at 'gynulliad' yn hytrach nag adeilad.

Ar ôl dinistr yr Ail Deml yn 70 OG, gallwyd dod â'r holl wahanol ffyrdd o addoli ynghyd mewn adeiladau penodol ym Mhalesteina, ac mae llawer mwy o sôn am y synagog o'r dyddiad hwn ymlaen. (Mae'r Talmud yn sôn am gymaint â 394 o 'dai

cynnull' yn Jerwsalem ei hun erbyn 70 OG, ond mae'n debyg mai dim ond wedi'r dyddiad hwn y sefydlwyd nifer arwyddocaol o 'synagogau' yn yr ystyr o adeiladau y byddai pobl yn addoli ynddyn nhw.) Beth sydd gennym yn awr yw cyfuniad o dŷ gweddi, tŷ astudio, a thŷ cwrdd, sy'n ein hatgoffa am wreiddiau amrywiol a dyrys y synagog fel sefydliad. Ond beth sy'n ganolog i'r cwbl yw'r Torah.

Darllen y Torah

Aron Kodesh

Mae'n rhaid i synagog – boed yn adeilad mawr, addurniedig neu'n stafell fechan, ddiaddurn – gynnwys dau beth: arch i gadw sgroliau'r Torah ynddi, a desg lle bydd pobl yn eu darllen. Yn ôl Exodus 25: 10-16 roedd y Tabernacl a godwyd yn yr anialwch yn cynnwys y ddwy lechen o garreg a roddwyd i Moses ar fynydd Sinai, mewn blwch pren wedi ei orchuddio ag aur, o'r enw'r *aron kodesh* ('arch sanctaidd'). Diflannodd yr arch pan ddinistriwyd Teml Solomon. Yn oes y Talmud, cist fechan y gellid ei chario oedd yr arch yma ond ers y canol oesoedd, mae wedi bod ar ffurf cwpwrdd ar wal ddwyreiniol y synagog. (Enw'r Iddewon Seffardi am hyn yw *heichal* ('cysegrfa') yn hytrach nag aron kodesh.) Dyma lle mae sgroliau'r Torah'n cael eu cadw, a dyma ganolbwynt y synagog. Fel arfer mae llen o frodwaith hardd o flaen yr arch neu yn union y tu fewn i'r drysau. (Mae rhai'n credu fod hyn yn atgof o'r llen o flaen rhan fewnol y Deml, y Cysegr Sancteiddiolaf.) Mae synagog Gorllewin Llundain yn enwog am ei rhwyllwaith agored sy'n golygu y gall pobl weld y sgroliau drwy gydol y gwasanaeth. Ond fel arfer, dydy'r gynulleidfa ddim yn gweld yr olygfa drawiadol yma tan yn union cyn i'r Torah gael ei gymryd allan i'w ddarllen.

Uwchlaw'r arch yn aml mae dwy lechen sy'n cynrychiolir'r Deg Gorchymyn, gyda dau air cyntaf pob gorchymyn arnyn nhw (fel arfer gyda'r llythrennau Hebraeg sy'n sillafu enw Duw, a geir yn Exodus 3:14, heb eu sgrifennu'n llawn, o barch). Weithiau maen nhw'n cynnwys dywediadau eraill fel 'Boed i ti wybod ger bron pwy yr wyt yn sefyll'. Mae *ner tamid* ('golau tragwyddol') yno hefyd, sy'n symbol o'r presenoldeb dwyfol. Mae'r rhan fwyaf o synagogau modern yn defnyddio golau trydan, ond mae un neu ddwy (yn cynnwys un Gorllewin Llundain) yn dal i ddefnyddio'r lamp olew draddodiadol, sy'n cyfateb i'r lamp a oedd yn llosgi'n barhaus yn y Tabernacl (Exodus 27: 20-1), a roddodd ei henw i'r ner tamid. Yn y synagog, mae'n ymddangos mai peth

Tu fewn baróc hardd Synagog Goffa Chatham a symlrwydd y synagog yng Nghanolfan Sternberg

cymharol ddiweddar yw hyn; does dim cyfeiriad at ner tamid mewn synagog cyn y ddeunawfed ganrif. Mae goleuni yn hen, hen symbol o bresenoldeb Duw, fel yn y Tabernacl ac yn ddiweddarch yn y Deml lle'r oedd *menorah* ('canhwyllbren'), yn ôl y disgrifiad yn Exodus 25: 31-40; 37: 17-24. Mae gan rai synagogau menorah (un saith-cangen safonol neu'r un nawcangen ar gyfer Chanukah) ar y llaw dde i'r arch hefyd.

Y *bimah*

Canolbwynt arall y gweithgareddau yw'r *bimah* ('llwyfan') o'r lle mae'r Torah'n cael ei ddarllen. Gall hwn fod yn llwyfan eithaf mawr neu'n ddim mwy na desg ddarllen. Mewn synagogau Uniongred mae yn y canol, fel arfer. Dyna'r safle mae Maimonides yn ei argymell ond mae'r *Kesef Mishneh*, esboniad ar ei gôd, yn dweud mai'r unig reswm am hynny oedd ei gwneud hi'n haws i bobl glywed, ac y byddai'n iawn gosod y bimah ar yr ochr mewn synagogau llai. (Mae llenyddiaeth ddiweddarach yn anghytuno.) Un o newidiadau'r mudiad Diwygiedig ar ddechrau'r bedwaredd ganrif ar bymtheg oedd gosod y bimah yn syth o flaen yr arch, gyda seddau wedi eu gosod fel bod pawb yn ei wynebu. Mewn synagogau Uniongred mae menywod bob amser yn eistedd ar wahân i'r dynion, naill ai mewn oriel neu y tu ôl i sgrîn, gan fod y Talmud yn dweud na ddylai dim darfu ar ddyletswydd dynion i weddïo.

Mae cyrddau gweddi yn y synagog bob dydd, gyda'r nos, yn y bore, ac yn y prynhawn. Rhaid bod â minyan (deg dyn, yn draddodiadol) ar gyfer rhai o'r gweddïau a ddisgrifir ym mhennod 10. Mae dynion Uniongred a llawer o Iddewon eraill yn ystyried ei bod yn ddyletswydd arnyn nhw i adrodd y gweddïau eraill ar eu pen eu hunain os nad oes digon yn bresennol i gynnal gwasanaeth synagog. Ar y Saboth a dyddiau gŵyl, y darlleniad yw canolbwynt y gwasanaeth, ynghyd â'r seremoni sy'n arwain at y foment pan fydd sgrôl y Torah'n cael ei chymryd allan o'r aron kodesh.

Darnau o'r Torah

Bob bore Saboth, mae un darn o'r Torah'n cael ei ddarllen. Mae'r *sidra* ('trefn' neu 'adran', lluosog *sidrot*) yn hwy os yw'r synagog yn un Uniongred. Mae cymunedau Uniongred yn dilyn yr hen arfer Babilonaidd o ddarllen y Torah cyfan mewn blwyddyn ac felly mae pob wythnos yn cynnwys sawl pennod a darnau o benodau. (Cafodd y Beibl ei rannu'n benodau yn gymharol ddiweddar yn ei hanes, ac mae'r rhaniadau yn aml yn torri ar draws ystyr darn neilltuol.) Roedd Iddewon ym Mhalesteina yn arfer ymestyn y darlleniad dros dair blynedd, ac fe fabwysiadwyd y cylch tair-blynedd yma gan gymunedau Diwygiedig, oherwydd fod darlleniad byrrach yn helpu pobl i ganolbwyntio'n well, a rhoi mwy o urddas i'r addoli. Maen nhw hefyd yn galw sylw at y ffaith fod y Talmud yn cyfeirio at system dair-blynedd yn yr hen Israel, cyn y cyfnod Babilonaidd (Megillah 29b). Dydy'r calendr litwrgaidd Diwygiedig presennol ddim yn cynnwys y Torah cyfan, yn y gred nad yw rhai darnau (fel achau, fel yn Genesis 36, a rhestri o afiechydon y croen fel yn Lefiticus 13) yn addas i'w darllen yn gyhoeddus. Mae'r rhan fwyaf ohono'n cael ei gynnwys drwy rannu pob *parashah* ('cyfran wythnosol', lluosog *parashiyot* – mae'r geiriau'n cael eu defnyddio'n gyfnewidiol gyda sidra a sidrot) yn y cylch blynyddol yn dair rhan, a darllen o bob rhan unwaith bob tair blynedd. Mae hyn yn sicrhau cysylltiad â'r hyn sy'n cael ei ddarllen bob wythnos yn holl synagogau eraill y byd. (O bryd i'w gilydd, mae'r amser ychwanegol sy'n cael ei gymryd i ddathlu gwyliau mewn Uniongrededd y tu allan o Israel yn golygu nad yw eu darlleniadau nhw o'r Torah mewn cadw â rhai'r synagogau Diwygiedig, er enghraifft, pan fydd gŵyl Simchat Torah yn digwydd ddiwrnod yn hwyrach - gweler penodau 13 ac 14.) Ym mhob cynulleidfa, mae'r cylch litwrgaidd yn dod i ben pan fydd rhan olaf Deuteronomium a rhan gyntaf Genesis yn cael eu darllen ar ŵyl Simchat Torah (gweler pennod 14).

Haftarah

Ar Sabothau, dyddiau gŵyl, dyddiau ympryd ac yng ngwasanaeth y prynhawn ar Ddydd y Cymod, mae darlleniad o'r Proffwydi yn dilyn y darlleniad o'r Torah (gweler pennod 2). Does neb yn gwybod pryd y dechreuwyd gwneud hyn, er bod darn o'r Mishnah (Megillah 4: 1) yn dangos mor hynafol yw'r arfer. Gan ei fod yn cwblhau neu gloi'r Torah, enw'r darlleniad yma yw *haftarah* ('diweddglo', lluosog *haftarot*). Mae'r haftarah'n gysylltiedig â'r ŵyl neu'r ympryd neilltuol (gweler enghreifftiau ym mhenodau 13-15) neu'n cynnwys neges yn gysylltiedig â sidra'r diwrnod hwnnw. Felly, yn y cylch blynyddool, mae Micha 5: 5 i 6: 8 yn cynnwys cyfeiriad at Balak, testun cyntaf (ac enw) y sidra yn Numeri 22: 2 i 25: 9, ac mae ysbïwyr Josua 22: 1-24 yn cyfateb i'r ysbïwyr gafodd eu danfon allan gan Moses yn sidra Numeri 13. Wrth reswm, mae'r cylch tair-blynedd, gydag adran o'r Proffwydi ar gyfer pob adran o'r

Torah, yn cynnwys nifer fwy o haftarot. (Mae hyn hefyd yn egluro pam mae'r dewis o haftarot yn y litwrgi Seffardaidd, sy'n deillio o Iddewon Sbaen, weithiau'n wahanol i rai'r Ashkenazim, sy'n dilyn y litwrgi Almaenaidd.) Mae'r cylch yma yn cynnwys nid yn unig y Proffwydi ond hefyd ddetholiad ehangach o'r Ysgrifau (gweler pennod 2) na'r hyn sy'n cael ei ddarllen yn gyhoeddus yn draddodiadol, fel Job a Daniel. Yn y fan yma eto, mae Diwygwyr yn hawlio eu bod yn dilyn arfer y Talmud (Shabbat 116b), ond un datblygiad cwbl newydd yw cynnwys darn o'r Apocryffa (gweler pennod 2), yn enwedig 1 Macabeaid 2: 1-28 fel yr haftarah ar gyfer yr ail Saboth yn ystod gŵyl Chanukah yn hytrach na'r darn traddodiadol, sef 1 Brenhinoedd 7: 40-50.

Sefer Torah

Yng ngwasanaeth y synagog, mae'r haftarah yn cael ei ddarllen o lyfr printiedig, ond mae'r sidra bob amser yn cael ei ddarllen o sgrôl neu *sefer* (lluosog *sifrei*). Wedi agor drysau'r arch, mae'r *sefer Torah* yn cael ei godi'n seremonïol o'r arch a'i gario mewn gorymdaith yn syth at y bimah, drwy ganol y gynulleidfa (mewn synagogau sydd â'r bimah yn y canol). Bydd addolwyr yn pwyso ymlaen i gyffwrdd ag ef â thaselau eu tallit (siôl weddi) wrth iddo fynd heibio. Mae'r parch yma yn nodweddiadol o bopeth ynglŷn â'r sefer Torah, y ffordd mae wedi cael ei sgrifennu, ei addurno, ei drafod a'i ddarllen.

Sgrôl femrwn yw'r Torah â phum llyfr cyntaf y Beibl wedi eu sgrifennu arni. Mae'r geiriau wedi eu copïo yn ofalus â llaw mewn inc arbennig gan *sofer* ('ysgrifennydd') proffesiynol. Dim ond cytseiniaid sydd yn yr Hebraeg. Does dim llafarnodi, sef rhoi marciau sy'n dynodi pa lafariaid sydd mewn gair islaw'r cytseiniaid – a geir mewn fersiwn brintiedig (*chumash*) – dim atalnodi, a dim arwyddion cerddorol uwchlaw'r llythrennau i arwain y darllenydd pan fydd yn llafarganu. Mae felly'n anodd iawn i'w darllen ac mae llawer o bobl a hoffai dderbyn yr anrhydedd o gael eu galw i ddarllen yn methu gwneud am nad yw eu Hebraeg yn ddigon da. Mewn cymunedau Seffardi, mae'r sefer Torah yn gorffwys ar ddau roliwr o fewn casyn pren neu fetel trwm sydd wedi ei gerfio neu ei engrafu ac wedi ei addurno â metel neu ledr. Mae dau hanner y casyn ar golynnau ac mae'n agor fel llyfr i ddangos y sgrôl. Rhaid troi polion y ddau rolyn i ddod o hyd i'r darn cywir, ac mae'r sgrôl yn cael ei gosod ar stondin ar y bimah i'w darllen.

Mae sifrei Torah Ashkenazi yn cael eu rholio'n dynn ac mae'r ddau roliwr yn cael eu rhoi at eu gilydd a'u clymu â rhwymyn lliain. Maen nhw'n cael eu lapio wedyn mewn mantell sidan neu felfed gydag addurn arian yn crogi arni, sydd yn aml wedi ei haddurno â symbolau o fawredd y Torah fel blodau neu goronau. Mae'r addurn yn cynrychioli llurig yr Archoffeiriad yn ystod oes y Deml. Mae coron arall yn aml yn addurno brig y sefer Ashkenazi a Seffardi. O dan y goron weithiau, yn dal y polion, mae *rimmonim* ('pomgranadau'), gyda chlychau'n crogi oddi wrthyn nhw sy'n canu wrth i'r sefer gael ei gario yn ôl ac ymlaen i'r bimah. Wrth i'r orymdaith symud o gwmpas y gynulleidfa wedi'r darlleniad, mae'r sain a'r olygfa yn ei gwneud hi'n gwbl glir i bawb beth yw canolbwynt y gwasanaeth. Wrth y bimah, mae'r sefer yn cael ei ddal yn uchel i bawb gael ei weld, ac yna'n mae'r symbolau'n cael eu tynnu ymaith. Mae sefer Ashkenazi yn cael ei osod i orwedd yn wastad, ac mae'r darllenydd yn cadw ei le (neu, mewn synagog Flaengar, ei lle) wrth ddarllen â *yad* ('llaw'), pwyntydd arian neu bres, i sicrhau na fydd llaw'r darllenydd yn cyffwrdd â'r testun yn uniongyrchol.

Iaith a cherddoriaeth

Mewn synagog Uniongred, mae'r Torah a'r Proffwydi'n cael ei llafarganu yn yr Hebraeg, gan rywun sydd wedi ei hyfforddi'n arbennig neu gan rywun sy'n dathlu achlysur arbennig, fel y Saboth cyn ei briodas, neu ar ddiwedd cyfnod o alaru am berthynas agos. Mae'r sidra mor hir nes ei fod wedi ei rannu'n adrannau, a bydd o leiaf saith o wahanol bobl yn cael eu galw i'r bimah naill ai i ddarllen neu i adrodd y fendith cyn y darlleniad neu ar ei ôl, neu i dystio i'r darlleniad a'i ddilyn. Yr enw ar yr arfer yma yw *aliyah* ('esgyniad'). Dim ond un person sy'n cael aliyah fel arfer mewn synagog Ddiwygiedig, ac mae'r sidra'n cael ei ddarllen yn hytrach na'i lafarganu. Yn union cyn yr Hebraeg, neu yn union ar ôl hynny, bydd cyfieithad yn cael ei roi yn yr iaith frodorol (fesul adnod mewn rhai cymunedau). Y brif nod yw gwneud yr ystyr yn glir ac yn ddealladwy i bobl tra'n cadw at iaith hynafol y Torah. Mae'r haftarah'n cael ei ddarllen yn yr iaith frodorol fel arfer mewn synagogau Diwygiedig, a dim ond y fendith cyn y darlleniad neu ar ei ôl sy'n cael ei dweud neu ei chanu mewn Hebraeg.

Y cantor

Er fod unrhyw berson cymwys sy'n gallu llafarganu'r Torah (ac arwain y gweddïo) yn cael gwneud, mae synagogau Uniongred yn aml yn cyflogi cantor proffesiynol, *chazan* (lluosog *chazanim*). Mewn oes gynharach, swyddog gweinyddol oedd y chazan oedd yn cyflawni anghenion ymarferol y gymuned. Ei brif waith heddiw yw arwain y rhan fwyaf o'r gwasanaeth. Bydd y chazan wedi derbyn hyfforddiant maith nid yn unig fel canwr, ond hefyd mewn *chazanut* (cerddoriaeth litwrgaidd Iddewig). Yn UDA, er enghraifft, yr ysgol gyntaf ar gyfer hyfforddi chazanim oedd Coleg Cerddoriaeth Gysegredig yr Undeb Hebreaidd a sefydlwyd ym 1948. Mae chazanim Prydeinig yn hyfforddi yn Ysgol Astudiaethau Iddewig Llundain.

Mae cryn bryder ynglŷn â dyfodol yr holl draddodiad cerddorol a'r hyn mae'n gallu ei gynnig i addoli Iddewig. All cymunedau bychain ddim fforddio cyflogi chazan, ac mae rhai eraill yn dewis gwneud hebddo. Ychydig iawn o synagogau Diwygiedig, hyd yn oed y rhai mawr, sy'n cyflogi cantor, i raddau oherwydd fod mwy o'u gwasanaethau yn yr iaith frodorol, heb fod angen y sgiliau arbenigol. Mae gwasanaethau Diwygiedig yn fyrrach hefyd, ac weithiau maen nhw'n defnyddio côr (cymysg, bob amser) ac organ (wedi ei lleoli mewn oriel, fel organ 1870 Synagog Gorllewin Llundain, neu tu ôl i'r arch) i arwain y gân. Hyd yn oed heb y rhain mae'r mudiad Diwygiedig yn pwysleisio cyfranogaeth y gynulleidfa yn hytrach nag unigolion, a'r rabbi, yn hytrach na chazan, sy'n arwain lle bo angen.

Roedd cantorion a cherddorion yn Nheml Solomon (e.e. 1 Cronicl 25) ac offerynnau cerddorol (e.e. Salm 92: 2-4). Ar ôl dinistr y Deml, daeth rheolau newydd i rym. Mae tair prif ystyriaeth: ymatel wrth alaru am golli'r Deml; penderfyniad i osgoi ceisio ailgreu'r Deml yn y synagog; a gwaharddiad ar chwarae offerynnau cerddorol ar y Saboth neu ar ddyddiau gŵyl (gweler pennod 12). Mae gan rai synagogau Uniongred organ, ar gyfer priodasau'n bennaf. Does dim o'r cyfyngiadau yma yn y mudiad Diwygiedig, gan fod sylfaenwyr y mudiad yn y bedwaredd ganrif ar bymtheg wedi gwrthwynebu'r pwyslais ar y Deml. (Yn wir, 'temlau' mae pobl yn galw synagogau Diwygiedig yn UDA yn aml.)

Mewn synagogau heb offerynnau, mae'r pwyslais i gyd ar yr alaw leisiol. Mae rhai'n credu fod ffurf symlaf a phuraf hyn yn dyddio o oes Esra o leiaf ac, o bosib, o gyfnod y Deml gyntaf. Mae'r undod rhyfeddol rhwng tri phrif draddodiad cerddoriaeth

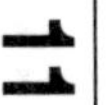

litwrgaidd Iddewig – Ashkenazi, Seffardi, a Dwyreiniol – yn awgrymu'n gryf eu bod yn tarddu o'r un gwraidd, sef llafarganu'r Deml. Yn ddiddorol iawn, mae rhai pobl (er enghraifft, yr Athro Yahezkiel Brown ym Mhrifysgol Tel Aviv) wedi cymharu llafarganu Iddewig yr Yemen â phlaenganu Gregoraidd Cristnogol. Y nodwedd gyffredin yw ymadroddion byr wedi eu cyfuno mewn dilyniant rhagordeiniedig i ffurfio adroddgan estynedig. Mae'r ymadroddion yn cael eu dynodi gan symbolau uwchlaw neu islaw'r testun Hebraeg mewn system ragnodi o'r enw '*cantillation*' yn Saesneg. (Mae gwahanol ffurfiau o lafarganu ar gyfer y Torah ac ar gyfer yr haftarah.) Mae'r system a gafodd ei pherffeithio yn y nawfed ganrif OG yn dal i gael ei defnyddio heddiw. Blodeuodd y 'siantiau gosod' hyn yn Oes Aur Iddewon Sbaen (900-1400 OG) a phan gafodd Iddewon Seffardi eu hel o'r wlad yn niwedd y bymthegfed ganrif, fe aethon nhw â'u cerddoriaeth gyda nhw i wledydd o gwmpas Môr y Canoldir, fel Moroco. Dablygodd swydd y chazan yn y bedwaredd ganrif ar bymtheg a dim ond gyda datblygiad y mudiad Diwygiedig yr enillodd yr organ ei phlwyf mewn addoliad Iddewig. Datblygiad modern hefyd yw'r côr pedwar-llais mewn cerddoriaeth litwrgaidd Iddewig.

Arweinwyr crefyddol

Gwas cyflog y synagog yw'r chazan. Gan ei fod wedi ei drwytho yn y Beibl, y Talmud, a'r llyfr gweddi, mae'n aml yn cael ei alw wrth y teitl 'Parchedig'. Gan fod y chazan yn gwneud gwaith bugeiliol ac yn awdurdod cyffredinol ar faterion crefyddol yn y gymuned, mae'n cynnig arweiniad crefyddol. Mae'n ddyletswydd arno (neu arni, mewn cymunedau Blaengar) i arwain y gymuned, yn enwedig wrth addoli.

Y Rabbi

Gwas cyflog arall y synagog, a phrif arweinydd crefyddol Iddewiaeth, yw'r rabbi. Tra bod disgwyl i'r chazan wybod y Torah, a sut i'w lafarganu, rhaid i'r rabbi fod yn arbenigwr ar bopeth yn ymwneud ag ef. Lle canolog y Torah mewn Iddewiaeth sy'n gwneud y rabbi mor bwysig, a dim ond i'r graddau mae'n astudio ac yn dysgu'r Torah y mae'n cadw'r statws hwnnw. Dim ond athrawon y Mishnah oedd yn arfer cael eu galw'n *rabbi* ('fy meistr'). Ond nid dehongli'r Torah oedd eu gwaith cyflog, ond galwedigaethau digon cyffredin fel gwneud pebyll neu drwsio esgidiau. Roedd gan lawer o rabbiniaid yr oesoedd canol swyddi oedd yn talu'n well, fel meddygon neu fasnachwyr. Ond, boed dlawd neu gyfoethog, roedd parch ac awdurdod y rabbi yn deillio'n llwyr o'i wybodaeth o'r Torah a'i allu i ddyfynnu penderfyniadau ohono i ateb anghenion ymarferol Iddewon.

Gwyddom fod gwrthdaro yn nwyrain Ewrop yn y ddeunawfed ganrif rhwng arweinwyr rabbinaidd a rhai carismatig (gweler pennod 4). Mae Iddewiaeth yn amheus bob amser o unrhyw un nad yw ei arweiniad ysbrydol wedi ei seilio ar astudiaeth drylwyr o'r Torah. Nid fod pobl yn meddwl fod carisma, tosturi, a'r holl ansoddau eraill sydd eu hangen ar rabbi modern yn ddibwys neu'n anghymharus â gwybodaeth arbenigol am y Torah, ond y ffaith syml amdani yw na fyddai Iddewiaeth (fel y math o grefydd mae'r rhan fwyaf o bobl yn meddwl amdani) yn bod heb y Torah. Nid math o weithiwr cymdeithasol aruchel mo rabbi (er ei bod yn anodd dychmygu sut y gallai rabbi heb sgiliau bugeiliol ateb anghenion y gymuned), na dehonglydd llawn dychymyg (er y gallai dychymyg fod yn ddawn werthfawr) ond dyn (neu fenyw) sydd wedi ei hyfforddi i allu arwain cymuned lle mae'r Torah'n cael ei ddarllen, ei astudio, a'i fyw. Mae'r bregeth yng ngwasanaeth y synagog yn ffordd gymharol newydd o wneud hyn, er y ceid pregethwyr teithiol yn y gorffennol a fyddai'n esbonio testunau beiblaidd neu rabbinaidd. Mae gwahaniaeth barn o fewn Iddewiaeth am werth y gair llafar o ran hyfforddi ac ysbrydoli mewn oes sy'n cael ei rheoli fwyfwy gan ddelweddau gweledol a ffyrdd cryno o gyfathrebu. Ond os oes rhywun yn mynd i allu gwneud datguddiad dwyfol yn berthnasol i'r cyflwr dynol, y rabbi Iddewig yw hwnnw neu honno, gan mai dyma orchwyl hynafol a pharhaus y grefydd hon.

Mewn synagogau Blaengar, mae hyd yn oed mwy o bwyslais ar y bregeth, ac mae'r rabbi yn debyg o arwain gweddill y gwasanaeth hefyd. Mae'r ffaith fod anawsterau personol difrifol yn gallu codi mewn unrhyw gynulleidfa, a bod angen medrau i ymdrin â nhw, wedi peri i lawer o rabbiniaid Diwygiedig i hyfforddi ymhellach mewn seicotherapi neu fathau eraill o gynghori. O ran arweiniad ar faterion moesol a defodol, y rabbi yw'r arbenigwr ysbrydol o hyd, a bydd rhai rabbiniaid yn casglu enghraifftiau o gwestiynau ac atebion a'u cyhoeddi ar ffurf responsa'r mudiad Diwygiedig. Mae chwarae rhan mewn achlysuron cymdeithasol a bod yn aelod o gyngor y synagog yn rhan o waith rabbi Diwygiedig hefyd, ond ni fyddai disgwyl i rabbi Uniongred wneud hynny. Byddai'r gymuned ehangach hefyd yn gweld y rabbi Diwygiedig fel rhywun sy'n cynrychioli credoau ac arfer Iddewig ar bwyllgorau lleol. Er bod model yr offeiriad Cristnogol yn amlwg wedi dylanwadu ar ganfyddiad y mudiad Diwygiedig, mae'r hyfforddiant maith mewn coleg rabbinaidd yn dal i ganolbwyntio ar y Torah. Y coleg sydd, yn pen draw, yn rhoi i'r rabbi ei *smichah* ('ordeiniad') sy'n sail i'w awdurdod. Er nad yw'n cael ei dderbyn gan yr awdurdodau Uniongred, mae smichah Diwygiedig o Goleg Leo Baeck yn cael ei gydnabod ledled y byd gan gymunedau Ceidwadol, Rhyddfrydol a Diwygiedig eraill. Ar faterion o arfer, fel faint o'r gwasanaeth ddylai fod mewn Hebraeg, mae pob rabbi'n annibynnol, ac mae llawer mwy o wahaniaethau rhwng synagogau Diwygiedig na rhwng synagogau Uniongred. Ar faterion o statws, y Bet Din sy'n penderfynu bob amser (gweler pennod 9) a rhaid i rabbiniaid Diwygiedig ufuddhau i rai penderfyniadau am eu bod yn aelodau o Gynulliad y Rabbiniaid. Ym Mhrydain, er enghraifft, chân nhw ddim gweinyddu mewn priodas gymysg (gweler pennod 9).

Y Prif Rabbi

Mae awdurdod canolog y Synagog Unedig ym Mhrydain yn deillio o swydd y Prif Rabbi. Mae'r Prif Rabbi'n cael ei benodi gan y llywodraeth fel llefarydd dros Iddewiaeth ym Mhrydain, i gynrychioli pob cangen o'r grefydd. Neu dyna'r bwriad, o leiaf, ond mae'r swyddogaeth yma'n mynd yn fwyfwy ansicr. Mae'r ffrae a fu dros ddatganiad y Rabbi Jonathan Sacks ym 1995 fod unrhyw un sy'n methu derbyn y rhoddwyd y Torah yn ei gyfanrwydd gan Dduw i Moses 'wedi torri pob cysylltiad â ffyrdd ei gyndeidiau' yn dangos yr anawsterau. Cafodd Dr Sacks addysg a hyfforddiant rabbi Uniongred modern. Un rhan o'i gyfyng-gyngor yw fod llawer o'i rabbiniaid wedi eu hysbydoli gan Uniongrededd asgell-dde. I'r chwith i'r Synagog Unedig, mae rabbiniaid Masorti (Ceidwadol), Diwygiedig a Rhyddfrydol yn methu'n lân â derbyn ei ddiffiniad ef o Iddewiaeth. Mae agwedd Dr Sacks yn diarddel o leiaf 25 y cant (ac o bosib llawer mwy) o Iddewon Prydain. Fel y dywedodd y rabbi Rhyddfrydol, David Goldberg: 'Fel mae pethau'n mynd, mae'n bosibl mai hwn fydd y Prif Rabbi olaf i gael ei dderbyn fel llefarydd mewn enw ar ran holl Iddewon Prydain' (*Independent*, 14 Ionawr 1995).

Ychydig iawn o wledydd eraill sydd â swydd Prif Rabbi. Daeth un Israel i fod yn ystod dyddiau'r Mandad Prydeinig, pan oedd awdurdod y mandad yn ystyried y gymdeithas fel un grefyddol yn hytrach nag endid gwleidyddol ac o ganlyniad, dim ond gydag awdurdod crefyddol roedd yn fodlon siarad. Yn Ffrainc, Gwlad Pwyl a De Affrica, prif ddiben y swydd yw cyfleu safbwynt y gymuned Iddewig wrth yr awdurdodau seciwlar.

12 y Saboth

Yn y bennod hon byddwch yn dysgu:

- am darddiad a phwrpas diwrnod o orffwys
- sut mae Iddewon ar hyd yr oesoedd wedi diffinio gwaith sydd wedi ei wahardd ar Shabbat
- ynglŷn â seremonïau Shabbat.

'Amser yn rhydd o amser'

Nid darganfyddiad Iddewig yn unig yw'r ffaith fod ar bobl angen seibiant o'u gwaith bob-dydd. Mae hyd yn oed pobl sy'n 'gaeth-i-waith' ('*workaholics*' yn Saesneg) yn tueddu i gyfaddef fod amser yn rhydd o'r gwaith yn llesol. Mae llawer o ddadlau wedi bod yng Nghymru yn y blynyddoedd diwethaf ynglŷn ag agor siopau ar y Sul, a beth mae hynny'n ei olygu o ran gwaith, hamdden, ac addoli. A ddylai pobl sy'n dewis bod yn Gristnogion ac addoli ar y Sul benderfynu a ydy pobl eraill yn cael siopa ar y diwrnod yma neu beidio? A fydd pwysau ar fusnesau bach a gweithwyr i weithio ar ddiwrnod pan fyddai'n well ganddyn nhw fynd i'r capel neu wneud pethau eraill? Pan glywch chi'r gair 'Saboth' mewn unrhyw drafodaeth, mae'n tueddu i fod yn negyddol, yn gysylltiedig â phobl sych-dduwiol sydd am atal pobl eraill rhag cael mwynhad. Mae'r Saboth yn creu darlun o Sul syber, honedig ddiflas y Calfiniaid. Mae faint y mae'r Sul Cristnogol (y diwrnod a ddewiswyd gan y Cristnogion cynnar i ddathlu atgyfodiad Iesu, tra cadwodd yr Iddewon y Sadwrn yn sanctaidd) wedi elwa ar fenthyca rhai o gyfyngiadau'r Saboth Iddewig yn destun dadl. Ond, heb os nac oni bai, er mwyn cael unrhyw syniad o ysbryd a phwrpas y Saboth Iddewig, mae'n rhaid cefnu ar y ddelwedd negyddol yma.

Diffinio *Shabbat*

Mae 'gorffwys', sef un cyfieithad o'r gair Hebraeg *Shabbat*, yn sicr yn un o nodweddion seithfed diwrnod yr wythnos Iddewig, ond mae'r ffordd mae pobl yn deall ystyr y 'gorffwys' yma, ei natur a'i ddiben, yn wahanol iawn i'r syniad o ddiflastod llethol wedi ei orfodi ar bobl. Mae *Shabbat*, sy'n perthyn i'r gair Hebraeg am 'roi'r gorau i', yn air amhosib ei gyfieithu'n iawn (y cwbl yw 'Saboth' yw fersiwn Gymraeg o'r *Shabbat* Hebraeg) am nad oes gair tebyg mewn unrhyw draddodiad neu ddiwylliant arall. Beth sy'n unigryw am 'ddydd gorffwys' Iddewiaeth yw ei fod yn golygu mwy nag 'amser rhydd' yn yr ystyr o 'amser yn rhydd o'r gwaith'; mae'n debycach i 'amser yn rhydd o amser'. Hynny yw, gall mynd ati'n fwriadol i arafu rhuthr bywyd, o fewn trefn neilltuol sy'n canolbwyntio ar bethau neilltuol, roi dimensiwn arall i fodolaeth ddynol.

Efallai y gallwn ddeall hynny'n well pan ystyriwn y rhan hanfodol mae Shabbat wedi ei chwarae mewn cynnal y ffydd Iddewig. Pan oedd cenhadon yn y bedwaredd ganrif ar bymtheg yn pwyso ar Iddewon Ethiopia, y *Falasha*, i enwi Gwaredwr yr

Iddewon, eu hateb nhw oedd: 'Gwaredwr yr Iddewon yw'r Saboth'. Yn yr ugeinfed ganrif, dywedodd yr athronydd Ahad Ha-Am: 'I raddau llawer mwy nag y mae Israel wedi cadw'r Saboth, mae'r Saboth wedi cadw Israel.' Mae hynny'n wir nid yn unig am fod neilltuo'r diwrnod yma wedi nodi'r Iddewon fel grŵp, yn wahanol i'r Mwslimiaid, a'u dydd Gwener, neu Gristnogion sy'n cadw'r Sul, ond am fod Shabbat yn cyfuno tair prif thema'r grefydd Iddewig: creadigaeth, datguddiad a gwaredigaeth, mewn ffordd y gall Iddewon ym mhob man ei dathlu'n ymarferol.

Duw y Creawdwr

Y darn beiblaidd allweddol sy'n egluro Shabbat yw uchafbwynt stori'r creu yn Genesis 1: 1-2: 4. Meddai Genesis 2: 1-3:

> *Felly gorffennwyd y nefoedd a'r ddaear a'u holl luoedd. Ac erbyn y seithfed dydd yr oedd Duw wedi gorffen y gwaith a wnaeth, a gorffwysodd ar y seithfed dydd oddi wrth ei holl waith. Am hynny bendithiodd Duw y seithfed dydd a'i sancteiddio, am mai ar hwnnw y gorffwysodd Duw oddi wrth ei holl waith yn creu.*

Dyna, felly, yw Shabbat: dathliad o greadigaeth gyflawn a pherffaith Duw. Ar y diwrnod yma, dylai Iddewon gofio'n neilltuol mai Duw yw'r creawdwr ac mae ei greaduriaid ef ydyn nhw. Yn ystod gweddill yr wythnos, gallant gymryd rhan yn ei weithgaredd creadigol, ond ar y diwrnod yma, rhaid iddyn nhw ddynwared y creawdwr a gorffwys. Wrth wneud hynny, dylid myfyrio ar y galluoedd a roddodd Duw iddyn nhw, a'u defnyddio yn y ffordd iawn. Yng ngeiriau Judah Halevi:

> *Mae cadw'r Saboth ei hun yn cydnabod fod Duw yn hollalluog, ac ar yr un pryd yn cydnabod y creu drwy'r gair dwyfol. (yn* Kuzari*)*

Amser sanctaidd

Y ffaith fod Duw wedi sancteiddio Shabbat drwy orffwys yw'r rheswm am y gorchymyn, 'Cofia'r dydd Saboth, i'w gadw'n gysegredig' yn Exodus 20: 8. Mae llawer o lenyddiaeth Iddewig yn pwysleisio'r pwynt fod y Beibl yn cysylltu sancteiddrwydd ag amser yn llawer amlach nag â lle. Mae'r Hebraeg am 'sanctaidd', *kaddosh*, yn cael ei ddefnyddio yn y lle cyntaf am Dduw ei hun.

Mae'n sanctaidd yn yr ystyr ei fod wedi ei osod ar wahân, mewn modd dirgel, i'r byd materol a'i gyfyngiadau. Ac eto, mae Duw ar gael i'w bobl drwy'r hyn mae'n ei osod ar wahân neu'n ei sancteiddio. Mae Duw ar gael yn y llyfrau sanctaidd (e.e. y Talmud), yn y mannau sanctaidd (e.e. arch y cyfamod), ac yn bennaf oll, yn ei mitzvot (gorchmynion). Cyn cyflawni unrhyw mitzvah, rhaid adrodd y berachah (y fendith): 'Bendigaid wyt ti, yr Arglwydd ein Duw, Brenin y Bydysawd, a'n sancteiddiodd ni drwy dy orchmynion'. Ond fel mae'r athronydd crefyddol cyfoes, Abraham Heschel yn nodi, nid mynydd neu allor oedd y peth sanctaidd cyntaf yn hanes y byd, ond amser neilltuol. Yn ei gerdd ryddiaith, *The Sabbath*, ysgrifennnodd:

> *Mae Iddewiaeth yn dysgu i ni lynu wrth sancteiddrwydd mewn amser, i lynu wrth ddigwyddiadau cysegredig, i ddysgu sut i gysegru cysegrfannau sy'n codi o ffrwd ogoneddus blwyddyn. Y Sabothau yw ein heglwysi cadeiriol mawr; a'n Cysegr Sancteiddiolaf ni yw cysegrfa na allodd y Rhufeiniaid na'r Almaenwyr mo'i llosgi . . . Dydd y Cymod . . . Ystyr y Saboth yw dathlu amser, nid lle; am chwe diwrnod yr wythnos rydym yn byw dan ormes pethau'n perthyn i le; ar y Saboth, ceisiwn fod mewn cytgord â sancteiddrwydd mewn amser. Ar y diwrnod hwn y mae galw arnom i gyfranogi yn yr hyn sydd yn dragwyddol mewn amser, i droi oddi wrth ganlyniadau'r creu at ddirgelwch y creu; oddi wrth fyd creadigaeth at greadigaeth y byd.*

Bwriad holl weddïau a litwrgi Shabbat yw crisialu'r teimlad yma o 'amser sanctaidd', amser sydd yn rhan o'n bodolaeth bresennol ac eto y tu hwnt iddi. Shabbat yw'r unig un o'r dyddiau sanctaidd sydd wedi ei ordeinio yn y Deg Gorchymyn. Mae dwy fersiwn o'r gorchmynion hyn yn y Torah. O fersiwn Exodus, uchod, daeth y ffyrdd positif o gadw Shabbat a fabwysiadwyd gan Rabbiniaid y Talmud. Mae'r gair agoriadol, 'Cofia', yn siarad, medden nhw, â'r teimladau, a felly dylai'r Iddew ddathlu mewn ffyrdd positif. Fel y dwedodd Rabbi Jwda y Duwiol (un o ffigurau sanctaidd yr Almaen ganoloesol) yn ei gyfrol, *Llyfr y Duwiol*:

> *Dylai dyn ymolchi ar noswyl y Saboth a gwisgo ei ddillad gorau a threfnu dathliad oneg shabbat ('llawenydd y Saboth') a darllen y pethau hynny sydd yn addas ar gyfer y dydd Saboth.*

Ond o'r fersiwn arall o'r Deg Gorchymyn, drwy law'r rabbiniaid, daw'r hyn y gellid ei ddisgrifio fel ochr negyddol cadw Shabbat, yn bennaf, peidio â gweithio. Yn Deuteronomium 5: 12-15, cadw Shabbat yw'r pedwerydd gorchymyn eto, ond mae'n gysylltiedig nid â chreu ond â gwaredigaeth. Cafodd yr Israeliaid y rhyddid i orffwys oherwydd i Dduw eu hachub o gaethwasiaeth yn yr Aifft. Gair agoriadol y fersiwn hon yw 'cadw' a dyna sail y gorchymyn i ddiogelu'r amser sanctaidd hwn yn ofalus iawn, a'i amgylchynu â'r hyn fyddai'n troi'n rheolau manwl a phendant (e.e. Shavuot 20b).

Felly, mae Shabbat yn cael ei weld fel rhodd Duw i bobl Israel, arwydd o'i gyfamod arbennig gyda nhw ac o ddatguddiad, a ffordd o fyw yn ymwybodol o Dduw fel creawdwr. Mae'n cael ei ddisgrifio fel profiad sy'n cynnig i Iddewon 'ragflas o'r byd sydd i ddod', ffordd o brofi hyfrydwch y waredigaeth derfynol, o fyw eisoes yn Nheyrnas Dduw. Mae'r holl themâu hyn yn cael eu mynegi yn y gweddïau Shabbat sy'n cael eu hadrodd, er enghraifft, dros win, yn y gwasanaeth ychwanegol, yng ngwasanaeth y prynhawn, ac yn y darn hwn o litwrgi'r bore, sy'n croesawu Shabbat:

> *... ni roddaist ef, yr Arglwydd ein Duw, i genhedloedd eraill y ddaear, na'i wneud, Ein Brenin, yn dreftadaeth y rheini sy'n addoli eilunod, ac nid yw'r anghyfiawn yn byw yn ei orffwys; ond i'th bobl Israel y rhoddaist ef mewn cariad, i had Jacob a ddewisaist ti. Bydd y bobl sydd yn sancteiddio'r seithfed dydd, bob un ohonynt, yn cael eu diwallu a'u difyrru gan dy ddaioni, gan i ti gael pleser yn y seithfed dydd, a'i sancteiddio; hwn a elwaist y mwyaf dymunol o ddyddiau, er cof am y creu.*

Gorffwys o waith yn y Beibl, y Talmud, ac Iddewiaeth Uniongred

Mae pwrpas Shabbat yn glir, ond mae'r cwestiwn yn codi, fel y byddai'n sicr wedi gwneud yn y dyddiau gynt: sut mae cyflawni hyn? Mae'n anodd gwybod pa bryd yn hanes yr Iddewon yr aeth y dydd yma'n un pwysig o safbwynt addoli. Mae nifer o destunau beiblaidd (e.e. Exodus 31: 14; Lefiticus 16: 29, 31; Jeremeia 17: 22) yn dweud wrthym mai'r ffordd draddodiadol, ers cyn cof, o gadw Shabbat oedd peidio â gweithio. (Mae'r gwraidd Hebraeg yn dal i fod â'r ystyr o roi'r gorau i weithio.) Y cwestiwn amlwg nesaf yw: beth yn union yw 'gwaith'? Mae oblygiadau ymarferol pwysig i'r atebion a roddwyd i'r cwestiwn yma gan Rabbiniaid y Mishnah a'r Talmud ac i'r ffyrdd mae'r atebion hyn wedi cael eu dehongli gan Iddewon Uniongred yn gyntaf, ac yna gan Iddewon an-Uniongred.

Ychydig iawn o waharddiadau penodol sydd yn y Beibl ynglŷn â Shabbat. Mae Exodus 16: 29 yn dweud: 'Arhoswch gartref, bawb ohonoch, a pheidied neb â symud oddi yno ar y seithfed dydd' ac mae Exodus 35: 3 yn dweud 'Peidiwch hyd yn oed â chynnau tân yn eich cartrefi ar y dydd Saboth'. Mae'r adnod cyn hon yn dweud y 'rhoddir i farwolaeth bwy bynnag sy'n gweithio' ar Shabbat. Dyma'r darn y trodd y rabbiniaid ato wrth sefydlu'r deddfau sy'n cyfyngu ar weithio yn ystod Shabbat. Credent fod Duw wedi gadael i fodau dynol gwblhau ei greadigaeth drwy adeiladu *mishkan*, 'noddfa' neu 'dabernacl', a dyma'r gweithgaredd creadigol sy'n cael ei ddisgrifio yn Exodus 35.

Adeiladu'r tabernacl

Mae'n anodd egluro *mishkan* yn Gymraeg. Mae'n dod o'r gwraidd Hebraeg 'preswylio' (yn yr ystyr o fyw gyda neu fod gyda yn barhaus) ac mae'n cyfeirio at babell symudol y cwrdd, ffocws presenoldeb Duw pan oedd yn trigo gyda'r Israeliaid yn yr anialwch. Hwn oedd y patrwm ar gyfer y Deml a gafodd ei hadeiladu'n ddiweddarach yn Jerwsalem. Disgrifiad o'r mishkan yw ail hanner llyfr Exodus, ac mae Exodus 31: 1-11 yn rhoi crynodeb o'i fanylion. Mae'n arwyddocaol mai'r hyn sy'n dilyn hynny (adnodau 12-17) yw un o gyfeiriadau pwysicaf y Beibl at Shabbat. Mae'r cysylltiad yma rhwng y mishkan a Shabbat yn ymddangos hefyd yn Exodus 35 ei hun ac yn Lefiticus 19: 30 a 26: 2, sy'n gorchymyn: 'Cadwch fy Sabothau a pharchwch fy nghysegr'. Mae'r Talmud yn dilyn hyn drwy weld cysylltiad rhwng cysegr Duw mewn lle a chysegr Duw mewn amser. Mae gwaith creadigol (*melachah* mewn Hebraeg, lluosog, *melachot*) yn cael ei ddiffinio fel unrhyw beth sy'n ymwneud ag adeiladu'r mishkan (Shabbat 49b). Pennodd y Rabbiniaid saith categori sylfaenol o waith sydd wedi ei wahardd, a'u his-rannu'n gyfanswm o 39 gwaharddiad:

1 tyfu a pharatoi bwyd (11 gwaharddiad)
2 gwneud dillad (13 gwaharddiad)
3 gwaith lledr a sgrifennu (naw gwaharddiad)
4 darparu lloches (dau waharddiad)
5 creu a diffodd tân (dau waharddiad)
6 cwblhau gwaith (un gwaharddiad)
7 cludo nwyddau (un gwaharddiad)

Roedd unrhyw weithgaredd yn gysylltiedig â'r 39 categori hyn o waith wedi ei wahardd hefyd (Shabbat 7: 2).

Wrth geisio deall y gwahaniaeth yn y graddau o ufudd-dod i'r rhain ymhlith Iddewon heddiw, rhaid dychwelyd at y gwahaniaeth sylfaenol rhwng Uniongrededd ac an-Uniongrededd. Yn wir, ei ffordd o gadw'r Saboth yw un o'r arwyddion cliriaf o safle Iddew ar y sbectrwm crefyddol. Yn hytrach na mentro torri'r halachah (gofynion cyfreithiol) traddodiadol, byddai'n well gan Iddew Uniongred osgoi unrhyw weithred a allai fod â'r tebygrwydd lleiaf i unrhyw rai o'r gweithgareddau a waharddwyd yn wreiddiol.

Yr eruv

Wrth lunio'r gwaharddiad ar gludo nwyddau o fan cyhoeddus i fan preifat neu fel arall, nododd y rabbiniaid drydydd math o diriogaeth. Doedd y trydydd categori yma, o'r enw *karmelit* ('tiriogaeth niwtral'), ddim yn breifat nac yn wirioneddol gyhoeddus, a chafodd ei ddyfeisio gan y rabbiniaid i geisio osgoi dryswch. Châi pobl ddim cario dim o fewn karmelit os nad oedd wedi ei amgylchynu gan ffin weledol, er ei bod yn ffin dybiannol yn unig. *Eruv* yw'r enw cyffredin am hynny. Mae'n eironig fod yr ymgais yma i osgoi dryswch wedi arwain at lawer mwy o ddryswch a chamddealltwriaeth. Enghraifft dda o hyn yw'r gwahaniaeth barn ymhlith Iddewon ym Mhrydain yn y 1990au ynglŷn â sefydlu eruv ('cymysgedd', yn llythrennol, o eiddo cyhoeddus a phreifat) yng ngogledd-orllewin Llundain.

Tiriogaeth gyhoeddus, ym marn y rabbiniaid, yw ardal heb ddim cyfyngiadau, fel anialwch. Dydy ardal y gellir cadw'r byd allan ohoni ddim yn diriogaeth cyhoeddus. Felly mae dinas Jerwsalem, rhwng ei waliau, a Manhattan, rhwng ei phontydd, yn cael eu hystyried yn karmelit. Mae ffiniau'r naill a'r llall yn eruv. Mae hyn yn golygu y gall pobl sy'n gorfod gwthio (cyfystyr â 'chario') coets baban neu gadair olwyn symud o gwmpas ar y Saboth tra'n dal i ufuddhau i'r rheolau. Mae llawer o aelodau Uniongred modern ym Mhrydain, yn cynnwys y Prif Rabbi presennol a'r un blaenorol, yn dadlau fod creu eruv yng ngogledd-orllewin Llundain yn helpu mamau ifanc a phobl anabl. Mae'n cyflawni nod wreiddiol y rabbiniaid sef ei gwneud hi'n haws i bobl gadw Shabbat yn y modd priodol. Mae ffyrdd a rheilffyrdd yn ffurfio ffiniau naturiol i'r rhan fwyaf o'r ardal chwe-milltir sgwâr, ond am ryw hanner milltir mae angen polion wedi eu cysylltu â weiren fain i ddangos ble'n union mae'r ffin.

Mae llawer o ddadlau wedi bod ymhlith rabbiniaid ynglŷn â beth yn union sy'n ffurfio eruv. Yn yr Oesoedd Canol, roedd angen ffin naturiol, fel ffiniau dinas ganoloesol. Heddiw, mae llawer o Iddewon Uniongred yn gwrthod derbyn fod yr ardal hon a ddynodwyd yn eruv yn cyflawni'r gofynion rabbinaidd. Mae'r rhain yn cynnwys Iddewon Tra-Uniongred, ac aelodau eraill o'r gymuned Uniongred sy'n teimlo nad oes gan ogledd-orllewin Llundain, yn wahanol i Jerwsalem a Manhattan, ffiniau clir a allai ei gwneud yn diriogaeth niwtral (karmelit). Am un peth, mae priffyrdd mawr yn rhedeg drwy'r ardal sy'n ei gwneud yn gwbl gyhoeddus. Gan mai dim ond mewn tiriogaeth niwtral y gall eruv weithredu, maen nhw'n gwrthod defnyddio'r eruv Brydeinig gyntaf yma. Mae Iddewon Seffardi yn gwrthod ei defnyddio chwaith, gan eu bod nhw'n dilyn dysgeidiaeth Maimonides fod yn rhaid i eruv fod â ffiniau go iawn, fel waliau, nid rhai tybiannol yn unig.

Mae hyn i gyd yn dangos pan mor anodd yw deall crefydd arall. Mae'r gwahaniaeth barn ymhlith Iddewon, a rhai adroddiadau papur newydd, yn awgrymu efallai nad yw llawer o Iddewon yn deall pwrpas yr eruv. Dim rhyfedd, felly, fod pobl eraill wedi drysu ynglŷn â hyn, a phenderfyniadau eraill sy'n galluogi Iddewon i gerdded ymhellach nag sy'n cael ei ganiatáu fel rheol ar Shabbat, neu i goginio bwyd yn ystod gŵyl ddydd Gwener ar gyfer Shabbat drannoeth. O'r tu allan, hawdd tybio mai diben hyn i gyd yw osgoi neu wanhau'r rheolau crefyddol. Ond y pwynt hanfodol i'r Rabbiniaid oedd hwyluso cadw Shabbat o dan unrhyw amgylchiadau, a gwneud y rheolau'n glir rhag i neb anufuddhau yn ddiarwybod. Yng ngeiriau'r Mishnah, fe godwyd 'clawdd o gwmpas y Torah'.

Gorffwys fel peth llesol

Enghraifft bwysig o'r ffordd mae Iddewon Uniongred yn dal i geisio osgoi gweithgareddau a waharddwyd yn draddodiadol ar y Saboth yw peidio â chynnau golau trydan. Mae gweithredu cerrynt trydan yn cael ei roi yn yr un categori â chynnau tân, ac felly mae'n cael ei wahardd. Mae'r adroddiadau yn y wasg Brydeinig ar 1 Medi 1994 am reolwr gwesty Iddewig a gollodd ei swydd am gychwyn y gwres canolog mewn gwesty Iddewig ar y Saboth yn enghraifft arall o ba mor anodd yw ceisio deall rhesymeg y safbwynt Uniongred o'r tu allan. Yn wir, fel y dengys adroddiad y *Times*, y duedd yw anwybyddu'r rhesymeg, a felly ei dibrisio. Mae'r llinell agoriadol, 'Costiodd cyffwrdd â swits ar y Saboth ei swydd i reolwr gwesty Iddewig', a'r paragraff olaf fel pe baen nhw'n gwahodd dirmyg:

Dydyn nhw [Iddewion Uniongred] ddim yn smygu na gyrru car [ar Shabbat], er enghraifft, gan fod hynny'n gyfystyr â chynnau tân; maen nhw'n cael darllen ond dim sgrifennu; edmygu blodyn ond dim casglu blodau. Mae teuluoedd traddodiadol sy'n meddwl fod cynnau golau yn gyfystyr â gwaith yn rhedeg eu cyflenwad trydan ar swits amser

Mae'n wir fod gwahaniaeth mawr rhwng cychwyn injan car a chynnau tân ar gyfer adeiladu'r tabernacl, ond o'r safbwynt Uniongred, mae'r bwriad yr un fath. Mae awgrymu, fel mae'r erthygl yma'n gwneud, fod rhywbeth anghyson mewn edmygu blodau ond peidio â'u casglu, yn od. Byddai ceidwad parc yn gweld y gwahaniaeth yn syth! Eu penderfyniad i ufuddhau i'r Torah yn llawn sy'n achosi i Iddewon Uniongred beidio â gwneud y pethau yma. Dadl y rhai a ddiswyddodd y rheolwr oedd fod ganddo drwydded i redeg 'gwesty kosher' lle gallai gwesteion Uniongred fod yn siwr na fyddai dim byd yn digwydd a fyddai'n tramgwyddo'r rheolau.

Mae'r switsys amser yn codi pwynt arall ynglŷn ag Uniongrededd, sef fod ufuddhau i'r halachah yn cael ei gyfuno ag agwedd adeiladol tuag at ddefnyddio technoleg fodern. Mae 'Rhoddwyd y Saboth i chwi, nid chwychwi i'r Sabboth' yn ymddangos mewn darn o'r midrash (Mechilta Exodus 31: 14; Yoma 85b). Mae Cristnogion yn tueddu i ddyfynnu geiriau'r Iesu: 'Y Saboth a wnaethpwyd er mwyn dyn, ac nid dyn er mwyn y Saboth' (Marc 2: 27) fel symudiad oddi wrth ddysgeidiaeth rabbinaidd yn y ganrif gyntaf OG, ond mae'n gwbl gyson â hi.

O safbwynt Uniongred, dydy Shabbat ddim i fod yn fwrn ond yn llawenydd. I sicrhau hynny, rhaid osgoi unrhyw beth y gellid ei ystyried yn waith. Mae'r hyn sy'n cyfrif fel gwaith wedi ei reoli'n llwyr gan y rhestr o weithgareddau gwaharddedig. Felly, gall Iddew Uniongred, ar Shabbat, gario rhywbeth trwm yn y tŷ neu yn yr ardd, ond ni chaiff arddio, na chario rhywbeth mor ysgafn â hances o'r tŷ i'r synagog (y gwaharddiad ar gludo unrhyw beth o le preifat i le cyhoeddus neu'r ffordd arall.) Ond mae categori pellach o waith, sef rhywbeth sy'n golygu llawer o ymdrech. Mae unrhyw beth nad yw, oherwydd yr ymdrech a gymer i'w gyflawni, mewn cadw â Shabbat, wedi ei wahardd.

Fel y gwelsom eisoes yn y Talmud, ceir un enghraifft sy'n goresgyn yr holl reolau Shabbat. Rhaid i feddygon, nyrsys a gwasanaethau brys eraill wneud popeth posibl i achub bywyd. Mae disgwyl i Iddewon eraill wneud pethau fel defnyddio lifft neu yrru car os gall hynny achub bywyd. Mae'r gwaharddiadau rabbinaidd yn cael eu llacio hefyd er mwyn helpu i achub bywyd anifail.

Ailddiffinio 'gorffwys'

Mae Iddewon an-Uniongred hefyd yn credu'n gryf iawn y dylid neilltuo Shabbat fel diwrnod adfywiol. Ond y gwahaniaeth mawr yw eu diffiniad nhw o natur gwaith. Mae beth oedd yn waith yn oes Exodus 35 neu yn yr oes rabbinaidd wedi newid, wrth reswm. Mae rhwbio coed yn erbyn ei gilydd i gynnau tân yn amlwg yn waith, ond dydy pwyso ar swits neu fotwm i weithredu goleuadau, gwres, offer coginio neu lifft ddim yn cyfrif fel gwaith bellach. Dydy hynny ddim yn effeithio ar allu i ymlacio, sef bwriad gwreiddiol y dydd - yn wir, gall helpu.

Diogelu hanfod y gorchymyn gwreiddiol i greu dydd pan fydd Iddewon yn gorffwys o'u gwaith bob-dydd sydd wrth wraidd ymgais gan yr awdur Diwygiedig, Dow Marmur, i ailddiffinio gwaith yn *Remember the Sabbath Day* (1983). Dylid osgoi pethau sy'n *teimlo* fel gwaith, er enghraifft, gwaith tŷ. Dydy teithio, gyda'i holl straen, torfeydd a thagfeydd traffig, a choginio prydau mawr, ddim yn syniad da, ond mae'r awdur yn derbyn mai penderfyniadau i'r unigolyn fydd y rhain wrth i aelodau cymunedau Diwygiedig bwyso a mesur y ffordd orau o ymlacio. Mae'r llyfr yn dadlau'n gryf yn erbyn rhai gweithgareddau, fel busnes masnachol; mae gweithgareddau eraill yn cael eu barnu yn ôl eu pwrpas. Felly, mae'n iawn gyrru i'r synagog neu i ymweld â pherthnasau, ond dydy hi ddim yn iawn gyrru er mwyn mynd i siopa.

Mae Iddewiaeth Geidwadol yn canolbwyntio sylw ar arferion positif cadw'r Saboth, fel goleuo canhwyllau a mynychu gwasanaethau Shabbat yn hytrach na'r gwahanol waharddiadau. Wrth geisio adfywio'r halachah mewn cadw â gofynion yr oes, mae Iddewiaeth Geidwadol wedi ei chael hi'n anodd cytuno ar beth yn union a ganiateir. Pleidleisiodd mwyafrif ar Bwyllgor Cyfreithiol y Cynulliad Rabbinaidd i ganiatáu defnyddio trydan ac, yn fwy radicalaidd, teithio ar Shabbat i'r diben penodol o fynychu'r synagog (sydd, wedi'r cwbl, yn ddyletswydd ar ddynion a menywod) os mai dyna'r unig ffordd y gall rhywun gyrraedd y synagog. Mae hyn yn gwbl wahanol i Uniongrededd lle mae'n rhaid i rywun sy'n methu cerdded i'r synagog aros gartref.

Mae'r safbwynt Adferiadol yn pwysleisio mwynhad yr unigolyn, gan ganiatáu gweithgareddau 'na all yr unigolyn gymryd rhan ynddynt yn ystod yr wythnos, ac nad ydynt yn gyfrwng gwneud bywoliaeth ond yn ffordd o fwynhau bywyd' (*The Guide to Jewish Ritual*). Yn hytrach na rhwystro 'uchelgais dilys y teimlir yn gryf amdano', gall hyd yn oed gwaith yn gysylltiedig â gyrfa rhywun oresgyn rheolau'r Saboth.

Cadw Shabbat gartref ac yn y synagog

Un o mitzvot positif Shabbat yw y dylid amgylchynu'r dydd â harddwch. Er mwyn cyflawni hynny, rhaid paratoi'n brysur yn y dyddiau cyn hynny. Mae'n bwysig datrys unrhyw anghydfod, a dileu unrhyw ddrwgdeimlad. Bydd rhai pobl dduwiol iawn yn ymdrochi yn y mikveh (baddon defodol) i'w helpu i ymbaratoi yn ysbrydol. Mae'r paratoadau ymarferol yn cynnwys siopa a glanhau, gorchwylion y mae'n rhaid eu cwblhau cyn Shabbat. Rhaid paratoi prydau bwyd a hulio'r bwrdd ar gyfer pryd bwyd nos Wener. Mae hwn yn achlysur teuluol pwysig.

Nos Wener

Ychydig cyn machlud haul, mae dwy gannwyll Shabbat yn cael eu goleuo, fel arfer gan y fam, ynghyd â'i merched ac unrhyw blant ifanc. Dyma sy'n hebrwng Shabbat i mewn, ac weithiau mae'r rheini sy'n bresennol yn tynnu goleuni'r canhwyllau tuag at eu hwynebau dair (neu hyd at saith) gwaith fel pe baen nhw'n amneidio arno i ddod i mewn i'r cartref. Weithiau bydd y fam yn cysgodi ei llygaid wrth adrodd y berachah (y fendith):

> *Bendigaid wyt Ti, Frenin y Bydysawd, sydd wedi ein cysegru drwy'r gorchmynion, ac wedi gorchymyn i ni gynnau goleuadau'r Saboth.*

Fel arfer, mae bendith yn cael ei hadrodd cyn perfformio'r mitzvah, ond gan fod y berachah yn dynodi fod gorffwys y Saboth wedi cychwyn, rhaid cynnau'r fflam gyntaf. Drwy gysgodi ei llygaid, mae'n sicrhau nad yw hi'n gweld canlyniad y weithred tan wedi'r berachah.

Yn y cyfamser, mae aelodau eraill y teulu yn croesawu Shabbat yn y synagog. Wrth i wasanaeth yr hwyr gychwyn, mae Shabbat yn cael ei hebrwng i mewn fel brenhines neu briodferch. Un o'r emynau mwyaf poblogaidd ar y thema yma yw *Lechah Dodi*

('Tyrd, fy ffrind'). Mae'r ffrind yn cael ei wahodd i 'Groesawu'r Briodferch Shabbat'. Wedi'r gwasanaeth. a thrwy gydol Shabbat, y cyfarchiad arferol yw *Shabbat Shalom* ('Saboth heddychol') neu'r Iddeweg *gut Shabbos* ('Saboth da'). Dyma'r cyfarchiad pan ddaw'r rhai sydd wedi bod yn y synagog adref. Mae'r stori'n cael ei hadrodd am ddau angel, un da ac un drwg, sy'n cerdded nôl o'r synagog gyda dyn un noswyl Shabbat. Os yw popeth yn barod ar gyfer y Saboth, ac awyrgylch y cartref yn iawn, bydd yr angel da yn dweud: 'Boed i'r un peth ddigwydd wythnos nesaf' ac mae'r angel drwg yn gorfod ymateb: 'Amen' ('boed felly'). Ond os nad yw'r teulu'n barod am Shabbat, dyma gyfle'r angel drwg i ddweud: 'Boed i'r un peth ddigwydd wythnos nesaf' ac mae'r angel da, yn erbyn ei ewyllys, yn gorfod ymateb: 'Amen' (Shabbat 119b). Wrth ymgynnull o gwmpas y bwrdd, bydd y teulu weithiau'n canu *Shalom Alechem* ('Heddwch fo gyda chi') i gyfarch yr angylion. Yn aml bydd y plant yn cael ei bendithio â'r fendith offeiriadol o Numeri 6: 24-26, gyda'r rhieni'n cloi drwy weddïo ar i Dduw wneud y bechgyn fel Effraim a Manasse (Genesis 48: 20) a'r merched fel Sara, Rebeca, Rachel a Lea, fel enghreifftau da o'u ffydd. Yna, mae'r gŵr yn adrodd Diarhebion 31: 10-31 yn canmol gwraig y tŷ fel model o wraig a mam, 'gwraig fedrus' (*eshet hayil*).

Cyn y pryd, mae *kiddush* ('sancteiddio' neu 'gysegru') yn cael ei adrodd, a dyna hefyd sy'n cloi gwasanaeth hwyrol y Saboth yn y synagog. Mae hyn yn neilltuo'r amser sanctaidd. Mae'r kiddush yn dechrau gyda Genesis 1: 1-3 sy'n cofio am Dduw yn gorffwys ar ôl creu'r byd. Mae Duw yn cael ei fendithio, yn gyntaf am y gwin, ac yna am roi Shabbat i Israel, ac yn olaf, am y bara. Mae'r gwin yn symbol o felyster a llawenydd y dydd ac mae'r bara'n ein hatoffa am y ddogn ddwbl o fanna a roddwyd i'r Israeliaid ar Shabbat yn yr anialwch ar ôl yr exodus (Exodus 16: 4-36). Mae torth y Saboth wedi ei phlethu fel symbol o'r ddogn ddwbl. Fel arfer, mae lliain gwyn dros y torthau Saboth (*hallot*, unigol *hallah*; mewn Iddeweg, *halles*), ac mae rhai'n credu fod hynny'n symboleiddio'r gwlith oedd yn gorchuddio'r manna. Fel y ddwy gannwyll, mae'r ddwy dorth hefyd yn ein hatgoffa o'r ddau orchymyn, i 'gofio' ac i 'gadw' Shabbat. Ar ôl y fendith, mae darn o'r bara'n cael ei drochi mewn halen a'i roi i bawb o gwmpas y bwrdd. Mae'r rhain yn aml yn cynnwys gwesteion, yn enwedig pobl heb deulu. (Wrth i fwy a mwy o bobl fyw ar wahân i'w teuluoedd, mae rhai synagogau yn annog eu haelodau i drefnu gweithgareddau Saboth cymunedol, fel y pryd nos Wener neu ginio dydd Sadwrn. Yn sicr, mae'n anodd iawn i rywun deimlo ei fod yn dathlu Shabbat heb gwmni.) Wedi'r pryd, mae gras Sabothol yn cael ei adrodd. Mae hyn oll a'r *zemirot* ('caneuon y bwrdd') yn dathlu'r ffaith fod yr Iddew'n dibynnu ar Dduw, creawdwr pethau da bywyd. Mae'r gân isod, o'r gyfrol *Forms of Prayer*, yn mynegi pwrpas Shabbat yn dda gyda'i chytgan:

Mae'r dydd hwn i Israel yn oleuni ac yn llawenydd,
Saboth o orffwys.
Gorchmynnaist i'n tadau a safodd ger Mynydd Sinai
i gadw'r Saboth a'r tymhorau drwy gydol ein holl flynyddoedd,
i rannu wrth ein bwrdd y bwydydd gorau,
Saboth o orffwys. Cytgan
Trysor i galonnau pobl archolledig,
i eneidiau sydd wedi dioddef, enaid sy'n newydd,
i dawelu ochneidiau enaid sy'n gaeth,
Saboth o orffwys. Cytgan
Gwnaethost hwn yn ddydd sanctaidd, y mwyaf bendigaid o ddyddiau;
Mewn chwe diwrnod cwblheaist waith y byd,
y dydd hwn, caiff y tristaf ddiogelwch a hedd,
Saboth o orffwys. Cytgan

Mae trefn y gweithgareddau nos Wener hyn yn gallu amrywio, yn enwedig ymhlith cymunedau an-Uniongred. Mae pwyslais ar ddathlu yn y cartref. Gall hyn olygu bwyta'r pryd gyntaf, neu bydd rhai pobl yn adrodd y gwasanaeth gartref, yn union yr un pryd â'r gwasanaeth yn y synagog , i ddangos eu bod yn rhan o'r gymuned. Mewn synagogau Diwygiedig, mae'r gwasanaeth yma ar adeg benodol drwy gydol y flwyddyn fel arfer. Mae rhai'n dechrau am 6.00 pm neu 6.30 pm ac yn darparu ar gyfer pobl sy'n hoffi cael gwasanaeth cynnar ac yna dychwelyd adref ar gyfer y kiddush a'r pryd teuluol. Bydd eraill yn dechrau am 8.00 pm neu 8.30 pm, ar gyfer rhai sydd am fynychu'r gwasanaeth ar ôl croesawu Shabbat ar yr aelwyd a bwyta eu pryd.

Machlud haul sy'n pennu pryd mae gwasanaethau Uniongred yn dechrau. Yn y traddodiad talmudaidd, derbynir fod yr ymadrodd sy'n ymdddangos dro ar ôl tro ym mhennod gyntaf Genesis, 'A bu hwyr a bu bore', yn golygu fod nos yn dod cyn dydd. Am y rheswm hwnnw, mae'r diwrnod yn dechrau wrth iddi hi dywyllu ac yn para tan yr hwyr nesaf. Ar Shabbat a gwyliau eraill, mae'r diwrnod yn dechrau gyda machlud haul gan fod cyfnod y gwyll yn un amheus yn gyfreithiol. Mae'r calendr Iddewig, gan hynny, yn dweud fod Shabbat yn dechrau yn union cyn machlud yr haul ac yn diweddu pan fydd hi'n gwbl dywyll y noson wedyn (sef yr adeg pan fydd tair seren o faint cyffredin yn ymddangos yn agos at ei gilydd yn ffurfafen y nos). Yn Israel, dydy amserau'r machlud ddim yn amrywio rhyw lawer drwy gydol flwyddyn, rhwng 5.00 pm a 7.00 pm, ond ym Mhrydain gall yr haul fachlud rhwng 3.30 pm yn y gaeaf a 9.00 pm yn yr haf.

Dydd Sadwrn

Prif wasanaeth yr wythnos yw'r gwasanaeth bore Sadwrn. Mae synagogau Uniongred yn cychwyn gyda *shacharit* (y weddi foreol) ac yna *musaf* (y weddi ychwanegol), ac mae'r holl wasanaeth yn para o tua 10.00 y bore tan hanner dydd. (Gweler penodau 10-11 am fwy o fanylion am wasanaeth y synagog.) Mewn synagogau an-Uniongred, mae'r gwasanaeth yn fyrrach fel arfer. Achlysur teuluol yw hwn ym mhob man, y prif ddathliad sy'n uno Iddewon a'u cadw'n rhan o gymuned o addolwyr. Ar ôl y gwasanaeth, ceir kiddush (un ychydig yn wahanol i'r un nos Wener) yn y synagog neu gartref, cyn pryd bwyd – lle bydd zemirot yn cael eu canu eto, a gras wedi'r pryd.

Does dim trefn neilltuol i'r prynhawn – y bwriad yw ymlacio neu ymweld. Yr unig gemau sydd wedi eu gwahardd yw rhai sy'n torri rheolau Shabbat. Er enghraifft, mae gemau cardiau, gwyddbwyll, biliards, tennis-bwrdd, snwcer a chwarae pêl yn y cartref yn iawn, ond dydy chwarae am arian, sgrifennu'r sgôr i lawr, a gemau pêl cyhoeddus ddim yn cael eu caniatáu. Mae gwasanaeth prynhawn yn y synagog hefyd. Mae hwn yn wahanol i wasanaethau prynhawn arferol dyddiau'r wythnos, am fod y Torah'n cael ei ddarllen. Mae'r Kaddish, yr Alenu ac Amida'r Saboth yn cael eu hadrodd, fel yn y ddau wasanaeth Saboth arall. Mae'r weddi yma, sy'n cael ei hadrodd yng ngwasanaeth y prynhawn, yn crynhoi delfryd Shabbat:

> *. . . rhoddaist i'th bobl . . . orffwys a roddwyd mewn cariad hael, gorffwys gwir a ffyddlon, gorffwys mewn heddwch a llonyddwch, mewn tawelwch a diogelwch, gorffwys perffaith yr wyt ti'n ymhyfrydu ynddo. Gad i'th blant ganfod a gwybod fod eu gorffwys yn dod oddi wrthyt ti, a bydded i'w gorffwys sancteiddio dy Enw.*

Wedi iddi hi nosi, cynhelir gwasanaeth hwyrol a seremoni wedi hynny i gloi Shabbat. Mae'r seremoni yma'n cael ei chynnal yn y cartref a'r synagog ac yn union fel y seremoni i groesawu Shabbat, mae'n defnyddio gwin a goleuni. Gan ei bod yn dangos y gwahaniaeth rhwng dydd Sanctaidd Shabbat a dyddiau cyffredin yr wythnos, enw'r seremoni yw *Havdalah* ('gwahaniad' neu 'raniad'). Mae berachot (bendithion) yn cael eu dweud dros y gwin a pherlysiau peraroglus. Mae'r perlysiau, sydd mewn blwch, yn cael eu cynnig i bawb. Mae rhai pobl yn credu fod hynny'n ffordd o wneud yr wythnos sydd i ddod yn fwy melys, neu'n gwneud i'r cof am Shabbat bara'n hwy. Yn ôl un dywediad rabbinaidd, mae pobl yn cael enaid ychwanegol ar Shabbat, sy'n dod â nhw yn nes at Dduw. Efallai fod y perlysiau hyn yn bywiogi'r enaid hwnnw wrth iddo fynd ymaith neu'n adfywio'r corff, sy'n teimlo'n wan wrth i'r enaid ychwanegol ymadael. Gyda Shabbat wedi dod i ben, mae cannwyll blethedig yn cael ei chynnau ac mae pobl yn estyn eu dwylo tuag at y goleuni wrth i drydedd bendith gael ei hadrodd. Mae hyn er mwyn ein hatgoffa mai'r peth cyntaf a greodd Duw oedd goleuni, y dylid ei ddefnyddio i ddibenion da. Mae'r holl synhwyrau corfforol yn cael eu defnyddio yn Havdalah i gynyddu'r ymdeimlad ysbrydol. Yng ngweddi hanfodol Havdalah molir Duw am wahanu'r seciwlar a'r cysegredig; y tywyllwch a'r goleuni; y cenhedloedd paganaidd ac Israel; y chwe diwrnod a Shabbat. Mae'r gannwyll yn cael ei diffodd â'r gwin, ac mae un fendith olaf yn cloi'r seremoni. Mae pawb yn canu caneuon wedyn, yn enwedig un am Elias, y proffwyd sy'n cyhoeddi dyfodiad y Meseia.

13 rhythm y flwyddyn – gwyliau ac ymprydiau

Yn y bennod hon byddwch yn dysgu:

- am bwysigrwydd coffadwriaeth flynyddol mewn Iddewiaeth
- sut y mesurir y misoedd a'r blynyddoedd yn y calendr Iddewig
- am y gwyliau lleiaf ac ympryd Tishah B'Av.

Ymdeimlad o amser

Mae ymdeimlad cryf mewn Iddewiaeth o dreigl amser. Rydym wedi gweld hynny ym mhatrwm y gweddïo dyddiol ac, yn enwedig, yn y broses o wahanu Shabbat (y Saboth) oddi wrth weddill yr wythnos. Mae'r teimlad yma, yn enwedig o amser hanesyddol, yn gryf iawn yn nathliadau coffa blynyddol Iddewiaeth. Ar adegau penodol bob blwyddyn, mae digwyddiadau hanesyddol nid yn unig yn cael eu coffáu ond eu hailgreu – a thrwy hynny, eu hailfyw. Mae pobl yn *cael profiad* o amser, o safbwynt tymhorol a hanesyddol, i'w gwneud yn fwy ymwybodol o amser a'i bwysigrwydd. Heb law am Ddydd y Cymod, bwriad pob diwrnod arbennig yn y flwyddyn Iddewig yw gwneud i bobl gofio gweithgaredd Duw mewn natur neu mewn hanes neu'r ddau.

Hanes

Mae adnod agoriadol Lefiticus 23 yn dweud wrthym am Shabbat. Mae'r bennod yn mynd ymlaen i bennu 'gwyliau penodol' eraill, gan roi crynodeb o'r calendr crefyddol Iddewig. Mae'r gwyliau yma yn 'gymanfaoedd sanctaidd', hynny yw, adegau pan fydd y bobl yn ymgynnull yn benodol i wrando ar y Torah'n cael ei ddarllen. Maen nhw'n adegau neu dymhorau penodedig, adegau mewn amser sy'n cynnig cipolwg ar y byd ysbrydol, tragwyddol. Mae'r defodau a'r gweddïau sy'n gysylltiedig â phob gŵyl, o'r cyfnod beiblaidd tan heddiw, yn ffordd o gael profiad ysbrydol, o feddiannu arwyddocâd gweithgaredd Duw yn hanes y bobl Iddewig a'i wneud yn eiddo i chi. Wrth reswm, dydy gwneud dim byd mwy nag ufuddhau i'r defodau ac adrodd y gweddïau ddim yn creu profiad ysbrydol ynddo'i hun. Gall Iddewon, fel cefnogwyr unrhyw grefydd arall, 'wybod y geiriau heb adnabod y Gair'. Ond mae'r ffaith fod cymaint o wyliau ar wahanol adegau yn ystod y flwyddyn Iddewig, a phob un yn cyfrannu rhywbeth arbennig at y ffordd Iddewig o fyw, yn cynnig posibiliadau anghyffredin. Gwyliau, ac yn enwedig, y prydau bwyd sy'n gysylltiedig â nhw, yw'r hyn mae rhai nad ydynt yn Iddewon yn tueddu i'w wybod ynglŷn ag Iddewiaeth. Ond camgymeriad fyddai gweld hynny fel dim byd mwy na chyfres o bartïon pleserus. Yn hytrach, maen nhw'n rhoi rhythm crefyddol i'r flwyddyn.

Bwriad y manylion yn yr halachah ar sut i ymddwyn a beth i'w wneud yw egluro mwy am fwriad geiriau'r Beibl. Mae gwyliau o'r cyfnod ôl-feiblaidd yn dathlu digwyddiadau pwysig yn hanes yr Iddewon hefyd. Er bod arferion a litwrgi yn amrywio o wlad i wlad, mae pawb yn cydnabod fod y gwyliau'n nodi gwahanol brofiadau Iddewig ac yn ymateb i anghenion emosiynol yn ymwneud â'r profiadau hynny, gan gynnig cysur ac ysbrydoliaeth, a rhoi ystyr i hanes Iddewig.

Tymhorau

Mae'r pwyslais pennaf ar ailfyw'r digwyddiad hanesyddol, fel bod pobl, yn ddelfrydol, yn profi'r teimlad o weithgaredd dwyfol yn y gorffennol o'r newydd yn y presennol. Ond mae'r tymhorau ac amaethyddiaeth yn dal i fod yn bwysig yn y flwyddyn Iddewig. Fel y mae'r flwyddyn yn cynnwys holl amrywiaeth posibiliadau naturiol gyda dilyniant y tymhorau a chylchdro'r flwyddyn amaethyddol, felly y mae'r gwyliau'n cynnwys amrywiaeth cyfoethog o ansoddau seicolegol ac ysbrydol. Mae llawer o ysgolheigion yn pwysleisio tarddiad amaethyddol y gwyliau, gan gredu mai dim ond yn ddiweddarach y datblygodd eu pwysigrwydd hanesyddol. Maen nhw'n nodi'r tebygrwydd rhwng gwyliau'r Beibl a gwyliau gwledydd eraill yn yr hen Ddwyrain Agos. Ond cyn hir, datgan gwaith Duw yn hanes y ddynolryw oedd y peth hanfodol i'r Iddewon, hyd yn oed os mai gwyliau amaethyddol mwy cyffredinol oedd y dathliadau hanesyddol yma yn wreiddiol. Yn sicr, mae'r hen dymhorau, a oedd yn cael eu mesur yn ôl cyfnodau'r lleuad ond yn cael eu pennu hefyd gan effaith yr haul ar y cnydau, yn egluro'r ddwy gyfres sylfaenol o ddathliadau.

Mae'r gyfres gyntaf yn digwydd yn y gwanwyn a dechrau'r haf. Mae'r paratoadau ar gyfer gŵyl y gwanwyn, *Pesach* (y Pasg Iddewig) yn dechrau ar ddegfed dydd y mis cyntaf (Nisan), ac mae'r ŵyl ei hun yn cychwyn ar bymthegfed dydd y mis, dydd y lleuad lawn, ac yn para am wythnos (neu wyth diwrnod). Gan ddechrau cyfrif o ail ddiwrnod y Pasg, yn ôl y traddodiad Phariseaidd, mae cyfnod o 49 diwrnod yn arwain at ŵyl *Shavuot* ('Wythnosau' neu 'Pentecost') sy'n cael ei dathlu am ddiwrnod neu ddau. Mae cyfres o wyliau yn yr hydref chwe mis wedyn yn cydbwyso gwyliau'r gwanwyn. Y cyntaf o'r rhain yw *Rosh Hashanah* ('y Flwyddyn Newydd') sy'n para am ddau ddiwrnod, ar ddechrau'r seithfed mis (Tishrei). Ddeg diwrnod yn ddiweddarach, mae *Yom Kippur* ('Dydd y Cymod'), sef ympryd diwrnod o hyd. Ar y pymthegfed o'r mis, mae *Sukkot* ('Tabernaclau') yn cael ei dathlu am wythnos (neu wyth diwrnod), gan arwain at yr ŵyl undydd ychwanegol *Simchat Torah* ('Llawenhau yn y Torah').

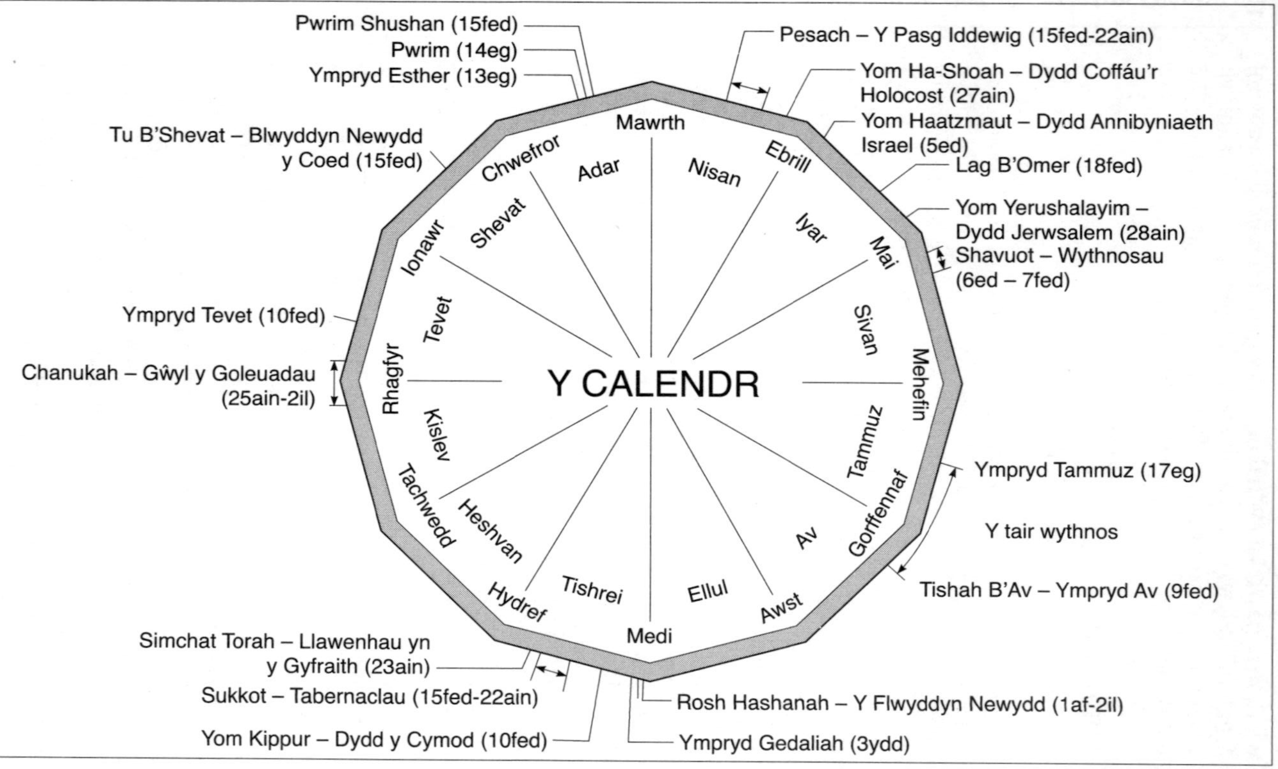
Y CALENDR
Mawrth
Adar
Nisan
Ebrill
Iyar
Mai
Sivan
Mehefin
Tammuz
Gorffennaf
Av
Awst
Ellul
Medi
Tishrei
Hydref
Heshvan
Tachwedd
Kislev
Rhagfyr
Tevet
Ionawr
Shevat
Chwefror
Pesach – Y Pasg Iddewig (15fed-22ain)
Yom Ha-Shoah – Dydd Coffáu'r Holocost (27ain)
Yom Haatzmaut – Dydd Annibyniaeth Israel (5ed)
Lag B'Omer (18fed)
Yom Yerushalayim – Dydd Jerwsalem (28ain)
Shavuot – Wythnosau (6ed – 7fed)
Ympryd Tammuz (17eg)
Y tair wythnos
Tishah B'Av – Ympryd Av (9fed)
Rosh Hashanah – Y Flwyddyn Newydd (1af-2il)
Ympryd Gedaliah (3ydd)
Yom Kippur – Dydd y Cymod (10fed)
Sukkot – Tabernaclau (15fed-22ain)
Simchat Torah – Llawenhau yn y Gyfraith (23ain)
Chanukah – Gŵyl y Goleuadau (25ain-2il)
Ympryd Tevet (10fed)
Tu B'Shevat – Blwyddyn Newydd y Coed (15fed)
Ympryd Esther (13eg)
Pwrim (14eg)
Pwrim Shushan (15fed)

Gwyliau mawr a mân

Mae'n rhaid i ni ddeall y rhaniad yn y calendr Iddewig rhwng y gwyliau mwyaf a lleiaf. Mae pob prif ŵyl yn 'ddydd sanctaidd', *yom tov* (yn llythrennol, 'dydd da'). Tair nodwedd bwysicaf yom tov yw: llawenhau, sy'n cynnwys gorffwys o'ch gwaith a phrydau bwyd seremonïol; gweddïau arbennig a defodau synagog; seremonïau ac arferion yn ymwneud â phwnc yr ŵyl. Yn ôl y meini prawf hyn, tair prif ŵyl sydd, sef Pesach, Shavuot, a Sukkot. (A bod yn fanwl gywir, dim ond diwrnod cyntaf a diwrnod olaf Pesach a Sukkot sy'n 'ddyddiau sanctaidd'. Mae'r dyddiau rhyngddynt yn 'hanner-gwyliau' pan gynhelir gwasanaethau, a dim ond gwaith angenrheidiol sy'n cael ei ganiatáu.) Maen nhw'n darlunio tri chyfnod o'r exodus, ac mae litwrgi pob gŵyl yn sôn amdani fel 'cofeb i'r Exodus o'r Aifft'. Mae Pesach yn dathlu rhyddid yr exodus ei hun, mae Wythnosau yn rhoi i ryddid ei agwedd ysbrydol drwy goffáu rhoddi'r Torah ar Fynydd Sinai, ac mae Tabernaclau yn pwysleisio mai ym mhresenoldeb Duw y mae gwir ddiogelwch drwy gofio'r daith drwy'r anialwch i wlad yr addewid.

Mae'r rhain yn cael eu galw'n Wyliau'r Pererinion oherwydd, yn oes y Deml, byddai Iddewon yn mynd ar bererindod i Jerwsalem i offrymu aberth. Er dinistr y Deml yn 70OG, does neb yn offrymu, ond mae'r gwyliau'n dal yn bwysig, ac yn cynnwys llawer o ddathlu yn y cartref a'r synagog. Yn Israel, mae gwyliau'r Pererinion yn cadw eu cysylltiad ag amaeth, gyda Pesach yn digwydd adeg y cynhaeaf haidd, Shavuot ar adeg y cynhaeaf gwenith, a Sukkot ar adeg cynaeafu'r cnydau eraill. Mewn gwledydd eraill hefyd, mae gwyliau'r Pererinion yn llwyddo'n gelfydd iawn i gydblethu hanes, amaethyddiaeth a materion personol. Adeg y Pasg, er enghraifft, mae pobl yn meddwl am ryddhau pobl o'u caethiwed gwleidyddol, am ryddhad y ddaear wrth iddi gynhyrchu bywyd newydd, ac am awydd pobl i ddianc rhag gormes neu ddim ond rhag diflastod bywyd bob-dydd. Mae natur gwyliau Rosh Hashanah a Yom Kippur ychydig yn wahanol. Maen nhw'n brif wyliau, yn yr ystyr eu bod yn tarddu o orchymyn beiblaidd a bod gwaharddiad ar weithio ar y dyddiau hynny, ond gwyliau dwys yw'r rhain yn hytrach na rhai llawen. Enw tri diwrnod Rosh Hashanah a Yom Kippur yw'r Uchel Wyliau Sanctaidd neu 'Ddyddiau'r Parchedig Ofn'. Mae pwyslais ar ofynion arswydus Duw ym mherthynas pob Iddew gydag ef a gyda phobl eraill. Yom Kippur, y prif ddiwrnod ympryd hefyd, yw gŵyl bwysicaf y flwyddyn.

Mae holl wyliau ac ymprydiau eraill Iddewiaeth yn wyliau lleiaf. Dydy hynny ddim yn golygu nad ydyn nhw'n bwysig, dim ond nad yw'r Beibl yn eu gorchymyn; oherwydd hynny, does dim cyfyngiadau fel sydd gyda'r gwyliau a'r ymprydiau beiblaidd. Gwyliau modern yw rhai o'r rhain, fel Dydd Annibyniaeth Israel, Dydd (ailuno) Jerwsalem, a Dydd Coffáu'r Holocost. Mae rhai o'r gweddill yn hynafol, yn enwedig gŵyl Pwrim, ond er bod hon yn seiliedig ar Lyfr Esther, chafodd hi mo'i sefydlu tan wedi'r cyfnod beiblaidd, felly un o'r gwyliau lleiaf yw hi.

Calendr y lleuad

Hyd y mis

Mae'r calendr Gregoraidd, gyda'i ddeuddeg mis sy'n amrywio o ran hyd, wedi ei seilio ar symudiad yr haul. Mae'r calendr Iddewig yn dilyn yr haul, yn yr ystyr fod tymhorau amaethyddol y flwyddyn yn dibynnu ar safle'r haul, ond pan luniodd yr hen Israeliaid eu calendr, dyma nhw'n seilio hwnnw ar symudiadau'r lleuad. Mae'r lleuad yn cymryd rhyw 29.5 diwrnod i gylchdroi o gwmpas y ddaear. Wrth iddi ddod i ben y cylchdro, mae llai a llai ohoni i'w gweld nes iddi ddiflannu'n llwyr, ac yna mae'n ailymddangos. Ailymddangosiad y lleuad, y lleuad newydd, sy'n arwyddo'r mis newydd i'r Iddewon. Y gair Hebraeg am 'mis' yw *hodesh* sy'n golygu 'yr hyn sy'n cael ei adnewyddu'. Y lleuad sy'n cael ei hadnewyddu a gyda hi, y mis. Felly calendr lleuad yw'r calendr Iddewig, yn ei hanfod.

Hyd y flwyddyn

Mae'n amlwg na all mis fod yn 29.5 diwrnod, ond bydd pob pâr o fisoedd yn 59 diwrnod, felly mae'r misoedd yn cael eu cymryd mewn parau, gyda 30 diwrnod yn y mis cyntaf, 29 yn yr ail, ac yn y blaen. (Weithiau mae hyn yn amrywio ychydig.) Mae hyn yn rhoi 354 o ddyddiau mewn blwyddyn Iddewig gyffredin, 11 diwrnod yn llai na blwyddyn yr haul. Roedd yn rhaid gwneud rhywbeth ynglŷn â hynny neu mi fyddai'r calendr Iddewig yn syrthio 11 diwrnod ar ei hôl hi bob blwyddyn nes bod blwyddyn y lleuad fisoedd ar ei hôl hi a'r gwyliau felly'n digwydd ar yr adeg anghywir. Mae Deuteronomium 16: 1 yn dweud fod dathliad y Pasg o'r exodus yn digwydd yn mis *Aviv* ('aeddfedu'). Mae hynny'n golygu y dylai bob amser fod yn y gwanwyn. Er mwyn sicrhau fod hynny'n digwydd a bod Shavuot a Sukkot yn digwydd yn y tymhorau iawn, mae amser yn cael ei ychwanegu, fel bod blwyddyn y lleuad yn cydredeg â blwyddyn yr haul. Gwenir hynny drwy ychwanegu mis arall saith gwaith mewn cylch o 19 blynedd. Mis olaf y flwyddyn Iddewig, *Adar*, sy'n cael ei ddyblu. Yn y drydedd, chweched, wythfed, unfed ar ddeg, y bedwaredd ar ddeg, yr ail ar bymtheg a'r bedwaredd flwyddyn ar bymtheg ym mhob cylchdro 19-blynedd, mae 'ail Adar', *Adar Sheni*. Mae gwyliau ac ymprydiau Iddewig yn digwydd ar adegau penodol yn y calendr. Er enghraifft, mae Pesach yn para o'r 15fed i'r 22ain o fis *Nisan*. Mae misoedd y flwyddyn Iddewig yn aml yn cael eu cyfrif o Nisan am fod hwnnw yn y gwanwyn, cyfnod dechrau o'r newydd. Mae Exodus 12: 2 yn dweud mai 'hwn fydd y mis cyntaf o'ch blwyddyn' am mai dyna pryd ddigwyddodd yr exodus. (Dylid nodi, fodd bynnag, fod gŵyl y Flwyddyn Newydd Iddewig yn digwydd yn yr hydref.) Mae'r dyddiau sy'n cyfateb i'r 15-22 Nisan yn y calendr an-Iddewig yn amrywio rywfaint o flwyddyn i flwyddyn. Er enghraifft, yn 2007, bydd Pesach ar y 3ydd i'r 10fed o Ebrill, ond yn 2000, roedd ar yr 20fed i'r 27ain o Ebrill. Enwau Babilonaidd yw enwau misoedd y flwyddyn Iddewig, ac maen nhw'n mynd yn ôl i gaethglud yr Iddewon yn y chweched ganrif COG.

Rhifo'r blynyddoedd

O safbwynt rhifo'r blynyddoedd, rhaid cofio nad oedd ffordd unffurf o wneud hynny tan yr Oesoedd Canol. Dyna pryd y penderfynwyd dyddio o greadigaeth y byd, *Anno Mundi* (AM); yn ôl ysgolheigion Iddewig y cyfnod, ar sail hanes y Beibl, roedd hynny wedi digwydd yn y flwyddyn 3760 COG. Mae'r Talmud yn trafod ai yn y mis cyntaf (Nisan) neu'r seithfed mis (Tishrei) y cafodd y byd ei greu. I ddibenion dyddio, yr ail o'r rhain a ddefnyddir, a felly mae'r Flwyddyn Newydd Iddewig ar ddiwrnod cyntaf Tishrei. Er mwyn troi dyddiadau o OG i AM, rhaid ychwanegu 3760/1 i'r dyddiad OG. Felly mae'r flwyddyn 2000 OG yn mynd yn flwyddyn 5760 yn y calendr Iddewig, o'r 1af Ionawr i'r 29 Medi; o'r 30 Medi (dyddiad y Flwyddyn Newydd Iddewig yn 2000) rydym yn y flwyddyn Iddewig 5761. Dyma'r ffordd o ddyddio sy'n cael ei defnyddio mewn dogfennau cyfreithiol, llythyron, a phapurau newydd Iddewig, ond does dim arwyddocád athrawiaethol i hynny. Dydy defnyddio'r dull yma o ddyddio, felly, ddim yn cythruddo'r rheini sy'n dewis dehongli'r cofnod beiblaidd yn wahanol, gan gredu fod y ddaear yn aruthrol o hen, fel yr awgryma gwyddoniaeth.

Y lleuad newydd

Er fod y lleuad newydd wedi ei nodi yn y rhan fwyaf o ddyddiaduron, ychydig o an-Iddewon sy'n rhoi llawer o sylw i hynny. Yn yr hen Israel roedd ymddangosiad y lleuad newydd yn bwysig iawn. Roedd pobl yn gwylio amdani er mwyn gwybod pryd roedd y mis newydd yn dechrau a phryd, felly, i ddathlu gwyliau. Roedd disgwyl i'r lleuad newydd ymddangos ar y nawfed neu'r degfed dydd ar hugain o'r mis. Ar y degfed ar hugain, byddai'r Sanhedrin, y llys barn mawr yn Jerwsalem, yn ymgynnull ac aros am ddau dyst dibynadwy i ddod i ddweud eu bod wedi gweld y lleuad gilgant yn yr awyr. Ar ôl i'r tystion eu bodloni, byddai'r Sanhedrin yn cyhoeddi'r degfed dydd ar hugain yn lleuad newydd, *Rosh Chodesh* (yn llythrennol 'pen y mis'). Pe bai tywydd gwael yn golygu nad oedd neb wedi gweld y lleuad yn ailymddangos, byddai'r llys yn Jerwsalem yn datgan mai'r unfed ar ddeg ar hugain o'r mis oedd Rosh Chodesh. Roedd y neges yn cael ei chludo i bob rhan o Israel drwy oleuo coelcerthi a danfon negeseuwyr.

Doedd hi ddim yn bosibl dibynnu ar y broses yma pan aeth Iddewon i fyw y tu allan i Israel. Roedd tipyn o oedi cyn i gymunedau'r Diaspora, yn enwedig yn yr Aifft a Babilon, glywed a oedd y llys rabbinaidd wedi cyhoeddi mai'r diwrnod ar ôl y nawfed ar hugain oedd Rosh Chodesh, neu wedi aros tan y diwrnod nesaf. Byddai Iddewon yn y cymunedau hynny, felly, yn dathlu Rosh Chodesh ar y degfed ar hugain, a phe baen nhw'n clywed ei fod wedi ei ohirio tan yr unfed ar ddeg ar hugain, yn cadw'r diwrnod hwnnw fel ail ddiwrnod Rosh Chodesh. Er mwyn bod yn hollol siwr eu bod yn dathlu'r gwyliau ar y dyddiad iawn, dechreuodd yr Iddewon hyn gadw pob gŵyl am ddiwrnod ychwanegol. Aeth Pesach yn wyth diwrnod o hyd, Rosh Hashanah yn ddau ddiwrnod, a Sukkot yn wyth diwrnod. Yr un eithriad oedd Yom Kippur gan ei bod hi'n anodd iawn ymprydio am ddeuddydd. Roedd yr Iddewon oedd yn byw yn Israel yn dal i gadw at y nifer o ddyddiau a nodwyd yn y Beibl, ac eithrio ar Rosh Hashanah a gafodd ddiwrnod ychwanegol am ei fod ar ddiwrnod cynta'r mis, a oedd yn ei gwneud hi'n anodd hysbysu pobl o'i ddyfodiad mewn pryd hyd yn oed yn Israel.

Pan nad oedd goruchaf lys yn Jerwsalem mwyach i gyhoeddi'r lleuad newydd, lluniwyd calendr parhaol. Cafodd y system yma, sy'n dal i gael ei defnyddio heddiw, ei sefydlu'n barhaus o dan Hillel II, Patriarch Iddewon Palesteina, tua 360 OG. Hyd yn oed ar ôl trefnu'r calendr, mae'r Talmud yn dweud fod Iddewon y Diaspora yn dal i gael eu cynghori i lynu wrth arfer eu cyndeidiau a chadw 'dau ddiwrnod y Diaspora' (Betzah 4b). Mae Iddewon Uniongred y tu allan i Israel yn dal i ddilyn yr arfer yma. Iddyn nhw, mae'n ffordd o bwysleisio sancteiddrwydd arbennig gwlad Israel sydd yn cadw at yr union ddyddiadau sydd yn y Beibl. Dydy Iddewon Diwygiedig ddim yn cadw'r dyddiau ychwanegol (er bod y rhan fwyaf yn cadw Rosh Hashanah am ddeuddydd er mwyn cydfynd â'r arfer yn Israel fodern), gan gredu fod y ffaith fod modd gwybod yn union pryd mae pob gŵyl heddiw yn gwneud cyngor y Talmud yn ddianghenraid. Mae rhai Iddewon Ceidwadol hefyd yn dadlau y dylid cael gwared ag ail ddydd y Diaspora oherwydd ei bod yn anghyson trin dydd nad yw hyd yn oed yn cael ei gadw fel gŵyl yn Israel fel diwrnod sanctaidd.

Y lleuad newydd heddiw

Mae nifer o gyfeiriadau yn y Beibl at y lleuad newydd ynghyd â Shabbat a gwyliau eraill (e.e. Numeri 28). Yn yr oesoedd cynnar, mae'n amlwg fod y dydd yn cael ei ystyried yn ddydd gŵyl, gyda dim ond gwaith angenrheidiol yn cael ei wneud. Dros y blynyddoedd, datblygodd gwahanol syniadau am ba fath o waith allai gael ei wneud ar y diwrnod hwnnw. Heddiw, dydy dydd y lleuad newydd ddim yn wahanol iawn i unrhyw ddydd arall. Mae Iddewon Uniongred yn ei ystyried yn un o'r gwyliau lleiaf, ac mae dyfodiad y lleuad newydd yn cael ei gyhoeddi yn y synagog y Shabbat blaenorol, fel roedd yn arfer cael ei gyhoeddi gan y Sanhedrin. Mae darnau o wasanaeth y dydd yn gwneud Rosh Chodesh yn wahanol i ddyddiau wythnos cyffredin. Mae un weddi yn gobeithio y bydd y mis newydd 'yn dod er daioni, ac er bendith, er llawenydd a hapusrwydd, er iachawdwriaeth a chysur, er cefnogaeth a chynhaliaeth, er bywyd a heddwch, er maddau pechodau a maddau camwedd.' Mae'r rhestr o'r aberthau oedd yn cael eu hoffrymu gynt ar Rosh Chodesh (Numeri 28: 1-15) yn cael ei darllen o'r Torah. (Pan fydd y lleuad newydd yn ymddangos ar Shabbat, mae'r darlleniad yma yn dilyn y darlleniad o'r Torah am yr wythnos.) Mae rhan o'r *Hallel* yn cael ei ddarllen hefyd. 'Mawl' yw ystyr *Hallel* yn yr Hebraeg a defnyddir y gair i gyfeirio at Salmau 113-118, salmau llawen iawn sy'n cael eu canu yn ystod y rhan fwyaf o wyliau. (Dim ond rhan o'r Hallel sy'n cael ei ddarllen ar Rosh Chodesh, gan fod gwaith yn cael ei ganiatáu, ac yn ystod chwe diwrnod olaf y Pasg Iddewig, pan ystyrir y byddai'n amhriodol canu mawl llawn i Dduw wrth i'r Eifftiaid foddi.)

Gwyliau Chanukah a Pwrim

Er mai gwyliau lleiaf (pan nad oes unrhyw gyfyngiadau ar waith) yw Chanukah a Pwrim, mae'r ddwy ŵyl yn eithaf pwysig oherwydd yr hyn maen nhw'n ei goffáu yn hanesyddol, a'r agweddau maen nhw'n eu dathlu. Mae'r ddwy ŵyl yn pwysleisio teyrngarwch a dewrder yn wyneb erledigaeth, pwysigrwydd rhyddid crefyddol a goroesi, a'r ffaith fod iawn yn gallu trechu grym. Mae Chanukah, yn enwedig, yn apelio at genedlaetholwyr a chylchoedd Iddewig seciwlar lle nad yw gwyliau crefyddol eraill yn cael eu dathlu, oherwydd ei fod yn sôn am frwydro dros hunaniaeth Iddewig ac annibyniaeth.

Y Macabeaid a Gŵyl y Cysegru

Mae enw Chanukah yn cyfleu ysbryd a phwrpas yr ŵyl. *Chanukah* yw'r gair Hebraeg am 'gysegriad', ac mae'r ŵyl yn coffáu cysegriad y Deml, neu *ail*gysegriad y Deml wedi iddi gael ei halogi gan elynion y ffydd Iddewig yn yr ail ganrif COG. Yn y bedwaredd ganrif ceisiodd Alecsander Fawr uno'r holl bobloedd roedd wedi eu trechu o dan gyfundrefn Roegaidd o arferion a chredoau. Roedd y broses o Roegeiddio o fudd i'r Iddewon mewn rhai ffyrdd, ond roedd yn fygythiad hefyd am ei bod yn denu pobl i gefnu ar y traddodiad Iddewig a mabwysiadu arferion y Groegiaid.

Wedi marwolaeth Alecsander yn 323 COG, rhannwyd ei ymerodraeth rhwng gwahanol reolwyr. Aeth gwlad yr Iddewon, Jwdea bellach, yn rhan o'r Deyrnas Selewcaidd (Syriaidd-Roegaidd). Yn 175 COG, ceisiodd Antiochus IV, rheolwr y Deyrnas Selewcaidd, orfodi'r grefydd Roegaidd ar Iddewon oedd yn dal i gredu mewn un Duw. Cyhoeddodd ei fod yn Dduw, gan alw ei hun yn Antiochus Epiphanes ('duw wedi ei amlygu'), ac annog Archoffeiriad yr Iddewon (Iason yn gyntaf, ac yna Menelaws) a oedd, i bob diben, yn rheoli Jwdea, i ledaenu dylanwadau Groegaidd ymhlith yr Iddewon.

Yn y blynynoedd nesaf aeth Antiochus yn fwy ffyrnig byth yn erbyn crefydd yr Iddewon. Cyhoeddodd orchmynion yn gwahardd enwaedu, astudio'r Torah, a chadw'r Saboth. Codwyd allorau paganaidd ym mhob rhan o Jwdea ac aberthwyd anifeiliaid aflan arnyn nhw. Ym mis Kislev (Rhagfyr) 167 COG, cododd allor i'r duw Zeus ym muarth y Deml ac aberthu moch yno. Achosodd hynny wrthryfel dan arweiniad Matathias, offeiriad oedrannus Modin, pentre y tu allan i Jerwsalem. Ymsododd Matathias a'i bum mab ar y Groegiad ac ymladd ymgyrch *guerrilla* yn eu herbyn. Wedi marwolaeth Matathias ym 166, arweiniwyd yr Iddewon teyrngar gan ei drydydd mab, Jwdas 'Macabeus'. Mae'r enw'n awgrymu 'morthwyl' ac efallai ei fod yn cyfeirio at frwydro arwrol Jwdas yn erbyn lluoedd y Groegiaid. Erbyn mis Rhagfyr 164 roedd Jwdas a'i wŷr wedi ennill rheolaeth ar Jerwsalem, a dyma fynd ati i adfer ac ailgysegru'r Deml.

Mae hanes ailgysegru'r Deml a gwrthryfel y Macabeaid a arweiniodd at hynny, yn 1 a 2 Macabeaid; mae'r brif stori yn 1 Macabeaid 1-4. Daeth yr uchafbwynt ar 25 Kislev 164 COG pan aeth Jwdas a'i ddynion i mewn i'r Deml a rhwygo i lawr yr allor a gawsai ei halogi dair blynedd union cyn hynny. Dyma godi allor newydd ac ail-oleuo'r menorah (y canhwyllbren saith-cangen) mawr. Wedi'r seremonïau puro ac ailgysesgru, penderfynwyd dathlu'r digwyddiad bob blwyddyn (1 Macabeaid 4: 59).

Y Talmud a Gŵyl y Goleuadau

Heb law am fod yn ŵyl y Cysegru, Chanukah yw 'gŵyl y Goleuadau' hefyd. Mae hyn yn ymwneud â stori yn y Talmud sy'n adrodd hanes gwyrth yn y Deml pan aeth Jwdas a'i ddynion ati i'w hailgysegru. Pan aethon nhw i mewn i'r Deml, dim ond un botelaid o olew heb ei halogi oedd yno i oleuo'r menorah. Dim ond diwrnod y byddai hynny o olew wedi para fel arfer, ond yn ôl y stori, parhaodd yn wyrthiol am wyth diwrnod, gan roi amser i baratoi olew newydd, pur.

Mae'r Talmud yn dweud y dylid goleuo lamp ar bob un o wyth diwrnod Chanukah i ddathlu'r wyrth yma. Yr wyth lamp yw prif symbol yr ŵyl erbyn hyn. Mae naw lamp neu gannwyll, a bod yn fanwl gywir, oherwydd mae rhaid defnyddio un gannwyll i oleuo pob un o'r wyth cannwyll arbennig. Dydy'r rhain ddim yn cael eu defnyddio i unrhyw ddiben ymarferol. Enw'r gannwyll sy'n goleuo'r gweddill yw'r *shamash* ('y gwas'), ac mae'n sefyll ar ganol menorah Chanukah (y *chanukiah*). Ar noson gyntaf Chanukah, mae'r gannwyll gyntaf (yr un bellaf ar y dde ar y menorah) yn cael ei goleuo, ac ar yr ail noson, yr un nesaf ati. Mae'r gwas yn goleu'r gannwyll nesaf ac yna'r un ar y dde iddi ac yn y blaen, nes bod yr holl ganhwyllau yn llosgi ar y noson olaf. Mae gosod y canhwyllau o'r dde i'r chwith, ond eu goleuo o'r chwith i'r dde yn rhoi'r un pwysigrwydd i ddwy ochr y chanukiah, sy'n cyfleu fod Duw yn bresennol ym mhob man. Mae'r Talmud yn dweud y dylai'r goleuadau losgi lle gall pobl eu gwled (Shabbat 22a), a gallwch weld chanukiah yn ffenestri cartrefi Iddewon yn aml yn ystod Chanukah.

Mae'r canhwyllau'n cael eu goleuo pan fo'r teulu ynghyd. Cenir caneuon arbennig, yn enwedig *Maoz Tsur* ('O gaer, o graig', sy'n annerch Duw). Mae'r gân yn cofio'r naill waredigaeth ar ôl y llall: o'r Aifft, o'r gaethlud ym Mabilon, o fygythiad Haman i ddileu'r Iddewon (gweler isod) ac, yn olaf, rhag arswyd Antiochus Epiphanes. Mae'r pwynt yma'n un canolog yn Haftarah (darlleniad o Lyfrau'r Proffwydi) gŵyl Chanukah: '"Nid trwy lu ac nid trwy nerth, ond trwy fy ysbryd" medd ARGLWYDD y lluoedd.' (Sechareia 4: 6). Rhoddir anrhegion, ac mae bwydydd wedi eu ffrïo mewn olew yn cael eu bwyta, *latkes* (crempog tatws) yn bennaf. Mae gêm draddodiadol i blant yn cael ei chwarae gyda *dreidle* ('top') sydd â llythyren Hebraeg ar bob un o'i bedair ochr. Mae'r llythrennau hyn yn sefyll am yr ymadrodd Hebraeg: 'Digwyddodd gwyrth fawr yn y fan honno'. Mae'r ffaith fod Chanukah yn ŵyl y goleuni, bod ganddi ganeuon arbennig, anrhegion, bwydydd a chwaraeon, a'i bod yn digwydd ym mis Rhagfyr (weithiau ar y 25ain o Ragfyr) yn gallu achosi i rai nad ydynt yn Iddewon feddwl am Chanukah fel Nadolig Iddewig. Dydy hon ddim yn gymhariaeth dda, o safbwynt Cristnogion nac Iddewon. Mae ystyr canolog y Nadolig, sef Duw wedi ei ymgnawdoli yn y dyn, Iesu Grist, o bwys hanfodol i Gristnogion ac yn annerbyniol i Iddewon. Ystyr ganolog Chanukah yw gwrthsafiad Iddewiaeth yn wyneb pwysau syniadau ac arferion crefyddau eraill.

Esther a Gŵyl y 'Coelbrennau'

Pwrim yw'r ŵyl leiaf arall sy'n cofio cyfnod anodd yn hanes yr Iddewon ac yn annog gobaith ac ymddiriedaeth yn Nuw. Fel Chanukah, dydy hon ddim yn ŵyl wedi ei gorchymyn gan y Torah, ond mae'n deillio o benderfyniaid gan y Rabbiniaid i goffáu digwyddiad hanesyddol. Mae Pwrim wedi ei seilio ar y stori a adroddir mor fyw yn llyfr Esther – llyfr y bu llawer o ddadlau rabbinaidd yn ei gylch (Megillah 7a) cyn iddo gael ei dderbyn yn rhan o ganon y Beibl. Dydy enw Duw ddim yn ymddangos yn y llyfr (sydd wedi rhoi rhyddid i artistiaid i ddarlunio ac addurno'r sgrôl). Mae ysgolheictod modern yn tueddu i ystyried y llyfr fel stori fer ddychmygol, sydd efallai â chraidd o wirionedd hanesyddol, a sgrifennwyd yn oes y Macabeaid i atgyfnerthu gwladgarwch Iddewig. Y cyfeiriad cyntaf at Pwrim mewn llenyddiaeth Iddewig yw 2 Macabeaid 15: 36 sy'n sôn am 'Ddydd Mordecai', sy'n cael ei ddathlu ar 14 Adar. Mae rhai pobl yn credu mai'r hyn sy'n bwysig yw ei bod yn stori o gyfnod y Persiaid, ond dydy hynny ddim yn effeithio ar ei phwysigrwydd yn y Flwyddyn Iddewig. Pwrim yw'r mwyaf ysgafn-galon o'r gwyliau, ac mae'n dysgu, â ffraethineb iach, y wers gyson yn hanes yr Iddewon, sef na all gormeswyr drechu daioni a gwirionedd. Yn nyddiau cynnar Iddewiaeth Ryddfrydol, cafodd Pwrim ei ddileu o'r calendr, gan fod y mudiad yn teimlo nad oedd hi'n briodol annog cenedlaetholdeb Iddewig na chymeradwyo cymeriadau llyfr Esther, sydd â chymhellion amheus.

Mae enw'r ŵyl yn dod o'r gair yn Llyfr Esther am 'goelbren' ('pwr'), gan fod dihiryn y stori, Haman, wedi bwrw coelbren i benderfynu ar ba ddiwrnod i ladd yr Iddewon sef 14 Adar. Ond

Haman ei hun gafodd ei ddienyddio y diwrnod hwnnw. Fel hyn mae'r stori'n mynd. Priododd Esther y brenin Ahasferus (Xerxes I, ym marn rhai), brenin Persia yn y bumed ganrif COG, gan gelu'r ffaith mai Iddewes oedd hi. Dysgodd unig berthynas Esther, Mordecai, fod cynllwyn i ladd yr Iddewon, a dywedodd wrth Esther amdano. Cynllwyn Prif Weinidog Ahasferus, Haman, oedd yn casáu'r Iddewon, oedd hwn. Roedd Mordecai, a oedd yn gweithio i'r brenin, yn gwrthod ymgrymu i Haman, oherwydd ei ffydd Iddewig; oherwydd hynny, llwyddodd Haman i ddarbwyllo'r brenin fod ei ddeiliaid Iddewig yn annheyrngar iddo. Aeth y cynllwyn i'r gwellt pan glywodd Ahasferus amdano gan ei wraig ei hun. Roedd Ahasferus yn edmygu dewrder Esther a oedd wedi rhoi ei hun mewn perygl drwy gyfaddef ei bod yn Iddewes, a dienyddiwyd Haman yn lle'r Iddewon.

Y plant sy'n creu awyrgylch garnifal Pwrim. Maen nhw'n gwisgo i fyny ac yn actio dramâu doniol yn seiliedig ar stori Esther. Maen nhw hefyd yn bwian, yn curo'u traed, ac yn chwifio *greggers* (rhywbeth tebyg i ratl bêl-droed) bob tro mae enw Haman yn codi yn y darlleniad yn y synagog. Mae darllen llyfr Esther yn gyfan yn gyhoeddus yn un o bedwar mitzvah (dyletswydd) Pwrim. Mae'n cael ei ddarllen nid o lyfr ond o sgrôl. Am mai'r Hebraeg am sgrôl yw *megillah*, mae pobl yn cyfeirio'n aml at lyfr Esther fel 'y Megillah'. Mae'r Megillah'n cael ei ddarllen gyda'r nos a bore drannoeth. Yr enwocaf o fwydydd traddodiadol Pwrim yw'r cacenni tri-chornel o does melys wedi eu llenwi â chymysgedd o hadau pabi a mêl. Mae pob cymuned Iddewig yn gwneud y cacenni hyn, sydd â sawl gwahanol enwau ac sydd i fod i gynrychioli het Haman, clustiau Haman, neu bocedi Haman (mewn Iddeweg, *hamantashen*).

Mae Esther 9: 22 yn sôn am y cyferbyniad rhwng tristwch a llawenydd, galar a gŵyl. I geisio ailgreu'r cyferbyniad yma, mae Iddewon yn ymprydio y diwrnod cyn Pwrim. Maen nhw'n cofio ympryd Esther cyn iddi hi fynd i erfyn ar ei gŵr i drugarhau wrth ei ddeiliaid Iddewig (Esther 4: 16). Tri mitzvah arall Pwrim yw: gwledda a llawenhau (mae gwledd yn rhan o'r diwrnod fel arfer); rhoddion i'r tlodion; a rhoddion i'w gilydd. Mae'r mitzvot hyn yn Esther 9: 18-19. Mae'r darn hefyd yn egluro pam mae Iddewon yn Jerwsalem yn dathlu Pwrim ar 15 Adar, sef diwrnod yn hwyrach nag Iddewon bobman arall. Mae muriau hynafol yr hen Jerwsalem, o ddyddiau Josua, yn ôl y Rabbiniaid yn ei gwneud yn 'ddinas gaerog', debyg i'r hen brifddinas Bersiaidd Shushan (neu Susa) a enillodd ei buddugoliaeth ddiwrnod yn ddiweddarach nag Iddewon y taleithiau. Enw'r dydd gŵyl yw *Shushan Purim*. Mewn blwyddyn naid, mae Shushan Purim a Pwrim yn cael eu dathlu ar y pymthegfed a'r pedwerydd ar ddeg o'r trydydd mis ar ddeg, sef Adar Sheni.

Gwyliau eraill

Mae tair gŵyl arall sydd â chysylltiad arbennig â gwlad Israel, ond sy'n cael eu dathlu gan Iddewon mewn mannau eraill.

Blwyddyn Newydd y Coed

Mae'r cyntaf o'r rhain yn hen iawn, ac yn gysylltiedig â'r Flwyddyn Newydd amaethyddol. Mewn bywyd modern, byddwn yn sôn am y flwyddyn galendr (sy'n dechrau ym mis Ionawr), y flwyddyn ariannol (sy'n dechrau ym mis Ebrill), a'r flwyddyn academaidd (sy'n dechrau ym mis Medi). Roedd gan Israel gynt fwy nag un Blwyddyn Newydd hefyd , yn dibynnu ar ba agwedd o fywyd oedd dan sylw. Roedd yn rhaid i ffermwyr roi cyfran o'u cnydau bob blwyddyn i'r offeiriaid a'r tlodion. Roedd y cyfraniad neu'r degwm yma yn cael ei gyfrif o ddyddiad neilltuol, a'r dyddiad gafodd ei ddewis oedd 15 Shevat, mewn Hebraeg, *Tu B'Shevat.*

Mae'r Talmud yn awgrymu mai'r rheswm dros ddewis y dyddiad yma oedd ei fod yn nodi diwedd y tymor glawog yn Israel (Rosh Hashanah 14a). Roedd sudd y coed yn llifo eto, gan ddod â bywyd newydd, a chnwd newydd o ffrwythau i'r coed. Mae'r ŵyl hon yn aml yn cael ei galw'n Flwyddyn Newydd y Coed, ac yn Israel bydd pobl yn plannu coed i'w dathlu. Mae Iddewon mewn gwledydd eraill yn aml yn cyfrannu arian i brojectau plannu coed o'r fath, ac yn datgan eu cysylltiadau ag Israel drwy fwyta ffrwythau nodweddiadol o'r wlad, fel pomgranadau ac olewydd. Y traddodiad yw ceisio bwyta pymtheg math o ffrwyth. Heddiw, dathliad o ddiolchgarwch am ffrwyth y ddaear yw Tu B'Shevat.

Dydd Annibyniaeth Israel a Dydd Jerwsalem

Mae gwyliau modern *Yom Haatzmaut* (Dydd Annibyniaeth Israel) a *Yom Yerushalayim* (Dydd Jerwsalem) yn cael eu dathlu ar y 5 a'r 28 o Iyar. Ar y 5 Iyar 5708 (14 Mai 1948) cyhoeddodd David Ben Gurion sefydlu gwladwriaeth Iddewig Israel. Ym 1949, cyhoeddodd Prif Rabbi Israel y dylai'r diwrnod fod yn ŵyl gyhoeddus, a sefydlu trefn gwasanaeth arbennig ar gyfer y cyrddau hwyrol a boreol. Dydy rhai Iddewon Uniongred ddim yn cydnabod Yom Haatzmaut fel gŵyl newydd, ond mae llawer o

Iddewon ym mhedwar ban y byd yn cadw'r ŵyl. Yn Israel, mae cyrn seiren yn cyhoeddi dau funud o ddistawrwydd er cof am y rhai fu farw yn yr ymladd ar adeg y Datganiad Annibyniaeth. Os yw'r dydd yn cyd-daro â Shabbat, mae'n cael ei ddathlu ar y dydd Iau blaenorol. Trydydd diwrnod y Rhyfel Chwe Diwrnod ym 1967 oedd 28 Yiar (7 Mehefin) pan feddiannodd byddin Israel y rhan o Jerwsalem a oedd wedi bod yn y sector Arabaidd ers y rhaniad ym 1948. Dyma'r rhan oedd yn cynnwys y Wal Orllewinol sef yr unig ran o'r Deml sydd ar ôl wedi 70OG a man mwyaf cysegredig yr Iddewon. Chwythodd prif gaplan y fyddin y corn hwrdd a gosododd y Gweinidog Amddiffyn ddarn o bapur â'r weddi 'Heddwch a fo ar Israel' wedi ei sgrifennu arno mewn hollt yn y wal. Mae dathliad blynyddol Yom Yerushalayim yn denu torfeydd anferth sy'n ymgynnull wrth y Wal Orllewinol. Mae llawer o Iddewon ym mhedwar ban y byd yn mynd i'r synagog i ddathlu aduniad hen rannau a rhannau newydd Jerwsalem.

Ymprydiau

Mae bwyta'n rhan bwysig o ddathlu i'r Iddewon. I gyfleu'r gwrthwyneb i ddathlu, bydd Iddewon yn rhoi'r gorau i fwyta ac yn ymprydio. Mae pum diwrnod ympryd cyhoeddus mewn Iddewiaeth. (Mae ymprydiau eraill yn gyfyngedig i grwpiau neu unigolion neilltuol. Mae'r diwrnod cyn y Pasg Iddewig yn ddiwrnod ympryd ar gyfer rhai cyntaf-anedig, i goffáu achub cyntaf-anedig yr Israeliaid yn yr Aifft (Exodus 12). Bydd priodfab a phriodferch yn ymprydio cyn eu seremoni briodas, i nodi dechrau cyfnod newydd yn eu bywydau.) Yr unig ympryd sydd wedi ei orchymyn gan y Torah yw Yom Kippur (gweler pennod 15) pan fydd Iddewon yn edifarhau am eu camweddau. Mae traddoddiad Iddewig wedi ychwanegu pedwar diwrnod ympryd arall, bob un yn coffáu digwyddiad trist yn hanes yr Iddewon. Mae rhai pobl yn credu mai gwreiddiau amaethyddol sydd i'r rhain, fel y gwyliau.

Ymprydio i goffáu colli'r deml

Yr ympryd pwysicaf ar ôl Yom Kippur yw *Tishah B'Av* ('y 9fed o Av'). Ar yr dyddiad hwn yn 586 COG dinistriodd y Babiloniaid y Deml gyntaf ac, yn 70 OG, dinistriodd y Rhufeiniad yr ail Deml. Digwyddodd trasiedïau eraill yn hanes yr Iddewon ar Tishah B'Av, yn enwedig cwymp caer Bar Cochba yn 135 OG, troi'r Iddewon allan o Brydain yn 1290 OG, a throi'r Iddewon allan o

Sbaen yn 1492 OG. Mae rhai synagogau'n coffáu dinistr yr Holocost ar Tishah B'Av. Mae'n well gan eraill neilltuo diwrnod arbennig ar gyfer hyn, 27 Nisan, sef *Yom Ha-Shoah* (gweler pennod 16). Fel Yom Kippur, mae Tishah B'Av yn ympryd 25 awr (mae pob ympryd arall yn para o doriad gwawr tan yr hwyr). Mae awyrgylch o dristwch aruthrol yn y synagog. Mae'r llen yn cael ei dynnu oddi ar yr arch a'r gorchudd o'r ddesg ddarllen. Mae'r goleuadau'n isel, ac mae llyfr Galarnad yn cael ei lafarganu'n brudd. Yng ngwasanaeth y bore, mae pawb yn gweddïo'n dawel, heb addurn tallit na tephilin. Yng nghanol y tristwch mae gobaith am y dyfodol ac yn y saith wythnos sy'n dilyn Tishah B'Av, mae pob gwasanaeth Shabbat yn cynnwys neges o gysur ac addewid, gan ddechrau gydag Eseia 40.

Dydy Iddewon an-Uniongred ddim yn credu ei bod hi'n iawn pwysleisio'r Deml a gweddïo am ei hadfer. Maen nhw'n cadw Tishah B'Av i gydnabod dioddefaint yr Iddewon pan ddinistriwyd y ddwy Deml, ac achlysuron ofnadwy eraill yn hanes yr Iddewon, ond dydyn nhw ddim yn cadw'r ymprydiau eraill sy'n galaru am golli'r Deml. Ond mae Iddewon Uniongred yn credu fod y Deml yn arwydd mor bwysig o bresenoldeb Duw gyda'i bobl fel bod rhaid iddi barhau i fod yn ganolbwynt i Iddewiaeth. Mae Salm 137: 5-6 yn mynegi hyn:

> *Os anghofiaf di, Jerwsalem,*
> *bydded fy neheulaw'n ddiffrwyth;*
> *bydded i'm tafod lynu wrth daflod fy ngenau*
> *os na chofiaf di,*
> *os na osodaf Jerwsalem*
> *yn uwch na'm llawenydd pennaf.*

Felly maen nhw'n cadw ymprydiau ychwanegol ar 10 Tevet, sef dyddiad dechrau gwarchae Babilon ar Jerwsalem, a 17 Tammuz, y dyddiad y chwalodd y Rhufeiniaid furiau Jerwsalem yn 70 OG gan arwain at ddinistr y Deml, a'r ympryd cysylltiedig ar 3 Tishrei, sef Ympryd Gedaliah. Ar ôl dinistrio'r Deml ac alltudio llawer o Iddewon yn 586 COG, penododd y Babiloniaid Gedaliah yn llywodraethwr ar y bobl oedd yn dal ar ôl yn Jwdea. Cafodd ei lofruddio gan elynion, gan chwalu unrhyw obaith am barhad yn y gymuned Iddewig. I Iddewon Uniongred, y tair wythnos yn dilyn yr 17 Tammuz yw adeg dristaf y flwyddyn Iddewig, gyda defodau galaru (er enghraifft, peidio â gwrando ar gerddoriaeth) yn dwysáu wrth i Tishah B'Av nesáu. Mewn llawer cymuned, does neb yn bwyta cig nac yn yfed gwin o'r 1af hyd at y 9fed o fis Av.

gwyliau'r pererinion

Yn y bennod hon byddwch yn dysgu:

- am darddiad y tair prif ŵyl, sef y Pasg Iddewig, Wythnosau, a Thabernaclau
- am bwysigrwydd ailfyw'r profiad o ennill rhyddid, derbyn y Torah, a dibynnu ar Dduw
- am symbolaeth gyfoethog a seremonïau'r gwyliau hyn.

Y Pasg Iddewig – gŵyl y bara croyw

Mae paratoadau'r Pasg Iddewig yn cymryd llawer iawn o amser ac ymdrech. Rhaid glanhau'r cartref yn drylwyr, a chael gwared o'r mymryn lleiaf o lefain o'r tŷ. Mae hyn oherwydd Exodus 12: 7-19, sydd, yn adnod 17, yn cyfeirio at y Pasg fel Gŵyl y Bara Croyw', *Hag Ha-Matzot*. Bara heb lefain (neu surdoes) yw bara croyw. Mae *Matzah* ('bara croyw', lluosog *matzot*) yn cael ei wneud o flawd a gadwyd yn gwbl sych. Rhaid iddo gael ei bobi o fewn 18 munud o ddod i gyffyrddiad â dŵr, sy'n sicrhau na fydd yn codi. Mae bara a wnaed o unrhyw un o'r pum math o rawn (gwenith, rhug, ceirch, gwenith yr Almaen neu haidd) sydd wedi bod mewn cysylltiad â dwr am ddeunaw munud cyn ei bobi yn *hametz* (bara lefain). Matzah yw'r unig gynnyrch grawn y gall Iddewon ei fwyta dros y Pasg Iddewig. A bod yn fanwl gywir, dylid goruchwylio'r holl broses o wneud matzah, o'r cynaeafu, y malu, nithio'r grawn, ei gludo, tylino'r toes a phobi. Mae pob bwyd sydd â gwarant nad oes dim hametz ynddo yn dwyn y label 'Kasher ar gyfer Pesach'.

Mae cael gwared â'r holl hametz o gartref Iddewig yn broses gymhleth. Mae gan lawer o deuluoedd sosbenni, llestri, a chyllyll a ffyrc arbennig ar gyfer yr ŵyl – sydd ond yn cael eu defnyddio adeg Pesach a'u rhoi i gadw am weddill y flwyddyn. Yn ôl y Beibl ac yn y traddodiad rabbinaidd, rhaid i Iddew beidio â bwyta hametz na bod â dim ohono yn ei feddiant, felly bydd Iddew Uniongred yn cael gwared o'r cwbl. Os bydd bywoliaeth rhywun yn golygu ei fod yn defnyddio llawer o hametz, gall y person hwnnw ufuddhau i'r ddeddf drwy werthu'r hametz i rywun nad yw'n Iddew, a gallai hwnnw helpu, yn ei dro, drwy beidio â thalu amdano, a rhoi'r hametz yn ôl wedi'r cyfnod dan sylw. Neu mi allai Iddew Uniongred gloi'r hametz mewn lle diogel a rhoi'r allwedd i'r prynwr. Mae'n well gan y mudiad Diwygiedig selio cynnyrch o'r fath mewn blwch, a'i storio yn ddiogel o'r ffordd, mewn garej, seler, atic neu sied. Maen nhw'n pwysleisio'r pwynt mai bwyta'r hametz sydd wedi ei wahardd, ond mae'r Uniongred yn dilyn gorchymyn Exodus 12: 19 ac yn credu, gan nad oes gwaharddiad ar hametz weddill y flwyddyn, y byddai'n hawdd i Iddew anghofio, a'i fwyta yn ystod Pesach. Maen nhw hefyd yn credu fod rhoi'r hametz dan sêl yn unig yn golygu ei fod yn dal ym meddiant y person. Mae'r arferion Uniongred ac an-Uniongred yma yn enghraifft dda o agweddau gwahanol.

Un ddefod gyffredin yw fod darnau o hametz yn cael eu cuddio'n fwriadol. Ar 14 Nisan, bydd yr holl deulu'n mynd ati i chwilio yn seremonïol. Mae unrhyw lefain sydd ar ôl yn y tŷ yn cael ei roi o'r neilltu a'i losgi (fel symbol o ddinistrio popeth mae hametz yn ei gynrychioli) drannoeth, cyn i'r Pasg ddechrau gyda'r nos (15 Nisan). Y rheswm dros yr holl ymdrech yma i gael gwared o lefain yw ailgreu i Iddew, o unrhyw gyfnod a lle, amodau corfforol yr exodus o'r Aifft. Yn ôl Exodus 12: 34, cafodd y bara croyw ei fwyta gan Blant Israel yn union cyn iddyn nhw ffoi o gaethiwed yn yr Aifft, gan nad oedd amser i ddisgwyl i'r bara godi. Gan ddilyn gorchymyn Exodus 12: 18 i fwyta bara croyw, mae Iddewon yn bwyta matzah yn benodol yn ystod y cyfnod yma, yn enwedig ar ddiwrnod cyntaf (neu, i Iddewon Uniongred y tu allan i Israel, dau ddiwrnod cyntaf) yr ŵyl. Mae'n ffordd o ailgreu'n gorfforol brofiad eu cyndeidiau o fod yn gaethweision ac yna o fod yn rhydd.

Mae arwyddocâd ysbrydol y lefain yn amlwg hefyd. Am ei fod yn gwneud i fara godi, mae wedi mynd i symboleiddio tuedd bodau dynol i ymffrostio a bod yn falch. Mae peidio â bwyta hametz a bwyta matzah yn ffordd o atgoffa Iddew ei fod yn ddibynnol ar Dduw. Yn ogystal â glanhau'r tŷ, dylid glanhau popeth annerbyniol o'u bywyd. Fel arfer, mae arwyddocâd y defodau'n rhan o bregeth y rabbi ar y Shabbat cyn y Pasg Iddewig.

Rhyddid – bryd hynny ac yn awr

Ystyr y Pasg Iddewig

Mae rhai pobl yn credu fod gŵyl y bara croyw a gŵyl y Pasg Iddewig yn ddau achlysur gwahanol yn wreiddiol. Gŵyl amaethyddol oedd gŵyl y bara croyw (yn ymwneud â'r ffaith fod ffermwyr yn yr hen Ddwyrain Agos yn gorfod cael gwared o hen fara a lefain o gnwd y flwyddyn flaenorol), tra'r oedd y Pasg Iddewig yn ŵyl fugeiliol yn y bôn. Maen nhw'n cysylltu'r enw 'Pesach' â'r ferf Hebraeg am 'prancio', sy'n digrifio ŵyn newydd-anedig. Yn sicr, yn y gwanwyn cynnar (mewn Hebraeg, *Aviv*, yr enw ar fis Nisan hefyd cyn i'r enw Babilonaidd gael ei fabwysiadu), byddai ffermwyr yn dathlu'r cynhaeaf haidd a bugeiliaid yn dathlu'r tymor ŵyna. Ar ryw adeg, cafodd y dathliadau yma eu cyfuno â dathliadau hanesyddol. Y digwyddiad hanfodol mae Pesach yn ei goffáu yw'r exodus o'r Aifft.

Mae Exodus 12: 3-6 yn adrodd hanes Duw yn gorchymyn i bob teulu ar y noson dyngedfennol i ladd oen a'i fwyta. Mae'r Torah yn nes ymlaen yn gorchymyn i'r Israeliaid aberthu oen bob blwyddyn i goffáu hyn (Deuteronomium 16: 2, 6-7). Oen y Pasg oedd hwn. (Mae Deuteronomium 16: 3 yn cyfeirio at fara croyw fel 'bara cystudd', sy'n ein hatgoffa am ormes yr Eifftiaid.) Tra bod rheolaeth Duw dros natur yn cael ei chofio yn yr ŵyl wanwyn yma, gweithred Duw yn 'mynd heibio' i'r Israeliaid y mae'r Pasg Iddewig yn ei ddathlu yn bennaf. Mae'n canolbwyntio ar reolaeth Duw dros hanes, ac yn enwedig, ei allu i rhyddhau'r Israeliaid o'u caethiwed.

Mae llyfr Exodus yn adrodd hanes y deg pla a anfonodd Duw yn erbyn yr Eifftiaid, i geisio cymell Pharo i ollwng yr Israeliaid yn rhydd. Y pla olaf, marwol oedd lladd pob cyntaf-anedig yng ngwlad yr Aifft. Mae Exodus 12 yn egluro sut roedd yr Israeliaid i fod i daenu gwaed yr oen ar byst drysau eu tai fel bod Duw yn gwybod nad oedd Eifftiaid yno. Byddai Duw yn 'mynd heibio' iddyn nhw heb ladd eu cyntaf-anedig. Yn ôl y stori, y pla hwn a ddarbwyllodd Pharo i ryddhau'r Israeliaid yn y man, ond cyn iddyn nhw fynd ymhell iawn, newidiodd ei feddwl, efallai am nad oedd am golli llafur ei gaethweision. Mae Exodus 14 yn adrodd hanes dramatig yr Israeliaid yn croesi'r Môr Coch. (Dyna'r cyfieithad traddodiadol o'r enw *Yam suph* yn Exodus 13: 18. Mae *Yam suph* yn cyfeirio at y Môr Coch yn 1 Brenhinoedd 9: 25 ac yn Exodus 10: 19. Ond mae rhai pobl yn meddwl ei fod yn golygu 'môr cawn' ac yn dychmygu'r Israeliad yn croesi milltiroedd o welyau cawn rywle yng nghyffiniau Camlas Suez heddiw.) Boddodd yr Eifftaid a oedd yn eu herlid.

Felly mae Pesach yn dathlu rhyddid. Heb y digwyddiadau mae'r ŵyl yn eu coffáu, fyddai'r Iddewon ddim yn bod fel pobl. Yn y kiddush ar Shabbat ac ar y dyddiau gŵyl eraill, mae Iddewon yn cofio'r exodus o'r Aifft. Brawddeg gyntaf y Deg Gorchymyn yw: 'Myfi yw'r ARGLWYDD dy Dduw, a'th arweiniodd allan o wlad yr Aifft, o dŷ caethiwed' (Exodus 20: 2). Ond Pesach, yn fwy na'r un ŵyl arall, sy'n dathlu gwreiddiau'r genedl.

Y *Seder*

Nodwedd fwyaf lliwgar yr ŵyl yw'r pryd dathliadol yn y cartref ar y noson gyntaf. Mae Iddewon Uniongred y tu allan i Israel yn cael pryd arall tebyg ar yr ail noson hefyd. Mae perthnasau a ffrindiau yn cael eu gwahodd i'r pryd, yn enwedig pobl fyddai ar eu pen eu hunain fel arall. (Mae Diwygwyr a mwyfwy o Uniongredwyr a Rhyddfrydwyr yn cynnal dathliad cymunedol yn y synagog.) Weithau mae'r dathliad yma yn gyfle i'r teulu ddod ynghyd, gyda'r cymdeithasu'n bwysicach na defodau'r pryd. Ond mae llawer o Iddewon yn benderfynol o ailgreu profiad yr exodus ar gyfer pawb sy'n bresennol. I'w helpu i wneud hynny, mae'r pryd yn dilyn 'trefn' benodol, *seder* mewn Hebraeg. Y drefn honno yw'r seder *Haggadah* ('trefn yr adrodd') a'r hyn sy'n cael ei adrodd yw stori Exodus am gaethiwed a rhyddid, yn ôl gorchymyn Exodus 13: 8: 'Ar y dydd hwnnw fe ddywedir wrth dy fab, "Gwneir hyn oherwydd y peth a wnaeth yr ARGLWYDD i mi pan ddeuthum allan o'r Aifft".' Mae pobl wedi mynd i alw'r dathliad ei hun yn seder ac mae'n dilyn testun litwrgaidd a llenyddol unigryw o'r enw yr Haggadah. Fel arfer, mae gan yr *Haggadot* (lluosog) destun Hebraeg ynghyd â chyfieithad i iaith y rhai sy'n dathlu'r seder, ac maen nhw'n aml yn llawn darluniau hardd. Mae rhai'n cynnwys straeon am y profiad Iddewig mwy diweddar, ond eu sail yw hanes y Beibl am yr exodus gydag esboniad midrashig ar bob ymadrodd. Craidd hyn oll yw'r hanes yn Deuteronomium 25: 5-8 sy'n dechrau â'r geiriau: 'Aramead ar grwydr oedd fy nhad . . .'. Mae pawb sy'n bresennol yn cael copi o'r Haggadah a phob un yn ei dro yn darllen ohono. Y nod yw dathlu eu bodolaeth fel rhan o'r genedl Iddewig. Yng ngeiriau'r Haggadah: 'Ym mhob cenhedlaeth, dylai'r unigolyn ei ystyried ei hun fel pe bai ef yn bersonol wedi dod allan o'r Aifft.'

Mae'r awyrgylch a'r holl ymdrech i baratoi'r seder yn codi'r cwestiwn amlwg: 'Pam mae'r noson hon yn wahanol i bob noson arall?' Yn ystod y noswaith, mae'r cwestiwn yma'n cael ei ofyn a'i ateb mewn ffordd addysgol nodweddiadol Iddewig – nid drwy eiriau yn unig ond â phethau y gellir eu gweld a'u blasu. Un symbol o'r fath yw'r glustog sy'n cael ei rhoi wrth ben y person sy'n arwain y seder. Mae hyn yn symbol o gysur bod yn rhydd i fwyta gan ymlacio, oherwydd yn yr hen amser, pobl rydd (nid caethweision) fyddai'n pwyso ar glustogau i fwyta.

Plant yw dyfodol y genedl Iddewig, ac mae'n briodol mai'r plentyn ieuengaf sy'n gofyn pam mae'r noson yma'n arbennig. Mae'r cwestiwn cyffredinol yn arwain at bedwar cwestiwn penodol am ddefodau'r noson.

> *Pam, ar y noson hon, ydyn ni'n bwyta bara croyw?*
> *Pam, ar y noson hon, ydyn ni'n bwyta llysiau chwerw?*
> *Pam, ar y noson hon, ydyn ni'n trochi ein llysiau?*
> *Pam, ar y noson hon, ydyn ni'n lledorwedd?*

Mae arweinydd y dathliad, y tad fel arfer, yn ateb y cwestiynau hyn gan gyfeirio at y gwahanol symbolau. Ar fwrdd y seder bydd tri *matzah* (darn o fara croyw). Mae'r traddodiad yn priodoli gwahanol ystyron i'r rhain, ond mae un matzah wedi ei dorri i symboleiddio 'bara cystudd' (gan mai dyna fel y bydd dyn tlawd yn bwyta ei fara). Mae darn o hwn yn cael ei guddio er mwyn i'r plant gael dod o hyd iddo yn nes ymlaen, gêm fach sy'n ei helpu i gadw ar ddi-hun ar noson faith iawn. Enw'r matzah yma yw'r *Afikomen*, gair Groegaidd sy'n golygu pwdin, mae'n debyg, sef blas olaf y pryd. Mae'n briodol mai matzah yw hwnnw, gan mai bara croyw yw symbol canolog Pesach.

Mae symbolau pellach yn helpu i ailgreu'r profiad. Y llysieuyn gwyrdd mwyaf arferol yw persli neu letusen ddeilen-hir – mae ei blas chwerw-felys yn dwyn i gof gaethiwed a rhyddid gyda'i gilydd. Mae rhuddygl poeth yn aml yn un o'r llysiau chwerw, gyda'i flas neilltuol o chwerw yn atgof pwerus o boen caethwasiaeth. Mae'r llysiau gwyrdd yn cael eu trochi mewn dŵr hallt, symbol o ddagrau'r caethweision cyn eu rhyddhau a'r môr bu rhaid iddyn nhw ei groesi i fod yn rhydd. Symbol arall am gaethwasiaeth a rhyddid yw'r *charoset*. Mae'r cymysgedd yma o ffrwythau, cnau, perlysiau a gwin yn cynrychioli'r morter roedd y caethweision yn ei ddefnyddio i wneud priddfeini. Blas melys rhyddid sydd ar y charoset, ac mae'r llysiau chwerw'n cael eu trochi ynddo.

Mae'r bwydydd hyn fel arfer yn cael eu rhoi ar ddysgl seder arbennig. Mae dwy eitem symbolaidd arall ar y seder, ond dydy'r rhain ddim yn cael eu bwyta. Ŵy wedi ei ferwi'n galed, ac yna ei rostio yw un ohonyn nhw, sy'n ein hatgoffa am offrymau'r Deml. Gydag ef mae asgwrn oen sy'n ein hagoffa am aberthu eto, ac sydd hefyd yn cynrychioli oen y Pasg, yr oen a gafodd ei ladd adeg Pesach. Cam 10 o'r 15 cam yn y seder yw bwyta brechdan o ddau ddarn o matzah wedi eu llenwi â llysiau chwerw. Mae hyn i'n hatgoffa am Rabbi Hillel a oedd, mae'n debyg, yn bwyta matzah a llysiau chwerw ar yr un pryd. Mae rhai pobl yn cynnwys charoset yn y frechdan.

Mae'r symbolaeth yn parhau yn y pedwar cwpanaid o win coch y mae'n rhaid i bawb eu hyfed yn ystod y pryd. Efallai fod y gwin coch yn symboleiddio gwaed yr oen ar byst drysau'r Israeliaid y Pasg Iddewig cyntaf hwnnw neu werth rhyddid. Yn ôl y Talmud, mae'r pedwar cwpan yn cynrychioli pedwar addewid Exodus 6: 6-7. Mae pedair berf wahanol yma wrth i Dduw addo i Moses y bydd yn achub ei bobl: rhyddhau, gwaredu, achub, cymryd. Mae'r holl bwyslais yn yr Haggadah ar weithgaredd Duw. Un cyfeiriad yn unig sydd at Moses, a hynny wrth fynd heibio. Mae pumed addewid yn Exodus 6: 8 a chynrychiolir hynny gan gwpanaid arall. Yn oes y Talmud, roedd pobl yn anghytuno a ddylid yfed pumed cwpanaid o win. Y cyfaddawd oedd arllwys pumed cwpanaid ond peidio â'i yfed. Pan oedd gan y Rabbiniaid gwestiwn astrus, fe fydden nhw'n ei adael i'r Proffwyd Elias ei ateb. Elias sydd i fod i gyhoeddi Oes y Meseia pan fydd pob anghydfod yn cael ei ddatrys a gwir ryddid a heddwch yn teyrnasu. Felly cwpan Elias yw enw'r cwpan yma. Dyna pryd y dechreuodd yr arfer o agor y drws i geisio annog Elias i ddod i mewn.

Mae'r gwin yn cael ei ddefnyddio i ddiben arall hefyd yn ystod y seder. Bob tro y sonir am un o'r deg pla, mae pob person yn tywallt diferyn o win i fynegi tristwch am ddioddefaint yr Eifftiaid. Dathlu gwaredigaeth yr Israeliaid y mae'r achlysur, nid dioddefaint pobl eraill. Gan gofio bod yna wledydd lle mae Iddewon yn cael eu gormesu o hyd, mae'r seder yn dod i ben â'r geiriau:

Nid yw'r waredigaeth eto'n gyflawn . . .
Heddwch, shalom . . .
Y flwyddyn nesaf yn Jerwsalem,
Y flwyddyn neaf bydded pawb yn rhydd.

Mae'r holl achlysur yn cyfuno difrifoldeb â hwyl, yn enwedig yn y caneuon bywiog sy'n cloi'r noson. Mae'r rhain yn cynnwys *Had Gadya* ('Un Afr Fach'), cân boblogaidd sy'n alegori o hanes yr Iddewon: erledigaeth gyson a rhagluniaeth Duw .

Cyfrif y dyddiau

Yr *omer*

Ar ail ddiwrnod Pesach, mae Iddewon yn dechrau cyfri'r dyddiau tan yr ŵyl nesaf, Shavuot. Er bod Pesach wedi dod â rhyddid corfforol i'r Iddewon, Shavuot a'u rhyddhaodd yn ysbrydol pan dderbynion nhw Gyfraith Duw, y Torah. Yr enw ar y broses gyfrif yw 'cyfrif yr Omer', er mai cyfrif *o'r* Omer fydd pobl yn gwneud. Mesur o haidd oedd *omer*. Mae'r Torah'n gorchymyn 'O drannoeth y Saboth' (ail ddiwrnod Pesach, yn ôl y Phariseaid) pan oedd ysgub o haidd yn cael ei dwyn i'r Deml yn Jerwsalem, y dylid cyfrif hanner can diwrnod ac yna cynnig blaenffrwyth y cynhaeaf gwenith (Lefiticus 23: 15-16). Felly mae'r cynhaeaf gwenith yn cychwyn saith wythnos wedi'r cynhaeaf haidd ac felly'n cael yr enw Shavuot ('Wythnosau'). Os yw cyfrif yr wythnosau wedi rhoi un enw i'r ŵyl, mae cyfrif y dyddiau wedi rhoi enw arall iddi, sef 'Pentecost', y gair Groegaidd am '50'. Erbyn heddiw, mae Shavuot yn digwydd ar ddyddiad penodol, 6 Sivan (a 7 Sivan hefyd y tu allan i Israel), ond mae dyddiau cyfnod yr Omer yn dal i gael eu cyfrif er mwyn creu'r cyffro o edrych ymlaen at dderbyn y Torah.

Gan fod yr Iddewon yn edrych ymlaen yn eiddgar yn y cyfnod yma, gall ymddangos yn od fod y 32 diwrnod cyntaf yn cael eu hystyried yn gyfnod trist gan Iddewon Uniongred. Maen nhw'n gwneud rhai pethau sy'n nodweddiadol o alaru am y meirw, fel peidio â thorri eu gwallt neu ddathlu priodasau. Does neb yn siwr iawn beth sydd wrth wraidd y galaru yma, ond un eglurhad yw fod llawer o ddisgyblion Rabbi Akiva yn yr ail ganrif OG wedi marw o'r pla yn ystod cyfnod Omer. Ar y deuddegfed diwrnod ar hugain, mae'n debyg, daeth y pla i ben, a dyna ddyddiad buddugoliaeth gwrthryfel Bar Cochba hefyd. Rhoddodd y rhai oedd yn ymprydio oherwydd tristwch y pla a Gwrthryfel Bar Cochba y gorau i'w hympryd. Mae'r dyddiad yma, *Lag B'Omer* ('y trydydd ar ddeg ar hugain o Omer') wedi mynd yn ŵyl leiaf. Mae'r galaru'n troi'n ddathlu, ac mae rhuthr i dorri gwalltiau a phriodi ar y dyddiad yma. Mae'r dydd yn un pwysig i gyfrinwyr am mai dyma pryd bu farw'r cyfrinydd mawr, Shimon bar Yochai, disgybl i Akiva ac awdur tybiedig y gwaith cyfriniol canoloesol, y Zohar. Maen nhw felly'n dathlu uno'i enaid â'i ffynhonnell gyfriniol fry. Yn yr oes fodern, mae gŵyl Dydd Annibyniaeth Israel (5 Yiar) a Dydd Jerwsalem (28 Yiar) hefyd yn torri ar draws pruddglwyf tymor yr Omer neu'r *sefirah* ('cyfrif'). Dydy'r rhan fwyaf o Iddewon an-Uniongred ddim yn credu mewn dilyn cyfyngiadau galaru y cyfnod yma.

Cyfuno'r cynhaeaf gwenith gyda rhoddi'r Torah

Dydy'r Beibl ddim yn dweud pryd y rhoddwyd y Torah i Moses ar fynydd Sinai. Ar sail Exodus 19, fodd bynnag, mae rhai wedi amcangyfrif mai yn Sivan, y trydydd mis, y digwyddodd hynny. Gan mai chweched dydd Sivan yw Shavuot, aeth y ddau ddigwyddiad, gŵyl y gwenith a'r datguddiad ar Sinai, yn un ŵyl, gydag eglurhad hanesyddol yn cael ei ychwanegu at yr elfennau naturiol sy'n deillio o fywyd y tir. Hyd yn oed heddiw, er mai ystyr ddiwinyddol sydd i'r ŵyl i Iddewon, mae Shavuot (fel Pesach) yn dal i gynnwys adlais o ddathlu'r cynhaeaf. Does dim defodau arbennig (fel bwyta bara croyw yn ystod Pesach) ond datblygodd rhai arferion dros y canrifoedd. Un o'r rhain yw addurno'r synagog â blodau a phlanhigion, i gynrychioli Mynydd Sinai yn blodeuo pan roddwyd y Torah.

Arfer arall yw bwyta bwydydd llaeth, yn enwedig cacen gaws. Mae pobl yn egluro hyn mewn gwahanol ffyrdd. Un eglurhad yw mai dim ond bwydydd llaeth y gallai Iddewon fod yn sicr ei bod yn iawn i'w bwyta cyn i'r deddfau cig gael eu rhoi. Un arall yw bod bwyta bwydydd llaeth yn eu hatgoffa fod Duw wedi dod â nhw allan o'r Aifft i 'wlad yn llifeirio o laeth a mêl' (Deuteronomium 26: 9). Mae Deuteronomium 26 yn pwysleisio diolchgarwch am y tir a'i gynnyrch. Dylai'r Israeliaid gofio mor galed oedd eu bywyd yn y dechreuad (adnod 5) a chynnig blaenffrwyth (hynny yw, cynnyrch gorau) y cynhaeaf i Dduw (adnodau 1-3, 10). Enw arall ar Shavuot yw 'Gŵyl y Blaenffrwyth'. Mae pobl yn dal i gredu, er nad oes Teml bellach lle gellir offrymu blaenffrwyth, na ddylai neb gymryd y cynhaeaf yn ganiataol.

Rhyddid i ufuddhau – Shavuot

Mae'r Rabbiniaid yn cyfeirio at Shavuot fel 'yr ŵyl sy'n cloi' Pesach. Mae hyn yn awgrymu nad achub yr Israeliaid o'u caethiwed, sef yr hyn mae Pesach yn ei ddathlu, oedd y diben terfynol. Mae Duw'n dweud wrth Moses, wrth ei sicrhau ei fod yn ei anfon i achub ei bobl: '. . . wedi iti arwain y bobl allan o'r Aifft, byddwch yn addoli Duw ar y mynydd hwn' (Exodus 3: 12). Nid rhyddid i wneud dim byd sy'n cael ei roi i'r bobl, ond y rhyddid i wasanaethu Duw. Yn ôl Maimonides, rhodd amheus yw rhyddid heb gyfraith. Mae'r cysylltiad rhwng rhyddid o gaethwasiaeth, a rhyddid i wasanaethu yn cael ei fynegi sawl gwaith yn ystod Shavuot. Mae llawer o bobl yn aros ar eu traed drwy'r nos yn astudio'r Torah. (Mae llawer o synagogau Diwygiedig yn dilyn y traddodiad yma erbyn hyn ac yn trefnu grwpiau astudio, gyda brecwast a gwasanaeth gyda'r wawr.) Efallai y byddant yn astudio un pwnc neilltuol neu'n darllen o gasgliad o gyfreithiau ysgrifenedig a llafar wedi ei lunio'n arbennig ar gyfer 'noson Shavuot'. Yr ail noson, bydd llawer yn darllen llyfr y Salmau.

Mae'r darlleniadau yn y synagog yn canolbwyntio'n neilltuol ar ddatguddiad Duw. Rhan ganolog y gwasanaeth ar ddiwrnod cyntaf Shavuot yw darllen y Deg Gorchymyn o Exodus 20: 1-17 yn ddwysddifrifol. Ar yr ail ddiwrnod, y darlleniad o'r Torah yw Deuteronomium 15: 19 - 16:16 sy'n gorchymyn cadw tair gŵyl y Pererinion. Mae'r darnau o'r Proffwydi a'r Ysgrifau hefyd yn dweud y dylid ufuddhau i orchmynion Duw, yn enwedig llyfr Ruth. Mae'r wraig o wlad Moab yn cael ei chymryd fel patrwm o berson a gafodd dröedigaeth â'i holl galon at Iddewiaeth, gan fynd yn un o bobl y cyfamod a derbyn Duw a'r Torah (Ruth 1: 16). Mae synagogau Diwygiedig a Cheidwadol yn aml yn cynnal gwasanaethau derbyn yn ystod Shavuot gan fod hwn yn amser priodol i rai sydd wedi bod yn astudio mewn dosbarth sy'n dilyn bar/bat mitzvah i arddangos eu hymrwymiad i Iddewiaeth. Mae hyn yn ategu pwysigrwydd yr ŵyl yma sydd yn llai poblogaidd na'r ddwy arall, efallai am nad oes iddi ddefodau arbennig ac am nad yw'n cael ei dathlu yn y cartref.

Lle mae gwir ddiogelwch i'w gael – Sukkot

Mae'r olaf o wyliau'r Pererinion yn atgoffa pobl yn fwriadol mor ddibynnol yw'r Iddewon ar Dduw. Mae '*Sukkot*' yn golygu 'cytiau', 'pebyll' neu 'tabernaclau', ac mae enw'r ŵyl yn ein hatgoffa o'r cyfnod pan nad oedd gan yr hen Israeliaid gartrefi parhaol, dim ond llochesau dros-dro. Roedd hyn yn ystod eu taith hir drwy'r anialwch wedi'r exodus o'r Aifft, i wlad Canaan. Fel Pesach, mae'r ŵyl yma'n ceisio ailgreu amodau'r gorffennol er mwyn i'r digwyddiadau droi'n brofiad y presennol. Mae Lefiticus 23: 42 yn dweud wrth yr Iddewon am 'fyw mewn pebyll am saith diwrnod' ac felly, mae gŵyl Sukkot yn ailfyw'r ddibyniaeth wreiddiol yma ar Dduw. Mae'r salmydd yn sôn am Dduw yn ei gadw 'yn ei gysgod yn nydd adfyd, a'm cuddio i mewn yn ei babell' (Salm 27: 5). Felly mae'r *sukkah* (unigol) yn symbol o ddibynnu ar Dduw am amddiffyniad a nerth pan nad oes dim diogelwch arall ar ôl. O ganlyniad, gweithred ganolog yr ŵyl yma yw adeiladu sukkah.

Mae nodweddion arbennig i sukkah. Rhaid iddo fod â thair wal o leiaf – gall y bedwaredd ochr gael ei gadael yn agored – o ddefnydd sy'n gwrthsefyll y gwynt. Weithiau bydd wal tŷ neu garej yn ffurfio un o'r waliau, gyda'r gweddill yn rhai dros-dro. Rhaid iddo fod â math arbennig o do â nodweddion sy'n achosi i Iddewon fyfyrio ar Dduw fel creawdwr mewn cyferbynaid â chadernid tŷ parhaol, y mae'r rhan fwyaf o bobl yn tueddu i ymddiried ynddo. Mae'r to wedi ei wneud o blanhigion na ellir eu bwyta. Rhaid i'r planhigion hyn fod yn eu cyflwr naturiol (dim estyll pren) a heb gysylltiad â'r ddaear (dim canghennau coeden sy'n tyfu). Rhaid i chi allu gweld yr awyr drwyddo ac ni ddylai fod yn ddigon trwchus i gadw glaw trwm allan. Ddylai dim byd arall, fel balconi uwch ei ben, fod yn ei gysgodi.

Mae gan lawer o synagogau ystafell â tho llithro y gellir ei agor. Bydd gorchudd yn cael ei osod yn lle'r to, wedi ei wneud yn ôl rheolau ar gyfer to sukkah, gan droi'r ystafell ei hun yn sukkah. Mae'r Rabbiniaid yn sôn am addurno'r mitzvot, felly mae'r sukkah yn yr ardd neu yn y synagog yn cael ei addurno'n hardd, yn enwedig â ffrwythau sy'n crogi o'r to.

Gan fod Sukkot, fel dwy ŵyl arall y Pererinion, yn ŵyl gynhaeaf hefyd (mae Lefiticus 23: 39 yn sôn an gasglu 'cynnyrch y tir' ar yr adeg yma), mae'n bosib fod y sukkot yn cynrychioli pebyll y ffermwyr a fyddai'n byw yn y caeau yn ystod y cynhaeaf. Yn sicr, mae Sukkot yn adeg pan fydd pobl yn cofio mai Duw sy'n darparu'r cynhaeaf. Dyma gynhaeaf olaf y flwyddyn, rhwng 15 a 22 Tishrei, yn yr hydref. Fel Pesach, mae diwrnodau cyntaf ac olaf yr ŵyl yn ddyddiau sanctaidd, ac mae pob gwaith heblaw am baratoi bwyd wedi ei wahardd. (Mae Ceidwadwyr a Diwygwyr yn dilyn yr un canllawiau ag ar gyfer Shabbat.) Mae hynny o amser ddylai pobl ei dreulio yn y sukkah i gyflawni gorchmynion y Torah yn amrywio, am resymau ymarferol. Yn Israel, mae llawer o Iddewon yn cysgu yn y sukkah am y saith diwrnod, ond ym Mhrydain ac America, lle gall hi fod yn oer ar ddiwedd mis Medi/dechrau mis Hydref, y cwbl mae'r rhan fwyaf o Iddewon yn ei wneud yw bwyta ynddo. Dydy'r mitzvah yma ddim yn orfodol yn achos rhywun sâl, neu os yw hi'n bwrw glaw. Mae'r Talmud yn feirniadol o rai sy'n ceisio profi mor dduwiol ydyn nhw drwy aros yn y sukkah pan nad yw'r Torah'n mynnu hynny. Ond mae angen rhywfaint o ymdrech. Dyna pam mae'r ŵyl yn cael ei dathlu yn yr hydref, pan fydd eistedd mewn sukkah'n debyg o fod yn brofiad anghysurus ac oer, yn hytrach nag yn y gwanwyn pan ddigwyddodd yr exodus. Mae lletygarwch yn agwedd hanfodol, a bydd pobl yn aml yn ymweld â ffrindiau i rannu pryd.

Y pedwar planhigyn

Ail ddefod amlwg Sukkot yw dal pedwar planhigyn yn eich llaw. Mae'r gorchymyn yma yn Lefiticus 23, gyda'r gorchymyn ar gyfer y sukkah. Meddai adnod 40:

> *Ar y diwrnod cyntaf yr ydych i gymryd blaenffrwyth gorau'r coed, canghennau palmwydd, brigau deiliog a helyg yr afon, a llawenhau o flaen yr* ARGLWYDD *eich Duw am saith diwrnod.*

Gan mai dyma'r ŵyl sy'n cloi'r cynhaeaf yn Israel, mae'r planhigion hyn yn symbolau o ddarpariaeth Duw. Dydy ystyr yr

Hebraeg sy'n cael ei gyfieithu fel 'blaenffrwyth gorau'r coed' ddim yn bendant, ond credir ei fod yn golygu *etrog*, ffrwyth sitrws sy'n edrych yn debyg i lemwn ond sydd â blas ac arogl cwbl wahanol. Yr enw ar y 'canghennau palmwydd' yw *lulav* ac mae 'brigau deiliog' yn cael eu cynrychioi gan fyrtwydden. Y rhain, ynghyd â'r helygen, yw'r 'pedwar rhywogaeth', yr *arba minim*. Dydy hi ddim yn glir pam mai'r pedwar planhigyn yma gafodd eu dewis yn wreiddiol, ond roedd y Rabbiniaid yn deall mai dyma'r gofyniad beiblaidd.

Mae llawer o Iddewon yn credu fod yr arba minim yn symboleiddio rhywbeth, ond heb gytuno beth yn union. Mae un midrash yn cysylltu pob planhigyn â gwahanol ran o'r corff, gyda'r etrog yn galon, y lulav yn asgwrn cefn, y fyrtwydden yn llygad, a'r helygen yn geg. Yn ôl un arall, maen nhw'n cynrychioli gwahanol fath o gymeriad, gyda blas yn symbol o'r Torah ac arogl yn symbol o weithiau da, Ar sail y dehongliad yma, mae'r etrog, sydd â blas ac arogl yn cynrychioli rhywun sy'n gwybod y Torah ac yn dilyn ei orchmynion; mae ffrwyth y lulav, sydd â blas ond heb arogl, yn cynrychioli rhywun sy'n hyddysg yn y Torah ond nad yw'n cyflawni gweithredoedd da; mae'r fyrtwydden, sydd ag arogl ond heb flas, yn cynrychioli rhywun sy'n gwneud gweithiau da heb wybod y Torah; ac mae'r helygen, heb arogl na blas, yn cynrychioli rhywun sydd yn anwybodus ac yn hunanol. Dyma'r dehongliad mwyaf poblogaidd, ac mae'n awgrymu na ddylid gadael neb allan o'r gymuned Iddewig. Mae pob person, â'u gwendidau a'u cryfderau, yn cyfuno gydag eraill i ffurfio pobl Duw. O safbwynt y ddynolryw, mae hon yn agwedd hael ond realistig tuag at y natur ddynol. Ystyr yr arba minim yw fod angen pob math o berson i greu byd. Bob dydd yn ystod yr ŵyl, mae'r pedwar planhigyn yn rhan o gwrdd gweddi'r bore yn y synagog (heblaw am Shabbat yn y gymuned Uniongred, oherwydd y gwaharddiad ar gario mewn tiriogaeth gyhoeddus). Mae'r etrog yn cael ei ddal yn y llaw chwith, ac yn y llaw arall, mae tri brigyn myrtwydd a dwy helygen wedi eu clymu wrth y lulav. Mae'r gorchymyn i gymryd y lulav (y mwyaf, sydd felly'n cynrychioli'r pedwar) yn cael ei fendithio. Mae llawer o gymunedau nid yn unig yn dal y lulav ond yn ei chwifio wrth adrodd yr Hallel (y salmau gŵyl). Maen nhw'n ei chwifio i bob cyfeiriad, i ddangos fod Duw ym mhob man.

Y dyletswydd i lawenhau

'Tymor ein llawenhau' yw Sukkot, yn ôl y gorchymyn yn Lefiticus 23: 40. Mae'r pwyslais ar lawenhau i'w weld mewn llawer agwedd ar Iddewiaeth, er enghraifft, yn y defodau tyfiant ac ar Shabbat. Mae'n gryf iawn yn ystod Sukkot ac yn y dyddiau sy'n cloi'r tymor gwyliau a gychwynnodd, dair wythnos yn flaenorol, gyda'r Flwyddyn Newydd. Yn y dyddiau gynt, roedd gorymdaith yr ŵyl yn ystod Sukkot yn mynd i'r ffynnon a oedd yn darparu dŵr ar gyfer y Deml, ac yn ôl. Roedd dŵr yn cael ei dywallt ar yr allor fel offrwm mawr o ddiolchgarwch am y tymor glawog oedd ar fin cychwyn. I ddathlu'r dŵr oedd mor hanfodol i unrhyw gynhaeaf yn y dyfodol, byddai'r bobl yn dawnsio i seiniau ffliwtiau, telynau a symbalau. Mae bywiogrwydd seremoni offrymu'r dŵr i'w weld yn sylw'r Mishnah: 'Nid yw'r neb na welodd lawenydd codi'r dŵr wedi profi gwir lawenydd yn ei fywyd erioed' (Sukkah 5: 1). Mae pryd hwyrol hyd yn oed heddiw i ddathlu codi'r dŵr. Ar seithfed diwrnod Sukkot, mae gorymdaith gyda sgroliau'r Torah a'r lulav a'r etrog o gwmpas y bimah yn y synagog saith gwaith. Mae gweddïau'n cael eu hadrodd gyda'r cytgan *Hoshanah* ('Achub ni'). Enw'r diwrnod hwn heddiw yw *Hoshanah Rabbah* ('yr Hosanna Fawr'). Wedi'r cylch olaf, mae'r helyg yn cael eu curo yn erbyn y llawr neu'r cadeiriau nes i'r dail ddisgyn ymaith, sy'n awgrymu cael gwared o bechodau. Mae naws edifeiriol yr Uchel Wyliau Sanctaidd felly'n ailymddangos, mewn amryw o nodweddion fel gwisgo'r kittel (amwisg) wen, ac ymbil am achubiaeth Duw.

Simchat Torah

Mae'r un teimlad yn parhau ar wythfed dydd yr ŵyl, a ddylai, yn ôl gorchymyn Lefiticus 23: 39 a Numeri 29: 35, fod yn ddydd o orffwys llwyr. I bob diben, mae hon yn ŵyl ar wahân ac felly, fel pob gŵyl, mae'n dechrau gydag adrodd y kiddush ac yn cloi gyda'r Havdalah. Enw'r ŵyl yw *Shemini Atzeret* ('wythfed dydd y cynulliad'). Nodwedd ganolog y musaf (y gwasanaeth ychwanegol) ar Shemini Atzeret yw'r weddi am iddi fwrw glaw. Mae Iddewon Uniongred y tu allan i Israel yn cadw'r ŵyl am ddeuddydd. Dechreuodd yr ail ddiwrnod o'r rhain gael ei alw'n *Simchat Torah* (Llawenydd y Torah), rywbryd wedi'r unfed ganrif ar ddeg OG. Yn Israel, mae Shemini Atzeret a Simchat Torah yn cael eu dathlu ar yr un dydd. Mae Iddewon Diwygiedig, sydd hefyd ond yn dathlu Shemin Atseret am un dydd, yn dathlu Simchat Torah ar yr un dydd. Dyna'r unig achlysur y bydd y mudiad Diwygiedig yn dathlu gŵyl ar ddydd gwahanol i synagogau Uniongred y Diaspora.

Yr unig ffordd o ddisgrifio Simchat Torah yw fel ffrwydrad o lawenydd. Gyda gŵyl Shavuot yn dathlu rhoi'r Torah i'r Iddewon, a holl ŵyl Sukkot yn gyfnod o lawenhau, y diwrnod hwn yn fwy na unrhyw ddydd arall sy'n mynegi gorfoledd y grefydd Iddewig. Mae'r synagog yn mynd yn lle llawn hwyl. Mae holl sgroliau'r Torah'n cael eu tynnu o'r arch ac yn cael eu cario o gwmpas y bimah saith gwaith (tybir fod hyn yn cynrychioli'r orymdaith o gwmpas Jericho a ddisgrifir yn Josua 6) gyda phawb yn canu, dawnsio (weithiau allan i'r stryd) a churo dwylo wrth orymdeithio. Mae llawer o bobl yn cael eu galw i fyny i ddarllen o'r Torah. Mae'r anrhydedd mwyaf yn mynd i'r person sy'n darllen darn olaf Deuteronomium a'r un sy'n darllen darn cyntaf Genesis wedi hynny. Mae'r rhain yn cael eu galw'n 'briodfeibion' ac maen nhw'n cynrychioli'r gymuned wedi ei huno â'r Torah fel priodfab a phriodferch. Weithiau bydd tallit (siôl weddi) yn cael ei dal uwch pennau'r darllenwyr fel y chupah mewn priodas.

Y disgrifiad mwyaf adnabyddus i rai nad ydynt yn Iddewon yw'r un yn nyddiadur Samuel Pepys, o'r ail ganrif ar bymtheg. Ar ôl ymweld â synagog Seffardi yn Llundain ym 1663, mae'n sgrifennu:

> *Ond Arglwydd, byddai gweld yr anhrefn, chwerthin, chwarae, a neb yn talu sylw, dim ond dryswch yn eu holl wasanaeth, yn fwy fel bwystfilod na phobl sy'n adnabod y gwir Dduw, yn gwneud i ddyn dyngu i beidio â'u gweld byth eto; ac yn wir, ni welais erioed gymaint, na gallu dychmygu y byddai unrhyw grefydd yn y byd yn cael ei pherfformio mewn modd mor abswrd â hyn.*

Mae'n ddigon posib fod yna wasanaethau Simchat Torah lle byddai pethau'n mynd dros ben llestri, ond mae disgrifiad Pepys yn dod o safbwynt gorllewinol, esthetig. Cawn safbwynt gwahanol yn nisgrifiad Chaim Potok o Simchat Torah yn ei nofel, *In the Beginning*. Mae paragraff byw iawn yn cloi gyda'r geiriau hyn:

> *Arllwysodd y sŵn o'r tu fewn i'r synagog allan i'r nos, gyda'r sain yn donnau, yn chwyddo a chilio a theneuo a thyfu. Llawenydd dawnsio gyda'r Torah, ei ddal yn dynn, geiriau Duw wrth Moses yn Sinai. Tybed a ddawnsiodd pobl y cenhedloedd erioed gyda'u Beibl hwythau?*

Mae Simchat Torah yn ŵyl a ddaeth i fod wedi cyfnod y Talmud. Mae wedi ei seilio ar stori am y Brenin Solomon yn dathlu wedi iddo orffen darllen y Torah. Felly, mae rhan olaf y Torah, Deuteronomium 33: 1 - 34: 12 yn cael ei ddarllen, ac er mwyn peidio â thorri'r cylch, adran gyntaf y Torah, Genesis 1: 1 - 2: 3. Dydy hon ddim yn ŵyl resymegol ond gŵyl sy'n gorfoleddu yn y ffaith fod Duw wedi rhoi'r Torah i'r Iddewon i'w ddilyn yn eu bywydau. Mae'r cwestiwn a yw'r dathliadau'n briodol yn dibynnu, fel y dwedodd rabbi un tro yn ei bregeth Simchat Torah, nid yn unig ar ein parodrwydd ni i 'lawenhau gyda'r Torah' ond ar ein gallu 'i ymddwyn mewn modd sy'n peri i'r Torah lawenhau gyda ni'.

y Flwyddyn Newydd a Dydd y Cymod

Yn y bennod hon byddwch yn dysgu:

- sut yr aeth y Flwyddyn Newydd a Dydd y Cymod yn ddyddiau pwysicaf y calendr Iddewig
- am y gerddoriaeth a'r geiriau a ddefnyddir i fynegi edifeirwch a dechreuad newydd
- ynglŷn â gwreiddiau a phwrpas ymprydio ar Ddydd y Cymod.

Pwysigrwydd yr Uchel Wyliau Sanctaidd

I Iddewon, mae'r flwyddyn galendr newydd yn dechrau ar ddydd cyntaf mis Tishrei. Mae Lefiticus 23: 24 yn dweud: 'Ar y dydd cyntaf o'r seithfed mis yr ydych i gael diwrnod gorffwys; bydd yn gymanfa sanctaidd, i'w dathlu â chanu utgyrn' (cymharer â Numeri 29: 1), Os cyfrifwn ni Nisan (adeg yr Exodus) fel y mis cyntaf, mae hyn yn dod â ni at 1 Tishrei. Dim ond yn y llenyddiaeth wedi'r Beibl y galwyd y diwrnod yma'n Rosh Hashanah ('y Flwyddyn Newydd', yn llythrennol, 'Pen y Flwyddyn' neu 'Penblwydd'). Yn y Mishnah, mae'r diwrnod yma yn ddechrau tymor penyd (Rosh Hashanah 16b). Mae'n cael ei ddathlu fel penblwydd y byd ac, yn enwedig, penblwydd y ddynolryw. Mae ein sylw, felly, wedi ei ganolbwyntio ar Dduw y creawdwr, y mae pobl yn atebol iddo am y ffordd maen nhw'n byw. Bydd y farn derfynol ar y flwyddyn yn cael ei rhoi ar ddiwrnod olaf y tymor penyd yma, sef y degfed diwrnod, gan roi digon o amser i bobl fyfyrio ac edifarhau. Felly, y geiriau sy'n codi dro ar ôl tro yn litwrgi'r tymor yma yw '*Cofia ni hyd at fywyd oherwydd yr wyt Ti, O Frenin, yn ymhyfrydu mewn bywyd; cofnoda ni yn Llyfr y Bywyd, er Dy fwyn Di, o Dduw bywyd*' a chyfarchiad y tymor ymhlith Iddewon yw 'Boed i ti gael dy gofnodi a'th selio am flwyddyn dda'.

Holl fwriad y cyfnod yma yw helpu Iddewon unigol i sylweddoli eu rhan mewn math o ddrama gosmig a'i hannog i ymdrechu'n galed i gydnabod popeth sydd o'i le yn eu perthynas â Duw a gyda phobl eraill, a gwneud yn iawn am hynny. Mewn ffordd, mae addunedau blwyddyn newydd difrifol yn rhan o litwrgi ac arferion y calendr. Mae'r deg diwrnod penyd yn dod i ben ar *Yom Kippur* ('Dydd y Cymod'), diwrnod mwyaf sanctaidd y calendr Iddewig. Yr 'Uchel Wyliau Sanctaidd' yw Rosh Hashanah, sy'n cael ei chadw am ddeuddydd yn Israel yn ogystal â gwledydd y Diaspora, a Yom Kippur. I bwysleisio'r parch y dylai pawb ei deimlo tuag at Dduw, eu henw arall yw'r *Yamim Noraim* ('Dyddiau'r Parchedig Ofn').

Mynd at graidd y 'mater'

Gellid dadlau fod deall yr Uchel Wyliau Sanctaidd yn golygu deall Iddewiaeth. Edifeirwch a chymod yw uchafbwynt bywyd ysbrydol Iddew. Byddai llawer o bobl yn dweud, mewn geiriau gwahanol efallai, mai'r rhain yw craidd bywyd dynol yn gyffredinol. Yn sicr, mae wynebu'n camgymeriadau, peidio â dal dig, teimlo nad yw pobl eraill yn dal dig tuag atoch chi bellach, a theimlo bod cyfle gwirioneddol i ddechrau o'r newydd yn brofiadau pwysig iawn. O safbwynt Iddewig, dylunydd yr holl ymgymeriad yw'r un y gellir troi ato am y fath adnewyddiad.

Mae dau beth anodd ynglŷn â cheisio deall y dyddiau yma o'r tu allan. Yn gyntaf, gallwn ofyn: 'Uchel Wyliau Sanctaidd pwy ydyn ni'n eu hastudio?' Mae syniadau am y dyddiau hyn a'r ffordd maen nhw'n cael eu cadw yn amrywio'n fawr. Mae rhai'n pwysleisio dyletswydd, ac eraill yn pwysleisio teimladau, fel y gwelwn yn y stori am Chasid, sef yr unig un yn ei synagog oedd yn gallu chwythu'r corn hwrdd. Pan safodd i chwythu, roedd dan gymaint o deimlad nes iddo ddechrau beichio crïo. Dywedodd rabbi Lithwanaidd wrth y Chasid: 'Gorchmynnwyd i ni chwythu, felly chwytha.' Beth am y nifer fawr o Iddewon sydd heb fod yn perthyn i unrhyw synagog ond sy'n ceisio'u gorau i fynd i'r synagog yn y cyfnod yma, yn enwedig ar Yom Kippur? A beth mae litwrgi'r cyfnod yma, â'i sicrwydd mai Duw sy'n trefnu ac yn barnu ei fyd, yn ei olygu i Iddewon wedi'r Holocost? Yn ail, efallai bod rhaid gofyn a all unrhyw un o'r tu allan wir ddeall ffydd rhywun arall. Mae'r gyfrol yma wedi'i seilio ar y gred fod modd deall rhywfaint. Y ffordd orau o ddeall profiad yr Uchel Wyliau Sanctaidd yw trwy eu litwrgi.

Creu'r awyrgylch

Sain y *Shofar*

Mae geiriau a cherddoriaeth y gwasanaethau yn creu'r naws. Uchafbwynt Rosh Hashanah a sain nodweddiadol yr holl gyfnod yw'r *shofar* ('corn hwrdd'). Am fis cyfan cyn Rosh Hashanah, mae'r shofar yn cael ei seinio bob bore ac eithrio bore Shabbat. Diben hyn yw cyfleu temlad o'r hyn sy'n dod a theimlad o newid yn ystod mis Ellul, sy'n arwain at y Flwyddyn Newydd. Mae rhai'n cysylltu'r shofar â hanes rhwymo Isaac lle mae hwrdd yn cael ei ddal gerfydd ei gyrn mewn drysni (Genesis 22: 13). Mae stori parodrwydd Abraham i aberthu ei fab yn cael ei darllen ar ail ddiwrnod yr ŵyl. Ond does dim rhaid gwneud y cysylltiad yma er mwyn i'r sain effeithio yn ei ffordd wylofus, daer a herfeiddiol. Mae Maimonides yn pwysleisio gallu'r sain yma i gyffroi pobl ysbrydol segur.

Mae pobl wedi egluro arwyddocâd y shofar mewn llawer o ffyrdd, ar sail y tri gwahanol fath o nodyn a seinir. Ers y drydedd ganrif, mae'r nodau hyn wedi cyfuno i ffurfio cyfres eglur. Un chwythiad hir, estynedig, di-dor yw cyntaf, y *tekiah*, sydd yn galw am sylw, ac am symud i gyfeiriad newydd. Tri sain toredig yw'r ail, y *shevarim*, ac mae'r trydydd, *teruah*, yn naw sain staccato. Y gred yw fod y shevarim a'r teruah yn cynrychioli wylo pobl sy'n edifarhau. Edifeirwch yw'r nod gyffredinol, ac mae'r sain cyffredinol yn ategu hynny. Mae'r weddi yma o Musaf (gwasanaeth ychwanegol) Rosh Hashanah yn cyfleu'r teimlad o barchedig ofn

> *Mae'r shofar mawr yn seinio; clywir sibrwd tawel; mae'r angylion, gan grynu ag ofn, yn dweud: 'Daeth dydd y farn i farnu lluoedd y nefoedd!' Yn wir, nid yw hyd yn oed y rhain yn ddieuog yn dy olwg. Mae'r holl ddynolryw'n mynd heibio fel praidd o ddefaid. Fel y mae bugail yn chwilio am ei braidd, a pheri iddynt fynd heibio o dan ei ffon, felly yr wyt ti yn peri i bob enaid byw fynd heibio ger dy fron: yr wyt yn cyfrif ac yn rhifo dy greaduriaid, gan bennu hyd eu bywyd a chofnodi eu tynged.*

Rhwng galwadau'r shofar yn y gwasanaeth Rosh Hashanah, darllenir adnodau o'r ysgrythur yn dathlu Duw fel brenin ac fel barnwr, gyda sain y shofar. Mae'r rhain yn cynnwys Exodus 19: 16 lle mae Duw yn ei ddatgelu ei hun ac yn creu'r cyfamod yn Sinai, Eseia 27: 13, lle mae Duw yn casglu pobl o wledydd eraill i'w addoli ef yn Jerwsalem, a Salm 81: 4-5 lle mae'r shofar yn cyhoeddi'r lleuad newydd. Yn ôl y Gaon Saadiah, un o'r deg rheswm dros chwythu'r shofar yw'r utgyrn sy'n seinio pan gaiff brenin ei goroni. Felly, ar ddechrau'r flwyddyn, mae Duw'n cael ei goroni'n Frenin. Yn sicr, mae thema brenhiniaeth yn hanfodol i Rosh Hashanah, Fel creawdwr, gwnaeth Duw fwy na dim ond rhoi'r byd ar waith; mae hefyd yn galw ar fodau dynol i ufuddhau iddo o hyd.

Gweddïau edifeiriol

Drwy gydol Ellul, mae *selihot* ('gweddïau edifeiriol') yn cael eu hadrodd yn gynnar yn y bore, er mwyn cael pobl i ganolbwyntio a magu'r egni ysbrydol a fynnir gan yr Uchel Wyliau Sanctaidd. Mae'r selihot yn meithrin hunan-ymholi a disgwylgarwch. Mae Mahzor (llyfr gweddi gŵyl) y mudiad Diwygiedig yn cynnwys darlleniadau byr a myfyrdodau ar gyfer yr holl gyfnod. Mae gweddi gyffes o wasanaeth selihot yn cynnwys y geiriau:

Am beidio â gwrando ar Dy lais ynom
Am wadu anghenion ein henaid
Am wneud y byd hwn yn dduw
Maddau i ni, trugarha wrthym a rho i ni gymod . . .
Am ddal dig a sarhad
Am wrthod gollwng gafael
Am anobeithio
Maddau i ni, trugarha wrthym a rho i ni gymod . . .

Mae Rosh Hashanah yn creu teimladau cymysg sy'n deillio o'r pwyslais ar frenhiniaeth Duw, sy'n cynnwys tosturi a barn, ill dau. Gallwn weld hyn yn y myfyrdod nesaf, lle mae'r siaradwr yn symud o'r teimlad agoriadol o barchedig ofn ac annheilyngdod tuag at ymdeimlad o gariad dwyfol a llawenydd:

> *Yn dlawd mewn gweithredoedd teilwng, rwyf yn arswydo yn dy bresenoldeb, tydi sydd ar dy orsedd ac yn derbyn mawl gan Israel . . . Boed i'n diffygion gael eu maddau gan dy gariad, gan fod cariad yn tynnu llen dros bob camwedd. Boed i ti droi pob cystudd yn llawenydd a gorfoledd, bywyd a heddwch, i ni ac i Israel gyfan.*

Ond mae'r cyfuniad yma o ofid ymbellhau a llawenydd dychwelyd yn hanfodol. Mae'n cael ei fynegi'n drawiadol iawn yn y ffordd y bydd rhai cymunedau, ar Yom Kippur, yn canu cân gymunedol faith sy'n cyffesu pechodau ofnadwy. Mae stori arall yn taflu goleuni pellach. Ar ôl clywed am rabbi oedd yn dilyn yr arfer yma, dyma'r Baal Shem Tov:

> *yn anfon am y rabbi ac yn gofyn: 'Pam ydych chi'n canu'r gyffes yn llawen?' A meddai'r rabbi wrtho, 'Wele, os yw gwas yn glanhau buarth brenin, ac os yw'n caru'r brenin, bydd yn hapus iawn yn glanhau'r baw o'r buarth, ac yn canu alawon hapus, oherwydd y mae'n rhoi pleser i'r brenin.*

Felly, ar Rosh Hashanah, mae teimlad cryf o lawenydd a hwyl ynghyd â phwyslais ar arswyd dydd y farn sydd i ddod. Dydy hi ddim bob amser yn hawdd cadw'r ddysgl yn wastad rhwng y ddau syniad allweddol, sef pechod dynol a gras dwyfol, ond mae'n rhan bwysig o arwyddocâd yr holl gyfnod.

Duw'r Brenin

Mae litwrgi Rosh Hashanah ei hun yn canolbwyntio'n llai ar fodau dynol fel pechaduriaid, a mwy ar Dduw fel brenin. Does braidd dim sôn am bechod. Yn y Musaf, mae cyfres o fendithion, y 'breniniaethau', sy'n dechrau fel hyn yn y Mahzor Diwygiedig:

> *Gadewch i ni feddwl am y grymoedd sy'n rheoli ein bywydau, ffrydiau greddf a dyhead sy'n codi o ddyfnder ein bodolaeth, llanw uchelgais a chwant sy'n ysgubo ymaith ein hewyllys, tonnau bach arfer a threfn bob-dydd sy'n boddi'n gweledigaeth – ac eto mae'r Arglwydd yn fwy na'r rhain oll, ac mae Ei lais llonydd bach yn uwch na'u rhuo. Ar y Flwyddyn Newydd, rydym yn ei gydnabod Ef fel brenin; boed iddo Ef deyrnasu drosom ac ynom.*

Mae'r ddelwedd o hen ddyn ar ei orsedd yn gallu creu problemau, ond pwrpas yr ieithwedd oedd adfer syniad o Dduw yn y byd, y teimlad ysbrydol sy'n hanfodol er mwyn cymod. Efallai y byddech yn disgwyl i'r syniad ddatblygu o'r cyfeiriad arall, ac i'r litwrgi ddechrau gydag ysgubo'r pechodau ymaith ac yna canolbwyntio ar faterion ysbrydol. Ond roedd Maimonides, er enghraifft, wedi gweld perygl hyn. Gallai arwain at ymgolli ynoch chi'ch hun yn llwyr, fel pe bai Duw rywsut yn atodol i'r broses.

Dychwelyd

Y ddolen gyswllt hanfodol yw edifeirwch. Y gair Hebraeg yw *teshuvah*, sy'n golygu, yn llythrennol, 'dychwelyd'. Gall dychwelyd at Dduw fod ar ystyr syml iawn, neu gall olygu datblygiad mewnol dwys iawn. Mae Salm 51 yn mynegi hyn yn glir, yn adnod 10:

> *Crea galon lân ynof, O Dduw,*
> *a rho ysbryd newydd a iawn ynof*

Rhwng Rosh Hashanah a Yom Kippur mae dyddiau penyd Ympryd Gedaliah a *Shabbat Shuvah* ('Saboth y Dychweliad'). Ar Shabbat Shuvah, y darlleniad o'r Proffwydi yw Hosea 14, sy'n apelio ar i Israel ddychwelyd at Dduw, gan addo maddeuant a chyfoeth.

Mae ymdeimlad dwys iawn o bechod mewn Iddewiaeth ond, ar yr un pryd, mae'r grefydd yn pwysleisio mai peth dros-dro yw pechod, oherwydd mae gennym y dewis a'r gallu i droi'n ôl at Dduw a chael ein puro'n ysbrydol. Dydy syniad Iddewiaeth ddim (fel syniad Cristnogaeth o 'bechod gwreiddiol') yn fater o duedd naturiol tuag at ddrygioni, ond bod bywyd yn frwydr barhaol rhwng tueddiadau da a drwg. Fel mae Maimonides yn pwysleisio: 'Mae gan ddyn ewyllys rydd. Os yw dyn yn dymuno troi at ffordd daioni a bod yn berson cyfiawn, mae ganddo'r gallu i wneud hynny.'

Gwir edifeirwch

Yn ei lyfr, *Cyfreithiau Edifeirwch*, mae Maimonides yn obeithiol, gan gredu fod modd newid, ond bod yn rhaid newid agweddau, ansoddau a gweithredoedd. Teshuvah felly yw canolbwynt y deg diwrnod yma, ac mae'n golygu mwy na theimlo ei bod yn ddrwg gennych am wneud rhai pethau drwg; mae'n golygu trawsnewidiad ysbrydol, ailganolbwyntio ffocws eich bywyd ar Dduw a'i orchmynion moesol. Mae maddeuant graslon Duw yn dibynnu ar edifeirwch personol dwfn a phenderfyniad cryf ar ran yr un sy'n edifarhau. Dim ond wedi hynny y gall Duw gadw'r addewid sydd yn Eseia 1: 18: 'Pe bai eich pechodau fel ysgarlad, fe fyddant cyn wynned â'r eira; pe baent cyn goched â phorffor, fe ânt fel gwlân'. Nid ennill maddeuant yw'r nod yn y pen draw, ond bod yn barod i wneud yn iawn am rywbeth, ac mae dewis a chyfrifoldeb yn bwysig iawn yn y broses yma. Mae gweithiau academïau talmudaidd Lithwania ar ddiwedd y bedwaredd ganrif ar bymtheg a dechrau'r ugeinfed ganrif yn realistig ynglŷn â hyn. Er enghraifft, mae Israel Salanter yn dweud ei bod hi'n haws astudio'r Talmud cyfan nag unioni un bai yng nghymeriad rhywun. Sefydlodd Salanter y mudiad *Musar* ('disgyblaeth') oedd yn ymdrechu i ddod â'r byd crefyddol a'i foeseg i mewn i fywyd a diwylliant person. Mae'r dewis hwn yn cael ei egluro'n glir gan un o ddarlleniadau Rosh Hoshannah o'r Torah, Deuteronomium 30: 15-16, 19:

> *Edrych, yr wyf am roi'r dewis iti heddiw rhwng bywyd a marwolaeth, rhwng daioni a drygioni. Oherwydd yr wyf fi heddiw yn gorchymyn iti garu'r* ARGLWYDD *dy Dduw, a rhodio yn ei ffyrdd, a chadw ei orchmynion, ei reolau a'i ddeddfau; yna byddi fyw . . . Yr wyf yn galw'r nef a'r ddaear yn dystion yn dy erbyn heddiw, imi roi'r dewis iti rhwng bywyd ac angau. rhwng bendith a melltith. Dewis dithau fywyd . . .*

Tashlich

Mae seremoni fach syml, sy'n digwydd ar ôl oedfa'r prynhawn

ar ddiwrnod cyntaf Rosh Hashanah (neu ar yr ail ddiwrnod os yw'r cyntaf yn Shabbat) yn rhoi darlun da iawn o syniadau sydd weithiau'n gallu ymddangos yn gymhleth. Seremoni *Tashlich* ('taflu i ffwrdd') yw hon. Mae Iddewon yn dod at ei gilydd fel cymuned, ar lan afon neu fôr, i adrodd Micha 7: 19 lle mae Duw yn taflu pob pechod 'i eigion y môr'. Mae rhai pobl yn hoffi actio'r weithred yma drwy wagio unrhyw friwsion neu lwch sydd yn eu pocedi. Mae tashlich yn hen arfer ymhlith cymunedau Uniongred, ac mae'n fwyfwy cyffredin ymhlith cymunedau Diwygiedig yn y blynyddoedd diwethaf.

Kapparot

Dim ond Iddewon Uniongred iawn sydd bellach yn cadw arfer symbolaidd arall wrth baratoi ar gyfer Dydd y Cymod. *Kapparot* ('cymodau') yw hwn, o'r un gwraidd â *Kippur*. Mae wedi ei seilio ar hen ddefod y Deml ar y diwrnod yma, sy'n cael ei disgrifio yn Lefiticus 16, pan oedd bwch gafr yn cael ei yrru allan o Jerwsalem i'r anialwch. Bwch dihangol oedd hwn, yn cario pechodau'r bobl. Ar ôl dinistr y Deml, datblygodd yr arfer o ladd cyw iâr yn lle hynny a'i roi i rywun tlawd ar gyfer eu pryd gŵyl cyn Yom Kippur. Erbyn heddiw, mae'r rhan fwyaf o bobl yn rhoi arian yn lle cyw iâr. Mae'n dal i gyfleu'r syniad o fod wedi pechu a bod angen gwneud yn iawn am hynny. Dydy'r cymunedau Diwygiedig byth yn perfformio kapparot. Yn lle hynny, mae pobl yn gwahodd pobl unig neu anghenus i dorri ympryd Yom Kippur yn eu cartref, neu gyda'r gymuned yn y synagog.

Ymprydio

Pwrpas Yom Kippur

Un o nodweddion gŵyl yw pryd arbennig o fwyd, ac mae hyn yn enwedig o wir yn y grefydd Iddewig. Felly, ar ôl i Rosh Hashanah gael ei groesawu drwy adrodd kiddush, yr arfer yw bwyta bwyd sy'n cynnwys mêl, fel cacenni a bisgedi, neu afalau wedi eu trochi mewn mêl. Y gobaith yw y bydd y flwyddyn yn un felys. Ond nid dim ond gŵyl yw Yom Kippur, ond dydd o ymprydio hefyd, pan na cheir bwyta nac yfed dim. Efallai yr ymddengys yn od i ymprydio ar ddydd gŵyl, ond nid hunangosbi a thrimlo'n ddiflas yw pwrpas yr ympryd. Y nod yw anghofio anghenion corfforol er mwyn canolbwyntio ar bethau ysbrydol. Mae tri rheswm arall hefyd dros ymprydio ar Yom Kippur. Mae'n gallu bod yn benyd am bethau drwg a wnaed, i brofi eich bod yn wirioneddol edifar. Gall fod yn ffordd o feithrin hunan-ddisgyblaeth a hunan-reolaeth, sydd eu hangen er mwyn cadw addunedau'r Flwyddyn Newydd. Gall feithrin tosturi, drwy'r profiad o fod yn newynog, boed hynny ond am ddiwrnod, ac ymwybyddiaeth o'r angen sydd am leihau dioddefaint. Felly mae ymprydio yn ffordd o gyflawni amcan Yom Kippur yn hytrach na bod budd neilltuol i ymprydio. Mae'r darn o'r Proffwydi sy'n cael ei ddarllen ar y dydd (Eseia 57: 14 - 58: 14) yn ei gwneud hi'n glir nad yw'r weithred o ymprydio ynddi ei hun yn weithred dda.:

> *Y mae eich ympryd yn arwain i gynnen a chweryl, a tharo â dyrnod maleisus;*
> *nid yw'r fath ddiwrnod o ympryd yn dwyn eich llais i fyny uchod.*
> *Ai dyma'r math o ympryd a ddewisais – diwrnod i ddyn ei gystuddio'i hun?*
> *A yw i grymu ei ben fel brwynen, a gwneud ei wely mewn sachliain a lludw?*
> *Ai hyn a elwi yn ympryd, yn ddiwrnod i ryngu bodd i'r ARGLWYDD?*
> *Onid dyma'r dydd ympryd a ddewisais: tynnu ymaith rwymau anghyfiawn, a llacio clymau'r iau, gollwng yn rhydd y rhai a orthrymwyd, a dryllio pob iau?*
> *Onid rhannu dy fara gyda'r newynog, a derbyn y tlawd digartref i'th dŷ,*
> *dilladu'r noeth pan weli ef, a pheidio ag ymguddio rhag dy deulu dy hun? . . .*
> *Pan elwi, bydd yr ARGLWYDD yn ateb,*
> *a phan waeddi, fe ddywed, 'Dyma fi'.*
>
> (Eseia 58: 4-7, 9)

Gwreiddiau Yom Kippur

Lefiticus sy'n rhoi'r awdurdod a'r enw i Yom Kippur. Mae'r Talmud yn cyfeirio ato, yn syml iawn, fel 'Y Dydd' (Yoma 14b), sy'n dangos bod y rabbiniaid yn deall mai'r dydd yma yw'r pwysicaf yn y flwyddyn Iddewig. Meddai Lefiticus 23: 27-8:

> *Yn wir, ar y degfed dydd o'r seithfed mis cynhelir Dydd y Cymod; bydd yn gymanfa sanctaidd ichwi, a byddwch yn eich cosbi eich hunain . . . Nid ydych i wneud unrhyw waith y diwrnod hwnnw, am ei fod yn*

Ddydd y Cymod, pan wneir cymod drosoch gerbron yr ARGLWYDD *eich Duw.*

Mae'r adnod yn gorchymyn yn glir na ddylai neb weithio, fel ar Rosh Hashanah a dydd(iau) cyntaf prif wyliau eraill. (Ar Rosh Hashanah, mae'r Uniongred yn dilyn yr un gwaharddiadau â rhai Shabbat, ond maen nhw'n cael coginio bwyd i'w fwyta ar yr un dydd. Mae'r mudiad Diwygiedig yn barnu gweithgareddau yn yr un modd ag ar gyfer Shabbat, gan ystyried nad yw teithio a defnyddio trydan, er enghraifft, yn 'waith' yn yr oes hon.) Mae gorchymyn Lefiticus 23: 27 y dylech ymwadu yn golygu, yn ôl y Rabbiniaid, dim cyfathrach rywiol, nac eneinio (ymolchi), gwisgo sgidiau lledr (arwydd o gysur) ac, yn bennaf, bwyta ac yfed. Hon, felly, yw'r ympryd bwysicaf mewn Iddewiaeth, ac y mae pawb, heblaw am blant ifanc iawn neu gleifion, yn ymprydio am 25 awr.

Cymod

Unwaith, eto, rhaid i ni ddarllen y testunau i geisio deall arwyddocâd Yom Kippur. Am bob llyfr ar ddiwinyddiaeth mewn llyfrgell Gristnogol, bydd llond silff o lyfrau mewn llyfrgell Iddewig ar y Gyfraith, hynny yw, y Talmud. Mae diwinyddiaeth Iddewig wedi ei seilio ar draddodiad a'r traddodiad hwnnw wedi ei fynegi ar ffurf gweddi. Mae hyn yn wir am ddiwinyddiaeth cymod. Mae Iddewiaeth yn gweld pechod fel rhywbeth sy'n gwahanu pobl oddi wrth Dduw a'u dieithrio. Fel y nodwyd, nid dim ond maddeuant yw pwrpas y cyfnod penyd yma sy'n arwain at Yom Kippur, er bod hynny'n bwysig, ond adferiad. Mae Teshuvah'n awgrymu dychwelyd at burdeb gwreiddiol ein bodolaeth. Drwy hynny, efallai y bydd y byd yn newid i gyflawni bwriad Duw ar ei gyfer, ac yn cael ei ailsancteiddio. (Mae cyfriniaeth Martin Buber ac Abraham Isaac Kook yn ymhelaethu ar y syniad yma mewn gwahanol ffyrdd.) Dyna, felly, ddwy agwedd y dydd. Yn wahanol i Tishah B'Av a dyddiau ympryd eraill, dydy Yom Kippur ddim yn ddiwrnod trist. Oherwydd y posibilrwydd o adferiad, mae llawenydd yn y dydd, fel y gwelsom yn hanes y dyn yn canu wrth iddo lanhau buarth y brenin.

Kol Nidrei

Mae cân y dyn hwnnw, sef cyffes o bob math o bechodau, yn dal yn ganolog i Yom Kippur. Cyn dechrau cyffesu mae'n rhaid i'r addolwyr gael eu rhyddhau o bob llw ac addewid maen nhw wedi methu eu cadw yn ystod y flwyddyn. Mae tyngu llw mewn Iddewiaeth yn fater difrifol, ac mae methu cadw'r llw yn gallu creu temlad o ddrygioni mae angen cael gwared ohono. Felly, ar noswyl Yom Kippur, mae'r synagogau'n llawn ar gyfer gwasanaeth hir. Mae'r gwasanaeth yn dechrau gyda'r *Kol Nidrei* ('Pob llw'), gweddi ar i Dduw ddileu pob llw sydd heb ei gadw. All y weddi yma ddim cael ei defnyddio i ddileu ymrwymiad mae Iddewon heb ei gyflawni, fel ad-dalu dyled i rywun. Mae'n ymwneud â llw rhyngddynt a Duw, fel ympryd wirfoddol (gweler pennod 13) neu ryw ddyletswydd crefyddol arall na gafodd ei gyflawni am reswm da. Yr enghraifft gliriaf o lw o'r fath mewn hanes oedd cyfnod y Chwil-lys yn Sbaen, pan fu'n rhaid i Iddewon dyngu llw o deyrngarwch i'r Eglwys Gristnogol er mwyn peidio â chael eu herlid. Roedd gweddi Kol Nidrei yn galluogi Iddewon i barhau i addoli Duw heb deimlo eu bod wedi ei wadu. Mae tôn hynafol y weddi yma yn atgof teimladwy o'r anawsterau mae Iddewon wedi eu hwynebu wrth geisio cadw eu ffydd. Dywedodd y rabbi o'r drydedd ganrif ar ddeg, Jwda'r Duwiol:

> *Ymbiliwch ar Dduw mewn alaw sy'n gwneud i'r galon wylo, a molwch Ef mewn alaw a fydd yn gwneud iddi ganu. Felly fe'ch llenwir â chariad a llawenydd tuag at yr Hwn sydd yn gweld y galon.*

Gweddïau cyffesu

Ar ôl dileu'r llwon crefyddol, pechod sydd dan sylw wedyn. Does dim modd dileu pechod, dim ond maddau i berson a'i ryddhau o'i bechodau. Mae pwyslais clir iawn ar ddyletswydd pob Iddew unigol i ufuddhau i rai gofynion moesol. Mae'r gweddïau cyffesu yn rhestru – rhai'n fwy manwl nag eraill - y pechodau sydd i gael eu maddau. Fel y rhan fwyaf o weddïau Iddewig, mae'r gweddïau hyn yn defnyddio'r lluosog 'ni' fel ein bod yn cofio fod pob person yn teimlo gofid ac, yn aml, effeithiau pechodau pobl eraill, ond mae saib ar ôl pob adran wahanol lle gall pawb gyffesu pechodau neilltuol yn breifat. Mae ffurf hir y gyffes yn y llyfr gweddi Diwygiedig yn rhestru 44 o bechodau, gan ddechrau fel hyn:

> *Am y pechod yr ydym wedi ei gyflawni ger Dy fron drwy siarad ffôl.*
> *Ac am y pechod yr ydym wedi ei gyflawni ger Dy fron drwy gamddefnyddio'n meddwl.*
> *Am y pechod yr ydym wedi ei gyflawni ger Dy fron*

drwy ofynion busnes.
Ac am y pechod yr ydym wedi ei gyflawni ger Dy fron drwy ddefnyddio trais.
Am y pechod yr ydym wedi ei gyflawni ger Dy fron drwy lwgrwobrwyo.
Ac am y pechod yr ydym wedi ei gyflawni ger Dy fron drwy orfodaeth.

Mae'r gyffes Uniongred yn yr un modd yn rhestru gweithredoedd sy'n gwneud niwed: condemnio'n fyrbwyll, cenfigen, cario clecs, i enwi ond tri. Unwaith eto, dydy cyffesu ynddo'i hun ddim yn dod â rhywun yn ôl i fod yn un â Duw yn otomatig. Mae Iddewiaeth yn glir iawn am y ffaith na fydd Duw yn maddau unrhyw bechod yn erbyn rhywun os na fydd y pechadur wedi ceisio gwneud yn iawn am hynny. Fel y dywed y Mishnah:

Am gamweddau rhwng dyn a Duw, mae Dydd y Cymod yn cymodi; ond am gamweddau rhwng dyn a'i gyd-ddyn, nid yw Dydd y Cymod yn cymodi onid yw'r dyn wedi cymodi â'i gyd-ddyn gyntaf.

(Yoma 8: 9)

Yn niwinyddiaeth y Cymod, sy'n deillio o hyn, dydy gras dwyfol ddim yn ddigon heb ymrwymiad dynol. Mae awdurdod rabbinaidd cyfoes. J.B. Soloveichik wedi disgrifio hanfod Yom Kippur mewn disgrifiad barddonol o Moses yn sefyll ar Fynydd Sinai wedi trychineb y Llo Aur (Exodus 32). Ar ei ben ei hun ac yn llawn trallod, mae Moses yn crynu yn nistawrwydd llethol nos dywyll yr anialwch. Wrth iddo grynu mae'n clywed sŵn bychan yn y pellter. Wrth i Moses weddïo ac ymbil arno, mae Duw'n ymddangos. Y casgliad yw fod yn rhaid i fodau dynol wneud ymdrech, waeth pa mor bitw, cyn gallu cyrraedd cyflwr o 'fod yn un' â Duw.

Ffyrdd eraill o fynegi edifeirwch

Mae'r Haftarah yn ystod oedfa'r prynhawn ar Yom Kippur yn lleisio dyhead cyffredinol Duw am edifeirwch. Yn Llyfr Jona, mae'n dweud wrth y proffwyd am bregethu wrth bobl Ninefeh. Rhaid i Jona a phobl Ninefeh newid – eu hymddygiad yn ogystal â'u hagwedd. Mae'r Mishnah'n nodi mai 'pan welodd Duw beth a wnaethant a'u bod wedi troi o'u ffyrdd drygionius' y penderfynodd beidio â'u cosbi, nid pan welodd eu sachliain a'u hymprydio (Taanit 2: 1).

Mae llawer o Iddewon yn treulio Yom Kippur yn y Synagog, er bod rhai'n mynd allan am awyr iach neu'n mynd adre yn y prynhawn. Mae'n ddiwrnod cyfan o ganolbwyntio ar gymod, ac mae popeth yn wyn, lliw llawenydd a phurdeb. Dillad gwyn sydd gan y rabbi a'r cantor a llenni gwyn sydd o flaen yr arch. Mae rhai dynion yn gwisgo kittel gwyn dros eu dillad. (Bydd rhai wedi bod i'r mikveh y noson cyn Yom Kippur er mwyn cael glanhad ysbrydol, gweler pennod 9.) Mae'r gwasanaeth yr un mor hir mewn synagogau an-Uniongred. Er nad oes sôn am aberthu, atgyfodiad corfforol y meirw, a Meseia personol am fod Diwygwyr yn credu fod hynny'n perthyn i ddiwinyddiaeth oes a fu, mae amrywiaeth eang o ddeunydd, hynafol a modern, yn cael ei gynnwys yn lle'r pethau hynny.

Neilah

Enw'r gwasanaeth olaf ar ddiwedd y prynhawn yw *Neilah* ('cau'), cyfeiriad at gau clwydi'r Deml pan oedd yr offeiriaid yn gweddïo yn yr hen ddyddiau. Mae ystyr y gwasanaeth Neilah wedi datblygu o hyn, sef cau clwydi nefolaidd barn Duw. Mae'r clwydi, sydd ar agor i rai sy'n edifarhau, wedi eu cynrychioli gan ddrysau'r arch sydd ar agor drwy gydol y gwasanaeth. Mae Eseciel 18 yn canolbwyntio ar gyfrifoldeb yr unigolyn i ufuddhau i Dduw, ac yn ei herio â holl bwrpas yr Uchel Wyliau Sanctaidd:

> *'A wyf yn ymhyfrydu ym marw'r drygionus, medd yr Arglwydd DDUW. Onid gwell gennyf iddo droi o'i ffyrdd a byw?'*
>
> (Eseciel 18: 23)

Mae un chwythiad hir ar y shofar yn cyhoeddi diwedd yr ympryd. Yn y cartref ac yn y synagog, mae pobl yn perfformio havdalah ac yn diweddu eu hympryd. Mae rhai pobl yn mynd ati'n syth i adeiladu sukkah ar gyfer yr ŵyl nesaf. Drwy baratoi ar unwaith i ufuddhau i mitzvah Sukkot, maen nhw'n mynegi hanfod y ffydd Iddewig: mae Duw wedi rhoi mitzvot i'w dilyn er mwyn iddyn nhw fyw yn y ffordd y bwriadodd ef.

yr Holocost

Yn y bennod hon byddwch yn dysgu:

- beth fu effaith yr Holocost ar gred Iddewig
- beth yw pwrpas cofio'r Holocost
- ynglŷn ag ymdrechion rhai diwinyddion Iddewig i geisio egluro'r Holocost

Cwestiynu

Mae'r rhan fwyaf o bobl sy'n dioddef poen neu golled fawr yn cael eu hunain yn gofyn: 'Pam?' Dydyn nhw ddim bob amser yn dweud hynny mewn geiriau, nac yn disgwyl i unrhyw un ateb eu cwestiwn, o anghenraid. Yn wir, byddai unrhyw ateb mewn perygl o fod yn ystrydebol, yn ansensitif, neu hyd yn oed yn greulon. Protest yw'r cwestiwn hwn, protest yn erbyn rhywbeth sy'n bygwth ystyr bywyd, rhywbeth na ddylai fod felly. Mae wedi cael ei ddweud yn aml fod marwolaeth un plentyn yn codi'r cwestiwn mewn modd yr un mor boenus â marwolaeth – fel a ddigwyddodd yn yr Holocost – miliwn o blant. Heb os, o safbwynt y bobl sy'n caru'r plentyn, mae hynny'n wir. Ond i lawer iawn o bobl, mae'r Holocost yn herio ystyr popeth mewn modd neilltuol o arswydus. Os ydyn ni'n credu yng ngwerth unigryw pob bywyd dynol, yna po fwyaf o fywydau a gollir, mwyaf oll y byddwn yn teimlo'r angen am ateb.

Cwestiynau hen a newydd

Mae rhai, yn cynnwys rhai meddylwyr mawr Iddewig, yn dadlau fod yr Holocost yn codi cwestiynau cwbl newydd, nid yr hen gwestiynau ar raddfa fwy. Maen nhw'n dadlau fod yr ymgais i ladd cenedl gyfan yn unigryw nid yn unig o ran graddfa ond o ran creulondeb. Yn enwedig, rhaid gofyn y cwestiwn 'Pam?' fod y Natsïaid mor benderfynol o waradwyddo Iddewon, a grwpiau erall roedden nhw'n eu hystyried yn israddol, a gwadu eu dynoliaeth cyn eu lladd. Mae dadl ynglŷn â'r cwestiwn a ddylid disgrifio'r Holocost fel digwyddiad unigryw ai peidio. Gyda'r creulondeb ofnadwy a'r 'glanhau ethnig' sydd wedi digwydd yn y gyn-Iwgoslafia ac yn Rwanda, a methiant (byddai rhai'n dweud difaterwch) pwerau'r byd o ran atal hynny, efallai na ddylem fod mor barod i ddefnyddio'r gair 'unigryw'. Y ddadl yw mai'r hyn oedd yn unigryw am yr Holocost oedd amcanion y rhai a'i hachosodd, sef dileu cenedl gyfan. Yn sicr, does dim diben dweud fod yr Iddewon wedi dioddef yn fwy na neb arall, neu ddweud fod Hitler yn waeth nag unrhyw unben melltigedig arall. Ond prin y byddai neb yn gwadu'r ffaith fod gwybod am yr Holocost yn codi cwestiwnau anferth sydd, ym marn llawer o bobl, yn amhosib eu hateb. Mae'r bennod yma'n nodi'r cwestiynau hynny a phwyso a mesur eu pwysigrwydd i'r ffydd Iddewig.

Pwrpas cwestiynu'n agored

Mae Rabbi Albert Friedlander yn mynnu ei bod yn hanfodol bwysig gofyn y cwestiynau yma. Hyd yn oed os nad oes atebion digonol i'w cael ar gyfer ein hoes – a dyna mae'n ei gredu – byddai anwybyddu'r cwestiynau, gwrthod wynebu anfadwaith Auschwitz, yn golygu fod y gwenwyn yn parhau. Mae Friedlander yn ystyried ymateb rhai diwinyddion Iddewig, arweinwyr crefyddol, nofelwyr, a seicolegwyr Iddewig – Uniongred ac an-Uniongred – yn ei gyfrol *Riders towards the Dawn*, a gyhoeddodd ym 1993. Dywed fod rhai o'r rhain, fel Iddewon, wedi mynd i mewn i'r tywyllwch, gyda llawer ohonyn nhw wedi dioddef yn y gwersylloedd eu hunain neu golli perthnasau yno. Rhaid i Iddewon heddiw wrando ar neges y rhain er mwyn gallu 'symud allan o gysgod yr Holocost'. Ond cred fod rhaid i bobl eraill, nid dim ond Iddewon, symud 'o ddioddefaint eithaf tuag at obaith cymedrol' (*From ultimate suffering to tempered hope* yw is-deitl y gyfrol). Yn wir, mewn sawl man, mae'n ystyried rôl Cristnogion. Mae hyn yn bwysig, am nifer o resymau: yn gyntaf, am fod dysgeidiaeth wrth-Iddewig Cristnogaeth wedi helpu gwrth-Semitiaeth i dyfu i'w hanterth; yn ail, cyfraniad ymarferol a diwinyddol Cristnogion a oedd yn gwrthwynebu Hitler; yn drydydd, yr angen am i Gristnogion heddiw fod yn hunan-feirniadol a darganfod ffyrdd newydd o fynd i'r afael â'r mater er mwyn sicrhau iachâd.

Nid dim ond Friedlander sydd am dynnu an-Iddewon i mewn i'r drafodaeth. Mae'r rabbi Uniongred Prydeinig, Norman Solomon, wedi sgrifennu am ddyletswydd diwinyddion ac athronwyr, ac Iddewon a Christnogion 'cyffredin' i siarad am yr Holocost. Mae cydweithrediad gonest yn y mater yma, meddai, yn hanfodol er mwyn adeiladu dyfodol hapusach. Yn sicr, dylai Iddewon a Christnogion ddeall yn glir beth yw pwrpas y fath siarad. Dim ond creu rhagor o elyniaeth wnaiff dialog lle mae Cristnogion yn honni nad oedden nhw'n gwybod fod yr Eglwys yn euog o oddef gwrth-Semitiaeth (a'i hyrwyddo, mewn rhai achosion), neu lle mae Iddewon yn bwrw'r bai ar gynulleidfaoedd Cristnogol mewn ysgolion neu gyfarfodydd cyhoeddus. Does bosib nad yw'n ddyletswydd ar arweinwyr ac awduron o'r ddwy gymuned i wneud mwy na chyfleu'r ffeithiau moel. Dylent fod yn chwilio am ffyrdd ymlaen yn hytrach na cheisio ennyn euogrwydd yn ei gilydd.

Cofio

Mae llawer o anghytuno wedi bod yn y blynyddoedd diwethaf ynglŷn â phriodoldeb dysgu am yr Holocost mewn ysgolion a cholegau. Wrth reswm, mae'n anodd iawn cadw'r ddysgl yn wastad rhwng gwneud yn siŵr fod pobl yn gwybod y ffeithiau am yr Holocost (yn enwedig yn wyneb yr adolygiadwyr sy'n ceisio gwadu'r ffeithiau hynny), a'u gadael yn gwegian o dan bwysau arswyd ac anobaith. 'Cofio ar gyfer y Dyfodol' oedd enw dwy gynhadledd ryngwladol ar yr Holocost a gafodd eu cynnal yn Rhydychen a Llundain ym 1990 a 2000, disgrifiad da o bwrpas ymchwilio i'r Holocost ac addysgu pobl amdano. Wrth reswm, ni all y rhai a oroesodd byth anghofio. Does dim hawl gan y drwgweithredwyr i anghofio, ac ni ddylid caniatáu i bobl sydd wedi byw ers hynny anghofio chwaith. Ond mae anghytuno mawr rhwng Iddewon ynglŷn â'r ffordd orau o gofio, ac mae'r anghytuno yma'n ein hatgoffa nad oes un ateb Iddewig. Dylid nodi mai ychydig iawn a gafodd ei ddweud am yr Holocost o sabwynt diwinyddol am 20 mlynedd wedyn, er fod pobl wedi ceisio ymateb yn artistig ac yn llenyddol. Mae Jonathan Sacks yn ei ddisgrifio fel 'dirgelwch wedi ei lapio mewn distawrwydd'. Mae hyd yn oed y rhai sydd wedi sgrifennu'n sylweddol ar y pwnc er achos llys Eichmann ym 1961 yn gyndyn o'u galw'u hunain yn ddiwinyddion Iddewig. Dydy diwinyddiaeth yr Holocost ddim yn ddisgyblaeth academaidd ar wahân, a does neb wedi ceisio llunio diwinyddiaeth systematig sy'n edrych yn ddadansoddol ar y digwyddiad a'r gwahanol ymatebion iddo, gan roi digrifiad rhesymegol a beirniadol o'r ffynonellau diwinyddol. Byddai'n rheitiach i rai nad ydyn nhw'n Iddewon beidio â honni eu bod yn deall. Ond mae Iddewon hefyd yn ei gael yn gwbl amhosib ei amgyffred. Yma eto, mae Jonathan Sacks yn llygad ei le wrth ofyn sut y beiddia neb siarad ac, ar yr un pryd, sut y beiddia neb beidio â siarad am brofiad mor annirnadwy.

Cofebau'r Holocost

Ond mae hyd yn oed y syniad o goffáu yn broblem. Beth yw bwriad y bobl a adeiladodd amgueddfa fawr yr Holocost yn UDA a'r bobl sy'n ymweld â hi? Gallwn ofyn yr un cwestiwn am Yad Vashem, amgueddfa'r Holocost yn Jerwsalem, sef 'Canolfan y Byd ar gyfer Addysgu am yr Holocost'. Mae addysgwyr, seicotherapyddion ac eraill â'r sgiliau angenrheidiol yn y fath faes sensitif, yn cynnal seminarau a chyrsiau yno. Eir ag arweinwyr gwledydd eraill a thwristiaid cyffredin yno pan fyddant yn ymweld ag Israel. Prin y gallai'r rheini beidio â chael eu hysgwyd i'r craidd ar ôl gweld Yad Vashem ond mae cofio, yn enwedig o safbwynt yr Iddewon eu hunain, yn mynd ymhellach na hynny. Mae rhai Israeliaid yn teimlo na ddylid mynd â phlant i Yad Vashem na chymryd rhan yn ei rhaglenni, gan ofyn beth y disgwylir i blant ei wneud â'r 'atgofion' hyn am yr Holocost. Mae rhai Iddewon, wrth gwrs, yn Israel ac mewn gwledydd eraill, yn erbyn yr hyn maen nhw'n ei weld fel canolbwyntio ar y gorffennol. Maen nhw'n ofni mai'r cwbl a wneir yw ailgreu drwgdeimlad a chyflwyno darlun o'r Iddew fel rhywun a oedd – ac felly, a allai fod eto – yn ddioddefwr. Ond does bosib nad yw drwgdeimlad cudd yn fwy peryglus, fel y gwelsom yn y ffrwydrad o atgasedd yn Iwgoslafia yn y 1990au. Doedd hyn ddim yn rhywbeth sydyn ac amhosib ei esbonio, o bell ffordd; roedd yn deillio o'r methiant i 'gymodi' rhwng grwpiau ethnig 50 mlynedd yn ôl.

Mae'n amlwg fod perygl mewn parhau i son am erchyllterau'r Holocost, yn enwedig heb roi hynny yng nghyd-destun enghreifftiau o fathau eraill o hiliaeth. Mae'r ffaith fod pwnc yn Holocost yn codi mor aml mewn cyfarfodydd a chylchgronau wedi eu hanelu at Gristnogion, neu Gristnogion ac Iddewon â diddordeb yn y ddwy ffydd, yn gallu achosi'r adwaith anghywir. 'O, dim eto' yw ymateb rhai sydd, oherwydd diffyg unrhyw brofiad Iddewig, yn ei chael hi'n anodd deall pam na allwn ddweud 'dyna ddiwedd ar y mater'. Mae Simon Wiesenthal, er enghraifft, yn cael ei feirniadu weithiau am fod yn ddialgar wrth iddo ddal i hela troseddwyr Natsïaidd. Byddai ef a chefnogwyr ei sefydliad yn gwadu hynny. Yn eu barn nhw, mae gohirio'r troseddau hyn yn erbyn y ddynoliaeth (mae'r anghywir cyfeirio atyn nhw fel troseddau rhyfel), er mwyn i Dduw ymdrin â nhw'n

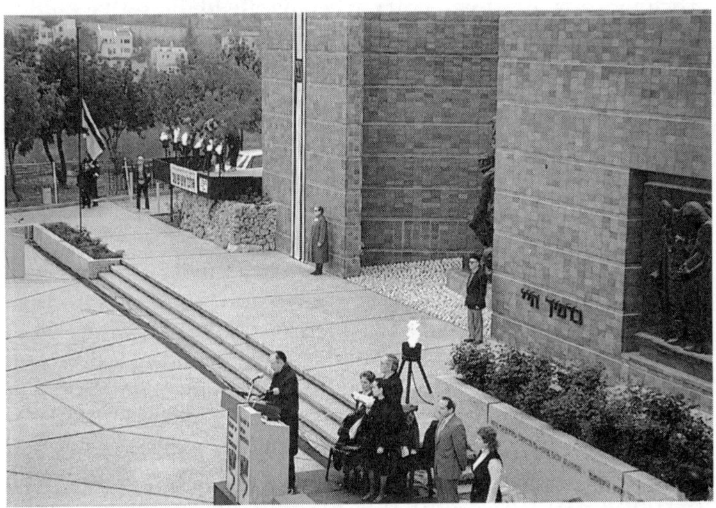

Arlywydd Israel yn siarad yn Yad Vashem ar Yom Ha-Shoah, 1990

ddiweddarach, yn annigonol. Rhaid cael cyfiawnder yn y presennol. Maen nhw hefyd yn amau unrhyw eiriau rhwydd am faddeuant; wedi'r cwbl, sut all pobl eraill gynnig 'maddeuant' ar ran y miliynau gafodd eu lladd? Mae'r Ganolfan yn Los Angeles, a enwyd ar ôl Wiesenthal, yn cynnwys Amgueddfa Oddefgarwch, a goddefgarwch a thosturi yw nod sefydliad Wiesenthal. Nid y gwrthwyneb i dosturi mo cyfiawnder yn y traddodiad Iddewig - ac efallai mewn traddodiadau crefyddol eraill. Does dim modd anghofio hen, hen gamweddau, a gwneud dim byd mwy; mae angen rhywbeth mwy cadarn a phositif.

Yom Ha-Shoah

Efallai fod y ffaith fod dydd arbennig wedi ei neilltuo fel dydd coffa, *Yom Ha-Shah* ('Dydd y Shoah') yn helpu i egluro pam mae ar Iddewon angen 'cofio' yn benodol (nid eu bod nhw'n debyg o anghofio). Mae'r gair Hebraeg, *Shoah*, yn golygu 'corwynt' a dyna'r gair mae Iddewon yn ei ddefnyddio fel arfer yn hytrach na 'Holocost'. Sefydlwyd hwn, sef 'Dydd yr Holocost ac arwriaeth' yn wreiddiol, gan Senedd Israel ym 1951. Mae'n cael ei ddathlu bob blwyddyn ar 27 Nisan (dyddiad gwrthryfel geto Warsaw) gan y rhan fwyaf o Iddewon, heb law am y Tra-Uniongred. Oherwydd mai corff seciwlar, y Knesset, a gyhoeddodd yr ŵyl, mae llawer o Iddewon (yn cynnwys y Prif Rabbi Prydeinig presennol, Sacks, a'i ragflaenydd, Jakobovits) yn anhapus â'r syniad o ddydd coffa arbennig gyda gweddïau coffa arbennig. Byddai'n well ganddyn nhw goffáu'r Holocost o fewn gŵyl Tishah B'Av, sy'n coffáu sawl 'dinistr' blaenorol, yn enwedig dinistr y Deml gyntaf a'r ail Deml yn Jerwsalem.

Herio'r ffydd Iddewig

Mae hyn yn codi cwestiwn pwysig. A ddylid ystyried yr Holocost fel un digwyddiad arall yn hanes yr Iddewon, er bod hwnnw'n ddigwyddiad anferthol o ddinistriol, neu a ddylid ei ystyried yn beth cwbl unigryw? Dyna un o'r cwestiynau sy'n cael eu trafod gan ddiwinyddion, ac mae gan bawb ateb gwahanol. Yn y bôn, yn yr hyn a ddisgrifir weithiau fel oes ôl-ddiwinyddol mewn Iddewiaeth (a Christnogaeth), mae aelodau 'cyffredin' y gymuned yn gofyn yr un cwestiynau â'i diwinyddion. Mae ystyried effaith yr Holocost ar y byd Iddewig yn waith anodd, yn enwedig gan fod sawl byd Iddewig gwahanol. Tri o'r prif rai yw UDA, Israel ac Iddewon dwyrain Ewrop. Yr effaith ddaearyddol ddeifiol oedd ysgubo ymaith y canolfannau poblogaeth Iddewig, a'u diwylliant, a chydgrynhoi gweddillion y boblogaeth Iddewig yn UDA ac Israel.

Mae'r effeithiau seicolegol ac ysbrydol yn llawer mwy anodd eu mesur. Gellir dadlau, fodd bynnag, fod y digwyddiad yn ymosodiad sylfaenol ar ffydd, sydd wedi effeithio ar Iddewon o lawer o wahanol gymunedau, ac o lawer o wahanol safbwyntiau crefyddol, yn cynnwys Iddewon sydd, i bob diben, wedi cefnu ar grefydd ffurfiol.

Mae'r cwestiynau a godir, er nad ydyn nhw'n cael eu gofyn mewn ffurf ddiwinyddol, yn troi o gwmpas yr hen gwestiwn sylfaenol hwnnw, 'Pam?' Maen nhw'n ymwneud â syniadau am Dduw mae rhai'n eu credu, rhai'n eu hanner credu, ac eraill wedi cefnu arnyn nhw, sef bod Duw yn dda, bod Duw yn bwerus, a bod ganddo bwrpas arbennig ar gyfer yr Iddewon yn hanes y byd. Gellir credu fod yr Holocost, ar sail ei gyfuniad neilltuol o ffeithiau, yn gwbl unigryw, neu gellir dadlau nad yw'r hyn a ddigwyddodd yn her ddiwinyddol sylfaenol newydd i grefydd. Ond, heb os nac oni bai, mae'r anfadwaith aruthrol yma, o'i ystyried yn ddiwinyddol, neu ymaflyd ag ef yn seicolegol, neu ddim ond o glywed amdano drwy gyfrwng diwylliant poblogaidd (fel y nofel *Schindler's Ark* a'r ffilm boblogaidd, *Schindler's List*), yn tanseilio cred rhywun mewn creawdwr daionus sy'n cyflawni'i fwriad yn hanes y ddynolryw gan roi rhan arbennig i'r Iddewon yn nhrefn pethau. Mae'r Holocost, ynghyd â sefydlu Gwladwriaeth Israel, dau ddigwyddiad sydd wedi eu serio ynghyd yn y dychymyg Iddewig, wedi effeithio'n aruthrol ar y ffordd mae Iddewon yn eu deall eu hunain.

Yn y llyfr yma, sydd yn ei hanfod ar gyfer an-Iddewon sydd am ddysgu am y ffydd Iddewig, y traddodiad diwinyddol yw ffocws yr ystyriaeth fer yma o effaith yr Holocost ar fywyd Iddewig, wrth reswm. Dyma lle gwelwn awduron wrthi'n ymgodymu â'r cwestiynau a godwyd ar ddechrau'r bennod yma. Mae gwahanol ymatebion y diwinyddion yn cynrychioli'r prif ffyrdd mae pobl wedi ceisio dygymod ag agweddau ar yr Holocost. Mae peidio â bod yn Iddewon mwyach, gwadu'r gred draddodiadol er mwyn canolbwyntio ar fath o Iddewiaeth ddirfodol, ystyried yr Holocost fel cosb neu fel ffordd o sancteiddio Duw, mae'r rhain oll yn bosibiliadau sydd wedi cael eu cynnig gan ddiwinyddion, artistiaid creadigol, a chredinwyr cyffredin. Mae'n werth astudio rhai o'u prif ddadleuon, oherwydd mae'r diwinyddion, o leiaf, yn ceisio osgoi math o sinigiaeth gyffredinol ynglŷn â Duw a bodau dynol sy'n ceisio osgoi ystyried y cwestiynau o gwbl, peth peryglus gan fod hynny'n gadael i'r clwyf grynhoi. Mae cwestiynau ynglŷn â dioddefiant y diniwed, pwrpas dwyfol a dynol, a chyfrifoldeb yn codi ym meddwl pob crediniwr, ond i'r Iddewon, mae'r cwestiynau'n fwy poenus. Beth yw natur Duw, ydy Duw'n bodoli, beth yw lle'r Holocost yn hanes Iddewon y byd, a pha mor berthnasol yw cred ac arfer Iddewiaeth 'wedi Auschwitz'? Mae'r profiad yma'n cwestiynu tri chyfernod Iddewiaeth draddodiadol: Duw, y Torah, a phobl Israel.

Cyfuno cwestiynu a chofio

Mae 'cofiwch' yn air allweddol yn nefodau'r grefydd Iddewig. P'run ai ar achlysur y gwyliau neu'r ympyrydiau niferus sydd wedi eu seilio ar ddigwyddiadau hanesyddol, neu yn ystod prif ŵyl ac ympryd Rosh Hashanah a Yom Kippur, nid mater syml o hel atgofion am y gorffennol yw cofio. Mae'n golygu deall pwysigrwydd y dydd. Efallai fod peryglon mewn ffilm boblogaidd lwyddiannus fel *Schindler's List* neu hyd yn oed ymweld ag Arddangosfa Holocost barhaol gyntaf Prydain (a agorwyd yn yr Amgueddfa Ryfel Imperialaidd yn Llundain ym mis Mehefin 2000) ar daith, ond rhaid cyflwyno realiti'r Holocost rhag i ni lithro yn ôl i mewn i anwybodaeth a difaterwch. Ond er mwyn cofio'r Holocost yn iawn, mae'n rhaid mynd y tu hwnt i'r ffeithiau i archwilio eu hystyr neu, os oes rhaid, eu diffyg ystyr. Bwriad gweddill y bennod yw dangos sut mae rhai awduron wedi ceisio gwneud hynny. Ni chynigir crynodeb o'r holl ddeunydd sydd wedi cael ei sgrifennu, ond enghreifftiau, o waith dau awdur yn enwedig. Dewiswyd y rhain am eu bod yn cynrychioli dwy ffordd gyferbyniol o geisio ysbrydoli ffordd Iddewig o fyw ar ôl yr Holocost. Maen nhw'n cyflwyno gwahanol ddiwinyddiaethau'r Holocost, ond hefyd yn ymbalfalu am ddiwinyddiaethau ôl-Holocost (sy'n dal i ddatblygu), gan fynnu y dylai Iddewon symud y tu hwnt i'r Holocost yn lle gadael iddo'u carcharu am byth.

Ateb radical

'Marwolaeth' Duw

Yr awdur pwysig cyntaf yw Richard Rubenstein. (Ar un ystyr, mae'r holl awduron sydd wedi dod ar ei ôl yn dal i geisio ymateb i'r her a osododd.) Mae ei syniadau wedi datblygu dros 20 neu 30 o flynyddoedd, fel y gwelwn yn argraffiad 1992 o *After Auschwitz* sydd â'r is-deitl *History, Theology and Contemporary Judaism*. Is-deitl argraffiad cyntaf y llyfr yma ym 1966 oedd *Radical theology and contemporary Judaism*. Roedd y llyfr mor radical nes achosi cythrwfl anferth yn America, gan ei fod yn ysgwyd holl seiliau cred Iddewig draddodiadol. Ateb Rubenstein i broblem anodd cysoni'r Holocost â'r syniad o Dduw yn gweithredu mewn hanes, yn enwedig yn hanes cenedl yr Iddewon, oedd dweud, yn syml iawn, nad oedd modd cysoni'r ddau beth. Rhaid anghofio'r ddelwedd feiblaidd o Dduw sy'n achub. Yn hytrach, 'Diddymdra Sanctaidd' yw Duw. Dyna pam mae rhai'n galw Rubenstein yn ddiwinydd 'marwolaeth Duw'. I bob diben, mae'n creu system ar sail yr ymateb greddfol 'Alla'i ddim credu mwyach'. Yn wahanol i'r rhai sy'n mynnu dal gafael ar gred yng nghyfamod Duw drwy weld Auschwitz, mewn rhyw fodd, yn drefn rhagluniaeth ddwyfol, a Hitler fel cyfrwng cosbedigaeth Duw (fel rhyw Nebuchadnesar modern), mae Rubenstein yn ei chael hi'n amhosib dathlu'r Pasg Iddewig, sy'n cymryd yn ganiataol fod Duw yn pryderu am ei bobl ac yn ymyrryd mewn hanes o'u plaid.

Bywyd y bobl

Dadl Rubenstein yw y bydd Iddewiaeth yn goroesi ac na fydd pobl yn dilyn rhesymeg yr Holocost i'w phen draw. A dyna sydd wedi digwydd, i raddau helaeth, yn y byd Iddewig. Ond i rai, mae Rubenstein wedi mynegi'n glir iawn beth maen nhw'n ei deimlo. Dydy'r ffocws ddim ar Dduw bellach ond, yn hytrach, ar gymuned Israel. Gan fenthyca'n helaeth o waith awdurdon dirfodol, mae'n credu fod yn rhaid i'r Iddewon greu ystyr, nid cymryd yn ganiataol fod ystyr bodolaeth yn deillio o'r dwyfol. Mae'n dadlau o blaid mynd yn ôl at wreiddiau cynnar, o blaid pwysigrwydd natur, yn enwedig yn nhir Israel, a sancteiddrwydd bywyd corfforol. Yn y blynyddoedd diwethaf, mae wedi ymddangos yn fwy optimistig nag ym 1966, gan bwysleisio syniad o Dduw fel realiti eithaf yn hytrach na bod cwbl drosgynnol neu un nad yw'n bodoli.

Dichon fod rhywbeth gonest ynglŷn ag ymgais Rubenstein i gynnig i bobl ffyrdd o gynnal hunaniaeth Iddewig yn seiliedig ar grefydd, ar ffurf defod ac arfer, ond heb ffydd theistig. Ond mae rhywbeth anonest hefyd ynglŷn ag argymell mynd i'r synagog i weddïo fel math o therapi grŵp os nad yw'r gweddïau'n golygu dim i chi, a chithau heb fod yn credu mewn Duw y gallwch weddïo arno. Mae'n pwysleisio pwysigrwydd trosglwyddo defodau tyfiant Iddewig dilys, ond a ellir credu fod modd gwahanu hynny oddi wrth y gred mae'r defodau yn ei mynegi? Oni fyddai mynegi hunaniaeth yn gyfangwbl drwy ddulliau seciwlar neu gymdeithasol yn fwy call? Ac eto, mae rhai pobl yn gweld gwerth yn y defodau er eu bod wedi colli eu ffydd (neu erioed wedi credu, gweler penodau 1 ac 17). Mae ei awgrym fod crefydd yn gweithredu mewn modd seicolegol fel pe bai'n wir yn achos rhai pobl.

Anawsterau gydag ymateb Rubenstein

Ond mae problemau eraill ynglŷn ag ateb Rubenstein i'r cwestiynau. Y prif broblemau yw ei asesiad o hanes a'i wybodaeth gyfyngedig o'r ffydd feiblaidd. Mae'n ystyried y Shoah fel y digwyddiad tyngedfennol yn hanes yr Iddewon, ac yn derbyn hynny fel tystiolaeth bendant nad yw Duw yn bod. Ond yn rhesymegol, dylai dderbyn sefydlu gwladwriaeth Israel, digwyddiad mae'n rhoi cymaint o bwyslais arno, fel tystiolaeth lawn mor bendant o fodolaeth Duw. Yn argraffiad 1992 o *After Auschwitz*, mae Rubenstein yn pwyso a mesur digwyddiadau hanesyddol o Ryfel Chwe Diwrnod 1967 tan y presennol, ac mae syniad newydd o gyfamod fel pe bai'n ymddangos, ond mae'n dal i wadu y gallai Duw chwarae rhan mewn hanes. Ond mae'n bosibl gofyn: 'Os yw digwyddiadau sy'n ddinistriol i Israel yn dangos nad oes rhagluniaeth ddwyfol, beth mae digwyddiadau adeiladol yn ei ddangos?' Mae'n cyfeiliorni hefyd wrth dybio bod ei gwestiwn ef am weithgarwch Duw mewn hanes yn newydd. Mae'r deunydd beiblaidd yn amrywio mwy nag y mae'n ei gydnabod. Mae llawer enghraifft o ofyn pam mae pobl dda yn dioddef a phobl ddrwg yn ffynnu (e.e. Jeremeia 12: 1).

Ymateb traddodiadol

Yr awdur pwysicaf sy'n gwrthwynebu Rubenstein yw Eliezer Berkovits, a'r llyfr sy'n cael ei grybwyll amlaf yw *Faith after the Holocaust* (1973). Mae mor benderfynol o ddadlau yn erbyn radicaliaeth Rubenstein nes bod ei ddadl ddiwinyddol yn artiffisial ar adegau. Mae rhai o'r farn ei fod yn osgoi'r cwestiwn mae Rubenstein yn ei godi drwy gynhyrchu disgrifiad o'r byd sydd, tra'n cynnwys yr hen sicrwydd, yn anwybyddu'r ffeithiau. Mae eraill yn dadlau nad yw Berkovits ei hun yn honni ei fod yn ateb y cwestiynau ingol yn uniongyrchol, ond ei fod yn cynnig gobaith y bydd gweithredoedd o brynedigaeth yn y dyfodol yn dod ag atebion. Wedi'r cwbl, sôn am *ffydd* ar ôl yr Holocost y mae, nid datganiadau y gellir eu hegluro neu eu profi yn rhesymegol. Mae'r ysgolhaig, Steven Katz, yn *Post-Holocaust Dialogues* (Gwasg Prifysgol Efrog Newydd, 1985) yn 'edmygu Berkovits am lunio sawl gosodiad diwinyddol pwysig sydd, er mai datganiadau "ffydd" ydynt, yn awgrymog yng nghyd-destun diwinyddol Iddewig wedi Auschwitz'. Mae'n sôn am ei ddewrder yn ymdrin ag 'ystyr' a realiti'r Shoah ac er gwaetha'r bylchau yn ei ddadl, mae Berkovits yn ein 'cyfeirio tuag at wirioneddau pwysig y mae angen myfyrio arnynt a'u datblygu ymhellach'. Mae ei geidwadaeth, meddai Katz, yn ei alluogi i gynnig 'un o'r "ymatebion" mwyaf argyhoeddiadol, o safbwynt diwinyddol ac Iddewig, o blith pawb sydd wedi cymryd rhan yn y drafodaeth.'

Duw'n 'cuddio'i wyneb'

Mae Berkovits yn cychwyn gyda'r union ffrwd yn y traddodiad beiblaidd mae Rubenstein yn ei hanwybyddu, sef, y gri fod Duw fel pe bai'n absennol o brofiad y ffyddloniaid. Craidd syniadaeth Berkovits yw adnod sy'n dathlu presenoldeb y Duw sydd yn gallu ymguddio yn y byd er mwyn galluogi bodau dynol i fod yn gyfrifol ac yn rhydd: 'Yn wir, Duw cuddiedig wyt ti, Dduw Israel, y gwaredydd' (Eseia 45: 15). Craidd ei ddadl yw bod yn rhaid i Dduw roi lle i bobl ddatblygu fel bodau moesol. Mae'r ymgais hon i 'gyfiawnhau' drygioni, yr amddiffyniad ewyllys-rydd fel mae rhai'n ei alw, yn hen iawn ac yn gyffredin mewn syniadaeth Iddewig a Christnogol, ond mae Berkovits yn gwneud defnydd penodol iawn ohono mewn perthynas â thrychinebau'r profiad Iddewig. Mae Duw 'yn gorfod absenoli ei hun o hanes' meddai, a pheidio ag ymyrryd hyd yn oed pan fydd y rhyddid a roddodd yn cael ei gamddefnyddio'n ofnadwy. Ond dim ond ymddangos fel pe bai'n absennol y mae Duw. Y mae, serch hynny, yn bresennol ar ffurf Duw gwaredol Eseia 45: 15. Mae Berkovits yn cyfeirio at rai Salmau galarnadu sy'n son am Dduw'n 'cuddio'i wyneb' ac yn gwneud hynny heb achos dynol fel pechod. Yn Salm 44: 24, er enghraifft, mae'r gymuned, ar ôl cwyno am eu dioddefaint cwbl annheg, yn llefain:

> *Pam yr wyt yn cuddio dy wyneb*
> *Ac yn anghofio'n hadfyd a'n gorthrwm?*

Mae Berkovits, yn y fan hon, yn gwrthod un o ddadleuon traddodiadol rhai diwinyddion o hyd, un mae rhai pobl yn dal i'w chredu, sef mai cosb oedd yr Holocost. 'Oherwydd ein pechodau' yw'r eglurhad mae rhai darnau o'r Beibl yn ei roi am fod Duw wedi cuddio'i wyneb, yn enwedig Deuteronomium 31: 17-18. Mae proffwydi'r Beibl Hebraeg hefyd yn dehongli dinistr y Deml fel cosb am dorri cyfamod Sinai. O ganlyniad, mae'r syniad yn dal i lercian ym meddyliau rhai pobl fod rhaid fod y Duw bythol-gyfiawn, yn yr Holocost, yn cosbi rhywun am rywbeth. Ond byddai'r rhan fwyaf o'r bobl yma'n ei chael hi'n anodd egluro beth oedd y 'rhywbeth' hwnnw. Ai bod yn anffyddlon i Iddewiaeth drwy ymdoddi i'w cymunedau, ai seciwlariaeth, neu hyd yn oed Seioniaeth? Byddai'n rhaid i chi fod yn teimlo'n arswydus o wrthwynebus i'r tri pheth yma i allu hyd yn oed ystyried mai dyna'r ateb. Ac mae anawsterau pellach yn codi. Sut mae egluro, er enghraifft, y ffaith fod llawer o'r rhai a fu farw ymhlith y mwyaf duwiol? Yn *With God in Hell* (1979), mae Berkovits yn tystio mewn modd emosiynol iawn i ffyddlondeb crefyddol llawer o'r Iddewon yn y gwersylloedd. (Mae cyflwyniad y llyfr yn awgrymu'r gost bersonol i Berkovits, gan ei fod wedi ei gyflwyno i'w fam, brawd a dwy chwaer a fu farw.) Ac, yn y bôn, pa bechodau yn y byd a allai fod wedi haeddu'r fath 'gosb' erchyll?

Yr Holocost a hen gwestiynau ynglŷn â ffyddlondeb

Fel y rhan fwyaf o feddylwyr Uniongred, dydy Berkovits ddim yn credu fod yr Holocost yn unigryw, heb law am 'anferthedd gwrthrychol ei annynoldeb'. Mae'n mynnu y dylem edrych arno yng nghyd-destun hanes yn gyffredinol, a hanes yr Iddewon yn neilltuol. Mae'n crybwyll syniad beiblaidd arall yn y fan yma, sef Israel fel gwas sy'n dioddef. Yn llyfr Eseia, yn enwedig yn 52: 13-53:12, mae'r gwas yn dioddef nid am ei bechodau ei hun ond rhai pobl eraill, ac mae ei ddioddefaint mewn rhyw fodd yn rhan o bwrpas Duw ar gyfer y byd. Yn wahanol i rai meddylwyr eraill, cred Berkovits na ddylai Israel fynd yn 'genedl fel cenhedloedd eraill', yn bwerus, a'i goroesiad ynddo'i hun yn cyfiawnhau ei bodolaeth.

Mae Berkovits yn archwilio ymatebion beiblaidd a rabbinaidd eraill i ddioddefaint, yn cynnwys *Kiddush Ha-Shem* ('sancteiddio'r enw) ac *akedah* ('rhwymo') Isaac. Mae Kiddush Ha-Shem yn ymwneud â'r rheini sy'n aberthu eu bywydau yn hytrach na bradychu eu Hiddewiaeth, y merthyron neu *kedoshim* ('rhai sanctaidd'). Ond cafodd Iddewon duwiol, Iddewon oedd wedi troi at Gristnogaeth, ac anghredinwyr oll eu lladd yn yr Holocost. Doedden nhw ddim yn ferthyron, yn dewis marw dros eu ffydd Iddewig, ond yn ddioddefwyr diniwed a fu farw yn erbyn eu hewyllys am y ffaith syml eu bod o waed Iddewig. Mae Berkovits a'r rhan fwyaf o Iddewon, er nad pob un, yn gwrthod y syniad fod Kiddush Ha-Shem yn berthnasol mewn unrhyw fodd i'r Holocost. Ond y mae'n cyffelybu stori hynafol rhwymo Isaac (Genesis 22), lle gwelir Abraham yn gorfod dioddef prawf ar ei ffyddlondeb.

Anawsterau gydag ymateb Berkovits

Tra bod agweddau ar ymateb Berkovits yn ymddangos yn ddilys i lawer o Iddewon, mae'r beirniadu a fu arni'n ymddangos yn ddilys i lawer mwy, o bosib, ac nid dim ond Iddewon Blaengar. Gellir dadlau, yn ei erbyn, fod y Natsïaid wedi dwyn rhyddid oddi wrth yr Iddewon. Felly cafodd rhyddid y rhai a ddewisiodd daioni ei ddinistrio gan y rhai a ddewisiodd ddrygioni. Mae hyn yn arwain at ganlyniad annymunol arall: os nad yw'r fath bethau â chariad anhunanol, maddeuant, dewrder a ffydd yn bodoli ond fel ymateb i'r fath ymddygiad creulon, yna roedd y Natsïaid mewn gwirionedd yn helpu'r Iddewon i ddatblygu'n foesol. O ganlyniad, gellid dadlau y gallai hyd yn oed mwy o ddrygioni yn y dyfodol gynhyrchu mwy fyth o ddaioni ymhlith Iddewon. Hyd yn oed a derbyn na all y Duw hollalluog a hollddaionus greu pobl â'r rhyddid i wneud daioni heb greu pobl sy'n rhydd i wneud drygioni, mae'r cwestiwn yn codi: 'Beth yw gwerth hynny?' Yn wyneb drygioni arswydus yr Holocost (ac, wrth gwrs, adegau eraill pan aeth canlyniadau rhyddid yn benrhyddid) tybed oni fyddai'n well i ni fyw heb fodau dynol â'r gallu i fod yn ddewr ac yn ffyddlon?

Fel diwinyddion eraill (fel Fackenheim), mae Berkovits yn troi at lyfr Job fel enghraifft feiblaidd o rywun sy'n dioddef anghyfiawnder aruthrol ac eto'n parhau i gredu yn rhagluniaeth Duw. Ond mae hon yn gymhariaeth wael oherwydd cafodd Job, yn wahanol i fwyafrif yr Iddewon o dan Hitler, fyw i adrodd ei stori, a chael ei iechyd a'i hapusrwydd yn ôl. Ymhlith y chwe miliwn, ar y llaw arall, dinistriwyd unrhyw bosibilrwydd o dwf moesol. Dyma pam mae rhai meddylwyr yn dweud nad oes 'ateb' argyhoeddiadol i'r Holocost heb gyfeirio at ryw fath o fywyd nesaf. Mae Berkovits ei hun yn addef:

> *. . . . nid yw hyn oll yn esgusodi Duw am holl ddioddefaint y diniwed mewn hanes . . . Rhaid bod dimensiwn y tu hwnt i hanes lle mae pob dioddefaint yn cael gwaredigaeth drwy Dduw. Mae hyn yn hanfodol i ffydd Iddew.*

Mae'r Athro Dan Cohn-Sherbok o Brifysgol Cymru, Llanbedr Pont Steffan, yn credu mai'r hyn sydd ar goll yn holl brif ddiwinyddiaethau'r Holocost yw'r gred Iddewig mewn bywyd ar ôl marwolaeth. Gellid dadlau, fodd bynnag, na fyddai cred o'r fath, heb ymresymu gofalus iawn, yn ddim byd mwy na ffon fagl, ffordd o esgusodi Duw. Does dim dull cynhwysfawr o ystyried hyn wedi datblygu eto sy'n osgoi'r ateb diarhebol, 'cei dy wobr yn y nefoedd'.

Dydy'r ffordd mae Berkovits yn ceisio cysoni ei weledigaeth o Israel a'i weledigaeth o'r Iddewon fel y gwas dioddefus ddim yn dal dŵr. Mae cyflwyno Gwladwriaeth Israel fel buddugoliaeth lluoedd daioni dros luoedd drygioni, y goleuni'n trechu'r tywyllwch, yn gwrthddweud rhai o'i bwyntiau canolog. Dydy dadl Berkovits, sef pan fo Iddewon yn dioddef trychineb hanesyddol, fod Duw yn ffrwyno ei bŵer rhag iddo fygu rhyddid dynol, ddim yn cydfynd â'i gred fod Duw ar waith yng Ngwladwriaeth Israel. Pam y gwelir Duw ar waith yn sefydliadu gwladwriaeth ddynol ym 1948, gellir gofyn, a chanrifoedd cyn hynny, yn helpu'r Israeliaid i ddianc rhag Pharo a fu'n llawer llai creulon wrth blant Israel na Hitler? Os yw gwladwriaeth Israel yn dyst i farn derfynol Duw moesol ar hanes, pam na allai hynny fod wedi digwydd ychydig ynghynt? A rhaid gofyn wedyn beth fyddai gan Berkovits i'w ddweud pe bai Gwladwriaeth Israel yn cael ei dinistrio. A fyddai hynny'n golygu fod Duw'n cuddio'i wyneb eto? Dyna'r unig ymateb rhesymegol. Mae Berkovits yn mynnu fod yr exodus yn wyrth, yn ddigwyddiad cwbl unigryw, ond drwy wneud y digwyddiad yma sy'n hanfodol i'r profiad Iddewig yn ymylol, gadewir Berkovits â gwledigaeth o Dduw a'r byd sy'n wahanol iawn i weledigaeth draddodiadol Iddewig. Un peth sy'n parhau i fygwth Gwladwriaeth Israel yw bod rhai'n hawlio cyfiawnhad diwinyddol dros ei bodolaeth tra'n anwybyddu pob agwedd o'r ddiwinyddiaeth. Fel y gwelir yn y bennod nesaf, mae rhai mathau o Seioniaeth (Iddewig a Christnogol) yn sicr yn 'defnyddio' Duw i hyrwyddo eu hewyllys nhw heb gyfeirio nemor ddim at ei ewyllys ef.

Goroesi a thu hwnt

Cyfraniadau diwinyddol eraill

Tra gellir dweud fod Berkovits yn cynrychioli rhai o'r ffyrdd gorau a gwaethaf o feddwl er mwyn ceisio ymdopi â bywyd Iddewig wedi'r Holocost, dylem hefyd gyfeirio at nifer o gyfranwyr eraill. Mae Emil Fackenheim yn credu na ddylid canolbwyntio ar unrhyw ddiwinyddiaeth neu theodiciaeth (ymgais i gysoni nerth a chariad Duw â realiti drygioni), ond ar ystyried sut y gall Iddewon ymateb. Yn hytrach na threulio amser yn ceisio achub enw da Duw, dylent ganolbwyntio ar eu dyletswyddau. Yn ogystal â 613 dyletswydd y Torah, mae mitzvah rhif 614 yn bod erbyn hyn. Daw llais o Auschwitz, meddai, sy'n gorchymyn i'r Iddewon oroesi, a thrwy hynny beidio â rhoi buddugoliaeth i Hitler y tu hwnt i'r bedd. Mae Iddewon wedi eu 'gwahardd rhag anobeithio ynghylch Duw Israel, rhag ofn i Iddewiaeth farw'. Mae yntau'n credu fod 'Duw achubol y gorffennol yn dal i achub' ac mae'n canolbwyntio ei obaith ar barhad pobl Israel ac yn Israel. Yn ei waith diweddarach, mae Fackenheim yn awgrymu fod Duw mewn rhyw ffordd yn bresennol yn y byd, a bod yn rhaid i bobl ddarganfod ei ewyllys er mwyn 'trwsio'r byd'. Gwraidd hyn yw'r syniad fod y byd wedi chwalu ar adeg y creu, a bod y bydoedd ysbrydol a chorfforol wedi ymwahanu. Pan fydd Iddewon yn cyflawni eu dyletswyddau, maen nhw'n adfer y byd a'i ddychwelyd i'r ffurf a fwriedid gan Dduw.

Mae Eugene Borowitz, un o blith to newydd o rabbiniaid o America, yntau'n ceisio cyflwyno cyfamod eang ar gyfer y rheini sy'n dyheu am ffydd a all fod â rhyw fath o ystyr wedi chwalfa'r Holocost. Dengys ei waith ei fod yn deall y berthynas gymhleth rhwng Israel a'i chymdogion, y Palestiniaid, wrth geisio darganfod beth y bydd 'adnewyddu'r cyfamod' yn ei olygu. Mae Irving Greenburg yn annog pobl i ddal i gredu yn Nuw Israel, ond ar delerau newydd, gyda chyfamod sydd yn wirfoddol. Mae Ignaz Maybaum yn ceisio adeiladu ar sail gweledigaeth Fackenheim o lais datguddiol Duw o Auschwitz drwy ddadlau fod Gwladwriaeth Israel nid yn unig yn gwarantu y bydd yr Iddewon yn goroesi ond hefyd yn diffinio pwrpas bodolaeth Iddewig. Ond mae'r ffydd ddofn yma mewn cynnydd yn cynnwys ynddi'r cysyniad erchyll fod yr Holocost wedi bod yn hanfodol i ddod ag Iddewon dwyrain Ewrop i mewn i'r byd modern.

Seicoleg a llenyddiaeth

O safbwynt ceiso deall brwydr Iddewon i geisio dygymod â'r Holocost yn eu meddyliau a'u profiad, mae gan awduron eraill heblaw am ddiwinyddion lawer i'w gynnig. Dim ond yn ystod y degawd diwethaf y mae llawer o'r bobl a oroesodd yr Holocost wedi dechrau siarad am eu profiadau, mewn ymateb i'w hwyrion a'u hwyresau o'r drydedd genhedlaeth. Mae'r ffaith eu bod yn gallu gwneud hynny i'w briodoli'n fawr iawn i waith seicotherapyddion. Mae 'logotherapi' - trydedd ysgol seicoanalytig fawr Fienna, yn ôl rhai - a ddatblygwyd gan Viktor Frankl, yn bwysig iawn. Mae Frankl ei hun wedi sôn yn deimladwy am sut y llwyddodd i ddarganfod ystyr yn Auschwitz a Dachau eu hunain, yr union lefydd lle'r oedd y gormeswyr yn ceisio amddifadu bywyd Iddew o bob ystyr a gwerth.

Os yw hi'n amhosibl cyfleu, mewn ychydig linellau, syniad cyflawn o'r damcaniaethau diwinyddol a seicolegol sy'n ymdrin â phwnc yr Holocost, bron nad yw hi'n fwy haerllug ceisio cyfleu syniadau nofelydd. Ac eto gellid dadlau, pan nad yw ffydd yn fater o ymateb rhesymegol, mai'r nofelydd, efallai, all helpu fwyaf. Un o'r rhai pennaf sydd wedi ceisio gwneud hyn yw Elie Wiesel. Mewn cyfres o nofelau a gyhoeddwyd yn Ffrangeg yn gyntaf, ac yna yn Saesneg, mae Wiesel yn siarad ar ran y miliynau o Iddewon a lofruddiwyd ac ar ran y goroeswyr mud. Mae hefyd yn dangos y drasiedi Iddewig fel patrwm o'r profiad dynol hollgyffredinol. Gan ddefnyddio chwedlau beiblaidd a Chasidig ei gefndir yn Hwngari, mae cydblethu pedair thema yn ei nofelau: tystio, distawrwydd, chwerthin a dialog. Ond dydy'r ddiwinyddiaeth sy'n ymddangos yn ei straeon ddim yn gorfodi strwythur systematig ar neb. Yn hytrach, mae'n llawn tyndra mawr ac mae felly wedi galluogi pobl i siarad yn fwy gonest am eu profiad o'r Holocost a'i effaith ar ffydd.

Mewn traethawd ar gred, mae Wiesel yn cyfeirio at ei sicrwydd yn blentyn fod y byd yn ddealladwy yn nhermau ymyrraeth ragluniaethol Duw mewn materion dynol. Byddai'n adrodd 13 egwyddor Maimonides, yn cynnwys yr un olaf sy'n ategu cred fod y Meseia yn mynd i ddod 'hyd yn oed os oeda'. Ond dywed fod agendor yn ei wahanu oddi wrth y plentyn yr arferai fod. Yr ŵyl olaf a ddathlodd gartref cyn profi Auschwitz oedd y Pasg Iddewig. Ond, gofynna, sut mae darllen stori'r Pasg Iddewig ar ôl Auschwitz? Sut mae dathlu gŵyl Pwrim lle mae Duw yn ymyrryd i atal cynllun anfad? Mae'r syniad o hanes sanctaidd yn britho Iddewiaeth, lle mae alltudiaeth yn cael ei hesbonio'n glir fel cosb, lle mae Duw yn ymateb i weddïau i achub teithwyr.

Mewn oes lle mae pobl yn ymosod ar ddiwinyddiaeth draddodiadol am lawer rheswm heblaw'r Holocost, does dim rhyfedd fod rhai yn barnu ei bod yn fwy gweddus gofyn y cwestiynau na chynnig atebion. Yn sicr, does dim system foddhaol o egluro. Ond mae'r awduron y cyffyrddwyd â'u gwaith yma wedi edrych ar yr agweddau hynny o'u traddodiad y credant all eu cynnal nhw a'u cyd-Iddewon mewn oes aml-gred, sgeptigol. Mae Chaim Bermant fel pe bai'n gwarafun ffydd y rhai sy'n 'marchogaeth tuag at y wawr'. Yn y *Jewish Chronicle* ar 31 Rhagfyr 1993, sgrifennodd: 'Rhaid ei bod hi'n braf bod yn Dduw, oherwydd mae'n elwa ar sicrwydd yr Uniongred ac yn elwa ar amheuon y Rhyddfrydwyr.'

Mae'n rhaid dweud, fodd bynnag, fod y sicr a'r amheus yn dal i ymdrechu i ddod o hyd i ymateb sydd, ar yr un pryd, yn onest ac yn gynhaliol.

Israel

Yn y bennod hon byddwch yn dysgu:

- pam mae Israel mor bwysig i Iddewon
- am yr amrywiaeth o safbwyntiau a gynrychiolir yn Israel
- am broblemau mawr sicrhau heddwch.

Canolbwynt i Iddewon

Ers sefydlu Gwladwriaeth Israel ym 1948, mae'r cwestiwn 'Beth mae bod yn Iddew yn ei olygu?' wedi mynd yn fwy dwys. Mae'r atebion o bwys ymarferol i bobl sydd am ymfudo i fyw yn Israel. Mae mwy nag un rhan o dair o'r tua 13 miliwn o Iddewon sydd yn y byd yn byw yn Israel, ond i Iddewon y Diaspora hefyd, mae Iddewdod sydd wedi ei ddiffinio mewn perthynas â gwlad – ei chyfreithiau a'i pholisïau – yn codi cwestiynau am hunaniaeth sy'n cyfuno diwinyddiaeth hynafol a gwleidyddiaeth fodern. Mae gan bob Iddew farn ar y mater. Mae rhai'n mynnu, gan fod y wladwriaeth Iddewig yn bod bellach, na ddylai Iddewon y Diaspora gynnig sylwadau ar faterion Israelaidd, er enghraifft, Jonathan Magonet, Prifathro Coleg Leo Baeck, yn *An Explorer's Guide to Judaism* (Hodder and Stoughton, 1998). Wedi'r gwbl, dydy'r Iddewon yma ddim yn 'alltud' bellach; nhw sy'n dewis byw mewn gwlad dramor. Wrth gwrs, ar un ystyr, mae gan unrhyw un hawl i gynnig barn ar faterion Israelaidd os ydyn nhw'n gyfarwydd â'r ffeithiau cymhleth. Ond dylai'r honiad ei bod hi bron yn amhosibl i unrhyw un sy'n byw yn y Gorllewin – hyd yn oed Iddew – ddeall a dehongli'r ffeithiau hynny gael ei gymryd o ddifri.

Mae'n hanfodol cydnabod fod yr Holocost a Gwladwriaeth Israel, i lawer o Iddewon, yn anwahanadwy. Mae'r ddau beth ynghlwm o ran amser, gan i'r wladwriaeth gael ei sefydlu brin dair blynedd wedi'r Holocost. Os oedd yr Holocost yn dweud fod Duw'n absennol, roedd sefydlu Israel yn dweud fod Duw'n bresennol. I lawer o bobl, roedd yn adfer rhywfaint o ffydd, ac mae'n dal i wneud i'r dydd heddiw. Mae'n rhaid gwybod y cefndir yma i allu cael unrhyw ymdeimlad o fuddugoliaeth Seioniaeth yn y dychmyg Iddewig. I Iddewon eraill, mae Israel yn bwysig nid am resymau diwinyddol ond am rai Iddewig, yn yr ystyr fod Gwladwriaeth Israel yn adfer Iddewiaeth i'w chyflwr gwreiddiol, sef nid bodoli fel crefydd yn unig, ond fel pobl sydd ag iaith a diwylliant. Mae'n amlwg fod yr Israel bresennol yn ddemocratiaeth, nid yn theocratiaeth. Gan hynny, mae'r cwestiwn: 'Beth ydy ystyr bod yn Iddew?' yn gwestiwn i'r *demos*, y bobl, i gyd. Gall yr ateb fod yn ddryslyd o amrywiol ond mae'n siwr fod ymdeimlad o fod yn bobl yn hanfodol bwysig, a chanolbwynt yr ymdeimlad yma o fod yn bobl yw gwlad Israel.

Ni all yr un ymgais i ystyried hanfodion Iddewiaeth, sef pwrpas y gyfrol yma, anwybyddu Israel. Mae gwlad Israel yn bwysig i bawb sy'n arddel y ffydd hon. Mae hynny wedi bod yn wir ers dyddiau cynharaf yr hyn fyddai, yn y man, yn datblygu'n Iddewiaeth (gweler pennod 1). Ond dydy'r arwyddocâd hynafol yma ddim yn gyfystyr â Seioniaeth. Mae'r gair 'Seioniaeth' yn cynnwys amrywiaeth eang o ymatebion sydd wedi cael eu disgrifio'n drylwyr mewn llyfrau hanes a gwleidyddiaeth. Ond y prif ffocws yn y fan hon, fodd bynnag, yw'r un crefyddol wrth i ni geisio amgyffred beth mae Israel yn ei olygu yn y gred Iddewig.

Datblygiad Seioniaeth

Y term 'Seioniaeth'

Mae'r term *Eretz Yisrael* ('Gwlad Israel') yn tarddu o gred grefyddol yn wreiddiol. Mae'r enw 'Israel' a roddwyd gan Dduw i'r patriarch, Jacob, yn mynegi cred yn addewid Duw i Abraham o wlad ar gyfer ei bobl (gweler pennod 2). Mae'r ffaith mai pwrpas y man daearyddol hwn oedd galluogi pobl y cyfamod fyw yn unol â gofynion Duw yn amlwg yn yr enw *Eretz Kakedoshah* ('Y Wlad Sanctaidd'). Wedi i'r Brenin Dafydd sefydlu ei brifddinas yno, magodd Jerwsalem arwyddocâd arbennig, a dyna'r lle y byddai'r holl addoli aberthol yn digwydd. Un o'r bryniau y saif y ddinas arno yw Mynydd Seion, a daeth yr enw i ddynodi'r ddinas gyfan, a'r wlad gyfan yn y man. Pan gafodd llawer o'i phobl eu caethgludo i Fabilon, roedd arnyn nhw hiraeth ingol am y ddinas a'r wlad yma (Salm 137: 1). Roedd y gobaith y byddai'r Iddewon alltud yn ailgynnull, a'r wlad yn cael ei hadfer yn cael ei fynegi'n gyson (fel yn Eseia 51: 3; 52: 1-2, 7-10 lle mae'r term 'Seion' yn cael ei ddefnyddio bob tro). Felly, fe allech ddefnyddio'r term 'Seioniaeth' am y credoau a'r gobeithion yma. Ond mae wedi mynd i olygu rhywbeth tipyn mwy gwleidyddol, ac mae'r ffordd mae'n uniaethu Gwladwriaeth â Thir, Seioniaeth ag Iddewiaeth, yn achosi llawer o wrthdaro a dryswch. Mae holl bwysau'r addewid beiblaidd, ynghyd â'r gobaith torfol o gael pobl i ddychwelyd, yn cryfau cysylltiad Iddewon ag Israel, y wlad. I 'Wlad yr Addewid' y byddwch yn gwneud *aliyah*, sef 'esgyniad', y term cyffredin nawr am 'ymfudo' i Israel. Ond mae'r cysylltiad rhwng hynny â'r hyn a ddëellir fel Seioniaeth heddiw o safbwynt Israel, y Wladwriaeth, yn un pur ddyrys.

Gwahanol wreiddiau Seioniaeth

Mae gwreiddiau'r mudiad yn y rhyddfreiniad a gynigiwyd yn y cyfnod modern (gweler pennod 5). Gallai Iddew ymateb i'r 'rhodd' yma mewn amryw ffyrdd. Gallai wrthod y rhyddid newydd a pharhau i fyw bywyd amlwg grefyddol, yn gwbl ar wahân i gymdeithas an-Iddewig. Gallai fynd i'r pegwn arall, ac ymdoddi'n llwyr i'r gymdeithas drwy gefnu ar bob arfer Iddewig ac ar y gred Iddewig ei hun. Safbwynt yr agwedd gwbl seciwlar yma yw: gan nad yw'r Meseia wedi dod, dydyn ni ddim yn credu bellach ei fod yn mynd i ddod. Ond ymateb y rhan fwyaf o Iddewon oedd derbyn rhyddfreiniad a chadw'u cred. Roedd angen ymaddasu rywfaint fel y gwelsom gyda sefydlu Uniongrededd fodern, y mudiad Diwygiedig a Cheidwadaeth. Ond parhaodd Iddewiaeth i fod yn grefydd, yng ngeiriau Neusner, 'ar y model Protestannaidd'. Mae hynny'n golygu crefydd sydd, yn ei hanfod, yn un breifat; mae'n effeithio ar yr unigolyn a'r teulu, heb effeithio mewn unrhyw ffordd amlwg ar y maes cyhoeddus. Gall crediniwr gael ei drawsnewid gan 'negeseuon preifat', ond nid yw'n trosi hynny'n swyddogaeth wleidyddol neilltuol.

Fyddai pawb, wrth gwrs, ddim yn derbyn darlun Neusner o Iddewiaeth na Phrotestaniaeth yng Ngogledd America. Yn sicr, mae rhai Iddewon a Phrotestaniaid ym Mhrydain fyddai'n dweud eu bod yn treulio llawer o amser ac egni yn mynegi eu cred drwy weithredu gwleidyddol. Ond gallwn weld fod gronyn (neu fynydd) o wirionedd yn nisgrifiad Neusner, o ystyried pedwerydd ymateb i ryddfreiniad, sef ymateb rhai Iddewon a gafodd fod gwrth-Semitiaeth yn dal i fodoli yn eu gwledydd honedig 'fodern' a 'rhyddfreiniedig'. Er bod yr Iddewon yma wedi rhoi'r gorau i arferion Iddewig, roedden nhw'n dal i gael eu gwrthod, ar sail eu hil yn unig. I rai oedd wedi cael y fath brofiad, yr ateb rhesymegol oedd nid ceisio bod yn Ffrancwr neu Sais 'o'r duedd Fosenaidd', ond mynd yn genedlaetholwyr Iddewig brwd, hynny yw, creu gwladwriaeth lle gallai Iddewon siarad iaith Iddewig a byw eu diwylliant Iddewig. Felly, roedd gwreiddiau Seioniaeth fodern yn wleidyddol, yn seciwlar, ac yn genedlgarol. Os oes gan genedl hawl i'w gwladwriaeth ei hun, yna (fel y byddai sylfaenwyr Seioniaeth yn dadlau), dylai'r Iddewon gael gwladwriaeth – gwladwriaeth yn seiliedig nid ar ddyfodiad y Meseia ond ar genedlaetholdeb modern.

Seioniaeth wleidyddol

Y grŵp olaf yma oedd yn gyrru Seioniaeth yn ei blaen, y rhai oedd am ennill ymreolaeth yn hytrach na dibynnu ar fympwy llywodraethau eraill. Yng ngwledydd dwyrain Ewrop hefyd, roedd llawer o Iddewon yn dal i fod heb hawliau gwleidyddol. Roedd rhai eraill wedi cael blas ar ryddid, ac yna wedi ei golli eto. Yn Rwsia, arweiniodd cyfuniad o dlodi, pogromau, a chyfreithiau oedd yn gorfodi Iddewon i fyw mewn rhanbarthau arbennig at yr aliyah (ymfudiad) cyntaf i Israel, rhwng 1882 a 1903. Ymfudodd llawer iawn mwy o Iddewon Rwsiaidd i orllewin Ewrop ac UDA, ond y lleiafrif bach hynod yma o ryw 24,000 a aeth i Balesteina oedd gwir arloeswyr Seioniaeth. Roedden nhw'n dehongli delfrydau proffwydol y Beibl mewn ffordd seciwlar iawn, ond roedden nhw hefyd wedi eu trwytho yn y diwylliant Iddewig ac oherwydd hynny, doedden nhw ddim yn hoffi Sosialaeth ddigymrodedd rhai o'r Iddewon Rwsiaidd. Yn wir, rhai o'r Sosialwyr yma oedd gwrthwynebwyr mwyaf ffyrnig Seioniaeth gynnar, ac fe ffurfion nhw y Bwnd (Ffederasiwn) Sosialaidd yng Ngwlad Pwyl i bwyso am chwyldro yn eu gwlad eu hunain. Roedd yn well gan y rhai a aeth i Balesteina gyfuno eu delfrydau sosialaidd â Seioniaeth. Y rhain, y 'Seiongarwyr' fel roedden nhw'n cael eu galw, a greodd y genedl. Drwy eu penderfyniad a'u hymdrechion nhw y cafodd, er enghraifft, undebau llafur, diwydiannau mawr, sefydliadau iechyd, gwasg rydd, a'r fyddin eu sefydlu. Roedd rhai ohonyn nhw'n ffoi rhag y pogromau yn Rwsia a oedd wedi eu hargyhoeddi na ellid sicrhau diogelwch i Iddewon o fewn gwledydd eraill, a bod angen hunaniaeth ar wahân.

Roedd llawer o'r gwladychwyr cynnar yma yn Seioniaid ymarferol, yn y bôn. Y traethawd Seionaidd cyntaf a ddenodd unrhyw ymateb oedd pamffled Leon Pinsker, *Autoemancipation* (1882). Dylanwadodd ei farn ef, sef y byddai Iddewon yn parhau i fod yn lleiafrifoedd estron ym mhob gwlad os nad byddai ganddyn nhw eu gwlad eu hunain fel cenedl annibynnol, ar y Seioniaid. Gymaint oedd eu harswyd ar ôl un pogrom nes y bydden nhw wedi bod yn barod i ffoi i unrhyw wlad. Ond newidiodd Pinsker ei farn, fel Theodor Herzl yn ddiweddarach. Ar ôl meddwl yn wreiddiol nad oedd rhaid i'r wlad newydd fod wedi ei lleoli ym Mhalesteina, aeth i gredu mai dyma'r unig wlad a allai ysbrydoli'r nerth emosiynol fyddai ei angen i ennill ymreolaeth i'r Iddewon. Pan ddywedodd llywodraeth Prydain ei bod yn fodlon rhoi tir yn Uganda yn famwlad i'r Iddewon, yr Iddewon mwyaf seciwlar a oedd yn gwrthwynebu Herzl, yn y chweched Gyngres Seionaidd ym 1903, gan fynnu nid yn unig fod Uganda yn anfoddhaol, ond mai dim ond Israel-Palesteina a wnâi'r tro.

Arweiniodd yr ail aliyah rhwng 1904 a 1914 a'r trydydd, o Wlad Pwyl a Romania yn ogystal â Rwsia, rhwng 1919 a 1923, at dyndra sy'n gwneud i wrthdaro modern rhwng pobl seciwlar a chrefyddol yn Israel edrych yn ddof. Aeth yn ffrae rhwng y mewnfudwyr cynnar yma, a oedd yn Iddewig iawn yn hanesyddol a chymdeithasol, a'r ffermwyr crefyddol oedd eisoes yn byw ar y tir. Roedd gelyniaeth rhwng y Seioniaid seciwlar a Seioniaid crefyddol. Ceisiodd Abraham Isaac Kook (1868-1935), a oedd yn rhan o'r ail aliyah ac a ddaeth yn Brif Rabbi cyntaf Palesteina, wella'r rhwygiadau, ond hyd yn oed heddiw yn Israel mae posteri i'w gweld sy'n condemnio Kook fel heretic ac mae rhai siopau llyfrau'n gwrthod gwerthu ei lyfrau. Sgrifennodd Kook yn bwerus am agwedd gyffredinolaidd Iddewiaeth, ond roedd rhai bryd hynny – a heddiw – sydd wedi colli (neu erioed wedi teimlo) y ddelfrydiaeth yma. Roedd y llif Seionaidd o ddwyrain Ewrop yn cynnwys Chaim Weizmann a David Ben Gurion, dau a fyddai'n chwarae rhan mor bwysig mewn gwireddu'r freuddwyd.

Erbyn troad y bedwaredd ganrif ar bymtheg, dechreuodd syniadau o orllewin Ewrop ddylanwadu ar y Seioniaid. Roedd y gwledydd lle'r oedd gwrth-Semitiaeth yn dal i fodoli, er ei fod wedi ei wahardd yn swyddogol, yn cynnwys Ffrainc, lle cafodd Iddew a oedd yn swyddog ym myddin Ffrainc ei gyhuddo a'i gael yn euog ym 1895 o ysbïo dros yr Almaen (achos Dreyfus). Cafodd ei waradwyddo'n gyhoeddus, a'i ddedfrydu i garchar am oes. Erbyn 1906, roedd brwydr a siglodd fywyd gwleidyddol Ffrainc wedi profi fod y Capten Dreyfus yn ddieuog a di-fai. Bu'r newyddiadurwr o Fienna, Theodor Herzl (1860-1904), yn adrodd ar yr achos llys. Mae'n tystio fod y fath wrth-Semitiaeth wedi ei syfrdanu, a chryfhau ei argyhoeddiad mai'r unig ateb oedd Gwladwriaeth Iddewig. Hawliai Herzl ei fod wedi gosod sylfeini'r wladwriaeth honno drwy sefydlu'r Mudiad Seionaidd yn Basle ym 1897. Yn ystod ei gyngres gyntaf, cyhoeddodd Herzl y gwelai'r byd wladwriaeth Iddewig o fewn hanner canrif, ac roedd yn iawn. Yn ôl diffiniad Herzl yn ei draethawd, *The Jewish State*: 'nod Seioniaeth yw creu ar gyfer y bobl Iddewig gartref ym Mhalesteina, wedi ei sicrhau gan gyfraith gyhoeddus.' Mae'r enw 'Palesteina' yn dod o'r ffordd Hebraeg o ddweud 'Philistia', sef llain arfordirol gwlad Canaan (Israel). Pur anaml y mae'r enw yma ar yr arfordir Philistaidd yn cael ei ddefnyddio yn y Beibl i olygu'r holl wlad (Exodus 15: 14). Y Rhufeiniaid a roddodd amlygrwydd i'r enw 'Palesteina', drwy ailenwi'r wlad yn 'Syria Palesteina', a dyna enw Prydain ar y rhanbarth, a fagodd rym gwleidyddol, fel y gwelwyd yn Natganiad Balfour, 1917: 'Mae Llywodraeth Ei Fawrhydi o blaid sefydlu ym Mhalesteina gartref cenedlaethol ar gyfer y bobl Iddewig.'

Seioniaeth ddiwylliannol

Un arall o sylfaenwyr Seioniaeth oedd Asher Ginzberg (1856-1927). O dan y ffugenw *Ahad Ha-am* ('Un o'r bobl'), canolbwyntiodd Ginzberg yn fwy ar ddiogelu dyfodol y diwylliant Iddewig yn hytrach na goroesiad y bobl. Ar sail ei wybodaeth ddofn, fel un a gafodd ei addysgu a'i fagu mewn teulu crefyddol iawn, dadleuai o blaid creu gwlad a fyddai'n ganolfan i greadigrwydd diwylliannol. Roedd 'Seioniaieth ddiwylliannol' Ahad Ha-am yn llawer mwy pwyllog a graddol na rhaglen Herzl. Er iddo fynd yn agnostig crefyddol yn ddiweddarach, ei brif nod drwy gydol ei fywyd oedd sefydlu Seion fel ysbrydoliaeth ysbrydol i Iddewon wedi'r rhyddfreiniad. O'r safbwynt hwnnw, gellid dadlau ei fod yn honni'n agored y byddai Seioniaeth yn cymryd lle Iddewiaeth . Y peth pwysicaf oedd bywyd y bobl Iddewig, a dim ond dyfais i hwyluso hynny oedd crefydd hyd yn oed. Mae hyn yn gwbl groes i ddatganiad a wnaed fil o flynyddoedd yn gynharach gan Gaon Saadiah: 'Dim ond er mwyn eu Torah y mae'r bobl Iddewig yn bobl'. Un darn pwysig o'r Beibl o safbwynt diffinio Seioniaeth yw Eseia 2: 1-4, yn enwedig y geiriau: 'Oherwydd o Seion y daw'r gyfraith [Torah] a gair yr ARGLWYDD o Jerwsalem.' Roedd y fodolaeth wladwriaethol roedd Herzl ac Ahad Ha-am yn ei hannog yn syniad cwbl newydd nad oedd sôn amdano mewn Iddewiaeth rabbinaidd na'r grefydd a ddatblygodd o hynny. Oherwydd, heblaw am gyfnod byr rhwng 132-5 OG, doedd dim gwladwriaeth Iddewig wedi bodoli ers 2000 o flynyddoedd.

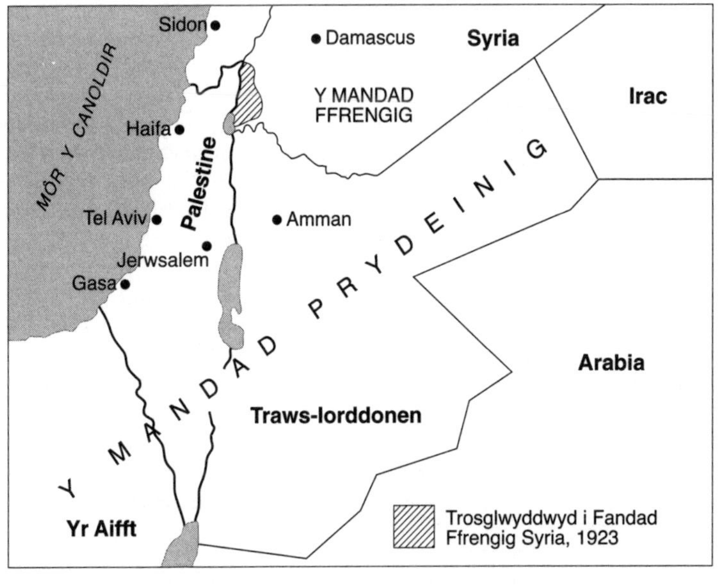

Daeth gwrthwynebiad i Seioniaeth yn y lle cyntaf nid yn unig gan y Bwnd Sosialaidd a rhai grwpiau Tra-Uniongred, ond hefyd gan fudiadau Uniongred a Diwygiedig prif-ffrwd UDA a Phrydain. Yma eto, chwaraeodd Abrham Kook ran fawr mewn darbwyllo llawer o Iddewon Uniongred i gefnogi Seioniaeth. Roedd Iddewon Diwygiedig oedd yn mwynhau eu rhyddid newydd yng ngorllewin Ewrop neu America yn poeni i ddechrau fod pobl yn dweud mai eu gwir gartref cenedlaethol oedd Palesteina. Fel y gwelsom yn y 'Pittsburgh Platform', yn y dyfyniad ym mhennod 5, doedden nhw ddim yn disgwyl dychwelyd i Balesteina. Cafodd gwrthwynebiad Rhyddfrydol cynnar ei leisio gan un o sylfaenwyr y mudiad Rhyddfrydol Iddewig, Claude Montefiore. Ond byddai digwyddiadau yn newid barn llawer o bobl. Wedi pogrom ar ôl pogrom yn nwyrain Ewrop, daeth yr ymgais i ddifa'r Iddewon yn llwyr, a'r Holocost oedd y digwyddiad a argyhoeddodd Iddewon Blaengar. Oni bai am hyn, byddai Iddewon Diwygiedig, yn enwedig yn UDA, lle roedd pobl yn credu fod Seioniaeth yn gam yn ôl at syniad neilltuolaidd o swyddogaeth Israel, wedi dal i wrthwynebu. Roedd yn chwyldro diwinyddol i Iddew Diwygiedig droi'n Seionydd, ond fe ddigwyddodd, a thrawsnewidiodd hynny hunan-ganfyddiad Iddewon.

Ymatebion crefyddol i Seioniaeth

Gwrth-Seioniaeth

Mae ymatebion grwpiau 'crefyddol' o fewn gwladwriaeth Israel i Seioniaeth yn amrywio'n eang iawn. Ar un pen i'r sbectrwm, mae rhai sy'n gwrthod Seioniaeth yn gyfan gwbl. Mae aelodau o'r mudiad *Charedi* ('ofnus' yn yr ystyr o fod yn bobl dduwiol iawn), er enghraifft, disgynyddion getoau Ewrop, yn credu fod y wlad wedi cael ei rhoi i bobl Israel gan Dduw, a'i chymryd oddi wrthyn nhw am eu bod wedi anufuddhau i'r cyfamod. Pan fydd Iddewon yn ufuddhau i'r Torah unwaith eto, yna bydd Duw, a neb ond Duw, yn cyhoeddi dyfodiad Oes y Meseia pan fydd y wlad yn cael ei hadfer i'w bobl. Maen nhw'n llwyr wrthwynebu'r syniad fod yr Iddewon, drwy ddod i fyw yn y wlad, yn prysuro dyfodiad iachawdwriaeth. Maen nhw'n teimlo fod gwneud hyn yn golygu fod Iddewon yn ddiamynedd ynglŷn ag amseru Duw a'i allu i ailgynnull yr alltudion yn Israel.

Roedd cred y Seionwyr cynnar y byddai'r Charedim, yn y man, yn dod allan o'u geto ganoloesol a moderneiddio gyda phawb arall, yn ddi-sail. Arferai'r holl Charedim fyw mewn cymdogaethau traddodiadol fel Mea Shearim yn Jerwsalem.

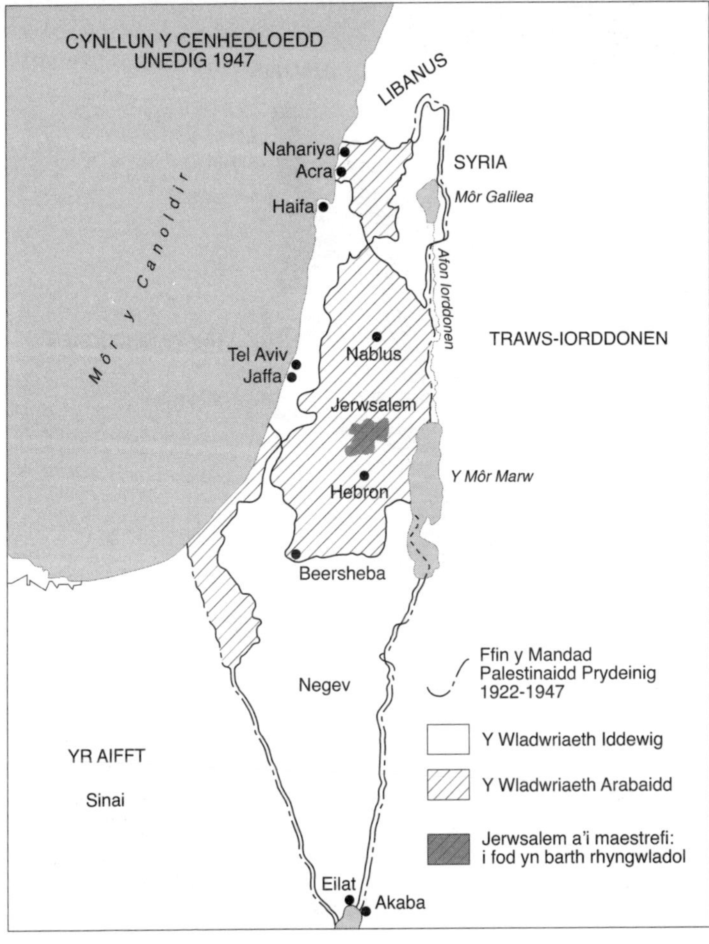

Ym mis Tachwedd 1947, pleidleisiodd Cynulliad Cyffredinol y Cenhedloedd Unedig o blaid rhannu Palesteina

Derbyniodd yr Iddewon y ffiniau arfaethedig ar gyfer Gwladwriaeth Iddewig

Gwrthododd yr Arabiaid y ffiniau arfaethedig ar gyfer Gwladwriaeth Arabaidd ac ymosod ar aneddiadau Iddewig

Erbyn heddiw mae ganddyn nhw gymunedau llewyrchus ledled Israel. Oherwydd y twf yma a'u gallu i ymdrefnu, fe enillon nhw fwy o seddi yn etholiad 1996 nag erioed o'r blaen. Mae teyrngarwch gwleidyddol – ar sail argyhoeddiad crefyddol neu agweddau tuag at heddwch gyda'r Arabiaid – yn gymhleth iawn

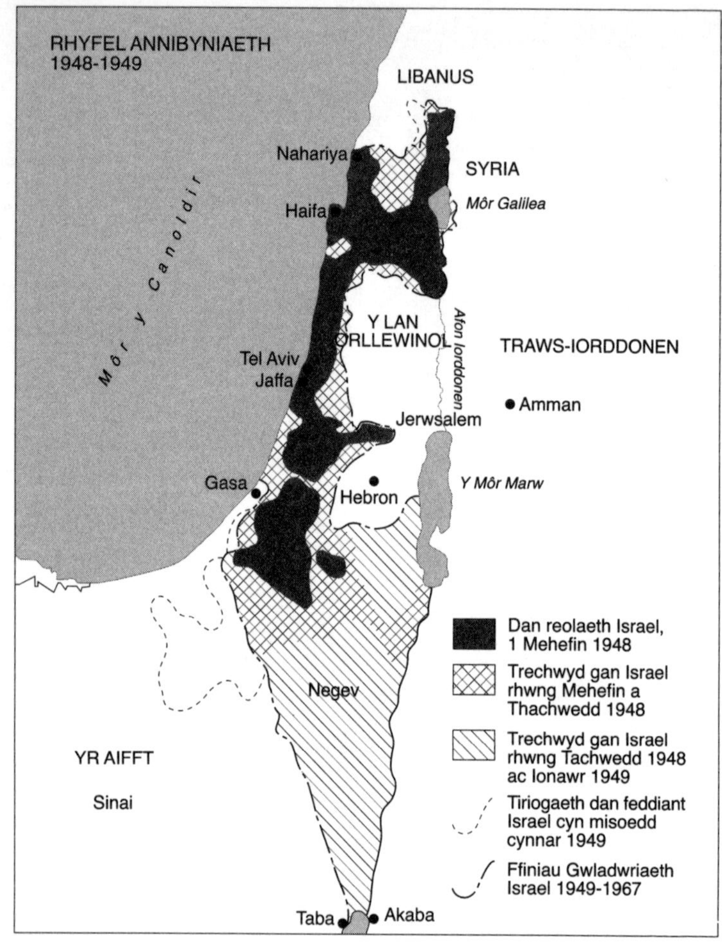

Digwyddiadau yn ystod cyfnod sefydlu Gwladwriaeth Israel

yn Israel. Os ydyn nhw'n credu fod y wladwriaeth yn anghyfreithlon, yna pam mae'r Charedim yn pleidleisio o gwbl? Eu prif ddiddordeb yn y Knesset yw sicrhau arian cyhoeddus i gynnal ysgolion crefyddol a yeshivot. Maen nhw'n credu fod hyn yn gyson â'u cred, sydd hyd yn oed yn gryfach na chred y Seioniaid, mai dim ond yr Iddewon sydd â hawliau, hawliau a roddwyd iddyn nhw gan Dduw, yn eu mamwlad feiblaidd. Felly, ym 1996, drwy bleidleisio dros bleidiau Iddewiaeth Unedig y Torah a Shas, enillodd y Charedim, ynghyd â'r Blaid Grefyddol Genedlaethol (grŵp Seionaidd) 23 sedd yn y Knesset, ychydig yn llai na 32 sedd y blaid fuddugol, Likud. Mae gan y pleidiau crefyddol, Seionaidd neu wrth-Seionaidd, rym mawr yn Israel oherwydd fod ganddyn nhw'r pŵer i ddymchwel y llywodraeth sydd, beth bynnag ei liw, bob amser yn gorfod brwydro i ddal clymblaid ynghyd er mwyn aros mewn grym (canlyniad system cynrychiolaeth gyfrannol Israel). Er ei bod yn cael ei chefnogi gan rai etholwyr Charedim, dydy Shas ddim yn gwadu cyfreithlondeb Israel ei hun. Yn wahanol i grwpiau Tra-Uniongred eraill yn Israel, mae llawer o'i arweinwyr a'i gefnogwyr wedi gwneud gwasanaeth milwrol. Mae Shas yn gwaredu fod Israel mor anghrefyddol ac yn hynny o beth, mae'n sefyll ysgwydd wrth ysgwydd gyda'r Charedim gwrth-Seionaidd.

Grŵp hyd yn oed yn fwy gwrth-Seionaidd yw *Neturei Karta* ('Gwarchodwyr y Ddinas') sy'n dweud:

> *Mae'r Wladwriaeth Seionaidd yn gwadu i'r bobl Iddewig ei hanfod a'i natur unigryw, ac yn ei gweddnewid yn genedl fel pob cenedl arall, nad yw ei bodolaeth yn dibynnu ar ufuddhau neu ymwrthod â'r Torah. Cafodd y Wladwriaeth ger ein bron ei chreu fel rhywbeth i gymryd lle sancteiddrwydd a Duwioldeb Pobl Israel er mwyn gweddnewid ei hanfod unigryw, dwfn ei wreiddiau yn un tiriogaethol, an-Iddewig, gwleidyddol. Mae'r Wladwriaeth Seionaidd yn cynrychioli heresi llwyr, yn dadwreiddio enaid ein ffydd o'i wraidd ac yn tramgwyddo'r cyfamod a wnaeth Duw gyda ni yn Horeb.*

Y cyhuddiad yw fod Seioniaeth wedi troi'r syniad o wlad yr addewid yn fater o genedlaetholdeb, gyda gwlad ac iaith yn galluogi pobl i fod yn Iddewon heb Dduw.

Dehongliadau gwrthgyferbyniol o grefydd

Ar ben arall y sbectrwm gwleidyddol mae'r rhai y cyfeirir atynt gan eu gwrthwynebwyr fel eithafwyr neu ffwndamentalwyr. Y *Gush Emunim* ('bloc y ffyddloniaid'), er enghraifft, a dalodd am rai o'r aneddiadau (*settlements*) Israelaidd cyntaf ar y Lan Orllewinol (Jwdea a Samaria) a Llain Gasa wedi i Israel feddiannu'r tiriogaethau yn ystod Rhyfel 1967. Maen nhw'n honni eu bod wedi dod yn ôl i ardaloedd neilltuol i hyrwyddo bywyd Iddewig ac y bydd hynny'n prysuro dyfodiad y Meseia. Rywle yn y canol rhwng y Neturei Karta a'r Gush Emunim mae'r rheini sy'n cefnogi'r llywodraeth yn gyffredinol ond heb ei gweld mewn termau crefyddol. Yn eu barn nhw, doedd sefydlu

Gwladwriaeth Israel ddim yn arwydd o iachawdwriaeth Feseianaidd. Mae'r grwpiau hyn, sy'n cynnwys y Lubavitcher, yn cefnogi aneddiadau ac yn gwrthwynebu rhoi rhannau o'r Lan Orllewinol yn ôl i'r Palestiniaid. Yn wir, maen nhw'n uchel eu cloch ynglŷn â hyn, ond o safbwynt Seionaidd hynafol yn hytrach nag am resymau gwleidyddol. Heblaw am ystyriaethau diogelwch, maen nhw am ddal gafael ar y tir oherwydd eu cred grefyddol fod y tir ei hun yn sanctaidd, hynny yw, wedi ei roi i'r Iddewon gan Dduw, ac nad eu heiddo nhw mohono i'w roi i neb arall. Eu gwrthwynebiad ffyrnig i roi tir yn ôl sy'n rhoi'r fath ddylanwad gwleidyddol i'r grwpiau hyn yn Israel, yn enwedig gyda gwleidyddion asgell-dde.

Grŵp arall sydd yn y canol, ond sydd ag agweddau gwahanol iawn at y wlad a roddwyd gan Dduw, yw'r Seioniaid crefyddol prif-ffrwd. Dywedodd un o'u harweinwyr, Rabbi Maimon (1875-1962):

> *Rhaid sefydlu'r Wladwriaeth Hebreaidd a'i rhedeg yn unol ag egwyddor y Grefydd Hebreaidd, hynny yw, Torah Israel. Mae'n hargyhoeddiad yn glir: o'n safbwynt ni, y genedl, mae ar grefydd a'r wladwriaeth angen ei gilydd*

Yn ddi-os, mae'r safbwynt yma'n agos iawn at y safbwynt beiblaidd cyffredinol (fod derbyn y tir gan Dduw yn golygu fod rhaid parhau i ufuddhau i Dduw). Yr argyhoeddiad yw fod rhywbeth dwyfol, rhywbeth trosgynnol yn y modd mae llawer o alltudion wedi cael eu 'cynnull' neu eu 'casglu i mewn', ond mae hynny'n golygu byw yn unol â mandad moesol Israel. Hynny yw, all yr Iddewon ddim ei chael hi bob ffordd. Naill ai mae'r Wladwriaeth Iddewig yn amlwg grefyddol yn y modd y mae ei phobl yn byw, neu os yw'r bobl yn dewis byw fel unrhyw bobl eraill, yna mae eu gwladwriaeth yn mynd yn debyg i unrhyw un arall, heb allu hawlio bod yn rhodd neu bwrpas Duw. Ar un ystyr, maen nhw'n credu mai busnes Duw yw ei addewidion. Gwaith yr Iddew yw byw yn unol â'i ofynion. Mae hyn yn rhybudd yn erbyn camddefnyddio'r Beibl fel siarter Israelaidd sy'n caniatáu meddiant diddiwedd ar 'Israel fwyaf' gyda'i ffiniau beiblaidd ehangaf posibl neu, yn wir, unrhyw ran o'r tir. Prin ei bod yn syndod clywed mai pobl sy'n meddwl fel hyn sydd wedi bod gyda'r mwyaf beirniadol o bolisi Israel, yn enwedig ar faterion hawliau dynol. Nid nhw yw'r unig rai, wrth gwrs. Cafodd aelod o un o bleidiau cwbl wleidyddol y Knesset ei gofnodi yn dweud:

> *Mae'n ddyletswydd ar Israel i lynu wrth y foeswers Iddewig sylfaenol: mae'r hyn oedd yn gas gennym pan*

oedden ni'n lleiafrif, yr hyn sy'n niweidiol i Iddewon ar wasgar, yn gas gennym ac yn niweidiol i ni hyd yn oed heddiw, er i ni ennill rhyddid ac annibyniaeth.

O'u dealltwriaeth grefyddol amrwiol o beth yw bod yn Iddew, mae pobl yn dod i gasgliadau gwleidyddol gwahanol ynglŷn â sut i ymddwyn mewn Gwladwriaeth Iddewig. Mae dealltwriaeth y Seionydd crefyddol yn cael ei adlewyrchu yn y Datganiad Annibyniaeth sy'n cyfeirio at 'broffwydi Israel' yn dysgu ystyr 'rhyddid, cyfiawnder a heddwch'. Ond mae'n drawiadol iawn nad yw dogfen a luniwyd yn y wlad a roddodd undduwiaeth i'r byd yn cynnwys y gair 'Duw'. Y peth agosaf yw 'ffydd yng Nghraig Israel', term na fyddai'n eithrio anghredinwyr (yn cynnwys Ben Gurion ei hun). Ond mae'r ystumio geiriol yn amlwg gydag ymadroddion fel 'Mewngynnull yr Alltudion' ochr yn ochr â 'datblygu'r wlad er budd i'w holl breswylwyr'. Gallai Arab sy'n ddinesydd Israelaidd amau nad yw'r naill yn arwain at y llall, er mor hoff gan lawer o Israeliaid yr aneddiadau ymffrostio eu bod wedi datblygu'r tir – yn enwedig y cyflenwad dŵr – er budd i bawb, mewn ffordd na cheisiodd y boblogaeth Arabaidd wneud erioed.

Mae holl gwestiwn yr aneddiadau (yn enwedig y rhai ar gyfer mewnfudwyr) yn dal i fod yn bwnc llosg. Mae'n anodd i Balestiniaid gymryd ymrwymiad llywodraeth Israel i broses heddwch o ddifri tra'n dal i ehangu. Pam, gofynnir, y cafodd ugeiniau o aneddiadau eu hadeiladu ar dir dadleuol? Mae'r naill lywodraeth Israelaidd ar ôl y llall wedi bod yn amwys eu hagwedd, weithiau dan bwysau gan UDA i atal anheddu, ac eto, rhwng 1982 a 1992, cafodd dengwaith mwy eu hadeiladu. Cwtogodd y Llywodraeth Lafur a etholwyd ym 1999, yn hallt ar y gyllideb ar gyfer aneddiadau ond newidiodd llywodraeth Likud 2001 y penderfyniad hwn.

Hunaniaeth mewn Gwladwriaeth Iddewig

Wrth i Israel dynnu at ei hanner cant ym 1998, treuliodd cyfryngau'r byd lawer o amser yn asesu ei genedigaeth a'i hanner canmlwyddiant. Meddai Uri Avnery, cyn-aelod o'r Knesset, ac un o arweinwyr Bloc Heddwch Israel, Gush Shalom:

Pan fyddwch chi'n 50 oed, dylech fod yn gwybod pwy ydych chi. Dydy gwladwriaeth Israel ddim. Beth yw hi? Gwladwriaeth 'Iddewon'? fel y galwodd sylfaenydd Seioniaeth y wladwriaeth oedd i ddod? 'Gwladwriaeth y bobl Iddewig' fel mae'n cael ei diffinio yn un o gyfreithiau Israel? Gwladwriaeth sy'n perthyn i'w dinasyddion? Neu 'wladwriaeth Iddewig a democrataidd' fel mae'r ddysgeidiaeth swyddogol, a gymeradwywyd gan yr Aruchel Lys, yn ei gyhoeddi? A sut all gwladwriaeth y mae un o bob pump o'i dinasyddion heb fod yn Iddewon, fod yn Iddewig ac yn ddemocrataidd ar yr un pryd? Pwy sy'n Iddew? Beth mae 'gwladwriaeth Iddewig' yn ei olygu?

International Herald Tribune, 7 Ebrill 1998

Y Datganiad Annibyniaeth

Mae llawer wedi digwydd yn Israel ac o'i chwmpas yn y 50 mlynedd diwethaf a allai egluro pam mae hi mor anodd rhoi ateb call i'r cwestiwn 'Beth yw ystyr "gwladwriaeth Iddewig"?'Gellid dadlau fod y dryswch wedi bod yno o'r cychwyn cyntaf. Wrth gyhoeddi sefydlu Gwladwriaeth Annibynnol Iddewig ym mis Mai 1948, ceisiodd Prif Weinidog cyntaf Israel, David Ben Gurion, siarad ag Iddewon o'r holl wahanol dueddiadau a nodwyd uchod:

Felly, yr ydym ni aelodau Cyngor y Bobl, cynrychiolwyr cymuned Iddewig Eretz Israel a'r Mudiad Seionaidd, . . . yn rhinwedd ein hawl naturiol a hanesyddol ac ar sail penderfyniad Cynulliad Cyffredinol y Cenhedloedd Unedig, drwy hyn yn cyhoeddi sefydlu Gwladwriaeth Iddewig yn Eretz Israel, a adwaenir fel Gwladwriaeth Israel . . . bydd Gwladwriaeth Israel yn agored i fewnfudwyr Iddewig ac yn Mewngynnull yr Alltudion; bydd yn meithrin datblygiad y wlad er budd i'w holl breswylwyr; bydd wedi ei seilio ar ryddid, cyfiawnder, a heddwch fel y rhagwelodd proffwydi Israel; bydd yn sicrhau cydraddoldeb cyflawn o ran hawliau cymdeithasol a gwleidyddol i'w holl breswylwyr, o bob crefydd, hil neu ryw; bydd yn gwarantu rhyddid crefydd, cydwybod, iaith, addysg a diwylliant; bydd yn gwarchod Mannau Sanctaidd pob crefydd; a bydd yn ffyddlon i Siarter y Cenhedloedd Unedig.

Cyfaddawd yw'r datganiad hwn yn y bôn: mae'r geiriad yn ceisio rhoi egwyddorion ar gyfer hunaniaeth Iddewig a fydd yn cwmpasu'r holl safbwyntiau tra gwahanol. Mae'n ystyried nid yn unig yr Iddewon hynny sydd eisoes yn byw yn yr ardal, ond hefyd Iddewon a allai ddod yno, a hefyd Iddewon ar wasgar ym mhedwar ban y byd. Felly, mae Israel yn cael ei disgrifio fel Gwladwriaeth Iddewig, hynny yw, gwladwriaeth sy'n perthyn i'r bobl Iddewig ble bynnag y bônt. Roedd ar Ben Gurion angen un hanes a allai uno'r Iddewon. Daeth o hyd i'r hanes hwnnw yn narlun y Beibl o bobl y rhoddwyd tir iddyn nhw, a gafodd eu halltudio, ac a ddychwelodd. Wrth iddo greu'r Wladwriaeth, manteisiodd ar ddyhead yr Iddew am Seion a oedd yn deillio o gred grefyddol ac eto, roedd yn rhaid iddo ddweud hynny mewn ffordd fyddai'n bodloni'r nifer fawr o Iddewon nad oedd bellach yn credu yng ngwaredigaeth Oes y Meseia. Yr un syniad oedd yn uno pawb oedd eu bod yn bobl. Doedd pwrpas neu genhadaeth i'r byd ddim yn codi. Roedden nhw'n un bobl oedd wedi dod o un lle, wedi teithio gyda'i gilydd, ac roedden nhw'n mynd yn ôl i'r un lle hwnnw. Drwy alw'r Wladwriaeth Iddewig yn 'Wladwriaeth Israel', roedd yn datgan yn glir fod holl hanes yr Iddewon wedi bod yn arwain at hyn. Ond roedd rhai yn dal i ofyn: beth yw ystyr bod yn 'deyrnas o offeiriaid ac yn genedl sanctaidd'? (gweler pennod 2). Roedd llawer o Iddewon yn fodlon defnyddio diwinyddiaeth fel cefndir i'w hawl i fod yn genedl. Ond roedden nhw'n dal i ofyn: beth yw ystyr bod yn Iddew? Roedd yr ateb i'r holl grwpiau gwahanol, prun ai eu bod wedi eu seilio ar ddelfrydau crefyddol neu ar fod yn aelod o'r gymuned Iddewig, wedi ei wreiddio yng ngwlad Israel fel cartref.

Anawsterau diffinio 'Iddewdod'

Mae'r gwrthdaro ar fater hunaniaeth yn parhau gyda brwydr ynglŷn â'r gair Iddew bob blwyddyn yn y Knesset, a chafwyd nifer o achosion enwog o bobl yn herio'r diffiniad. Cafodd Iddewdod ei ddiffinio'n wreiddiol ym 1950 a 1954 mewn ffyrdd a oedd yn adlewyrchu diffiniad Hitler (a mathau eraill o erlid gwrth-semitig) hynny yw, unrhyw un a oedd ag unrhyw waed Iddewig. Arweiniodd achos y Capten Shalit yn y pen draw at welliant i Ddeddf y Dychwelyd ym 1970. Yn ôl honno, mae 'Iddew' yn golygu unrhyw un a aned i fam o Iddewes neu sydd wedi cael tröedigaeth i'r grefydd ac sydd heb fod yn aelod o grefydd arall. Yn y ddadl hon, sy'n parhau, mae Iddewon crefyddol am ychwanegu'r geiriau 'yn ôl yr halachah' ar ôl y gair 'tröedigaeth'. Mae'r ddau Brif Rabbi, o'r cymunedau Seffardi ac Ashkenazi, am i Iddewdod gael ei ddiffinio fel bod ag un rhiant o Iddew. Maen nhw'n teimlo fod llawer o Iddewon o'r cyn-Undeb Sofietaidd wedi manteisio'n annheg ar y cyfle i fewnfudo drwy fod â pherthynas pell sy'n Iddew. Dydy'r gyfraith ddim yn caniatáu hawliau *oleh* ('mewnfudwr', lluosog *olim*) i 'berson a fu'n Iddew ac sydd wedi newid ei grefydd yn wirfoddol'.

Yr achos enwocaf o ddigon, a'r un sy'n taflu mwyaf o oleuni ar Ddeddf y Dychwelyd, yn enwedig o ran hunaniaeth a chrefydd, yw achos 'y Brawd Daniel'. Ar ôl cael ei eni'n Oswald Rufeisen, i rieni Iddewig yng Ngwlad Pwyl ym 1922 a'i fagu'n Iddew, trodd yn Gristion ym 1941, ac ymuno ag Urdd y Carmeliaid ym 1945. Roedd am ymuno â changen y Carmeliaid yn Israel, a mynnodd fod ganddo hawl i ymfudo, fel Iddew. Ar ôl rhai blynyddoedd, daeth yr achos ger bron llys o'r diwedd ym 1962. Mae dadleuon y gwahanol farnwyr yn ddeunydd darllen cyfareddol (fe'u ceir yn *Selected Judgments of the Supreme Court of Israel*, gol. A.F. Landau, Y Weinyddiaeth Gyfiawnder, Jerwsalem, 1971), ond dyma ddau ddyfyniad gan ddau farnwr fel enghreifftiau. (Gallwch ddod o hyd i rai eraill yn *Textual Sources for the Study of Judaism*, gol. Philip S. Alexander, Gwasg Prifysgol Chicago, 1990). Dadleuai'r Barnwr Cohn:

> *Ni fu erioed ddigwyddiad mor chwyldroadol yn hanes y bobl Iddewig, a wasgarwyd ac sydd ar wasgar ymhlith y cenhedloedd, â sefydlu Gwladwriaeth Israel. Yn y Diaspora roeddem yn lleiafrif, yn cael ein goddef neu'n herlid, ond yn ein Gwladwriaeth ein hunain yr ydym yn genedl annibynnol fel pob cenedl arall . . . Nid chwyldro gwleidyddol yn unig mo hwn; mae'n ei gwneud hi'n hanfodol adolygu'r gwerthoedd a ddysgasom yn ein halltudiaeth faith . . . Dyma ddyn yn dod yn awr i Wladwriaeth Israel sydd yn ystyried Israel yn famwlad iddo ac sydd am gael cyflawnhad o fewn ei ffiniau, ond Cristnogaeth yw ei grefydd. A ydym felly am gau'r pyrth? . . . A ddylai Gwladwriaeth Israel, sydd 'wedi ei seilio ar ryddid, cyfiawnder a heddwch fel y rhagwelodd proffwydi Israel', weithredu tuag at ei phreswylwyr a'r rhai sy'n dychwelyd fel y gwnaeth rhai o lywodraethwyr anfad teyrnasoedd Catholig yn y gorffennol?*

Dadleuai'r Barnwr Landau:

> *Yn gyntaf, mae'n sicr nad oedd awdur y sylw: 'Er iddo bechu, y mae'n dal i fod yn Iddew' sy'n ymddangos yn Sanhedrin 44a, erioed wedi golygu i hynny gyfeirio at Iddew oedd wedi newid ei ffydd. Mae'n amheus a oedd ysgolheigion Talmudaidd, wrth son am wrthgiliwr, yn golygu cynnwys achos eithafol Iddew sydd nid yn unig wedi cyflawni eilunaddoliad ond sydd wedi gwadu ei ffydd a throi at grefydd arall hefyd. Yn ail, mae'n debyg fod dehongliad doeth Rashi ac awdurdodau eraill yn y Canol Oesoedd o'r sylw hwn i'w briodoli i awydd i ymdrin yn drugarog â thröedigion dan orfodaeth, a*

> *pheidio â chau'r drws pe baent am edifarhau a dychwelyd . . . Mae'r deisebydd wedi ei eithrio ei hun rhag tynged cyffredin y bobl Iddewig ac wedi rhwymo ei dynged wrth rymoedd eraill y parcha eu credoau yn ddeallusol ac yn ymarferol. Dyna'r wir sefyllfa, a dyna yw teimlad y mwyafrif helaeth o Iddewon heddiw o hyd, o fewn a thu allan i'r Wladwriaeth, teimlad sy'n deillio o ymdeimlad cenedlaethol positif ac nid o unrhyw awydd i dalu'r pwyth yn ôl i'r Eglwys Gatholig am ei thriniaeth o Iddewon yn y dyddiau gynt . . .*

O ran cyfanswm y pethau sy'n ei gymhwyso i fod yn Iddew mae achos y Brawd Daniel yn gryf iawn. Y mae, felly, yn Iddew ac eto, mae ei achos yn cael ei wrthod ar y sail nad yw'n Iddew yn ystyr boblogaidd y gair. Byddai rhai'n dadlau nad hunaniaeth unigolyn ond hunaniaeth y Wladwriaeth Iddewig yw testun dadl yr achos yma. Y dyfarniad yw nad mater i'r halachah yn llwyr yw pwy sydd i gael ei dderbyn ond eto, rhaid i bob Iddew dderbyn gwerthoedd halachaidd fel norm sy'n rhan o wead y gymdeithas. Mae'r safbwynt gwrthrychol y gellid ei ddisgwyl gan farnwr yn diflannu wrth iddo fynd ati i addysgu pobl am werthoedd y gwareiddiad Iddewig. Mae'r naill farnwr ar ôl y llall, mewn gwirionedd, yn cyflwyno dadleuon y bydd yn eu gwrthod wedyn er mwyn cyflwyno darn arall o ddysgeidiaeth. Mae hunaniaeth yr holl Wladwriaeth Iddewig a'i chyfundrefn gyfreithiol yn cael ei ddiffinio yma. Mae achos y Brawd Daniel yn datgelu'r gwrthdaro sylfaenol rhwng gwerthoedd sy'n bodoli o fewn y Wladwriaeth ei hun. Mae'r ddwy ochr yn y ddadl yn defnyddio ffynonellau crefyddol traddodiadol a llenyddiaeth Seionaidd fodern, ac eto, mae'r dyfarniad terfynol yn dibynnu ar drydedd ffynonell, sef y syniad poblogaidd o beth yw Iddew. Mae un barnwr (Berison) yn treulio tri-chwarter o'i ddyfarniad yn dangos, ar sail yr halachah, fod y Brawd Daniel yn Iddew, a'r chwarter arall yn dweud nad all ddibynnu ar hyn, ac y bydd yn rhaid iddo ddyfarnu yn ei erbyn. Yn yr un modd, mae'r Barnwr Silberg yn gwrthod achos y deisebydd yn y pen draw oherwydd: 'un peth sydd yn gyffredin i bob Iddew sy'n byw yn Israel (ac eithrio dyrnaid bach) sef nad ydym yn ymwahanu oddi wrth ein gorffennol hanesyddol nac yn gwadu treftadaeth ein cyndeidiau . . . Y cwbl yw'n diwylliant newydd yn y wlad hon, ar ei lefel uchaf, yw fersiwn newydd o ddiwylliant y gorffennol.'

Mae'r gwrthdaro rhwng cyfraith Israelaidd a chyfraith Iddewig sy'n amlwg yma yn deillio o'r ffordd mae'r Wladwriaeth wedi cynnal y *status quo*, o oes y Twrciaid Ottoman, sef fod statws

'Mewngynnull' yr alltudion

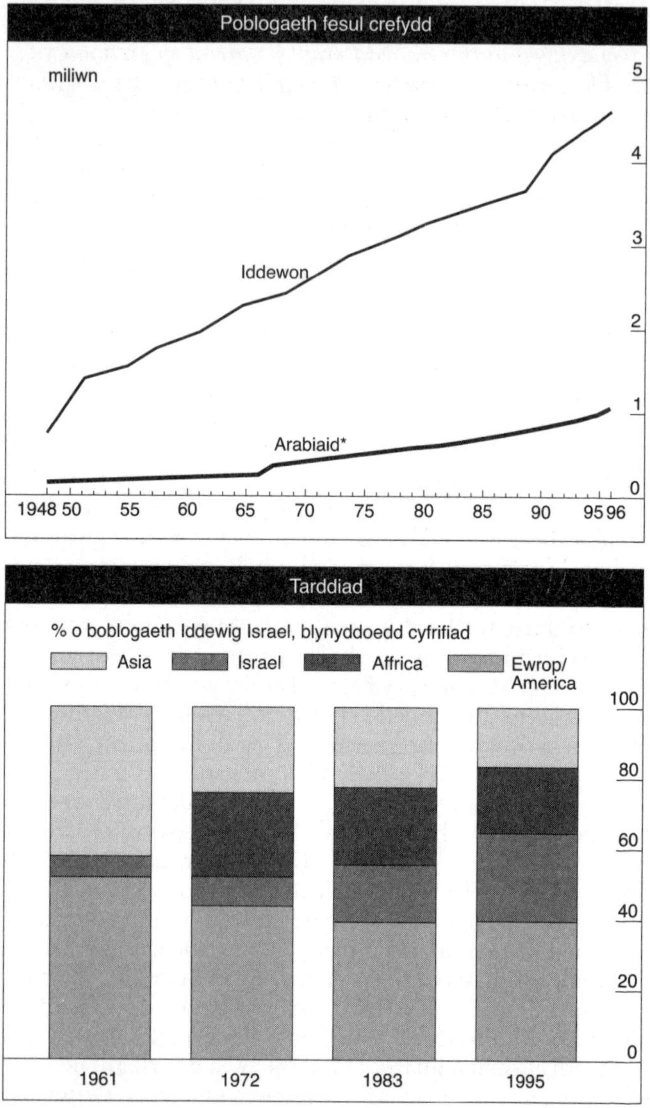
Poblogaeth fesul crefydd
miliwn
5
4
3
2
1
0
Iddewon
Arabiaid*
1948 50
55
60
65
70
75
80
85
90
95 96
Tarddiad
% o boblogaeth Iddewig Israel, blynyddoedd cyfrifiad
Asia
Israel
Affrica
Ewrop/ America
100
80
60
40
20
0
1961
1972
1983
1995

© The Economist, Llundain (1998) Ffynhonnell: Central Bureau of Statistics

* yn cynnwys Druze, Cristnogion a Mwslimiaid

personol yn fater i'r gyfraith grefyddol tra bod dinasyddiaeth yn wahanol. Cyfraith seciwlar yw Deddf y Dychwelyd sydd y tu allan i awdurdod y llysoedd rabbinaidd, ac mae ei diffiniad o Iddewdod yn wahanol i'r un a ddefnyddir yn y llysoedd yma wrth iddyn nhw ddyfarnu ar faterion fel priodas ac ysgariad. Mae rhai'n dadlau nad yw cyfraith grefyddol Iddewig yn chwarae digon o ran yn Israel, a hoffent weld holl gyfraith sifil a throseddol yr halachah yn cael ei gweithredu.

Mae'r mater o statws a'r 'rhyddid crefydd' sy'n cael ei warantu yn codi'r anhawster arall mwyaf difrifol yn y datganiad ac mewn datganiadau wedi hynny ar beth yw ystyr perthyn i'r Wladwriaeth Iddewig. Nid Iddewon mo 1.2 miliwn o'r 6.5 miliwn o ddinasyddion Israel, ond Arabiaid Mwslimaidd yn bennaf. (Dydy'r holl Fwslimiaid ddim yn Fwslimaid crefyddol, ddim mwy nag y mae pob Iddew yn Iddew crefyddol.) Mae Mwslimiaid, Cristnogion, Druze a Bahai yn gydradd ger bron y gyfraith, rhyddid cred nad yw gwledydd eraill y Dwyrain Canol bob amser yn ei gefnogi. Mae saith calendr gwahanol o wyliau crefyddol (yn cynnwys y rhai Cristnogol Dwyreiniol a Gorllewinol a Samaraidd) yn cael eu cydnabod. Er bod gwrthdaro dros y 'Mannau Sanctaidd', nid Mwslimiaid a Christnogion, sydd â'u llysoedd crefyddol annibynnol eu hunain yn Israel, sy'n cael problem gyda 'rhyddid crefydd', ond Iddewon an-Uniongred. Mae rhwystrau yn ffordd Iddewon sy'n methu bodloni gofynion Uniongred o ran priodi ac ysgaru (gweler pennod 9). Mae priodas sifil, i bob diben, wedi ei gwahardd, sefyllfa sy'n dân ar groen Iddewon sy'n gwrthod syniadau Uniongred.

Heddwch gyda chyfiawnder a diogelwch

Blynyddoedd cythryblus yn y Dwyrain Canol

1956	Lluoedd Israel yn meddiannu Penrhyn Sinai. *Ymgyrch Sinai*. Prydain a Ffrainc yn ymosod yn yr Aifft. Cadoediad y CU. Lluoedd Israel yn tynnu'n ôl i'r llinell gadoediad.
1967	Gwarchae gan yr Aifft ar Gwlff Eliat. *Y Rhyfel Chwe Diwrnod*. Israel yn trechu'r Aifft, Gwlad Iorddonen, a Syria a meddiannu Ucheldir Golan a Glan Orllewinol afon Iorddonen. Ailuno Jerwsalem.
1969–70	Gwrthdaro dros *Gamlas Suez*
1973	Yr Aifft yn ymosod yn ddirybudd ar Ddydd y Cymod. *Rhyfel Yom Kippur*.
1979	Arwyddo cytundeb heddwch rhwng Israel a'r Aifft, yn sgil *Cytundeb Camp David* ym 1978.

1982	Israel yn ceisio dileu'r PLO drwy oresgyn Libanus. *Rhyfel Libanus*.
1987	Gwrthryfel y Palestiniaid yn cychwyn. *Intifada.*
1990–1	Israel yn cael ei bomio gan Irac yn ystod *Rhyfel y Gwlff*
1991	Dechrau trafodaethau heddwch Madrid. *Fframwaith Madrid.*
1993	*Cytundeb Heddwch Oslo.* Y PLO ac Israel yn arwyddo *Datganiad o Egwyddorion ac Ymreolaeth Interim.* Y Fatican yn cydnabod Israel, *Cytundeb Sylfaenol rhwng yr Eglwys Babyddol a Gwladwriaeth Israel.*
1994	Ymreolaeth gyfyngedig i'r Palestiniaid wrth i Israel dynnu'n ôl o Jericho a Llain Gasa. Cyfarfod cyntaf Awdurdod Cenedlaethol Palesteina (PNA). Israel a Gwlad Iorddonen yn arwyddo cytundeb heddwch.
1995	Uwch-gynhadledd Cairo gydag arweinwyr y PLO, Gwlad Iorddonen, Israel, yr Aifft, a Syria i arwyddo cytundeb heddwch (anhawster Ucheldir Golan a gipiwyd gan Israel ym 1967). *Cytundeb Oslo II.* Llofruddio Prif Weinidog Israel, Yitzhak Rabin.
1996	Etholiad Cyngor Cenedlaethol Palesteina. Y PNA yn rheoli rhai trefi a dinasoedd ar y Lan Orllewinol a Llain Gasa. Llywodraeth asgell-dde, Likud, yn cael ei hethol.
1998	*Memorandwm Wye River* yn ailgychwyn y broses heddwch – rhannau eraill o'r Lan Orllewinol, yn cynnwys pentrefi, dan reolaeth y PNA. PLO yn dileu cymal yn ei gyfansoddiad yn galw am ddinistrio Israel.
1999	Llywodraeth gymedrol, Lafur yn cael ei hethol o dan y Prif Weinidog Ehud Barak.
2000	Ymweliad y Pab ag Israel-Palesteina. Israel yn tynnu nôl o Libanus. Marw Arlywydd Syria, Hafiz al-Asad, a olynwyd gan ei fab, Bashar, yn gadael y gwrthdaro dros feddiant Ucheldir Golan heb ei ddatrys. Trafodaethau rhwng Palesteina ac Israel yn Camp David yn methu ar fater statws Jerwsalem. Yr ail Intifada'n dechrau.
2001	Barak yn colli'r etholiad a Likud yn cael ei ethol o dan y Prif Weinidog Ariel Sharon.
2002	Pla o fomio gan hunan-laddwyr, a dial am hynny. Galw etholiadau yn gynnar yn 2003
2003	Ailethol Ariel Sharon a phlaid Likud.
2004	Marwolaeth Yasser Arafat.

Gwrthdaro

Mae mwy na phedwar degawd o wrthdaro rhwng Israel a'r gwledydd Arabaidd o'i chwmpas wedi creu ansicrwydd, drwgdybiaeth a gelyniaeth ar y ddwy ochr. I berson o'r tu allan, gallech feddwl y gallai cyd-ddioddefaint arwain at gyd-ddealltwriaeth. Ond mae hanes, cof, a'r posibilrwydd brawychus o ddulliau rhyfel modern yn ategu profiad personol. Gydag anghydfod yn ymwneud â thir sydd â hanes mor faith ac mor gymhleth â hwn, dydy hi ddim yn hawdd darganfod y ffeithiau, heb son am eu deall. Mae'r ddwy ochr yn anghytuno ynglŷn â phethau fel pwy oedd yn byw ble yn wreiddiol, pwy gipiodd dir oddi wrth bwy, ac yn y blaen, mewn rhyfel propaganda rhwng y Palestiniaid a'r Israeliaid. Un pwynt pwysig yw'r ffaith i negydwyr y PLO ac Israel yn nhrafodaethau Oslo ym 1992-3 gytuno mai'r unig ffordd y gellid symud ymlaen tuag at ddyfodol heddychlon oedd drwy gytuno i beidio â dadlau am y gorffennol. Gallai pobl sy'n sinigaidd ynglŷn â'r holl broses heddwch ddadlau mai'r rheswm am hynny oedd na allai'r naill ochr neu'r llall fforddio i'r gwir gael ei ddatgelu. Ond rheswm gwahanol oedd gan y bobl oedd yn negydu. Roedden nhw'n gwybod yn iawn fod eu pobl wedi dioddef anghyfiawnder mawr ac yn teimlo'n chwerw iawn, a hynny oedd y sbardun i'r penderfyniad. Pwy bynnag oedd ar fai, Israel neu'r gwledydd Arabaidd, yr angen yn awr oedd sicrhau cyfiawnder a heddwch.

Heddwch i bawb a chyfiawnder i pawb yw'r nod o hyd. Thema amlwg yn negeseuon y wasg fyd-eang yn llongyfarch Israel ar ei hanner canmlwyddiant ym 1998 oedd na ddylai'r Iddewon wadu i'r Palestiniaid yr union drysor roedden nhw eu hunain yn ei ddathlu, sef y rhyddid i fod yn genedl. Gan gofio mai'r Arabiaid oedd yn bennaf gyfrifol am y 'Drychineb' fel maen nhw'n cyfeirio at ryfel 1948, am iddyn nhw wrthod penderfyniad y Cenhedloedd Unedig ym 1947 yn rhannu Palesteina yn Wladwriaeth Iddewig a Gwladwriaeth Arabaidd, dywedodd y *Daily Telegraph* (29 Ebrill 1998):

> *Yn y rhyfel a ddilynodd hynny, collasant hyd yn oed fwy o dir nag yr oedd y CU wedi ei ddyfarnu i'r Iddewon. Heb fawr ymdeimlad o eironi, mae'r Arabiaid yn awr yn galw ar i Israel ufuddhau i benderfyniadau'r CU sy'n galw arni i dynnu yn ôl o'r tiriogathau a feddiannodd ym 1967.*
>
> *Ond dylai Israel ofalu peidio â llithro i'r un hubris ag a effeithiodd ar yr Arabiaid. Mae degawdau o wrthdaro â Seioniaieth wedi ffurfio cenedl Balestinaidd sydd yn awr yn galw am beth sydd gan yr Iddewon – terfyn ar*

alltudiaeth a chreu eu gwladwriaeth eu hunain . . . Mae'r cwestiwn Iddewig wedi cael ei ddatrys, ond nid felly'r cwestiwn Arabaidd. Gobeithio na chymer hynny 50 mlynedd arall.

Meddai'r *Guardian* (30 Ebrill 1998):

Annibyniaeth Israel oedd trychineb y Palestiniaid. Nid mater o ddifetha'r parti drwy feiddio sôn am y rhyfel(oedd) mo hyn. Gwrthdaro gyda'r Palestiniaid a'r byd Arabaidd ehangach yw'r broblem ganolog sy'n diffinio bywyd Israel o hyd. Heb ei datrys bydd yn dal i fod nid yn unig yn frycheuyn ar orchestion y wlad ond yn ddiffyg sylfaenol, sy'n ei chamffurfio.

A sgrifennodd Dr Jonathan Sacks, Prif Rabbi Cynulleidfaoedd Hebreaidd Unedig y Gymanwlad yn y *Times Weekend* (18 Ebrill 1998):

Os chwiliwn, fel y gwnaeth y proffwydi, am bresenoldeb Duw yn hanes y ddynolryw, yn sicr dyma lle mae. Ac i Dduw y byddwn yn offrymu diolch ar Jiwbilî Israel. Ond mae'r ymgais i sicrhau heddwch yn parhau. Ddaeth yr Iddewon ddim adref er mwyn gwneud eraill yn ddigartref, na dianc o filoedd o flynyddoedd o ddioddefaint i achosi dioddefaint i bobl eraill. Mae geiriau Eseia 25 canrif yn ôl yn dal i ddiffinio'r her i Israel, a'i gobaith: 'Gwnaf dy lywodraethwyr yn wŷr heddychlon a'th feistradoedd yn gyfiawn. Ni chlywir mwyach am drais yn dy wlad.'

Cyfiawnder

Soniwyd yn gynharach am y perygl fod Iddewon yn derbyn yr addewidion beiblaidd o dir tra'n gwrthod y gofynion moesol oedd yn gysylltiedig â hynny. Prif honiad Canon Naim Ateek yw fod 'heddwch heb gyfiawnder yn fath arall o ormes'. Yn ei lyfr o ddiwinyddiaeth ymryddhaol Balestinaidd, *Justice, and Only Justice* (Orbis, 1990), mae'n sgrifennu fel bugail cynulleidfa Arabeg eu hiaith Eglwys Gadeiriol Anglicanaidd San Siôr yn Jerwsalem. Does dim amheuaeth ei fod yn iawn yn ei farn na all fod cyfiawnhad diwinyddol dros Wladwriaeth wleidyddol ac na all Gwladwriaeth Israel oroesi ar sail anghyfiawnder. Os yw pobl yn mynd i droi at broffwydi Duw i gyfiawnhau dychwelyd i'w gwlad, yna rhaid wrth ymdrechion gwirioneddol hefyd i fodloni gofynion y cyfamod: 'gwneud beth sy'n iawn, caru ffyddlondeb, a rhodio'n ostyngedig gyda'th Dduw' (Micha 6: 8). Wrth gwrs, mae'r Seioniaid crefyddol cymedrol yn gwneud yr un pwynt ag Ateek. Ond mewn gwlad lle mae llawer yn anwybyddu trydedd ran y gofyniad triphlyg, rhaid i'r pwyslais fod ar gyfiawnder. Mae Israel weithiau'n cwyno fod pobl yn disgwyl safon uwch o foesoldeb ganddi hi na gwladwriaethau eraill. Gwladwriaeth yw Israel, fel pob gwladwriaeth arall, a ddylai neb fynnu safon uwch neu is o foesoldeb ganddi. Mynnir weithiau y dylai'r Iddewon, o bawb, ofalu peidio â sarhau a gormesu'r bobl sydd yn awr o dan eu rheolaeth nhw. Mae rhai'n mynd â hyn ymhellach, ac yn cyhuddo Seioniaeth o fod yn hiliol, a Gwladwriaeth Israel o redeg system apartheid. Mae'r bobl sydd yn ei chanol hi, wrthi'n ceisio dod o hyd i ffordd ymlaen, yn gwrthod y math yma o gysylltiad emosiynol â'r Holocost. Un o'r bobl fwyaf disglair sy'n siarad ar ran y Palestiniaid yw Hanan Ashrawi, sy'n Athro Saesneg ym Mhrifysgol y Lan Orllewinol. Mae hi'n gwrthod y gymhariaeth rhwng Israel a Natsïaeth yn bendant, ond fel y dywedodd yn y rhaglen ddogfen deledu rymus, *The Longest Hatred*: 'Wna'i ddim gadael i ddioddefaint eraill roi'r hawl iddyn nhw wneud i mi ddioddef.' Mae'n mynd ei blaen i ddweud na allwch chi ddweud pwy sydd wedi dioddef fwyaf gan na allwch chi fesur poen. Dydy atgofion brawychus a chreithiau ddim yn cyfiawnhau dioddef pellach. Yn hytrach, rhaid ceisio osgoi achosion poen a dioddefaint y ddwy genedl yn llwyr.

Gofynion eraill heddwch

Os mai cyfiawnder yw'r man cychwyn, beth am heddwch? Pan arwyddodd Yitzhak Rabin a Yasser Arafat ddogfen gyd-gydnabyddiaeth Israel a'r PLO, roedd ymateb Iddewon yn amrywio o orfoledd eu bod 'ar drothwy oes newydd' i 'gondemnio hyn fel diwrnod du yn hanes Gwladwriaeth Israel'. Roedd ymateb yr Arabiaid yn gymysg hefyd, gyda'r Cadeirydd Arafat yn cael ei ddisgrifio fel arwr a bradwr. Mae tangnefeddwr i un person yn fradwr i berson arall. Gellir teimlo fod pob cyfiawnhad dros yr *Intifada* (gwrthryfel y Palestiniaid) yn wyneb y gwersylloedd ffoaduriaid a'r gwrthdaro milwrol mae'r Palestinaid wedi eu dioddef dros y blynyddoedd, ond, fel sy'n wir am bob gelyniaeth ddofn, nid a oes cyfiawnhad drosto yw'r cwestiwn pwysig, ond sut mae ei ddiweddu yn deg ac yn barhaol. Yn ei araith yn Washington, dywedodd Yitzhak Rabin mai gyda'n gelynion y byddwn yn gwneud heddwch, nid ein ffrindiau. Dangosodd ei lofruddiaeth ym mis Tachwedd 1995 gan Iddew asgell-dde eithafol mewn rali heddwch yn Tel Aviv nid yn unig y bwlch rhwng Iddewon ar fater teyrngarwch Iddewig ond hefyd beth yw pris y cyfaddawd sy'n angenrheidiol er mwyn gwneud heddwch.

Ar y cerrig yn y man hwn ar y ffin rhwng Libanus ac Israel, mae'r geiriau hyn mewn Arabeg, Hebraeg a Saesneg:... *curant eu cleddyfau'n geibiau a'u gwaywffyn yn grymanau. Ni chyfyd cenedl yn erbyn cenedl, ac ni ddysgant ryfel mwyach* (Eseia 2: 4)

Heddiw, mae gwahaniaeth barn eang ymhlith Israeliaid a Phalestiniaid ynglyn ag Awdurdod Cenedlaethol Palesteina. Mae Israeliaid o bob cred yn poeni am ystyriaethau diogelwch ac mae Israel yn cadw rheolaeth dros ardaloedd strategol bwysig, er eu bod yn cadw eu milwyr y tu allan i barthau annibynnol y Palestiniaid. Mae cenedlaetholwyr crefyddol yn llwyr wrthwynebu gollwng gafael ar rannau o berfeddwlad feiblaidd Jwdea a Samaria. Mae Israeliaid mwy cymedrol yn credu y bydd yn rhaid trosglwyddo grym fel rhan o unrhyw gytundeb terfynol tymor-hir, a dydy'r rhain ddim yn credu fod y broses heddwch yn bygwth diogelwch Israel. Mae gorfoledd dechreuol y Palestiniaid yn dechrau pylu. Mae eu hardaloedd yn wasgaredig ac mae'r anawsterau economaidd yn parhau. Dydy'r canlyniad terfynol oedd mewn golwg gan y cytundebau gwreiddiol ddim wedi digwydd; mae cwestiwn mynediad i Jerwsalem yn dal yn broblem. Mae cyfyngiadau diogelwch Israel yn fwrn, a rhaid i bobl fynd heibio i filwyr Israelaidd ar bob un o'r ffyrdd sy'n cysylltu'r gwahanol ardaloedd annibynnol. Heblaw am fynediad i Jerwsalem, mae angen trwyddedau ac mae llawer o fiwrocratiaeth ynghlwm wrth yr holl beth.

Arwyddair Amos Oz, Israeliad sydd wedi bod yn ymgyrchu dros heddwch ers amser maith, yw 'Heddwch, nid cariad'. Mae wedi dadlau'n gyson nad cariad sydd ei angen ar y Palestiniaid ond heddwch, a bod hynny'n dibynnu ar rannu tir yn deg ac yn foddhaol. Mae llawer o'i nofelau, er enghraifft, *In the Land of Israel* a *Black Box* yn dadlau hyn. Er bod Oz wedi ymladd yn rhyfeloedd 1967 a 1973, mae'n credu mai rhyfel 1973 oedd diwedd hunan-ddelwedd ddisglair a llwyddiannus Israel. Yn y 1980au, roedd goresgyniad Libanus a'r lladdfa yng ngwersylloedd Sabra a Chatila, a ddigwyddodd o fewn ffiniau awdurdod milwrol Israel, yn destun dadlau mawr ymhlith Iddewon yn Israel a thu allan iddi. Dywedodd Amos Oz un tro nad oedd Israel 'naill ai'n genedl nac yn wlad' ond 'yn gasgliad o ddadleuon llosg' ac yn 'ffederasiwn ddirdynnol a rhanedig o freuddwydion'.

Gwnaeth datblygiadau yn y 1990au hyn yn fwy gwir nag erioed. O ganlyniad, aeth Israel i deimlo'n llai fel gwlad dan warchae. Gwnaeth y teimlad fod Israel wedi goroesi, a bod llai o ymosodiadau arni – rhai milwrol gan frawychwyr Arabaidd a rhai geiriol gan weddill y byd – iddi deimlo'n fwy diogel. Y peth arall pwysig oedd fod y byd yn derbyn fod record hawliau sifil Israel yn ddigon da i ganiatáu iddi ymuno â'r Cenhedloedd Unedig.

[**Nodyn golygyddol.** Yn anffodus, ers cyhoeddi'r gyfrol Saesneg yn 2003, mae'r sefyllfa wedi dirywio eto. Bu mwy o ymosodiadau hunan-laddol gan Balestiniaid ac mae Sharon yn dal i adeiladu 'Wal Ddiogelwch' ar y Lan Orllewinol, i wahanu'r Palestiniaid oddi wrth yr Israeliaid. Mae'r wal hefyd yn gwahanu llawer o gymunedau Palestinaidd oddi wrth eu tir, eu gwaith ac ysgolion eu plant. Mae rhan arall strategaeth Sharon, sef tynnu'r fyddin a gwladychwyr Israelaidd allan o Lain Gasa, i fod i ddigwydd yn haf 2005 er gwaethaf gwrthwynebiad o fewn Israel ei hun.]

Mae'r amrywiaeth hunaniaethau Iddewig a welsom yn gynharach wedi mynd hyd yn oed yn fwy amrywiol yn y blynyddoedd diwethaf. Mae pobl yn fwy tueddol o fod â hunaniaeth ddeublyg, fel yr Affro-Americaniaid, Hispanig-Americaniaid, ac ati yn America. Cafodd y mewnfudiad anferth o Iddewon o Rwsia (mwy na 700,000 ers 1989, sef mwy na 15 y cant o'r boblogaeth erbyn hyn) ei groesawu i ddechrau fel cam a fyddai'n cryfhau Seioniaeth. Ond mae'r Iddewon hyn wedi newid Israel yn sylfaenol, yn enwedig drwy benderfynu creu plaid ethnig lwyddiannus gyntaf y wlad. O dan gomiwnyddiaeth Sofietaidd, doedd Iddewdod ddim yn eu huno ac eto, maen nhw'n awr yn ymladd etholiadau dan faner plaid Rwsiaidd-Israelaidd o'r enw *Ba'aliyah*. Eu harweinydd yw Natan Sharansky a dreuliodd naw mlynedd mewn carchar Sofietaidd yn y 1970au am geisio ymfudo i Israel.

Mae lleiafrifoedd ethnig eraill wedi ffurfio pleidiau gwleidyddol. O ganlyniad, mae rheolaeth Ewropeaidd-Ashkenazi dros y bywyd diwylliannol 'dan warchae', chwedl un ysgolhaig blaenllaw. Nid Arabiaid Israelaidd yw'r unig rai sy'n ceisio nid cymathiad cymdeithasol, ond statws gyfartal â'r Iddewon hynny sydd, hyd yma, wedi penderfynu sut mae Gwladwriaeth Israel yn ei mynegi ei hun yn 'Iddewaidd'. Mae pobl yn rhoi mwy o bwyslais ar wlad eu geni, ac yn hytrach nag ymrannu'n rhyfelwyr neu heddychwyr, asgell dde neu asgell chwith, crefyddol neu seciwlar yn unig, maen nhw hefyd yn ymrannu fel Morociaid neu Rwsiaid. Mae gwahaniaethau, a hyd yn oed rhaniadau ac anghyfartaledd, wedi bod rhwng Iddewon gorllewinol a dwyreiniol yn Israel erioed. Ond mae'r Ashkenazim a'r Seffardim yn is-rannu'n fwy fyth o garfannau gwahanol yn awr, ac mae patrymau pleidleisio pobl yn gallu syfrdanu, hyd yn oed mewn system wleidyddol â'r fath allu cynhenid i syfrdanu ag un Israel. Nid Seioniaeth neu wrthwynebiad iddo yw'r unig beth sy'n diffinio pobl bellach.

Mae'r term 'ôl-Seionaidd' yn cael ei ddefnyddio'n gynyddol i ddisgrifio Israel wedi 1998. Mae'r Wladwriaeth wedi cyrraedd ei hanner cant. Mewn arolwg o Israel yn 50 oed, daeth awdur yn yr *Economist* i'r casgliad nad yw 'gwleidyddiaeth Israel fodern ynglŷn â heddwch a rhyfel yn unig. Mae hefyd ynglŷn â pha fath o gymdeithas mae Israel heddychlon yn bwriadu bod' (Peter David yn '*After Zionism*', 25 Ebrill 1998). Efallai y bydd y Wladwriaeth hon, fel y gobeithiai ei Phrif Weinidog cyntaf, yn 'ei phrofi ei hun nid drwy gyfoeth materol, nid drwy gryfder milwrol neu orchest dechnegol, ond drwy ei chymeriad moesol a'i gwerthoedd dynol'. Mae'n dibynnu pa fath o heddwch mae Israel yn ei geisio. Y cymhelliant dros dynnu allan o Libanus yn 2000, wedi'r cwbl, oedd peidio â cholli rhagor o fywydau milwyr Israelaidd. Dydy hyn ddim yn gwestiwn bellach o ble mae ffiniau Israel, ond o beth sy'n llifo i mewn ac allan o'r wlad, yn llythrennol ac yn drosiadol. Fel y dywedodd rhywun, dim ond wyth milltir sgwâr o fwlch sydd rhwng Israel a Syria, ond mae hyn yn cynnwys glannau Mor Galilea sy'n darparu 40 y cant o gyflenwad dŵr Israel. Y cwestiwn nawr yw pa fath o gymdeithas y bydd Israel yn ei meithrin o fewn ei ffiniau. Byddai'r agwedd feiblaidd y soniodd Jonathan Sacks amdani yn mynd ymhellach ac yn gofyn beth mae Israel yn gobeithio ei roi i'r byd. Cwestiwn crefyddol yw hwn yn ei hanfod: beth yw pwrpas goroesiad Israel a'r grefydd Iddewig. Mae a all crefydd fod yn ffactor sy'n uno Israel yn hytrach na'i rhannu yn gwestiwn mwy perthnasol nag erioed, gan nad yw Seioniaeth bellach yn rym cryf sy'n rhwymo pobl ynghyd fel yr oedd pan oedd goroesi'n bwysicach na dim byd arall. Mae Israel wedi goroesi, ond goroesi i beth? Er mwyn bod yn ffyddlon i bwrpas Iddewiaeth a realiti gwleidyddol, mae'n rhaid i'r ateb sicrhau cyfiawnder a diogelwch i holl breswylwyr y wlad.

diweddglo

Gan mai amcan ymarferol yn hytrach nac academaidd sydd i'r gyfrol hon, gobeithio y bydd cyfeirio at rai o'r anawsterau yn gyfrwng gwella'r berthynas rhwng Iddewon a phobl o grefyddau eraill. Mae hynny'n golygu perthynas Cristnogion ac Iddewon yn bennaf, gan mai Cristnogion, yn aml iawn, sy'n ymddiddori'n neilltuol yn y grefydd yma ac sydd efallai'n rhagdybio fwyaf amdani.

Y rhagdybiaeth gyntaf yw fod Iddewiaeth a Christnogaeth yr un fath, yn y bôn. Mae hyn yn neilltuol o wir am y Cristnogion hynny sydd wedi deall mai dyma lle mae gwreiddiau Cristnogaeth. Er bod hynny'n well na safbwynt pobl sy'n dweud yn syn 'Mae ganddyn nhw'n Salmau ni, hyd yn oed!', mae perygl y byddan nhw'n methu gweld gwahaniaethau gwirioneddol a phwysig. Canlyniad hynny weithiau yw'r hyn mae rhai wedi ei ddisgrifio fel 'monolog cyfochrog' yn hytrach na dialog.

Amlygir hynny weithiau yn syndod pobl pan glywan nhw nad yw Iddew yn gallu cymryd rhan mewn digwyddiadau lle mae termau neu symbolau Cristnogol yn cael eu defnyddio. Mae pobl yn debycach o ddweud 'Alla'i ddim deall pam ddim, a ninnau'n credu yn yr un Duw' wrth Iddewon nag unrhyw grŵp crefyddol arall. Mae angen i bobl ddeall pŵer symbol allweddol Cristnogaeth, y Groes, i atgoffa Iddewon o gael eu cyhuddo gan Gristnogion o ladd Duw, y Croesgadau, ac ymdrechion diweddarach i orfodi Iddewon i droi'n Gristnogion. Ddylai hi ddim bod yn anodd deall heddiw pam nad yw Iddewon am ganu emynau ac adrodd gweddïau sy'n canolbwyntio ar Iesu fel Crist, Mab Duw, a'r Gwas Dioddefus. Mae'r ffaith fod Cristnogion yn gallu gweld symbolau Iddewig ac adrodd y litwrgi Iddewig heb deimlo'n anghysurus yn ychwanegu at eu dryswch. Mae'n hawdd iddi ymddangos fel pe bai Iddewon yn ymddwyn yn or-sensitif neu'n ceisio bod yn 'anodd'.

Ar y diwrnod ym 1995 pan oedd rhyddhad Auschwitz yn cael ei goffáu, llwyddodd gwasanaeth crefyddol ar y radio, a oedd yn sensitif ar bob ystyr arall, i gynnwys emyn cenhadol yn cynnwys y llinellau 'A lle na bo dydd yr efengyl yn taenu ei belydrau gogoneddus, bydded goleuni'. Gallech ddadlau, wrth gwrs, mai Cristnogion yn bennaf fyddai wedi bod yn gwrando ar y fath raglen ond hyd yn oed wedyn, ar adeg pan oedd llawer o drafod faint o fai oedd ar Gristnogion am yr Holocost, roedd y llinell yma'n gam gwag. Yna dywedodd newyddiadurwr teledu fod seremoni yn Auschwitz lle'r oedd 'enwau bedydd' ('*Christian names*', yn Saesneg) y dioddefwyr yn cael eu darllen allan. Roedd y ffaith na fyddai 90 y cant o'r bobl hyn wedi cael bedydd Cristnogol, tra bod y rhan fwyaf o'r troseddwyr yn Gristnogion, a bod y pwerau mawr, a wyddai beth oedd yn digwydd heb godi llais yn ei erbyn, yn Gristnogion hefyd, yn gwneud yr ymadrodd yn un anffodus iawn. Yn y ddau achos, mae'n siŵr nad oedd bwriad yn y byd o sarhau neb, a byddai pwy bynnag oedd yn gyfrifol wedi gresynu'r dewis o eiriau yn fawr iawn cyn gynted ag y byddai rhywun wedi codi'r mater.

Perygl arall yw fod Cristnogion yn tueddu i feddwl mai 'Iddewiaeth ac Iesu' yw Cristnogaeth neu, i'r gwrthwyneb, mai 'Cristnogaeth heb Iesu' yw Iddewiaeth. Ar un ystyr, mae'r disgrifiad cyntaf yn gywir. I bobl o gefndir Iddewig sy'n dod i gredu yn Iesu fel datguddiad unigryw Duw, yna Cristnogaeth yw eu crefydd newydd. Ond mae eu cred yn Iesu yn newid eu Hiddewiaeth yn sylfaenol, nid dim ond ychwanegu rhywbeth ato. Mae Cymod, er enghraifft, yn allweddol mewn Iddewiaeth, ond mae'n golygu rhywbeth cwbl wahanol mewn Cristnogaeth. Yn sicr, ni ddylid crynhoi Iddewiaeth fel Cristnogaeth heb Iesu. Mae'n dda fod llawer o ysgolheictod diweddar wedi pwysleisio Iddewdod Iesu, ond mae gan y grefydd a ddatblygodd ar sail ei ddysgeidiaeth ffocws gwbl wahanol (sef Iesu ei hun) i ffocws Iddewiaeth ar y Torah.

Y drydedd duedd yw ystyried Iddewiaeth yn negyddol, fel crefydd sy'n canolbwyntio ar y Gyfraith ond sydd hefyd yn ormesol o gyfreithiol. Y rheswm am hynny yw bod gwybodaeth Cristnogion am Iddewiaeth Phariseaidd yn dod o ddisgrifiadau'r Testament Newydd, nid o lenyddiaeth rabbinaidd. Prin y byddech chi'n disgwyl darlun cywir o Gristnogaeth gan rywun oedd am geisio eich troi oddi wrth y grefydd honno, ac nid Salman Rushdie fyddai'r person amlwg i'w holi ynglŷn â rhinweddau Islam.

Mae'r ffaith fod Cristnogion yn defnyddio'r term 'yr Hen Destament', yn achosi dau anhawster arall. Yn gyntaf, wrth geisio pwysleisio fod athrawiaeth Gristnogol yn newydd ac yn well, mae Cristnogion yn tueddu i feddwl nad yw ansoddau positif a da Cristnogaeth, fel cariad a maddeuant, yn bod yn yr ysgrythurau Iddewig. Mae clywed darlleniad yn y Capel am ryw frwydr waedlyd neu gyfraith anesboniadwy yn cadarnhau'r argraff yma.

Yn ail, mae crybwyll 'hynafiaeth' y grefydd ynddo'i hun yn gallu gwneud i ni feddwl fod crefydd newydd wedi ei disodli a chymryd ei lle. (Mae'r ffaith fod crefydd y Testament Newydd bron cyn hyned â hi yn cael ei anwybyddu.) Roedd eglwysi yn hawlio fod Cristnogaeth wedi disodli Iddewiaeth tan yn ddiweddar, ac roedd llawer o Gristnogion yn sôn am beth oedd yr Iddewon yn arfer ei wneud yn hytrach na'r hyn maen nhw'n dal i'w wneud, nid yn unig fod cyfamod newydd yn bod ar gyfer y rheini oedd yn dymuno ei dderbyn, ond fod yr hen gyfamod rywsut wedi marw. Neu os nad oedd yn farw eto, y dylai fod erbyn hyn, a bod angen goleuo'r Iddewon anwybodus yma.

Mae rhai Cristnogion yn credu mai rhan hanfodol o'u crefydd yw bod yn dyst iddi a chenhadu ymhlith pobl eraill. Maen nhw'n gweld yr Iddewon fel targed amlwg gan eu bod yn credu fod gan y ddwy grefydd yr un man cychwyn, a bod digon o enghreifftiau yn y Testament Newydd o wneud hyn. Mae hwn yn safbwynt rhesymegol; yn wir i lawer o bobl (ond nid Iddewon) yr unig gred bosibl yw mai dim ond un ffordd sydd o gyrraedd Duw. Yn fy marn i, mae'r ymdrech agored yma i genhadu yn llai o destun pryder nag amrywiad arall, sef Cristnogion sy fel pe baen nhw'n ceisio deall y grefydd Iddewig tra'n dal, ar ryw lefel, i deimlo gelyniaeth tuag ati. Dydy hyn ddim yn golygu na all neb fyth feirniadu cred neu arfer. Mae Iddewon yn beirniadu agweddau ar Gristnogaeth a chrefyddau eraill. Y pryder yw fod pobl yn credu mai crefydd yr Hen Destament yw Iddewiaeth a'i bod heb ddatblygu ers hynny. I'r gwrthwyneb, mae gwreiddiau'r ffydd sydd yn y Beibl Hebraeg wedi bod yn tyfu hyd heddiw, fel y mae penodau cynharach y llyfr hwn wedi ceisio egluro, yn enwedig gwaith dehongli a datblygu'r llenyddiaeth rabbinaidd, sy'n cynnig arweiniad ar syniadau ac arfer Iddewig.

Perygl cysylltiedig yw fod Cristnogion yn dysgu am un math o Iddewiaeth, Tra-Uniongrededd neu Ryddfrydiaeth, dyweder, ac yn cymryd yn ganiataol fel unrhyw arfer gwahanol i hynny yn dynodi fersiwn israddol o'r grefydd. Mae hwn yn safbwynt od gan ddilynwyr crefydd sydd â'r fath amrywiaeth cred ac arfer o'i mewn, heb i neb gael eu galw'n Gristnogion annidwyll o'r herwydd.

I gloi, gair byr ynglyn â gwrth-Iddewiaeth, gwrth-Semitiaeth, a gwrth-Seioniaeth sydd yn amlwg yn bygwth dealltwriaeth a pherthynas dda. Dydy'r olaf o'r rhain, gwrth-Seioniaeth, ddim yn digwydd yn aml mewn cylchoedd Cristnogol. (Os rhywbeth, gallech ddadlau fod mathau o Seioniaeth Gristnogol yn beryglus, gan ei bod yn tueddu i gysylltu hawliadau-tir Gwladwriaeth Israel ag addewidion diwinyddol y Beibl heb feirniadu hynny.) Dydy beirniadu gweithred neilltuol gwleidydd neu filwr Israelaidd ddim yn wrth-Seioniaeth. Mae llywodraeth na all dderbyn beirniadaeth o'r fath yn un y dylid ei hofni. Mae rhai pobl mor wrth-Seionaidd nes gwadu hawl Israel i fodoli o gwbl, ond mae'n beryglus dweud fod hynny'r un fath â gwrth-Semitiaieth. Dylid defnyddio'r term 'gwrth-Semitiaeth' yn fanwl gywir ac yn ofalus iawn i olygu athroniaeth anfad, ac nid unrhyw beth sydd yn feirniadol o Iddew unigol mewn rhyw ffordd.

O safbwynt Cristnogion, gwrth-Iddewiaeth yw'r gwir berygl, yn enwedig oherwydd ei bresenoldeb maith a gwenwynig yn litwrgi, pregethu a deddfu Cristnogol. Mae enllib gwaed y canol oesoedd, er enghraifft, wedi codi eto - mewn pamffledi yn y 1990au gan grwpiau a honnai eu bod yn rhai Cristnogol. Mae'n ffaith adnabyddus for Cynghorau'r Lateran wedi darparu peth o ddeddfwriaeth Hitler yn erbyn yr Iddewon, ond dim ond yn ddiweddar y mae rhannau o'r Eglwys Gristnogol wedi gwneud datganiadau i ddileu'r math o wrth-Iddewiaeth a all arwain at wrth-Semitiaeth.

Roedd ymweliad y diweddar Bab John Paul II ag Israel yn 2000 o bwys aruthrol o'r safbwynt yma. Fe wnaeth dipyn i wella barn Israeliaid am Gristnogaeth gan nad hawdd i Iddewon anghofio anfodlonrwydd Rhufain i gydnabod gwladwriaeth Israel tan 1993, ynghyd â record yr Eglwys ar gysylltiadau ag Iddewon. Serch hynny, ymatebodd yr Israeliaid i ymrwymiad personol y Pab ar ei ymweliad, a'i gydymdeimlad â dioddefaint yr Iddewon. Roedd yn anodd iawn iddo gadw'r ddysgl yn wastad, gan ei fod yn ymweld â'r Palestiniaid hefyd, ac yn cydnabod eu dioddefaint hwythau. Efallai fod y ffaith fod gwasg Israel, ar y cyfan, wedi canmol y Pab, yn awgrymu y gall Iddewon a Christnogion, yn Israel ac ar bwnc Israel, weithiau wrando ar eu gilydd a newid eu barn.

Darllen pellach

Mae'r rhestr fer hon yn cynnwys gwahanol fathau o lyfrau, i ateb gwahanol ddibenion y darllenydd. Ceir manylion am gyfrolau mwy arbenigol yng nghorff testun y gyfrol.

Cohn-Sherbok, Dan, *Holocaust Theology: A Reader*, Gwasg Prifysgol Exeter, 2002
Arolwg helaeth o ymatebion, gyda'r nod o ysgogi dadl a thrafodaeth.

De Lange, Nicholas, *Atlas of the Jewish World*, Facts on File, 1999
Arolwg darluniedig o hanes a diwylliant Iddewig.

Jacobs, Louis, *The Jewish Religion: A Companion*, Gwasg Prifysgol Rhydychen, 1995
Rhagarweiniad clir a pherthnasol dros ben.

Glinert, Lewis, *The Joys of Hebrew*, Gwasg Prifysgol Rhydychen, 1994
Geiriadur bywiog o eiriau Hebraeg gyda gwahanol ddyfyniadau sy'n egluro sut y defnyddir y geiriau. O gymorth gydag ynganiad.

Goldberg, David J a Rayner, John D, *The Jewish People: their History and their Religion*, Penguin, 1995
Arolwg cryno o hanes a llenyddiaeth Iddewig a dadansoddiad thematig o ddysgeidiaeth ac arfer.

Mendes-Flohr, Paul a Reinharz, Jehuda (gol.), *The Jew in the Modern World: A Documentary History*, Gwasg Prifysgol Rhydychen, 1995
Detholiad ardderchog o ffynonellau gwreiddiol yn y Saesneg, yn ymdrin â datblygiadau crefyddol a diwylliannol.

Neuberger, Julia, *On Being Jewish*, Mandarin, 1996
Archwiliad personol o fywyd ac agweddau Iddewig.

Neusner, Jacob, *Judaism in Modern Times: an Introduction and a Reader*, Blackwell, 1995
Cyflwyniad, gyda chyfoeth o gyfeiriadau, o gysyniadau a ffyrdd o fynegi mewn Iddewiaeth fodern.

Sacks, Jonathan, *The Dignity of Difference*, Continuum, 2002
Dadleuon clir a darllenadwy o safbwynt Iddewig Uniongred ar bosibiliadau crefydd heddiw.

Smith, Charles D., *Palestine and the Arab-Israeli Conflict*, Bedford Books, 4ydd argr, 2000
Ystyriaeth ddefnyddiol a chytbwys.

Trepp, Leo, *Judaism: Development and Life*. Wadsworth, 2000
Ystyriaeth eang ei chwmpas o gred ac arfer Iddewig yn ei chefndir hanesyddol.

Wigoder, G (gol), *The New Encyclopedia of Judaism*, Gwasg Prifysgol Efrog Newydd, argraffiad newydd, 2002
Cofnodion eang eu cwmpas a hawdd eu deall, yn ddefnyddiol fel ffynhonell gyfeiriadau.

Gwefannau

www.jewish-studies.virtualave.net/
Cyfeiriadur Rhyngrwyd academaidd ar Astudiaethau Iddewig. Porth i 367 o adnoddau ar gyfer astudio Iddewiaeth, yn cynnwys mynediad i gatalogau llyfrgell a chronfeydd data.

www.totallyjewish.com
Pob math o wybodaeth am y gymuned Iddewig ym Mhrydain.

Sefydliadau a chyfeiriadau

Bwrdd Dirprwyon Iddewon Prydain
6 Bloomsbury Square
Llundain
WC1A 2LP

Cyngor y Cristnogion a'r Iddewon
5th Floor Camelford House
87-89 Albert Embankment
Llundain
SE1 7TP

Canolfan Diwylliant Iddewig Llundain
The Old House
Kidderpore Avenue
Llundain
NW3 7SZ

Amgueddfa Iddewig Manceinion
190 Cheetham Hill Road
Manceinion
M8 8LW

Synagogau Diwygiedig Prydain Fawr (RSGB)
The Sternberg Centre
80 East End Road
Llundain
N3 2SY

Canolfan Sternberg: fel RSGB uchod

Undeb y Synagogau Rhyddfrydol a Blaengar (ULPS)
The Montague Centre
21 Maple Street
Llundain
W1T 4BE

Sefydliad Addysgol Yakar
2 Egerton Gardens
Llundain
NW4 4BA

geirfa

Adar Mis yn y gwanwyn cynnar.

Adar sheni Y mis ychwanegol mewn blwyddyn naid Iddewig.

Adonai Arglwydd

aggadah Darnau storïol o'r Talmud a'r Midrash.

agunah Menyw sy'n methu ailbriodi o dan y gyfraith Iddewig oherwydd bod ei gŵr wedi diflannu.

akedah Hanes rhwymo (aberthu) Isaac.

alenu Y weddi sy'n cloi gwasanaeth yn y synagog.

aliyah Cael eich galw i ddarllen y Torah; mewnfudo i Israel.

am Pobl.

Amidah Gweddi bwysig (a adwaenir hefyd fel **Shemoneh esreh** a **Tephilah**).

amoraim Dehonglwyr rabbinaidd y drydedd a'r bedwaredd ganrif.

arba kanfot Siôl weddi fechan (a adwaenir hefyd fel **tallit katan** neu **tzitzit**).

arba minim Y pedwar rhywogaeth a ddefnyddir yn ystod Gŵyl y Tabernaclau.

aron kodesh Y rhan o'r synagog sy'n cynnwys sgroliau'r Torah.

Ashkenazim Iddewon dwyrain a gorllewin Ewrop.

Av Un o fisoedd yr haf yn y calendr Iddewig.

avodah Gwasanaeth yn y Deml

bar mitzvah Bachgen sydd yn oedolyn yn ôl rheolau crefyddol.

bat hayil Seremoni ar gyfer merch sy'n 12 oed.

bat mitzvah Merch sydd yn oedolyn yn ôl rheolau crefyddol.

ben Mab.

berachah (llu. **berachot**) Bendith.

bet din (llu. **batei din**) Llys rabbinaidd.

bet ha-knesset Synagog.

bet ha-tephilah Synagog.

bet midrash Neuadd astudio.

bimah Y llyfan y darllenir y Torah ohono.

brit milah Cyfamod yr enwaediad.

capel Gair yn yr Iddeweg (*Yiddish*) am gap corun (a adwaenir hefyd fel **yarmulkah**).

challah (llu. **challot**) Torth arbennig a ddefnyddir ar y Saboth a gwyliau eraill

chametz Unrhyw beth â lefain ynddo, yn enwedig bara

Chanukah Gŵyl wyth-diwrnod yn coffáu ailgysegru'r Deml

chanukiah Menorah (canhwyllbren naw-cangen) Chanukah.

charoset Cymysgedd o afalau, gwin, sinamon, a chnau sy'n cael ei fwyta yn ystod pryd Seder adeg Pesach.

Chasid (llu. **Chasidim**) Aelod o fudiad adfywiad ysbrydol a ddechreuodd yn y ddeunawfed ganrif.

chazan (llu. **chazanim**) Cantor.

cheder (llu. **chadarim**) Ysgol grefyddol.

chevra kaddishah Cymdeithas gladdu.

chukim Deddfau nad oes rhesymau'n cael eu rhoi amdanynt.

chupah Y canopi priodas.

cohen Un o dras offeiriadol.

dayan (llu. **dayanim**) Aelod o'r llys rabbinaidd

devekut Defosiwn.

Ellul Mis yn yr hydref cynnar

emunah Ffydd.

Eretz Yisrael Gwlad Israel.

eruv Ffin.

etrog Ffrwyth sitrws tebyg i lemwn.

galut Alltudiaeth.

gaon (llu. **geonim**) Pennaeth un o academïau Babilon.

gemara Trafodaethau rabbinaidd o'r Mishnah.

get (llu. **gittin**) Cytundeb ysgariad.

haftarah Darlleniad synagog o un o lyfrau'r Proffwydi.

Haggadah (llu. **Haggadot**) Y llyfr sy'n cael ei ddarllen yn ystod pryd Seder ar y Pesach.

Hag Ha-Matzot Gŵyl y Bara Croyw.

halachah (llu. **halachot**) Y Gyfraith Iddewig.

Hallel Salmau 113–118.

hamesh megillot Y pum sgrôl.

Haskalah Mudiad yn ystod yr Oleuedigaeth Iddewig.

Havdalah Seremoni ar ddiwedd y Saboth a gwyliau eraill.

heichal Enw Seffardig ar y man lle cedwir sgroliau'r Torah yn y synagog.

hechser Label kosher.

hoshanah rabbah Gweddi am waredigaeth ar seithfed diwrnod gŵyl y Tabernaclau.

humash Pum llyfr cyntaf y Beibl mewn ffurf brintiedig

kabbalah Traddodiad cyfrifiol Iddewiaeth.

Kaddish Gweddi gan un sy'n galaru,

karmelit Ardal niwtral, heb fod yn gwbl breifat nac yn gwbl gyhoeddus.

kasher (**kosher**, yn aml) Bwyd a ganiateir.

kashrut Y deddfau bwyd.

kavanah Bwriad mewn gweddi.

kedoshim Merthyron.

kehillah Cynulleidfa, cymuned.

ketubah (llu. **ketubot**) Cytundeb priodas.

ketuvim Ysgrifau, trydedd adran y Beibl Hebraeg.

kiddush Bendith a adroddir dros win.

kiddush ha-shem Merthyrdod Iddewig.

kiddushin Priodas.

kippah Cap corun, term modern a ddefnyddir yn Israel.

Kislev Trydydd mis y calendr Iddewig.

kittel Gwisg wen blaen a wisgir gan ddynion ar Ddydd y Cymod.

kol nidrei Gweddi ar noswyl Dydd y Cymod.

Lag B'Omer 33 o ddiwrnodau o Gyfrif yr Omer (rhwng y Pasg Iddewig ac Wythnosau).

lulav Cangen balmwydd,.

maariv Gwasanaeth yr hwyr.

mahzor Llyfr gweddi gŵyl.

mamzer Plentyn a aned mewn perthynas anghyfreithlon

mappah Esboniadau ar gôd y Shulchan Aruch.

Mashiah Meseia.

masorah Traddodiad

masorti Mudiad Iddewig traddodiadol sy'n derbyn casgliadau ysgolheictod feiblaidd fodern.

matzah (llu. **matzot**) Bara croyw.

mazel tov Llongyfarchiadau.

mechilta Esboniad rabbinaidd ar lyfr Exodus.

Megillah Sgrôl, enw arall ar lyfr Esther.

melachah Gwaith a waherddir ar y Saboth.

menorah Canhwyllbren saith-cangen (neu'r un naw-cangen a ddefnyddir ar Chanukah).

mezuzah Sgrôl femrwn a osodir ar bostyn drws.

midrash (llu. **midrashim**) Dehongliad rabbinaidd o'r ysgrythur.

midrash rabbah Midrash ar lyfrau'r Pentateuch.

mikveh (llu. **mikvaot**) Pwll trochi.

minchag Arfer.

minchah Gwasanaeth y prynhawn.

minyan Y nifer angenrheidiol o ddynion ar gyfer adrodd gweddïau neilltuol.

mishchan Cysegr, Tabernacl.

Mishnah Y Gyfraith Lafar.

Mishneh Torah Côd Cyfreithiol Maimonides.

mishpatim Deddfau y mae'r rhesymau drostynt yn glir

Mitnagdim Gwrthwynebwyr y mudiad Chasidig.

mitzvah (llu. **mitzvot**) Dyletswydd, gorchymyn.

mohel Yr un sy'n enwaedu.

musaf Y gwasanaeth ychwanegol.

musar mudiad moesegol o'r bedwaredd ganrif ar bymtheg.

neilah Y gwasanaeth sy'n dod â Dydd y Cymod i ben

ner tamid Lamp sy'n llosgi beunydd yn y synagog.

neviim Llyfrau proffwydol y Beibl Hebraeg

niddah Menyw ar ei misglwyf

Nisan Mis cyntaf y calendr Iddewig
olam ha-ba Bywyd wedi marwolaeth.
oleh (llu. **olim**) Mewnfudwr.
omer Mesur o haidd.
oneg shabbat Llawenydd y Saboth
parashah (llu. **parashiyot**) Cyfran wythnosol o'r Torah.
parev (neu **parve**) Bwydydd heb fod naill ai'n llaeth nac yn gig
Pesach Y Pasg Iddewig.
Pidyon Ha-Ben Seremoni ar gyfer y mab cyntafanedig.
piyyut (llu. **piyyutim**) Cerdd litwrgaidd
Pwrim Gŵyl Esther.
Rabbi (Chasidig, **Rebbe**) Arweinydd ysbrydol cymuned Iddewig.
rimmonim Addurniadau arian ar sgrôl y Torah.
Rosh Hashanah Y Flwyddyn Newydd Iddewig.
rosh hodesh Y lleuad newydd.
sandek Y person sy'n dal y baban yn ystod seremoni enwaedu.
seder Pryd y Pasg Iddewig.
Seffardim Iddewon o dras Sbaenaidd.
Sefer Torah Sgrôl y Torah.
selichot Gweddïau am faddeuant.
Shabbat Saboth.
shabbat shalom Cyfarchiad Saboth.
shacharit Gwasanaeth y bore.
shalom Helo; da bôch; heddwch.
shamash Cannwyll sy'n goleuo canhwyllau Chanukah.
Shavuot Gŵyl yr Wythnosau neu Pentecost.
shehecheyanu Bendith ddathliadol a adroddir ar lawer o achlysuron hapus.
shechitah Dull defodol yr Iddewon o ladd anifeiliaid.
sheloshim Cyfnod o 30 o ddiwrnodau ar ôl angladd.
Shema Gweddi Iddewig yn datgan undod Duw.
shemini atzeret Gŵyl derfynol Tabernaclau.
Shevat Un o fisoedd y gaeaf yn y calendr Iddewig.
shiur Dosbarth crefydd.
shiva Cyfnod saith-diwrnod o hyd wedi'r angladd.

shoah Yr Holocost.

shochet Yr un sy'n lladd yr anifeiliaid

shofar Y corn hwrdd.

shul Y gair am synagog yn yr Iddeweg (Yiddish).

Shulchan Aruch Côd cyfreithiol gan Joseph Caro.

siddur Llyfr gweddi.

sidra (llu. **sidrot**) Darn o'r Torah a ddarllenir yn y synagog.

Simchat Torah Llawenhau yn y Gyfraith.

smichah Dogfen ordeinio rabbi.

sofer Ysgrifennydd.

sukkah Cwt, tabernacl.

sukkot Gŵyl y Tabernaclau.

tallit Siôl weddi.

tallit katan (neu **tzitzit**) Tallit bychan.

Talmud Y Mishnah a'r Gemara gyda'i gilydd.

Talmud Torah Astudio'r Torah.

Tammuz Un o fisoedd yr haf.

Tanach Y Beibl Hebraeg.

tanna (llu. **tannaim**) Dehonglwyr rabbinaidd o'r ganrif gyntaf/ail ganrif OG.

targum Cyfieithad Aramaeg o'r Beibl.

tashlich Gweddi ar achlysur y Flwyddyn Newydd

tephilah Gweddi

tephilin Blychau lledr â strapiau a wisgir gan Iddewon ar gyfer y weddi foreol

teshuvah Edifeirwch.

Tevet Un o fisoedd y gaeaf yn y calendr Iddewig.

tevilah Ymdrochi defodol.

Tishah B'Av 9fed o Av.

Tishrei Un o fisoedd yr hydref yn y calendr Iddewig (sy'n aml yn cael ei gyfrif fel y mis cyntaf, ond weithiau fel y seithfed).

Torah Adran gyntaf y Beibl Hebraeg, y Pentateuch; y Gyfraith Iddewig.

tosafot Esboniadau canoloesol ar y Talmud.

tosefta Casgliad o ddysgeidiaeth rabbinaidd o gyfnod y mishnah.

trefah Bwyd a waherddir.
Tu B'Shevat 15fed Shevat, Blywyddyn Newydd y Coed.
tzitzit Y taselau ar bob cornel i'r tallit.
yad Pwyntydd ar gyfer darllen sgrôl y Torah.
yahrzeit Penblwydd dyddiad marwolaeth.
yamim noraim Dyddiau'r Parchedig Ofn.
yarmulkah Cap corun.
Yehudi Iddew.
yeshivah (llu. **yeshivot**) Canolfan astudio crefyddol.

mynegai

Abraham **17, 22, 97**
Adferiadaeth, **80, 174**
aggadah **49**
agunah **133**
angladd **101-3**
aliyah **159, 241-3**
Amidah **141-2, 147**
arch **154-6**
Ashkenazim **11 (ffig.), 51, 158**
astudio **108–17, 130, 152**

Babilonia **29, 39, 43, 50**
bar mitzvah **111–13**
beirniadaeth feiblaidd **30, 59, 81, 115**
bendithion **123-4, 138–43, 174-5**
bet din **63, 128–34**
Blwyddyn Newydd y Coed **192**
bywyd wedi marwolaeth **102–106, 146, 235**

calendr **176, 180–7, 192**
cantor **116, 159-61**
cap corun **148**
cariad at gymydog **40-2, 44–7**
Ceidwadwyr **60, 79-81, 94, 101, 146, 173**
cerddoriaeth **159–61**
codau cyfreithiol **51-2, 88, 147**
creu **21, 166, 176, 185, 211**
Cristnogol-Iddewig, cysylltiadau **2, 5, 28, 225, 265–8**
cyfamod **17–18, 97, 236**
cyfriniaeth **62, 138**
cymod **122, 211, 215, 217–22**

Chanukah **20, 187-90**
Chasidiaeth **61-4, 138**

diaspora **4, 8, 12, 186, 208, 240**
Diwygwyr **66–79, 90–3, 109, 111, 129-31, 134, 173**

edifeirwch **211–17, 219–22**
Elias **26, 98, 178, 201**
enwaediad **97-9, 131**
erthyliad **101**
eruv **170-1**
esboniadau, ar y Beibl **30-3, 59,** ar y Talmud **45–8**
Esther **18, 30, 190-1**
etholedig, pobl **22-3**
exodus **23-4, 175, 183, 193**

gorffwys rhag gwaith **165–74, 176, 181, 187, 218-9**
gweddi, llyfrau **68, 79, 81, 136, 140, 144–6, 176**
gweddïo, lleoliadau **140, 148, 152-154,** amserau **137**
gwrth-Semitiaeth **242-4, 268**
gwyliau, gwreiddiau'r **8, 180-4, 187-93, 202, 204**
gyfraith lafar, y **35–9, 43, 48, 59, 71**

haftarah **157-8**
Haggadah **199-201**
halachah **48–52, 70, 79-80, 90, 130, 172, 257**
Hallel **187**
Havdalah **178**
Hebraeg, y Beibl **18, 32-3, 59,** yn y synagog **111, 143, 158-9**
Holocost, ac Israel **226–31, 240,** a diwinyddiaeth **224–37**

Iddeweg (Yiddish) **57**
Iddewiaeth Flaengar **81-2, 127–31, 134, 160, 194**
Iddewon, ystyr yr enw **3, 6-7, 15, 21**
Israel, annibyniaeth **192, 242–53,** ystyr yr enw **21, 241**

Jerwsalem **25-30, 183, 241**

Kaddish **103, 146**
kiddush **175, 198**
kosher, bwyd **84–90, 129, 196**

lleuad newydd **185–7**

Macabeaid, gwrthryfel y **188**
Maimonides **9, 51, 215**
Masorti **59, 81**
Megillah **191**
megillot **30**
menorah **156, 189**
menywod, swyddogaeth **71–82, 119–22, 132-34, 149**
Meseia **27-8, 201, 250**
mezuzah **150**
midrash **30, 35, 49**
mikveh **122, 131, 174, 222**
minyan **76, 78, 156**
Mishnah **35–48**
mitzvot **24–5, 68-9, 76-8, 111, 149**
mohel **98**
Moses **21, 59, 67, 157, 201**

offeiriaid **25, 40, 67**

Pasg Iddewig **89, 181, 196–204**
Phariseaid **37-8, 105**
plant **96–7, 108–15, 125-6**
Prif Rabbi **63, 74-5, 126, 163**
priodas **119, 122-7**
priodi, gyda rhai nad ydynt yn Iddewon **29, 125–8, 163**
Proffwydi **18, 25–8, 157f**
purdeb defodol **102, 120-2, 131**
Pwrim **187, 190-1**

rabbi **36-7, 43, 48–52, 74-5, 77, 115-6, 161-3**
responsa **50, 69, 101**
Rosh Hashanah **183, 186, 211–17**
Ruth **5, 29-30, 204**

rhyddfreiniad **10, 56-7, 67, 82, 241**
Rhyddfrydwyr **81-2, 131, 134, 145-6, 246**

Salmau **29, 143-4**
sancteiddrwydd **22–5, 39-40, 84-5, 119, 138, 166-8**
seciwlariaeth **4, 13, 57-8, 67, 229, 243**
seder **198–201**
Sefer Torah **25, 75, 154–9**
Seffardim **11 (ffig.), 51, 158-9**
Seioniaeth **82, 146, 241–51, 263-4, 268**
shechitah **87**
Shema **141, 150**
shofar **212-3**
Shulchan Aruch **51, 88**
Simchat Torah **181, 207-9**
sukkah **204-5**
synagog, gwreiddiau'r **152-4**

Tabernaclau **181, 204–6**
tallit **122, 148-9**
Talmud **43–8, 219**
Tanach, ystyr y term **20**
Teml **26, 28, 39, 136, 140, 153, 188-9, 193-4**
tephilin **108, 113, 149-50**
Tishah B'Av **193-4, 228**
Torah **18, 20–5, 35-6, 152–9, 177, 201-9**
Tra-Uniongrededd **61–4**
tröedigaeth at Iddewiaeth **4-5, 97, 129-31**

Uchel Wyliau Sanctaidd **183, 207, 211-2, 222**
undduwiaeth **24, 141**
Uniongrededd, ystyr y term **54, 63**

Wythnosau (Shavuot) **181, 201-4**

Yad Vashem **226-7**
yeshivah **115-6**
ympyrdio **124, 193-4, 215, 217-18**
Yom Kippur **181, 183, 193, 211, 214, 217–22**
ysgariad **37, 123, 129, 132-4**
ysgrifennydd **39, 158**